A NOVA RAZÃO
DO MUNDO

COLEÇÃO
ESTADO de SÍTIO

PIERRE DARDOT E CHRISTIAN LAVAL

A NOVA RAZÃO DO MUNDO

ENSAIO SOBRE A SOCIEDADE NEOLIBERAL

Tradução de Mariana Echalar

© desta edição, Boitempo, 2016
© Editions La Découverte, Paris, France, 2009, 2010

Título original: *La Nouvelle raison du monde. Essai sur la société néolibérale*

Coordenação editorial	Ivana Jinkings
Edição	Isabella Marcatti
Assistência editorial	Carolina Yassui e Thaisa Burani
Coordenação de produção	Livia Campos
Tradução	Mariana Echalar
Preparação	Frederico Ventura
Revisão	Thais Rimkus
Capa	Ronaldo Alves sobre foto de Tracy Olson (2005)
Diagramação	Antonio Kehl

Equipe de apoio
Allan Jones, Ana Yumi Kajiki, Artur Renzo, Bibiana Leme, Eduardo Marques, Elaine Ramos, Giselle Porto, Ivam Oliveira, Kim Doria, Leonardo Fabri, Marlene Baptista, Maurício Barbosa, Renato Soares, Thaís Barros, Tulio Candiotto

CIP-BRASIL. CATALOGAÇÃO NA PUBLICAÇÃO
SINDICATO NACIONAL DOS EDITORES DE LIVROS, RJ

D229n

Dardot, Pierre
A nova razão do mundo : ensaio sobre a sociedade neoliberal / Pierre Dardot ; Christian Laval ; tradução Mariana Echalar. - 1. ed. - São Paulo: Boitempo, 2016.
(Estado de sítio)
Tradução de: La nouvelle raison du monde: essai sur la société néolibérale
Inclui índice
ISBN 978-85-7559-484-1
1. Filosofia marxista. 2. Comunismo. I. Laval, Christian. II. Echalar, Mariana. III. Série.
16-30315
CDD: 320.01
CDU: 321.01

É vedada a reprodução de qualquer parte deste livro sem a expressa autorização da editora.

1ª edição: abril de 2016; 1ª reimpressão: outubro de 2016;
2ª reimpressão: maio de 2018; 3ª reimpressão: novembro de 2018;
4ª reimpressão: de julho de 2019; 5ª reimpressão: março de 2020;
6ª reimpressão: outubro de 2020; 7ª reimpressão: maio de 2022

BOITEMPO
Jinkings Editores Associados Ltda.
Rua Pereira Leite, 373
05442-000 São Paulo SP
Tel.: (11) 3875-7250 / 3875-7285
editor@boitempoeditorial.com.br
boitempoeditorial.com.br | blogdaboitempo.com.br
facebook.com/boitempo | twitter.com/editoraboitempo
youtube.com/tvboitempo | instagram.com/boitempo

SUMÁRIO

Prefácio à edição brasileira 7
Agradecimentos 11
Introdução à edição inglesa (2014) 13

I A REFUNDAÇÃO INTELECTUAL 35
1 Crise do liberalismo e nascimento do neoliberalismo 37
2 O Colóquio Walter Lippmann ou a reinvenção do liberalismo 71
3 O ordoliberalismo entre "política econômica" e "política de sociedade" 101
4 O homem empresarial 133
5 Estado forte, guardião do direito privado 157

II A NOVA RACIONALIDADE 187
6 A grande virada 189
7 As origens ordoliberais da construção da Europa 245
8 O governo empresarial 271
9 A fábrica do sujeito neoliberal 321

Conclusão – O esgotamento da democracia liberal 377
Índice onomástico 403
Índice analítico 409

PREFÁCIO À EDIÇÃO BRASILEIRA

Um sistema pós-democrático

O neoliberalismo tem uma história e uma coerência. Combatê-lo exige não se deixar iludir, fazer uma análise lúcida dele. O conhecimento e a crítica do neoliberalismo são indispensáveis. A esquerda radical e alternativa não pode contentar-se com denúncias e slogans, muitas vezes confusos, parciais ou atemporais. Assim, é errado dizer que estamos lidando com o "capitalismo", sempre igual a ele mesmo, e com suas contradições, que inevitavelmente levariam à ruína final. Eficácia política pressupõe uma análise precisa, documentada, circunstanciada e atualizada da situação. O capitalismo é indissociável da história de suas metamorfoses, de seus descarrilhamentos, das lutas que o transformam, das estratégias que o renovam. O neoliberalismo transformou profundamente o capitalismo, transformando profundamente as sociedades.

Nesse sentido, o neoliberalismo não é apenas uma ideologia, um tipo de política econômica. É um sistema normativo que ampliou sua influência ao mundo inteiro, estendendo a lógica do capital a todas as relações sociais e a todas as esferas da vida.

A obra que você lerá, e que finalmente está disponível em português graças à editora Boitempo, foi escrita no período de gestação da crise financeira mundial de 2008. Foi publicada no momento em que se podia constatar a amplidão dos estragos causados pelo neoliberalismo. A convicção que tínhamos ao escrevê-la possuía fundamento: a crise não foi suficiente para fazer o neoliberalismo desaparecer. Muito pelo contrário, a crise apareceu para as classes dominantes como uma oportunidade inesperada. Melhor, como um modo de governo. Ficou demonstrado que o neoliberalismo, apesar dos desastres que engendra, possui uma notável *capacidade de autofortalecimento*. Ele fez surgir um sistema de normas e instituições que comprime as sociedades como um *nó de força*. As crises não são para ele uma ocasião para limitar-se, como aconteceu em meados do século XX, mas um meio de prosseguir cada vez com mais vigor sua trajetória de *ilimitação*. O capitalismo, com ele, não parece mais capaz de encontrar compensações, contrapartidas, compromissos. A maneira como a crise de 2008 foi provisoriamente superada, com uma inundação de moeda especulativa emitida pelos bancos centrais, mostra que a lógica neoliberal escapa de maneira extraordinariamente perigosa.

O acúmulo de tensões e problemas não resolvidos, o reforço de tendências desigualitárias e desequilíbrios especulativos preparam dias cada vez mais difíceis para as populações. No entanto, o caráter *sistêmico* do dispositivo neoliberal torna qualquer inflexão das políticas conduzidas muito difícil, ou mesmo impossível, no próprio âmbito do sistema. Compreender *politicamente* o neoliberalismo pressupõe que se compreenda a natureza do projeto social e político que ele representa e promove desde os anos 1930. Ele traz em si uma ideia muito particular da democracia, que, sob muitos aspectos, deriva de um *antidemocratismo*: o direito privado deveria ser isentado de qualquer deliberação e qualquer controle, mesmo sob a forma do sufrágio universal. Essa é a razão pela qual a lógica não controlada de autofortalecimento e radicalização do neoliberalismo obedece, hoje, a um cenário histórico que não é o dos anos 1930, quando ocorreu uma revisão das doutrinas e das políticas do *"laissez-faire"*. Esse sistema fechado impede qualquer autocorreção de trajetória, em particular em razão da desativação do jogo democrático e até mesmo, sob certos aspectos, da política como atividade. O sistema neoliberal está nos fazendo entrar na *era pós-democrática*.

Na ausência de margens de manobra, o confronto político com o *sistema neoliberal* enquanto tal é inevitável. Mas esse confronto também é problemático, porque é difícil reunir as condições em que ele se dá. O sistema neoliberal é instaurado por forças e poderes que se apoiam uns nos outros em nível nacional e internacional. Oligarquias burocráticas e políticas, multinacionais, atores financeiros e grandes organismos econômicos internacionais formam uma coalizão de poderes concretos que exercem certa função política em escala mundial. Hoje, a relação de forças pende inegavelmente a favor desse bloco oligárquico.

Além dos fatores sociológicos e políticos, os próprios móbeis subjetivos da mobilização são enfraquecidos pelo sistema neoliberal: a ação coletiva se tornou mais difícil, porque os indivíduos são submetidos a um regime de concorrência em todos os níveis. As formas de gestão na empresa, o desemprego e a precariedade, a dívida e a avaliação, são poderosas alavancas de concorrência interindividual e definem novos modos de subjetivação. A polarização entre os que desistem e os que são bem-sucedidos mina a solidariedade e a cidadania. Abstenção eleitoral, dessindicalização, racismo, tudo parece conduzir à destruição das condições do coletivo e, por consequência, ao enfraquecimento da capacidade de agir contra o neoliberalismo.

O sofrimento causado por essa subjetivação neoliberal, a mutilação que ela opera na vida comum, no trabalho e fora dele, são tais que não podemos excluir a possibilidade de uma revolta antineoliberal de grande amplitude em muitos países. Mas não devemos ignorar as mutações subjetivas provocadas pelo neoliberalismo que operam no sentido do egoísmo social, da negação da solidariedade e da redistribuição e que podem desembocar em movimentos reacionários ou até mesmo neofascistas. As condições de um confronto de grande amplitude entre lógicas contrárias e forças adversas em escala mundial estão se avolumando.

A esquerda somente poderá tirar partido disso se souber remediar a *pane de imaginação* que vem sofrendo. A falência histórica do comunismo de Estado contribuiu em muito para sua ruína. Se quisermos ultrapassar o neoliberalismo, abrindo uma alternativa positiva, temos de desenvolver uma capacidade coletiva que ponha a imaginação política para trabalhar a partir das experimentações e das lutas do presente. O *princípio do comum* que emana hoje dos movimentos, das lutas e das experiências remete a um sistema de práticas diretamente contrárias à racionalidade neoliberal e capazes de revolucionar o conjunto das relações sociais. Essa nova razão que emerge das práticas faz prevalecer o uso comum sobre a propriedade privada exclusiva, o autogoverno democrático sobre o comando hierárquico e, acima de tudo, torna a coatividade indissociável da codecisão – não há obrigação política sem participação em uma mesma atividade. Como escrevemos nas últimas linhas deste livro, precisamos trabalhar por uma *outra razão do mundo*.

Pierre Dardot e Christian Laval
Fevereiro de 2016

AGRADECIMENTOS

Este livro é devedor, em primeiro lugar, de todas aquelas e todos aqueles que participaram nos últimos anos do seminário "Question Marx", no qual foram apresentadas e discutidas nossas pesquisas sobre o neoliberalismo. Queremos agradecer especialmente aos participantes que enriqueceram nossa reflexão coletiva com suas apresentações, em particular Gilles Dostaler, Agnès Labrousse, Dominique Plihon, Pascal Petit e Isabelle Rochet. Devemos muito a nosso editor, Hugues Jallon, que acompanha desde o início a pequena aventura do seminário "Question Marx" e nos ajudou enormemente com seus conselhos para a composição da obra. Agradecemos igualmente a Bruno Auerbach, pela releitura atenta e paciente do original.

Mas nada disso teria sido possível sem a amizade fiel e o apoio intelectual de El Mouhoub Mouhoud, que se associou desde o início à redação deste livro, tampouco sem a ajuda tão constante quanto preciosa de Anne Dardot, que várias vezes releu e organizou o original, sem nunca medir esforços.

INTRODUÇÃO À EDIÇÃO INGLESA (2014)*

"Ainda não terminamos com o neoliberalismo" era a primeira frase da Introdução à primeira edição francesa deste livro, publicada em janeiro de 2009. Na época, queríamos dissipar o quanto antes as ilusões que surgiram com a falência do banco Lehman Brothers, em setembro de 2008. Muitos pensavam, na Europa e nos Estados Unidos, que a crise financeira soara as badaladas finais do neoliberalismo e que seria a vez do "retorno do Estado" e da regulação dos mercados. Joseph Stiglitz percorria o mundo anunciando "o fim do neoliberalismo", e autoridades políticas, como o presidente francês Nicolas Sarkozy, proclamavam a reabilitação da intervenção governamental na economia.

Perigosas, uma vez que poderiam suscitar uma desmobilização política, essas ilusões não tinham razões para nos deixar admirados: baseavam-se num erro de diagnóstico amplamente compartilhado, o qual nossa obra tinha o objetivo de combater. Enganar-se sobre a verdadeira natureza do neoliberalismo, ignorar sua história, não enxergar suas profundas motivações sociais e subjetivas era condenar-se à cegueira e continuar desarmado diante do que não ia demorar a acontecer: longe de provocar o enfraquecimento das políticas neoliberais, a crise conduziu a seu brutal *fortalecimento*, na forma de planos de austeridade adotados por Estados cada vez mais ativos

---

* Originalmente publicado na França, em 2009, este livro teve uma edição inglesa, reduzida e adaptada em 2013 e revista em 2014. Embora a presente tradução tenha sido feita a partir do original francês, a edição que ora se apresenta ao leitor brasileiro incorporou, por meio de cotejo e com a supervisão dos autores, a redução, as adaptações e as correções da edição inglesa de 2014, entre elas, esta introdução revista e ampliada. (N. E.)

na promoção da lógica da concorrência dos mercados financeiros. Parecia-nos, e hoje nos parece mais do que nunca, que a análise da gênese e do funcionamento do neoliberalismo é condição para uma resistência eficaz em escala europeia e mundial. Ainda que pretenda respeitar os critérios da pesquisa científica, este livro não é acadêmico no sentido tradicional do termo, mas pretende-se primeiro, e acima de tudo, uma obra de esclarecimento político sobre essa lógica normativa global que é o neoliberalismo. Em uma palavra, a compreensão do neoliberalismo é, a nosso ver, uma questão *estratégica* universal.

Um erro de diagnóstico

A partir do fim dos anos 1970 e do início dos anos 1980, o neoliberalismo foi interpretado em geral como se fosse ao mesmo tempo uma *ideologia* e uma *política econômica* diretamente inspirada nessa ideologia. O núcleo duro dessa ideologia seria constituído por uma identificação do mercado com uma realidade natural[1]. Segundo essa ontologia naturalista, bastaria deixar essa realidade por sua própria conta para ela alcançar equilíbrio, estabilidade e crescimento. Qualquer intervenção do governo só poderia desregular e perturbar esse curso espontâneo, logo convinha estimular uma atitude abstencionista. O neoliberalismo compreendido dessa forma apresenta-se como reabilitação pura e simples do *laissez-faire*. Considerado do ponto de vista de sua implantação política, foi analisado de pronto de forma muito estreita, segundo a perspicaz observação de Wendy Brown:

> Como instrumento da política econômica do Estado, com o desmantelamento dos auxílios sociais, da progressividade do imposto e outras ferramentas de redistribuição de riquezas de um lado e com o estímulo da atividade sem entraves ao capital mediante a desregulamentação do sistema de saúde, do trabalho e do meio ambiente de outro.[2]

---

[1] Esse credo naturalista, que era o de Jean-Baptiste Say e Frédéric Bastiat, foi perfeitamente formulado nos seguintes termos pelo ensaísta francês Alain Minc: "O capitalismo não pode ruir, ele é o estado natural da sociedade. A democracia não é o estado natural da sociedade. O mercado, sim" (*Cambio 16*, Madri, 5 dez. 1994).

[2] Wendy Brown, *Les habits neufs de la politique mondiale, néolibéralisme et néoconservatisme* (trad. Christine Vivier, Philippe Mangeot e Isabelle Saint-Saëns, Paris, Les Prairies Ordinaires, 2007), p. 37. Esse ensaio incisivo nos ajudou muito a formular nossa própria compreensão do neoliberalismo.

Se admitirmos que sempre há "intervenção", esta é unicamente no sentido de uma ação pela qual o Estado mina os alicerces de sua própria existência, enfraquecendo a missão do serviço público previamente confiada a ele. "Intervencionismo" exclusivamente negativo, poderíamos dizer, que nada mais é que a face política ativa da preparação da retirada do Estado por ele próprio, portanto, de um anti-intervencionismo como princípio.

Não é nossa intenção contestar a existência e a difusão dessa ideologia, tampouco negar que ela tenha alimentado as políticas econômicas impulsionadas maciçamente a partir dos anos Reagan e Thatcher e encontrado em Alan Greenspan, o "maestro de Wall Street", seu adepto mais fervoroso – com as consequências que todos conhecemos[3]. O que Joseph Stiglitz chamou com justiça de "fanatismo do mercado" é, aliás, o que os periódicos *Wall Street Journal*, *The Economist* e todos os equivalentes ao redor do mundo sabem fomentar melhor entre seus leitores[4]. Mas o neoliberalismo está muito distante de se resumir a um ato de fé fanático na naturalidade do mercado. O grande erro cometido por aqueles que anunciam a "morte do liberalismo" é confundir a representação ideológica que acompanha a implantação das políticas neoliberais com a normatividade prática que caracteriza propriamente o neoliberalismo. Por isso, o relativo descrédito que atinge hoje a ideologia do *laissez-faire* não impede de forma alguma que o neoliberalismo predomine mais do que nunca enquanto sistema normativo dotado de certa eficiência, isto é, capaz de orientar internamente a prática efetiva dos governos, das empresas e, para além deles, de milhões de pessoas que não têm necessariamente consciência disso. Este é o ponto principal da questão: como é que, apesar das consequências catastróficas a que nos conduziram as políticas neoliberais, essas políticas são cada vez mais ativas, a ponto de afundar os Estados e as sociedades em crises políticas e retrocessos sociais cada vez mais graves? Como é que, há mais de trinta anos, essas mesmas políticas vêm se desenvolvendo e se aprofundando, sem encontrar resistências suficientemente substanciais para colocá-las em xeque?

---

[3] *A lei*, de Frédéric Bastiat [trad. Ronaldo da Silva Legey, 2. ed., Rio de Janeiro, Instituto Liberal, 1991], era o livro de cabeceira de Ronald Reagan no início dos anos 1960. Ver Alain Laurent, *Le libéralisme américain* (Paris, Les Belles Lettres, 2006), p. 177.

[4] Joseph Stiglitz, *Un autre monde: contre le fanatisme du marché* (trad. Paul Chemla, Paris, Fayard, 2006).

A resposta não é e não pode ser limitada apenas aos aspectos "negativos" das políticas neoliberais, isto é, à destruição programada das regulamentações e das instituições. O neoliberalismo não destrói apenas regras, instituições, direitos. Ele também *produz* certos tipos de relações sociais, certas maneiras de viver, certas subjetividades. Em outras palavras, com o neoliberalismo, o que está em jogo é nada mais nada menos que a *forma de nossa existência*, isto é, a forma como somos levados a nos comportar, a nos relacionar com os outros e com nós mesmos. O neoliberalismo define certa norma de vida nas sociedades ocidentais e, para além dela, em todas as sociedades que as seguem no caminho da "modernidade". Essa norma impõe a cada um de nós que vivamos num universo de competição generalizada, intima os assalariados e as populações a entrar em luta econômica uns contra os outros, ordena as relações sociais segundo o modelo do mercado, obriga a justificar desigualdades cada vez mais profundas, muda até o indivíduo, que é instado a conceber a si mesmo e a comportar-se como uma empresa. Há quase um terço de século, essa norma de vida rege as políticas públicas, comanda as relações econômicas mundiais, transforma a sociedade, remodela a subjetividade. As circunstâncias desse sucesso normativo foram descritas inúmeras vezes. Ora sob seu aspecto político (a conquista do poder pelas forças neoliberais), ora sob seu aspecto econômico (o rápido crescimento do capitalismo financeiro globalizado), ora sob seu aspecto social (a individualização das relações sociais às expensas das solidariedades coletivas, a polarização extrema entre ricos e pobres), ora sob seu aspecto subjetivo (o surgimento de um novo sujeito, o desenvolvimento de novas patologias psíquicas). Tudo isso são dimensões complementares da *nova razão do mundo*. Devemos entender, por isso, que essa razão é *global*, nos dois sentidos que pode ter o termo: é "mundial", no sentido de que vale de imediato para o mundo todo; e, ademais, longe de limitar-se à esfera econômica, tende à totalização, isto é, a "fazer o mundo" por seu poder de integração de *todas* as dimensões da existência humana. Razão do mundo, mas ao mesmo tempo uma "razão-mundo"[5].

---

[5] A ideia de uma razão configuradora do mundo encontra-se em Max Weber, embora se refira essencialmente à ordem *econômica* capitalista, esse "imenso cosmo" que "impõe ao indivíduo pego nas armadilhas do mercado as normas de sua atividade econômica" (*L'éthique protestante et l'esprit du capitalisme*, trad. Isabelle Kalinowski, Paris, Champs Flammarion, 2000, p. 93-4 [ed. bras.: *A ética protestante e o espírito do capitalismo*, trad. José Marcos Mariani de Macedo, ed. Antônio Flávio Pierucci, São Paulo, Companhia das Letras, 2012]). Contudo, numa passagem dessa mesma

O neoliberalismo como racionalidade

A tese defendida por esta obra é precisamente que o neoliberalismo, antes de ser uma ideologia ou uma política econômica, é em primeiro lugar e fundamentalmente uma *racionalidade* e, como tal, tende a estruturar e organizar não apenas a ação dos governantes, mas até a própria conduta dos governados. A racionalidade neoliberal tem como característica principal a generalização da concorrência como norma de conduta e da empresa como modelo de subjetivação. O termo *racionalidade* não é empregado aqui como um eufemismo que nos permite evitar a palavra "capitalismo". O neoliberalismo é a *razão do capitalismo contemporâneo*, de um capitalismo desimpedido de suas referências arcaizantes e plenamente assumido como construção histórica e norma geral de vida. O neoliberalismo pode ser definido como o conjunto de discursos, práticas e dispositivos que determinam um novo modo de governo dos homens segundo o princípio universal da concorrência.

O conceito de "racionalidade política" foi elaborado por Michel Foucault em relação direta com as pesquisas que dedicou à questão da "governamentalidade". Assim, encontramos na explanação do curso dado no Collège de France em 1978-1979 – publicado com o título de *Nascimento da biopolítica*[6] – uma apresentação do "plano de análise" escolhido para o estudo do neoliberalismo: trata-se, diz Foucault, em resumo, "de um plano de análise possível – o da 'razão governamental', isto é, dos tipos de racionalidade que são empregados nos procedimentos pelos quais se dirige, através de uma administração de Estado, a conduta dos homens"[7]. Uma racionalidade política é, nesse sentido, uma racionalidade "governamental".

---

obra dedicada ao caráter "relativo" e "impessoal" do amor ao próximo no calvinismo, encontramos a expressão "configuração racional do cosmo *social*" (ibidem, p. 175). Nesse sentido, e desde que o social não seja reduzido a apenas mais uma das dimensões da existência humana, poderíamos dizer que a razão neoliberal é muito precisamente a razão de *nosso* "cosmo social".

[6] Michel Foucault, *Naissance de la biopolitique* (Paris, Seuil/Gallimard, 2004) [ed. bras.: *Nascimento da biopolítica*, trad. Eduardo Brandão, São Paulo, Martins Fontes, 2008]. Esse curso constitui a referência central pela qual se ordena toda a análise do neoliberalismo ensaiada nesta obra.

[7] Ibidem, p. 327; reproduzido em *Dits et écrits II (1976-1988)* (Paris, Gallimard, 2001), p. 823. Sobre a noção de racionalidade política, ver ainda esta última obra, p. 818 e 1.645-6.

Devemos nos estender ainda sobre o sentido dessa noção de "governo": "Trata-se [...] não da instituição 'governo', mas da atividade que consiste em reger a conduta dos homens no interior de um quadro e com instrumentos de Estado"[8]. Foucault retoma várias vezes essa ideia do governo como atividade, e não como instituição. Assim, no resumo do curso do Collège de France intitulado *Do governo dos vivos**, essa noção é "entendida no sentido amplo de técnicas e procedimentos destinados a dirigir a conduta dos homens"[9]. Ou então, no prefácio à *História da sexualidade***, há este esclarecimento retrospectivo de sua análise das práticas punitivas: ele se diz interessado, acima de tudo, nos procedimentos do poder, ou seja, "na elaboração e na implantação desde o século XVII de técnicas para 'governar' os indivíduos, isto é, para 'conduzir sua conduta', e isso em domínios tão diferentes quanto a escola, o Exército, a fábrica"[10]. O termo "governamentalidade" foi introduzido precisamente para significar as múltiplas formas dessa atividade pela qual homens, que podem ou não pertencer a um governo, buscam conduzir a conduta de outros homens, isto é, governá-los.

É certo que o governo, longe de remeter à disciplina para alcançar o mais íntimo do indivíduo, visa na verdade a obter um *autogoverno* do indivíduo, isto é, produzir certo tipo de relação deste consigo mesmo. Em 1982, Foucault dirá que se interessa cada vez mais pelo "modo de ação que um indivíduo exerce sobre si mesmo por meio das técnicas de si", a ponto de ampliar sua primeira concepção de governamentalidade, excessivamente centrada nas técnicas de exercício do poder sobre os outros: "Chamo de 'governamentalidade' o encontro entre as técnicas de dominação exercidas sobre os outros e as técnicas de si"[11]. Assim, governar é conduzir a conduta dos homens, desde que se especifique que essa conduta é tanto aquela que se tem *para consigo mesmo* quanto aquela que se tem para com os outros. É nisso que o governo

---

[8] Michel Foucault, *Naissance de la biopolitique*, cit., p. 324; reproduzido em *Dits et écrits II*, cit., p. 819.
* Trad. Eduardo Brandão, São Paulo, Martins Fontes, 2014. (N. E.)
[9] Michel Foucault, *Dits et écrits II*, cit., p. 944.
** Trad. Maria Thereza da Costa Albuquerque, Rio de Janeiro, Paz e Terra, 2014-2015, 3 v. (N. E.)
[10] Michel Foucault, *Dits et écrits II*, cit., p. 1.401.
[11] Idem, "Les techniques de soi", em *Dits et écrits II*, cit., p. 1.604. É nesse sentido amplo que será tomado aqui o termo "governamentalidade".

requer liberdade como condição de possibilidade: governar não é governar *contra* a liberdade ou *a despeito* da liberdade, mas governar *pela* liberdade, isto é, agir ativamente no espaço de liberdade dado aos indivíduos para que estes venham a conformar-se por si mesmos a certas normas. Abordar a questão do neoliberalismo pela via de uma reflexão política sobre o modo de governo modifica necessariamente a compreensão que se tem dele. Em primeiro lugar, permite refutar análises simplistas em termos de "retirada do Estado" diante do mercado, já que a oposição entre o mercado e o Estado aparece como um dos principais obstáculos à caracterização exata do neoliberalismo. Ao contrário de certa percepção imediata, e de certa ideia demasiado simples, de que os mercados conquistaram a partir de fora os Estados e ditam a política que estes devem seguir, foram antes os Estados, e os mais poderosos em primeiro lugar, que introduziram e universalizaram na economia, na sociedade e até neles próprios a lógica da concorrência e o modelo de empresa. Não podemos esquecer jamais que a expansão das finanças de mercado, assim como o financiamento da dívida pública nos mercados de títulos, são fruto de políticas deliberadas. Como se vê até mesmo na atual crise na Europa, os Estados adotam políticas altamente "intervencionistas", que visam a alterar profundamente as relações sociais, mudar o papel das instituições de proteção social e educação, orientar as condutas criando uma concorrência generalizada entre os sujeitos, e isso porque eles próprios estão inseridos num campo de concorrência regional e mundial que os leva a agir dessa forma. Mais uma vez, comprovamos as grandes análises de Marx, Weber ou Polanyi segundo as quais o mercado moderno não atua sozinho: ele foi sempre amparado pelo Estado. Em segundo lugar, a via da reflexão política permite compreender que é uma mesma lógica normativa que rege as relações de poder e as maneiras de governar em níveis e domínios muitos diferentes da vida econômica, política e social. Ao contrário de uma leitura do mundo social que o divide em campos autônomos, o fragmenta em microcosmos e tribos separadas, a análise em termos de governamentalidade destaca o caráter transversal dos modos de poder exercidos no interior de uma sociedade numa mesma época.

Os limites do marxismo

Enfatizando o regime disciplinar imposto a todos pela lógica normativa que se encarnou em instituições e dispositivos de poder cujo alcance hoje é mundial, nosso pensamento difere um pouco de muitas das interpretações do neoliberalismo dadas até o momento. Não contestamos que as políticas neoliberais foram impostas primeiro pela mais criminosa das violências no Chile, na Argentina, na Indonésia e em outros lugares, com o apoio decisivo dos países capitalistas, a começar pelos Estados Unidos. O trabalho de Naomi Klein, muito bem documentado a respeito desse ponto, continua obrigatório[12]. Nesse aspecto, há uma frase de Marx que não envelheceu: "Na história real, como se sabe, o papel principal é desempenhado pela conquista, a subjugação, o assassínio para roubar, em suma, a violência"[13].

Esse parto na violência revela, em primeiro lugar, o fato de que se trata de uma *guerra* que se trava por todos os meios disponíveis, inclusive o terror, e que se aproveita de todas as ocasiões possíveis para implantar o novo regime de poder e a nova forma de existência. Por isso, se reduzíssemos o neoliberalismo à aplicação do programa econômico da Escola de Chicago pelos métodos da ditadura militar, enveredaríamos pelo caminho errado. Convém não confundir estratégia geral com métodos particulares. Estes dependem das circunstâncias locais, das relações de forças e das fases históricas: podem tanto empregar a brutalidade do *putsch* militar como a sedução eleitoreira das classes médias; podem usar e abusar da chantagem do emprego e do crescimento e aproveitar os déficits e as dívidas como pretexto para as "reformas estruturais", como fazem há muito tempo o Fundo Monetário Internacional (FMI) e a União Europeia. O questionamento da democracia toma caminhos diversos, que nem sempre têm a ver com a "terapia de choque", mas, sim, e sobretudo, com o que Wendy Brown chamou, com justiça, de processo de "desdemocratização", que consiste em esvaziar a democracia de sua substância sem a extinguir formalmente.

Não há dúvida de que há uma guerra sendo travada pelos grupos oligárquicos, na qual se misturam de forma específica, a cada ocasião, os interesses da alta administração, dos oligopólios privados, dos economistas e das mídias (sem mencionar o Exército e a Igreja). Mas essa guerra visa não apenas a mudar a economia para "purificá-la" das más ingerências públicas, como também a transformar profundamente a própria sociedade, impondo-lhe

---

[12] Naomi Klein, *The Shock Doctrine: The Rise of Disaster Capitalism* (Londres, Penguin, 2008).

[13] Karl Marx, *O capital: crítica da economia política*, Livro I: *O processo de produção do capital* (trad. Rubens Enderle, São Paulo, Boitempo, 2013), cap. 24, p. 786.

a fórceps a lei tão pouco natural da concorrência e o modelo da empresa. Para isso, é preciso enfraquecer as instituições e os direitos que o movimento operário conseguiu implantar a partir do fim do século XIX, o que pressupõe uma guerra longa, contínua e muitas vezes silenciosa, qualquer que seja a amplidão do "choque" que sirva de pretexto para determinada ofensiva.

Portanto, é fundamental compreender como se exerce hoje a violência comum, rotineira, que pesa sobre os indivíduos, à maneira de Marx talvez, quando observava que a dominação do capital sobre o trabalho recorria apenas excepcionalmente à violência extraeconômica – e exercia-se mais comumente na forma de uma "coerção muda" inserida nas palavras e nas coisas[14]. Todavia, não se trata mais de se perguntar como, de maneira geral, as relações capitalistas impõem-se à consciência operária como "leis naturais evidentes"; trata-se de compreender, mais especificamente, como a governamentalidade neoliberal escora-se num *quadro normativo global* que, em nome da liberdade e apoiando-se nas margens de manobra concedidas aos indivíduos, orienta de maneira nova as condutas, as escolhas e as práticas desses indivíduos.

Assim, não podemos nos contentar com as lições de Karl Marx nem de Rosa Luxemburgo para desvelar o segredo dessa estranha faculdade do neoliberalismo de se estender por toda a parte, apesar de suas crises e das revoltas que suscita em todo o mundo. Por razões teóricas básicas, a interpretação marxista, por mais atual que seja, revela-se de uma insuficiência gritante nesse caso. O neoliberalismo emprega técnicas de poder inéditas sobre as condutas e as subjetividades. Ele não pode ser reduzido à expansão espontânea da esfera mercantil e do campo de acumulação do capital. Não que se deva defender, contra o determinismo monocausal de certo marxismo, a relativa autonomia da política, simplesmente porque o neoliberalismo, por muitos de seus aspectos doutrinais e nas políticas que desenvolve, não separa "a economia" do quadro jurídico-institucional que determina as práticas próprias da "ordem concorrencial" mundial e nacional.

Embora tenham previsto a crise financeira de 2008, as interpretações marxistas nem sempre conseguem captar a novidade do capitalismo neoliberal: fechando-se numa concepção que faz da "lógica do capital" um motor autônomo da história, elas reduzem a história a uma repetição dos mesmos roteiros, com as mesmas personagens vestidas com novos figurinos e as

---

[14] Ibidem, p. 808.

mesmas intrigas situadas em novos cenários. Em outras palavras, a história do capitalismo nunca é mais do que o desenvolvimento de uma mesma essência sempre idêntica a si mesma, aquém de suas formas fenomenais e fases, e, no fundo, leva de crise em crise até a ruína final. O neoliberalismo, entendido desse modo, é a um só tempo a máscara e o instrumento das finanças, as quais são o sujeito histórico real. Para Gérard Duménil e Dominique Lévy, o neoliberalismo "restaurou as regras mais estritas do capitalismo" ("*Neoliberalism has restored the strictest rules of capitalism*")[15], permitindo ao poder do capital continuar sua marcha multissecular sob formas que se renovam por meio das crises. O próprio David Harvey, embora muito mais cuidadoso com a novidade do neoliberalismo, continua a aderir a um esquema explicativo muito pouco original[16]. Para ele, a crise da acumulação nos anos 1960, marcada pela estagflação e pela diminuição dos lucros, teria incitado a burguesia a ir à "desforra", empregando por ocasião dessa crise, e para sair dela, o projeto social formulado pelos teóricos da Sociedade Mont-Pèlerin. O Estado neoliberal, para além de seus traços específicos e a despeito de seu intervencionismo, continua a ser visto como um simples instrumento nas mãos de uma classe capitalista desejosa de restaurar uma relação de força favorável *vis-à-vis* aos trabalhadores e, desse modo, aumentar sua parte na distribuição de renda. O aumento das desigualdades e o crescimento da concentração de renda e patrimônio que podemos constatar hoje confirmam a existência dessa vontade inicial[17]. No fundo, tudo reside na resposta de Duménil e Lévy à pergunta "Quem lucra com o crime?" ("*Who benefits from the crime?*")[18]: como são as finanças que lucram, são elas que desde o princípio estão no comando da manobra. Temos aqui um paralogismo recorrente que consiste em confundir o beneficiário do crime com seu autor, como se o surgimento de uma nova forma social devesse ser reconduzido à consciência de um ou mais estrategistas como sua fonte

---

[15] Ver Gérard Duménil e Dominique Lévy, *Capital Resurgent: Roots of the Neoliberal Revolution* (trad. Derek Jeffers, Cambridge, Harvard University Press, 2004), p. 1.

[16] Ver David Harvey, *A Brief History of Neoliberalism* (Oxford, Oxford University Press, 2005) [ed. bras.: *O neoliberalismo: história e implicações*, São Paulo, Loyola, 2008].

[17] Harvey toma amplamente esse quadro explicativo de Duménil e Lévy, utilizando os gráficos construídos pelos autores para mostrar a evolução da distribuição de renda no capitalismo neoliberal.

[18] Título do capítulo 15 de Gérard Duménil e Dominique Lévy, *Capital Resurgent*, cit.

ou seu foco genuíno e como se o recurso à intencionalidade de um sujeito fosse o princípio último de toda inteligibilidade histórica.

Mas, se a explicação é sedutora, é justamente porque, contrariando as lições de Marx, ela toma os resultados históricos de um processo por objetivos decididos logo de início com plena consciência. A incontestável polarização de riqueza e pobreza a que levou a implantação das políticas neoliberais basta por si só para explicar sua natureza. Esta, no fundo, seria apenas a eterna tendência do capital de se autovalorizar mediante a expansão da mercadoria. Não teria acontecido nada de muito diferente desde 1867, quando Marx expôs o jogo das leis da acumulação capitalista, fazendo a mercadoria, forma elementar da riqueza burguesa, remontar à acumulação original que produz as condições históricas da transformação da mercadoria e do dinheiro em capital. Na medida em que a análise de Marx faz da relação salarial como relação mercantil *sui generis* o coração do capitalismo, essa crítica tende logicamente a privilegiar a relação mercantil como modelo de toda relação social – o neoliberalismo equivaleria, assim, à mercantilização implacável de toda a sociedade. É o que Duménil e Lévy sustentam quando escrevem: "*Finally neoliberalism is indeed the bearer of a process of general commodification of social relationships*" ["em última análise, o neoliberalismo é o portador de um processo de mercantilização generalizada das relações sociais"][19].

David Harvey concorda largamente com essa tese. O que ele designa como "acumulação por despossessão", expressão que sob sua caneta remete ao significado mais profundo de "neoliberalização" da sociedade, tem como efeito a expansão *a priori* ilimitada da mercantilização[20]. Contudo, ele acrescenta uma pincelada ao quadro – mérito que lhe deve ser reconhecido – quando sublinha que os métodos da "suposta acumulação original" perduraram muito além do surgimento do capitalismo industrial e quando considera Karl Polanyi o historiador do capitalismo mais pertinente para se compreender como, ainda hoje, a intervenção pública é necessária para construir mercados e criar "mercadorias fictícias". Mas o verdadeiro motor da história continua a ser o poder do capital, que subordina o Estado e a sociedade, colocando-os a serviço de sua acumulação cega.

---

[19] Ibidem, p. 2.

[20] Ver a seção intitulada "The Commodification of Everything", em David Harvey, *A Brief History of Neoliberalism*, cit., p. 165 e seg.

Esse esquema, amplamente compartilhado pelo movimento altermundialista, tem algumas fraquezas. Além de fazer da economia a única dimensão do neoliberalismo, pressupõe que a burguesia é um sujeito histórico que perdura no tempo, que preexiste às relações de luta que engaja com as outras classes e que somente precisou alertar, influenciar e corromper os políticos para que estes abandonassem as políticas keynesianas e as fórmulas de compromisso entre o trabalho e o capital. Em Harvey, esse cenário entra em contradição com o reconhecimento de que as classes mudaram profundamente ao longo do processo de neoliberalização – a ponto de novas burguesias terem surgido diretamente dos aparelhos comunistas em certos países (oligarcas na Rússia, príncipes vermelhos na China) – e é incoerente com a análise bastante precisa das formas específicas de intervenção do Estado neoliberal.

Na realidade, não houve um grande complô nem uma doutrina pré-fabricada que os políticos teriam aplicado com cinismo e determinação para satisfazer as expectativas de seus poderosos amigos do mundo dos negócios. A lógica normativa que acabou se impondo constituiu-se ao longo de batalhas inicialmente incertas e de políticas frequentemente tateantes. A sociedade neoliberal em que vivemos é fruto de um processo histórico que não foi integralmente programado por seus pioneiros; os elementos que a compõem reuniram-se pouco a pouco, interagindo uns com os outros, fortalecendo uns aos outros. Da mesma forma como não é resultado direto de uma doutrina homogênea, a sociedade neoliberal não é reflexo de uma lógica do capital que suscita as formas sociais, culturais e políticas que lhe convém à medida que se expande. A explicação marxista clássica esquece que a crise de acumulação a que o neoliberalismo supostamente responde, longe de ser uma crise de um capitalismo sempre igual a si mesmo, tem a particularidade de estar ligada às regras institucionais que até então enquadravam certo tipo de capitalismo. Consequentemente, a originalidade do neoliberalismo está no fato de criar um novo conjunto de regras que definem não apenas *outro* "regime de acumulação", mas também, mais amplamente, *outra* sociedade. Tocamos aqui num ponto fundamental. Na concepção marxista, o capitalismo é, antes de tudo, um "modo de produção" econômico que, como tal, é independente do direito e gera a ordem jurídico-política de que necessita a cada estágio de seu autodesenvolvimento. Ora, longe de pertencer a uma "superestrutura" condenada a exprimir ou obstruir o econômico, *o jurídico pertence de imediato* às relações de produção, na medida em que molda o econômico a partir de dentro. "O inconsciente dos economistas", como diz Foucault, que é na verdade o inconsciente de todo economicismo, seja liberal, seja marxista, é precisamente a instituição, e é justamente a instituição que o neoliberalismo, em particular em sua versão ordoliberal, quer reconduzir a uma posição determinante[21].

Tocamos aqui num ponto fundamental, cuja implicação política tem a ver com a questão da possibilidade de sobrevivência do capitalismo além de suas crises, uma possibilidade que, como bem sabemos, foi discutida novamente no auge da crise de novembro de 2008. Se nos colocarmos sob uma perspectiva marxista, a lógica única e necessária da acumulação do capital determina a unicidade do capitalismo: "Há na verdade apenas *um* capitalismo, porque há apenas *uma* lógica do capital", como observa Foucault[22]. As contradições que a sociedade capitalista manifesta em todas as épocas são as contradições do capitalismo *tout court*. Por exemplo, se seguirmos a análise do Livro I de *O capital*, a consequência da lei geral da acumulação capitalista é uma tendência à centralização dos capitais, da qual a concorrência, juntamente com o crédito, é a principal alavanca. A tendência à centralização está, portanto, na própria lógica da concorrência como uma "lei natural", a da "atração do capital pelo capital"[23]. Mas se pensarmos como os ordoliberais – e, depois deles, como os economistas "regulacionistas"[24] – que a figura atual do capitalismo, longe de poder se deduzir diretamente da lógica do capital, não passa de "uma figura econômico-institucional" historicamente singular, devemos convir, então, que a forma do capitalismo e os mecanismos da crise são efeito contingente de certas regras jurídicas, não consequência necessária das leis da acumulação capitalista. Por conseguinte, são suscetíveis de ser superadas à custa de transformações jurídico-institucionais. Em última análise, o que justifica o intervencionismo jurídico reivindicado pelo neoliberalismo é que, quando se lida com um capitalismo singular, é possível

---

[21] Faremos aqui uma observação que tem sua importância. Muitos críticos do neoliberalismo tratam com enorme desprezo o objeto de seus ataques, como se não tivessem nada para aprender com seus adversários teóricos. Evidentemente, essa é uma atitude muito contrária à que Marx adotou em relação aos defensores do capitalismo liberal, assim como a de Foucault com relação aos neoliberais.

[22] Michel Foucault, *Naissance de la biopolitique*, cit., p. 170.

[23] Karl Marx, *O capital*, Livro I, cit., cap. 23, p. 702.

[24] Ver Robert Boyer e Yves Saillard, *Regulation Theory: The State of the Art* (Londres, Routledge, 2002).

intervir nesse conjunto de maneira a inventar outro capitalismo, diferente do primeiro, o qual constituirá uma configuração singular determinada por um conjunto de regras jurídico-políticas. Em vez de um modo econômico de produção cujo desenvolvimento é comandado por uma lógica que age à maneira de uma "lei natural" implacável, o capitalismo é um "complexo econômico-jurídico" que admite uma multiplicidade de figuras singulares. É por isso também que devemos falar de *sociedade neoliberal*, e não apenas de *política* neoliberal ou *economia* neoliberal – embora seja inegavelmente uma sociedade capitalista, *essa* sociedade diz respeito a uma figura singular do capitalismo que exige ser analisada como tal em sua irredutível especificidade. Vemos, pois, que a análise da governamentalidade neoliberal atinge indiretamente, como que por tabela, a concepção marxista do capitalismo em seu essencialismo.

Não é só isso. A interpretação marxista do neoliberalismo nem sempre compreendeu que a crise dos anos 1960-1970 não era redutível a uma "crise econômica" no sentido clássico. Nesses termos, ela é estreita demais para captar a extensão das transformações sociais, culturais e subjetivas introduzidas pela difusão das normas neoliberais em toda a sociedade. Porque o neoliberalismo não é apenas uma resposta a uma crise de acumulação, ele é uma resposta a uma crise de governamentalidade. É, na verdade, nesse contexto muito específico de contestação generalizada que Foucault situa o advento de uma nova maneira de conduzir os indivíduos que pretende satisfazer a aspiração de liberdade em todos os domínios, tanto sexual e cultural como econômico. Para resumirmos, ele teve a intuição de que o que se decidia naqueles anos era uma crise aguda das formas até então dominantes de poder. Compreendeu, contra o economicismo, que não se podem isolar as lutas dos trabalhadores das lutas das mulheres, dos estudantes, dos artistas e dos doentes, e pressentiu que a reformulação dos modos de governo dos indivíduos nos diversos setores da sociedade e as respostas dadas às lutas sociais e culturais estavam encontrando, com o neoliberalismo, uma possível coerência teórica e prática. Interessando-se de perto pela história do governo liberal, ele mostra que aquilo que chamamos desde o século XVIII de "economia" está no fundamento de um conjunto de dispositivos de controle da população e de orientação das condutas (a "biopolítica") que vão encontrar no neoliberalismo uma sistematização inédita. Com este último, a concorrência e o modelo empresarial constituem um modo geral de governo, muito além da "esfera econômica" no sentido habitual do termo. E é precisamente o que se pode observar por toda a parte. A exigência de "competitividade" tornou-se um princípio político geral que comanda as reformas em todos os domínios, mesmo os mais distantes dos enfrentamentos comerciais no mercado mundial. Ela é a expressão mais clara de que estamos lidando não com uma "mercantilização sorrateira", mas com uma expansão da racionalidade de mercado a toda a existência por meio da generalização da forma-empresa. É essa "racionalização da existência" que, afinal, como dizia Margaret Thatcher, pode "mudar a alma e o coração". Nesse sentido, basta pensarmos nos profundos estragos subjetivos que vinte anos de "berlusconismo" produziram na Itália para termos uma ideia bastante precisa dessas transformações. Embora se distinga de um marxismo estreito, essa análise vai ao encontro de uma das intuições mais profundas de Marx, que compreendeu muito bem que um sistema econômico de produção era também um sistema antropológico de produção.

A crise generalizada de um modo de governar os homens

Enfatizando a dimensão produtora do neoliberalismo, essa análise nos permite pensar a crise atual não mais como consequência de um "excesso de finanças", um efeito da "ditadura dos mercados" ou então, uma "colonização" dos Estados pelo capital. A crise que atravessamos aparece como aquilo que é: uma crise global do neoliberalismo como modo de governar as sociedades.

A crise atual do euro não é uma simples crise "monetária", as crises dos países do sul da Europa não são simples crises "orçamentárias", assim como a crise mundial que começou no outono de 2008 não é uma simples crise "econômica". Considerada isoladamente, a primeira pode aparecer como uma espécie de réplica atrasada da crise dos *subprimes*, uma transição entre uma crise da dívida privada e uma crise da dívida pública, sob o efeito de mercados especulativos não controlados. Mas essa visão é estreita, ou mesmo enganosa. A crise mundial é uma crise geral da "governamentalidade neoliberal", isto é, de um modo de governo das economias e das sociedades baseado na generalização do mercado e da concorrência. A crise financeira está profundamente ligada às medidas que, desde o fim dos anos 1970, introduziram na esfera das finanças norte-americanas e mundiais novas regras baseadas na generalização da concorrência entre as instituições bancárias e os fundos de investimentos, o que os levou a aumentar os níveis de risco e espalhá-los pelo resto da economia para embolsar lucros especulativos colossais.

Tornou-se comum relacionar a crise ao "novo regime de acumulação financeira", caracterizado por uma instabilidade crônica que assiste à formação sucessiva de "bolhas especulativas" e a seu estouro, mas é raro que se diga que a financeirização do capitalismo em escala mundial é apenas um dos aspectos de um conjunto de normas que envolveram progressivamente todos os aspectos da atividade econômica, da vida social e da política dos Estados desde o fim dos anos 1970. A autonomia e o inchaço da esfera financeira não são as causas primeiras e espontâneas de um novo modo de acumulação capitalista. A hipertrofia financeira é antes o efeito historicamente identificável de políticas que estimularam a concorrência entre os atores nacionais e mundiais das finanças. Acreditar que os mercados financeiros escaparam um belo dia da influência política é puro e simples conto da carochinha. Foram os Estados e as organizações econômicas mundiais, em estreita conivência com os atores privados, que criaram as regras favoráveis a esse rápido crescimento das finanças de mercado.

Se a crise financeira norte-americana mostrou sobre que bases instáveis e desigualitárias funcionava o novo capitalismo mundial (especulação cínica das finanças de mercado, sucessão de bolhas cada vez maiores, polarização crescente entre as classes, submissão à dívida bancária das populações das classes pobres e dos países periféricos etc.), a atual crise europeia mostra que os fundamentos da construção europeia ("a ordem da concorrência livre e não distorcida") conduzem a assimetrias cada vez maiores entre países mais ou menos "competitivos". Porque é exatamente o imperativo da "competitividade", enaltecida por toda a parte como o único "remédio", que explica a especificidade da atual crise europeia. A corrida à competitividade, na qual a Alemanha se lançou no início dos anos 2000 com sucesso crescente, nada mais é do que o efeito da implementação de um princípio inserido na "Constituição europeia": a competição entre as economias europeias, combinada com a existência de uma moeda única gerida por um banco central que garante a estabilidade dos preços, constitui na verdade a própria base do edifício comunitário e o eixo dominante das políticas nacionais. Isso significa que todo país-membro é livre para usar o *dumping* fiscal mais agressivo a fim de atrair as multinacionais e os contribuintes mais ricos, é livre para diminuir os salários e a proteção social a fim de criar empregos à custa de seus vizinhos, é livre para tentar baixar os custos de produção deslocando toda ou parte de sua produção e é livre para reduzir as despesas públicas, inclusive com saúde e educação, a fim de reduzir o nível dos descontos compulsórios. Enquanto princípio geral de governo, a "competitividade" representa precisamente a extensão da norma neoliberal a todos os países, a todos os setores da ação pública, a todos os domínios da vida social, e é a implementação dessa norma que leva à diminuição da demanda por toda parte simultaneamente, sob o pretexto de tornar a oferta mais "competitiva", e à concorrência entre os assalariados dos países europeus e dos outros países do mundo, o que acarreta deflação salarial e desigualdades crescentes. A atitude da Renault na Espanha é muito esclarecedora nesse sentido: apesar de elogiar a competitividade dos funcionários espanhóis diante dos funcionários franceses, na Espanha a direção do grupo não hesita em exaltar o exemplo da Romênia para pedir aos funcionários que trabalhem de graça aos sábados[25].

Como explicar essa corrida suicida para ver quem será o campeão da austeridade? Devemos culpar a falta de lucidez ou, mais profundamente, vê-la como consequência de uma engrenagem concorrencial? No interior de um sistema europeu baseado na concorrência e numa moeda única, a pressão especulativa dos investidores privados sobre o mercado da dívida pública e a pressão das agências de classificação de risco, sem falar da impossibilidade de desvalorização da moeda, são todos aspectos de uma mesma lógica disciplinadora com uma temível eficácia para rebaixar os salários e diminuir a proteção social.

É incompreensível a obstinação, ou mesmo o fanatismo, com que os especialistas dos governos, da União Europeia e do FMI perseguem essa tal política de "austeridade", se não levarmos em conta que eles estão presos a um quadro normativo, tanto europeu como mundial, composto de regras de direito públicas e privadas e "consensos" com valor de compromisso para o futuro que eles próprios construíram ativamente durante décadas. Não podendo e não querendo romper com esse quadro, são empurrados para adaptar-se cada vez mais aos efeitos de sua própria política anterior. Nesse sentido, os planos de austeridade que diminuem a renda da grande massa da população são inseparáveis da vontade de gerir as economias e as sociedades como empresas "lançadas na competição mundial".

Aqui e ali, nos espaços onde a crítica ainda é possível, condenam-se os "erros" das políticas europeias de austeridade, que, repetindo os equívocos

---

[25] Ver "En France, Renault veut une compétitivité espagnole", *Le Monde*, Paris, 8 nov. 2012.

dos anos 1930, agravam a depressão onde quer que sejam adotadas e levam sociedades inteiras a uma regressão social que até pouco tempo atrás era inimaginável. Paul Krugman aconselha há anos um aumento da despesa pública para pôr a máquina novamente em movimento[26]. Mas devemos ir mais longe na análise para compreender por quais encadeamentos fatais os governos "técnicos" da Grécia, da Espanha, de Portugal ou da Itália, mas também o governo "socialista" da França, foram levados a implantar políticas tão contrárias ao "bom senso", já que reduzem a demanda e aniquilam os empregos quando deveriam ser expansionistas e gerar atividade. Boas almas keynesianas ou pós-keynesianas podem até alegar que essas políticas violentamente aplicadas no sul da Europa são não apenas contrárias ao bem-estar da maioria, como fatais para o crescimento e até para a sobrevivência da construção europeia, mas não conseguirão convencer com simples argumentos os dirigentes europeus, os meios financeiros e todos os especialistas e os jornalistas que se encarregaram de justificar o suicídio coletivo. Continuar a acreditar que o neoliberalismo não passa de uma "ideologia", uma "crença", um "estado de espírito" que os fatos objetivos, devidamente observados, bastariam para dissolver, como o sol dissipa a névoa matinal, é travar o combate errado e condenar-se à impotência. O neoliberalismo é um sistema de normas que hoje estão profundamente inscritas nas práticas governamentais, nas políticas institucionais, nos estilos gerenciais. Além disso, devemos deixar claro que esse sistema é tanto mais "resiliente" quanto excede em muito a esfera mercantil e financeira em que reina o capital. Ele estende a lógica do mercado muito além das fronteiras estritas do mercado, em especial produzindo uma subjetividade "contábil" pela criação de concorrência sistemática entre os indivíduos. Pense-se em particular na generalização dos métodos de avaliação no ensino público oriundos da empresa: a longa greve dos professores de Chicago em setembro de 2012 obstruiu, ao menos momentaneamente, um projeto de avaliação dos professores de acordo com o desempenho de seus alunos em testes elaborados sob medida para permitir a avaliação dos professores por meio da avaliação dos alunos, com a possibilidade de demissão do professor cujos alunos não apresentassem resultados satisfatórios. Pense-se igualmente como o endividamento crônico é produtor de subjetividade e acaba se tornando um verdadeiro "modo de vida" para centenas de milhares

---

[26] Paul Krugman, *End this Depression Now* (Nova York, W. W. Norton & Co., 2012).

de indivíduos: o movimento dos estudantes do Québec pôs em evidência a lógica infernal do endividamento para toda a vida que seria imposto pela alta brutal das taxas de matrícula. O que está em jogo nesses exemplos é a construção de uma nova subjetividade, o que chamamos de "subjetivação contábil e financeira", que nada mais é do que a forma mais bem-acabada da subjetivação capitalista. Trata-se, na verdade, de produzir uma relação do sujeito individual com ele mesmo que seja homóloga à relação do capital com ele mesmo ou, mais precisamente, uma relação do sujeito com ele mesmo como um "capital humano" que deve crescer indefinidamente, isto é, um valor que deve valorizar-se cada vez mais. Como podemos ver, não são tanto as teorias falsas que devem ser combatidas, ou as condutas imorais que devem ser denunciadas, mas é todo um quadro normativo que deve ser desmantelado e substituído por outra "razão do mundo". Esse é o desafio das lutas sociais atuais, que decidirão a continuação – ou até mesmo a radicalização – dessa lógica neoliberal ou, ao contrário, seu fim.

Quanto ao Estado, com o qual alguns ainda contam ingenuamente para "controlar" os mercados, a crise mostrou até que ponto ele se fez o coprodutor voluntário das normas de competitividade, à custa de todas as considerações de salvaguarda das condições mínimas de bem-estar, saúde e educação da população. Mas a crise mostrou também que o Estado, pela defesa incondicional que fazia do sistema financeiro, era parte interessada nas novas formas de sujeição do assalariado ao endividamento de massa que caracteriza o funcionamento do capitalismo contemporâneo. O Estado neoliberal não é, portanto, um "instrumento" que se possa utilizar indiferentemente para finalidades contrárias. Enquanto "Estado-estrategista", codecididor dos investimentos e das normas, ele é uma peça da máquina que se deve combater.

Atingindo a Europa, a crise mundial agiu como um indicador brutal e impiedoso. Pôs a nu as ilusões sobre as quais a Europa se construiu até hoje: a crença de que se podia construir a Europa política sobre o êxito econômico e a prosperidade material, "constitucionalizando" as normas do equilíbrio orçamentário, da estabilidade monetária e da concorrência. A crise da Europa é uma crise de seus fundamentos. Não basta "reorientar" a Europa em direção ao crescimento, ou "resolver o déficit democrático" da Europa, coroando o grande mercado com a superestrutura institucional de um Estado federal sem mexer em suas fundações. Não é o telhado da "casa Europa" que é frágil, mas suas fundações, que estão rachando de todos os lados. É preciso compreender quão intimamente os três aspectos da Europa atual estão ligados entre si: constitucionalização da concorrência e da regra de ouro orçamentária, "federalismo executivo" consagrando a supremacia do intergovernamental e a importância secundária dos direitos sociais[27]. Em particular, o fato de que o Parlamento não tenha nenhum poder de iniciativa no campo legislativo, que a Comissão Europeia, instância não eleita, seja a única habilitada a propor leis e disponha de poder de veto em matéria de legislação e que essa mesma Comissão Europeia e o Conselho dos Ministros (que não têm nenhuma responsabilidade em relação ao Parlamento) sejam considerados órgãos independentes, encarregados de promover o "interesse geral", não é em absoluto um concurso fortuito de circunstâncias; ao contrário, existe nisso uma coerência institucional forte, que repousa no princípio antidemocrático segundo o qual a independência em relação aos cidadãos é a melhor garantia para perseguir o interesse geral. Assim, é preciso *refundar* a Europa, isto é, no sentido exato do termo, dar a ela novas fundações. À diferença dos tratados precedentes, esse ato não pode ser negociado e implantado por uma instância intergovernamental, nem mesmo depender do monopólio de um Parlamento. Ele só pode ser um ato dos cidadãos europeus.

Liberalismo clássico e *neo*liberalismo

Para além da questão política, abordar o estudo do neoliberalismo pela governamentalidade não deixa de levar a certos desvios em relação às abordagens dominantes ou às linhas de clivagem estabelecidas. Esta obra propõe-se examinar os caracteres diferenciais que especificam a governamentalidade neoliberal. Portanto, não se trata aqui de procurar restabelecer uma simples continuidade entre liberalismo e neoliberalismo, como se costuma fazer, mas sublinhar o que constitui propriamente a novidade do *neo*liberalismo, o que implicar ir contra a tendência que consiste em apresentar o neoliberalismo como um "retorno" ao liberalismo original ou uma "restauração" deste último após o longo eclipse que se seguiu à crise dos anos 1890-1900. As consequências políticas dessa confusão para a esquerda são facilmente discerníveis. Como toda regulamentação da vida econômica é considerada

---

[27] Lembramos que o Artigo 210-2 da Parte III do Tratado de Lisboa proíbe que os Estados tomem medidas que vão no sentido de uma harmonização social.

por definição a- ou antiliberal, é um dever apoiá-la, sem levar em conta seu conteúdo ou, pior ainda, prejulgando favoravelmente esse conteúdo[28].

O "primeiro liberalismo", aquele que toma corpo no século XVIII, caracteriza-se pela elaboração da questão dos *limites* do governo. O governo liberal é enquadrado por "leis", mais ou menos conjugadas: leis naturais que fazem do homem o que ele é "naturalmente" e devem servir de marco para a ação pública; leis econômicas, igualmente "naturais", que devem circunscrever e regular a decisão política. Contudo, por mais finas e flexíveis que sejam as doutrinas do direito natural e da dogmática do *laissez-faire*, as técnicas utilitaristas do governo liberal tentam orientar, estimular e combinar os interesses individuais para fazê-los servir ao bem geral. Embora nesse primeiro liberalismo haja certa concepção comum do homem, da sociedade e da história, e a questão da limitação da ação governamental seja central, a unidade do liberalismo "clássico" será cada vez mais problemática, como mostram os caminhos divergentes que os liberais seguirão no século XIX, entre o dogmatismo do *laissez-faire* e certo reformismo social, uma divergência que resultará numa crise cada vez mais marcada das antigas certezas[29].

A primeira parte desta obra mostra que, desde seu registro de nascimento, na grande crise dos anos 1930, o neoliberalismo introduziu uma distância, ou até um claro rompimento, em relação à versão dogmática do liberalismo que se impôs no século XIX. A gravidade da crise desse dogmatismo forçava uma revisão explícita e assumida do velho *laissez-faire*. Combater o socialismo e todas as versões do "totalitarismo" exigia um trabalho de refundação das bases intelectuais do liberalismo. É nessa conjuntura de crise econômica, política e doutrinal que se opera uma refundação "neoliberal" da doutrina que também não conduz a uma doutrina completamente unificada. Duas grandes correntes vão se esboçar a partir do Colóquio Walter Lippmann, em 1938: a corrente do ordoliberalismo alemão, representada sobretudo por Walter Eucken e Wilhelm Röpke, e a corrente austro-americana, representada por Ludwig von Mises e Friedrich A. Hayek.

A segunda parte do livro nos permitirá estabelecer que a racionalidade neoliberal que realmente se desenvolve nos anos 1980-1990 não é a simples

---

[28] Esse foi um dos argumentos mais invocados pelos líderes socialistas que tomaram a defesa da ratificação do Tratado Europeu durante a campanha do referendo na França.

[29] A edição francesa desta obra tem quatro capítulos iniciais, que foram excluídos das edições inglesa e brasileira, dedicados ao primeiro liberalismo.

implementação da doutrina elaborada nos anos 1930. Não passamos com ela da teoria para a prática. Uma espécie de filtro, que não se deve a uma seleção consciente e deliberada, retém alguns elementos em detrimento do resto, em função de seu valor operatório ou estratégico em dada situação histórica. Trata-se aqui não da ação de uma monocausalidade (da ideologia para a economia ou vice-versa), mas de uma multiplicidade de processos heterogêneos que resultaram, em razão de "fenômenos de coagulação, apoio, reforço recíproco, coesão, integração", nesse "efeito global" que é a implantação de uma nova *racionalidade* governamental, no sentido definido anteriormente[30].

O neoliberalismo, portanto, não é o herdeiro natural do primeiro liberalismo, assim como não é seu extravio nem sua traição. Não retoma a questão dos limites do governo do ponto em que ficou. O neoliberalismo não se pergunta mais sobre que tipo de limite dar ao governo político, ao mercado (Adam Smith), aos direitos (John Locke) ou ao cálculo da utilidade (Jeremy Bentham), mas, sim, sobre como fazer do mercado tanto o princípio do governo dos homens como o do governo de si (Parte I). Considerado uma *racionalidade* governamental, e não uma doutrina mais ou menos heteróclita, o neoliberalismo é precisamente o desenvolvimento da lógica do mercado como lógica normativa generalizada, desde o Estado até o mais íntimo da subjetividade (Parte II). É essa coerência prática e normativa, mais do que a das fontes históricas e das teorias de referência, que fundamenta nosso argumento. Este último, esclarecendo a forma como se impõe e funciona em todos os níveis um certo sistema de normas, não tem outro objetivo além de contribuir para a renovação do pensamento crítico e a reinvenção das formas de luta.

---

[30] Michel Foucault, *Sécurité, territoire, population* (Paris, Seuil/Gallimard, 2004, Coleção Hautes Études), p. 244. Nessa passagem, o autor substitui a questão da atribuição de uma causa ou uma fonte única pela da constituição ou da composição dos efeitos globais como meio privilegiado de estabelecimento da inteligibilidade na história.

I
A REFUNDAÇÃO INTELECTUAL

1
CRISE DO LIBERALISMO E NASCIMENTO DO NEOLIBERALISMO

O liberalismo é um mundo de tensões. Sua unidade, desde o princípio, é problemática. O direito natural, a liberdade de comércio, a propriedade privada e as virtudes do equilíbrio do mercado são certamente alguns dos dogmas do pensamento liberal dominante em meados do século XIX. Modificar os princípios seria quebrar a máquina do progresso e romper o equilíbrio social. Mas esse whiggismo triunfante não será o único a ocupar terreno nos países ocidentais. As críticas mais variadas florescerão, tanto no plano doutrinal como no político, ao longo do século XIX. Isso porque em nenhuma parte, e em nenhum os domínio, a "sociedade" se deixa reduzir a uma soma de trocas contratuais entre indivíduos. A sociologia francesa não cansará de repetir isso, ao menos desde Auguste Comte, sem mencionar o socialismo que denuncia a mentira de uma igualdade apenas fictícia. Na Inglaterra, o radicalismo, depois de inspirar as reformas mais liberais de assistência aos pobres e ajuda à promoção do livre-câmbio, alimentará certa contestação dessa metafísica naturalista e até estimulará as reformas democráticas e sociais em favor da maioria.

A crise do liberalismo é também uma crise interna, o que é esquecido de bom grado quando se assume a tarefa de fazer a história do liberalismo como se se tratasse de um corpo unificado. A partir de meados do século XIX, o liberalismo expõe linhas de fratura que vão se aprofundando até a Primeira Guerra Mundial e o entreguerras. A tensão entre dois tipos de liberalismo, o dos reformistas sociais que defendem um ideal de bem comum e o dos partidários da liberdade individual como fim absoluto, na realidade nunca cessou[1].

---

[1] Para a apresentação dessas duas formas de liberalismo, ver Michael Freeden, *Liberalism Divided: A Study in British Political Thought 1914-1939* (Oxford, Clarendon, 1986).

Essa dilaceração que reduz a unidade do liberalismo a um simples mito retroativo constitui propriamente essa longa "crise do liberalismo" que vai dos anos 1880 aos anos 1930 e que pouco a pouco vê a revisão dos dogmas em todos os países industrializados onde os reformistas sociais ganham terreno. Essa revisão, que às vezes parece conciliar-se com as ideias socialistas sobre a direção da economia, forma o contexto intelectual e político do nascimento do neoliberalismo na primeira metade do século XX.

Qual é a natureza dessa "crise do liberalismo"? Marcel Gauchet certamente tem razão de identificar entre seus aspectos um problema eminente: como a sociedade que se libertou dos deuses para descobrir-se plenamente histórica poderia abandonar-se a um curso fatal e, assim, perder o controle de seu futuro? Como a autonomia humana poderia ser sinônimo de impotência coletiva? Como pergunta Marcel Gauchet: "O que é uma autonomia que não se comanda?". O sucesso do socialismo se deveria precisamente ao fato de que ele soube aparecer, sendo nisso um digno sucessor do liberalismo, como a encarnação da vontade otimista de construir o futuro[2]. Mas isso somente é verdade se reduzirmos o liberalismo à crença nas virtudes do equilíbrio espontâneo dos mercados e situarmos as contradições na esfera das ideias. Ora, já no século XVIII, a questão da ação governamental apresentou-se de forma muito mais complexa. Na realidade, o que se costuma chamar de "crise do liberalismo" é uma crise da governamentalidade liberal, segundo o termo de Michel Foucault, isto é, uma crise que apresenta essencialmente o problema prático da intervenção política em matéria econômica e social e o da justificação doutrinal dessa intervenção[3].

O que era posto como uma limitação externa a essa ação, em particular os direitos invioláveis do indivíduo, tornou-se um puro e simples fator de bloqueio da "arte do governo", num momento em que este último se vê confrontado precisamente com questões econômicas e sociais novas e ao mesmo tempo prementes. A necessidade prática da intervenção governamental para fazer frente às mutações organizacionais do capitalismo, aos conflitos de classe que ameaçam a "propriedade privada" e às novas relações de força

---

[2] Ver Marcel Gauchet, *La crise du libéralisme: l'avènement de la démocratie*, v. 2 (Paris, Gallimard, 2007), p. 64 e seg. e 306.

[3] Ver Michel Foucault, *Naissance de la biopolitique* (Paris, Seuil/Gallimard, 2004), p. 71.

internacionais é que põe "em crise" o liberalismo dogmático[4]. Solidarismo e radicalismo na França, fabianismo e liberalismo social na Inglaterra, nascimento do "liberalismo" no sentido norte-americano do termo são tanto os sintomas dessa crise do modo de governo como algumas das respostas que foram dadas para enfrentá-la.

Uma ideologia muito estreita

Muito antes da Grande Depressão dos anos 1930, a doutrina do livre mercado não conseguia incorporar os novos dados do capitalismo tal como este se desenvolvera durante a longa fase de industrialização e urbanização, ainda que alguns "velhos liberais" não quisesse desistir de suas proposições mais dogmáticas.

A constatação da "*débâcle* do liberalismo" ia muito além dos meios socialistas ou reacionários mais hostis ao capitalismo. Todo um conjunto de tendências e realidades novas exigiram uma revisão a fundo da representação da economia e da política. O "capitalismo histórico" correspondia cada vez menos aos esquemas teóricos das escolas liberais, quando elas inventavam histórias em torno da idealização das "harmonias econômicas". Em outras palavras, o triunfo liberal de meados do século XIX não durou. Os capitalismos norte-americano e alemão, as duas potências emergentes da segunda metade do século XIX, demonstravam que o modelo atomístico de agentes econômicos independentes, isolados, guiados pela preocupação com seus próprios interesses, é claro, e cujas decisões eram coordenadas pelo mercado concorrencial quase não correspondia mais às estruturas e às práticas do sistema industrial e financeiro realmente existente. Este último, cada vez mais concentrado nos ramos principais da economia, dominado por uma oligarquia estreitamente imbricada com os dirigentes políticos, era regido por "regras do jogo" que não tinham nada a ver com as concepções rudimentares da "lei da oferta e da procura" dos teóricos da economia ortodoxa. O reinado de uns poucos autocratas à frente de empresas gigantescas, controlando o setor das ferrovias, do petróleo, dos bancos, do aço e da química nos Estados Unidos – os que foram qualificados na época de "barões ladrões" (*robber*

---

[4] Cada país teve, segundo suas tradições políticas, seu próprio modo de restauração do liberalismo. A França certamente tomou do republicanismo *fin-de-siècle* e das doutrinas solidaristas sua forma singular de repensar as tarefas governamentais.

barons) – fez surgir talvez a mitologia do *self-made man*, mas ao mesmo tempo desacreditava a ideia de uma coordenação harmoniosa de interesses particulares[5]. Muito antes da elaboração da "concorrência imperfeita", da análise das estratégias de empresa e da teoria dos jogos, o ideal do mercado perfeitamente concorrencial já parecia muito longe das realidades do novo capitalismo de grande escala.

O que o liberalismo clássico não incorporou adequadamente foi precisamente o fenômeno da empresa, sua organização, suas formas jurídicas, a concentração de seus recursos, as novas formas de competição. As novas necessidades da produção e de vendas exigiam uma "gestão científica", que mobilizasse exércitos industriais enquadrados num modelo hierárquico de tipo militar por pessoal qualificado e dedicado. A empresa moderna, integrando múltiplas divisões, gerida por especialistas em organização, tornara-se uma realidade que a ciência econômica dominante ainda não conseguia compreender, mas que muitos espíritos menos preocupados com os dogmas, em particular entre os economistas "institucionalistas", começaram a examinar.

O surgimento dos grandes grupos cartelizados marginalizava o capitalismo de pequenas unidades; o desenvolvimento das técnicas de venda debilitava a fé na soberania do consumidor; e os acordos e as práticas dominadoras e manipuladoras dos oligopólios e dos monopólios sobre os preços destruíam as representações de uma concorrência leal, que beneficiava a todos. Parte da opinião pública começava a ver os homens de negócios como escroques de alto gabarito, não como heróis do progresso. A democracia política parecia definitivamente comprometida pelos fenômenos maciços de corrupção em todos os escalões da vida política. Os políticos faziam sobretudo o papel de marionetes nas mãos dos que detinham o poder do dinheiro. A "mão visível" dos empresários, dos financistas e dos políticos ligados a eles enfraqueceu formidavelmente a crença na "mão invisível" do mercado.

A inadequação das fórmulas liberais às necessidades de regulação da condição salarial e sua própria incompatibilidade com as tentativas de reformas sociais realizadas aqui ou ali constituíram outro fator de crise no liberalismo dogmático. Desde meados do século XIX, com certa intensificação a

---

[5] Ver sobre esse ponto Marianne Debouzy, *Le capitalisme "sauvage" aux États-Unis, 1860-1900* (Paris, Seuil, 1991) [ed. port.: *O capitalismo "selvagem" nos Estados Unidos, 1860-1900*, trad. Maria de Lurdes Almeida Melo, Lisboa, Estudios Cor, 1972].

Crise do liberalismo e nascimento do neoliberalismo • 41

partir das primeiras reformas de Bismarck, no fim dos anos 1870 e início dos anos 1880, assistiu-se na Europa a um movimento ascendente de dispositivos, regulamentações, leis destinadas a consolidar a condição dos assalariados e a evitar tanto quanto possível que eles continuassem a cair no pauperismo que afligiu todo o século XIX: legislação sobre o trabalho infantil, limitação da jornada de trabalho, direito de greve e associação, indenização por acidente, aposentadoria para operários. Essa pobreza nova, gerada no ciclo dos negócios, deveria ser baldada por medidas de proteção coletiva e segurança social. Cada vez mais, a ideia de que a relação salarial era um contrato entre duas vontades independentes e iguais aparecia como uma ficção absolutamente distante das realidades sociais naquela época de grandes concentrações industriais e urbanas. O movimento operário, em pleno desenvolvimento tanto no plano sindical como no plano político, constituía nesse sentido uma advertência constante da dimensão coletiva e ao mesmo tempo conflituosa da relação salarial, um desafio à concepção estritamente individual e "harmônica" do contrato de trabalho tal como o pensava a dogmática liberal.

No plano internacional, o fim do século XIX não se parecia muito com essa grande sociedade universal e pacífica, organizada segundo os princípios racionais da divisão do trabalho, que Ricardo imaginava no início do século. Proteção alfandegária e crescimento dos nacionalismos, imperialismos rivais e crise do sistema monetário internacional apareciam como violações da ordem liberal. Nem parecia mais verdade que o livre-câmbio deveria ser a fórmula da prosperidade universal. As teses de Friedrich List sobre a "proteção educadora" pareciam ser mais confiáveis e corresponder melhor às novas realidades: tanto a Alemanha como os Estados Unidos ofereciam igualmente a face de um capitalismo de grandes unidades protegidas por barreiras alfandegárias elevadas, enquanto a Inglaterra via serem postas em questão suas próprias posições industriais.

A concepção do Estado "vigia noturno", difundida na Inglaterra pela Escola de Manchester e na França pelos economistas doutrinários que sucederam a Jean-Baptiste Say, dava uma visão singularmente estreita das funções governamentais (manutenção da ordem, cumprimento dos contratos, eliminação da violência, proteção dos bens e das pessoas, defesa do território contra os inimigos externos, concepção individualista da vida social e econômica). O que no século XVIII constituía uma crítica às diferentes formas possíveis do "despotismo" tornara-se progressivamente uma defesa conservadora dos direitos de propriedade. Essa concepção, fortemente restritiva até mesmo em relação aos campos de intervenção das "leis de polícia" imaginadas por Adam Smith e aos domínios de administração do Estado benthamiano, parecia cada vez mais defasada em relação às necessidades de organização e regulação da nova sociedade urbana e industrial do fim do século XIX. Em outras palavras, os liberais não dispunham de uma teoria das práticas governamentais que haviam se desenvolvido desde meados do século. Pior, eles se isolavam, parecendo conservadores obtusos e incapazes de compreender a sociedade de seu tempo, embora pretendessem encarnar seu movimento.

A preocupação precoce de Tocqueville e Mill

Essa "crise do liberalismo" no fim do século, que foi chamada por alguns de sentimento de "paraíso perdido do liberalismo", não estourou de repente. À parte socialistas ou defensores declarados do conservadorismo, houve, no próprio interior da grande corrente liberal, espíritos suficientemente preocupados para desde cedo pôr em dúvida a crença nas virtudes da harmonia natural dos interesses e no livre desabrochar das ações e das faculdades individuais.

A correspondência intelectual entre Alexis de Tocqueville e John Stuart Mill, para citar apenas um exemplo, ilustram essa lúcida preocupação. Entre 1835 e 1840, esses dois homens conversaram sobre as tendências profundas das sociedades modernas e, em particular, a tendência de o governo intervir de forma mais extensa e detalhada na vida social. Mais talvez do que a viagem aos Estados Unidos, foram os contatos que Tocqueville fez na viagem à Inglaterra em 1835 que lhe permitiram estabelecer a relação entre democracia, centralização e uniformidade[6]. Para ele, essa relação está ligada à sociedade democrática, ainda que, em sua opinião, certos países como Inglaterra ou Estados Unidos pudessem resistir melhor em razão da vitalidade das liberdades locais[7].

---

[6] Ver Alexis de Tocqueville, *Voyage en Angleterre et en Irlande de 1835*, em Œuvres I (Paris, Gallimard, 1991, Coleção La Pléiade), p. 466 e seg.

[7] Aliás, Tocqueville apela para um jogo de ponderação entre o centro e o local, para uma neutralização recíproca dos dois princípios opostos, o da centralização dos Estados modernos e o da liberdade local. A lei inglesa de 14 de agosto de 1834 sobre

Essas ideias, elaboradas por Tocqueville durante a viagem à Inglaterra, encontram-se desenvolvidas no segundo volume de *A democracia na América*, de 1840, e em particular no capítulo 2 do Livro IV: "Que as ideias dos povos democráticos em matéria de governo são naturalmente favoráveis à concentração dos poderes". Partindo da constatação de que os povos democráticos apreciam as "ideias simples e gerais", ele deduz a preferência por um poder único e central e uma legislação uniforme. A igualdade das condições leva os indivíduos a querer um poder central forte, oriundo da força do povo, que os conduza pela mão em todas as circunstâncias. Uma das características dos poderes políticos modernos é, portanto, a ausência de limite da ação governamental, é o "direito de fazer tudo". A sociedade, representada pelo Estado, é todo-poderosa, em detrimento dos direitos do indivíduo. Os próprios soberanos acabam compreendendo que "a força central que representam pode e deve administrar por si mesma, e num plano uniforme, todos os assuntos e todos os homens". É assim que, sejam quais forem suas oposições políticas, "todos concebem o governo sob a imagem de um poder único, simples, providencial e criador"[8].

Essa força secreta impele o Estado a apoderar-se de todos os domínios, aproveitando-se do recolhimento dos indivíduos a seus negócios privados. Consequentemente, aumenta a demanda de cada um por proteção, educação, auxílios, administração da justiça, do mesmo modo que com a indústria crescem a regulamentação das trocas e das atividades e a necessidade de produzir obras públicas. Esse novo despotismo, como o denomina Tocqueville, esse "poder imenso e tutelar", mais amplo e mais brando ao mesmo tempo, é tolerável do ponto de vista do indivíduo, porque é exercido em nome de todos e provém da soberania do povo. Esse instinto da centralização e esse avanço do domínio da administração à custa da esfera da liberdade individual não derivam de uma perversão ideológica qualquer, mas dizem respeito a uma tendência inscrita no movimento geral das sociedades rumo à igualdade.

É sobre esse ponto que John Stuart Mill manifesta sua concordância, embora formule algumas objeções. A reação de J. S. Mill marca certa inflexão

---

os pobres é precisamente, para ele, um modelo dessa ponderação entre o Estado e as comunas (ibidem, apêndice II, p. 597).

[8] Alexis de Tocqueville, *De la démocratie en Amérique*, v. 2, livro IV, cap. 2, em *Œuvres II* (Paris, Gallimard, 1992, Coleção La Pléiade), p. 810 e seg. [ed. bras.: *A democracia na América*, trad. Eduardo Brandão, São Paulo, Martins Fontes, 2000].

em relação às perspectivas utilitaristas de seu pai, James Mill, e do próprio Jeremy Bentham quando imaginavam uma democracia representativa capaz de corrigir a si mesma[9]. Ele sustenta ainda, obviamente, que os perigos concebidos por Tocqueville encontram fundamento numa ideia errônea da democracia. Esta não é o governo direto do povo, mas a garantia de que o povo será governado em conformidade com o bem de todos, o que supõe o controle dos governantes por eleitores capazes de julgar sua ação. Mas acusa Tocqueville sobretudo de ter confundido a igualdade das condições e a marcha para uma "civilização mercantil", na qual a aspiração à igualdade é apenas um dos aspectos. Para Mill, é em primeiro lugar o progresso econômico e a "multiplicação dos que ocupam as posições intermediárias" que constituem a tendência fundamental[10].

> Mas essa igualdade crescente é somente um dos elementos do movimento da civilização; um dos efeitos acidentais do progresso da indústria e da riqueza: um efeito dos mais importantes, e que, como mostra nosso autor, age de volta sobre os outros de mil maneiras, mas não deve ser confundido com a causa.[11]

Para Mill, a principal transformação reside na predominância da busca da riqueza[12], princípio do declínio de certos valores intelectuais e morais. Fazendo eco de certo modo às preocupações de um Thomas Carlyle, ele deplora o esmagamento do indivíduo de valor sob o peso da opinião pública, descreve a charlatanice generalizada que toma o comércio, denuncia a desvalorização de tudo que há de mais elevado e nobre na arte e na literatura. Se o novo estado da sociedade é marcado pelo irreversível poder das massas e pela extensão das interferências políticas, então é preciso examinar quais poderiam ser os meios de remediar a impotência do indivíduo. Ele vislumbra dois meios principais: um, já promovido por Tocqueville, é a "combinação" dos indivíduos formando associações para adquirir a força que falta a cada átomo isolado; o outro é uma educação concebida para revigorar o caráter pessoal a fim de resistir à opinião da massa[13].

---

[9] Ver John Stuart Mill, *Essais sur Tocqueville et la société américaine* (Paris, Vrin, 1994).
[10] Ibidem, p. 195.
[11] Idem.
[12] John Stuart Mill, "Civilization", em *Essays on Politics and Culture* (Gloucester, Peter Smith, 1973), p. 45 e seg.
[13] Ibidem, p. 63.

Com Tocqueville e Mill, concebe-se melhor a dúvida que tomou conta do campo liberal desde cedo e, sobretudo, *a partir de dentro*. Que os poderes governamentais aumentem com a civilização mercantil, essa é uma observação que atesta o fato de que os dogmas do *laissez-faire* não eram objeto de uma crença unânime. Muito pelo contrário, não entenderíamos nada do século XIX se nos contentássemos preguiçosamente em ler apenas a triunfante história intelectual e política das virtudes do livre-câmbio e da propriedade privada absoluta. Foi precocemente que o otimismo no advento da sociedade da liberdade individual, do progresso e da paz foi objeto de grandes ressalvas. Mas foi desde cedo também que a tradição do radicalismo abriu brechas no dogma da não intervenção. A trajetória de Mill é em si mesma significativa dessa evolução.

Mill, em *On Socialism*, texto tardio de 1869, publicado postumamente, embora fizesse uma crítica severa ao ideal socialista do controle total da economia, sustentava igualmente, num capítulo com um título muito fiel ao espírito de Bentham ("The Idea of Private Property not Fixed but Variable" [A ideia da propriedade privada não fixa, mas variável]), que "as leis de propriedade devem depender de considerações de natureza pública"[14]. Para ele, a sociedade tem plena justificação para mudar ou até mesmo anular direitos de propriedade que, após o devido exame, não sejam favoráveis ao bem público[15]. Encontramos o que, desde o fim do século XVIII, já era motivo debate. Deve-se considerar o direito de propriedade como um direito natural sagrado ou é preciso vê-lo de acordo com os efeitos que tem sobre a felicidade do maior número de indivíduos, isto é, segundo sua utilidade relativa?

O fato de que o utilitarismo tenha podido desembocar numa justificação da intervenção política e até numa relativização do direito de propriedade foi logo ressaltado, e de forma polêmica, por Herbert Spencer. Sua violenta reação, no fim do século XIX, contra o intervencionismo econômico e social, e contra o "utilitarismo empírico" que, segundo ele, era seu fundamento doutrinal, é um sintoma maior dessa crise da governamentalidade liberal. Seu evolucionismo é também uma primeira tentativa de refundação filosófica do liberalismo que não poderia ser negligenciada, apesar do esquecimento em que soçobrou. O "spencerismo" introduziu alguns dos temas mais importantes do neoliberalismo, em particular a primazia da concorrência nas relações sociais.

---

[14] John Stuart Mill, *On Socialism* (Buffalo, Prometheus Books, 1987), p. 56.
[15] Ibidem, p. 145-6.

A defesa do livre mercado

O spencerismo faz parte de uma contraofensiva dos "individualistas" que denunciam como traidores e acusam de "socialismo" os defensores das reformas sociais que visam ao bem-estar da população[16]. Por volta de 1880, os velhos liberais sentem que o triunfo de 1860 ficou para trás, levado por um vasto movimento contra o *laissez-faire*. Reunidos na Liberty and Property Defence League, fundada em 1882, perderam muito da influência intelectual e política que tinham em meados da era vitoriana.

Spencer acredita ser necessário refundar o utilitarismo sobre novas bases para enfrentar os desvios do "utilitarismo empírico". É sabido que a filosofia spenceriana foi extremamente popular na Inglaterra e nos Estados Unidos no fim do século XIX[17]. Para Émile Durkheim, Spencer, que foi seu grande adversário nos planos teórico e político, é o protótipo do utilitarista. Mas de qual utilitarismo se trata? Spencer reivindica um utilitarismo muito mais evolucionista e biológico do que jurídico e econômico[18]. Suas consequências políticas são explícitas: trata-se de mudar as bases teóricas do utilitarismo para opor-se à tendência reformadora do benthamismo. Spencer procura, na verdade, baldar a "traição" dos reformadores que querem tomar medidas coercitivas cada vez mais numerosas apelando para o bem do povo. Esses falsos liberais apenas atravancam a marcha da história rumo a uma sociedade em que deveria prevalecer a cooperação voluntária de tipo contratualista, em detrimento das formas militares de coordenação.

É em função de uma "lei de evolução" que Spencer se ergue contra toda intervenção do Estado, mesmo quando feita por responsáveis do Estado que proclamam seu liberalismo. Ele vê as disposições legislativas e as instituições públicas que estendem as proteções da lei aos mais fracos apenas como "ingerências" e "restrições" que atravancam a vida dos cidadãos. As leis que limitam o trabalho de mulheres e crianças nas manufaturas de tingimento ou nas lavanderias, as que impõem a vacinação obrigatória, as que estabelecem

---

[16] Michael W. Taylor, *Men versus the State: Herbert Spencer and Late Victorian Individualism* (Oxford, Clarendon, 1992), p. 13.

[17] Ver Patrick Tort, *Spencer et l'évolutionnisme philosophique* (Paris, PUF, 1996).

[18] Aliás, o próprio Spencer observa como ele "evoluiu" em relação a Bentham, por efeito dos progressos da ciência da natureza. Poderíamos acrescentar que a doutrina de Spencer deve muito a Saint-Simon e Comte, ainda que tenha mudado suas doutrinas e invertido as consequências políticas que eles tiravam delas.

corpos de inspetores e controles nas usinas de gás, as que sancionam proprietários de minas que empregam crianças com menos de doze anos, as que ajudam rendeiros irlandeses a comprar sementes, todas essas leis que ele considera exemplos do que não se deve fazer têm de ser revogadas, porque querem fazer o bem diretamente, organizando a cooperação de maneira coerciva. Seu caráter obrigatório é retrógrado e insuportável[19]. A lista das "leis de coerção" denunciadas por ele é em si muito significativa, já que se refere aos domínios sociais, médicos e educacionais: trabalho, moradia, saúde, higiene, educação, pesquisa científica, museus, bibliotecas etc.[20]. Spencer explica essa traição pela infeliz precipitação em querer socorrer os pobres. Tomaram o caminho errado. De fato, há duas maneiras de obter um bem: ou pela diminuição da coerção, isto é, indiretamente, ou pela coerção, ou seja, diretamente.

Sendo a aquisição de um bem para o povo o traço externo visível comum nas medidas liberais nos tempos antigos (e esse bem consistia essencialmente numa diminuição da coerção), resultou que os liberais viram o bem do povo não como um objetivo que era necessário atingir indiretamente pela diminuição da coerção, mas como o objetivo que era necessário atingir diretamente. E, procurando atingi-lo diretamente, empregaram métodos intrinsecamente contrários aos que haviam sido empregados originalmente.[21]

Respondendo à demanda de melhoria social das populações necessitadas, esses liberais reformistas destruíram o sistema de liberdade e responsabilidade que os *old whigs* quiseram implantar[22]. Isso é particularmente visível no que diz respeito ao auxílio aos pobres, contra o qual Spencer não poderia ter sido mais duro.

---

[19] Patrick Tort, *Spencer et l'évolutionnisme philosophique*, cit., p. 13.

[20] Ibidem, p. 13-9. Karl Polanyi dará grande importância a essa lista, julgando-a particularmente indicativa do "contramovimento" que se desenhou a partir de 1860 (*La grande transformation*, Paris, Gallimard, 1983, p. 197) [ed. bras.: *A grande transformação: as origens da nossa época*, trad. Fanny Wrobel, 2. ed., Rio de Janeiro, Elsevier, 2012]. Esse ponto é desenvolvido adiante, p. 64.

[21] Herbert Spencer, *L'individu contre l'État* (Paris, Alcan, 1885), p. 10. Distinção que confirma amplamente a diferença entre liberdade positiva e liberdade negativa que Isaiah Berlin popularizará e que vimos em ação na obra do próprio Bentham.

[22] Encontramos o mesmo esquema de explicação ("a impaciência das massas") em Friedrich Hayek, *O caminho da servidão* (trad. Anna Maria Capovilla, José Ítalo Stelle e Liane de Morais Ribeiro, Rio de Janeiro, Biblioteca do Exército/Instituto Liberal, 1994).

Ele retoma os argumentos malthusianos contra esse tipo de auxílio: querem lastimar "as misérias dos pobres meritórios, em vez de representá-las – o que na maioria dos casos seria mais correto – como as misérias dos pobres demeritórios"[23]. Ele propõe, ainda, como regra de conduta, um ditado "cristão" que tem apenas uma relação distante com o dever de caridade:

> Em minha opinião, pode-se considerar que um ditado cuja verdade é aceita igualmente pela crença comum e pela crença da ciência goza de uma autoridade incontestável. Pois bem! O mandamento: "Se uma pessoa não deseja trabalhar, não deve comer" é simplesmente o enunciado cristão dessa lei da natureza sob império da qual a vida atingiu seu grau atual, a lei segundo a qual uma criatura que não é suficientemente enérgica para se bastar deve perecer.

Mas essa assistência aos pobres é apenas um aspecto dos malefícios da ingerência do Estado sem limites, se ela tenciona remediar todos os males da sociedade. Essa tendência quase automática à ilimitação da intervenção do Estado é reforçada pela educação, que intensifica os desejos inacessíveis à grande massa, e pelo sufrágio universal, que impele às promessas políticas. Spencer quer ser o profeta da desgraça dessa "escravidão futura" que é o socialismo. Tenciona impedir seu advento por uma obra de sociologia científica que exporá as verdadeiras leis da sociedade. Porque a sociedade tem leis fundamentais, como tudo na natureza. Os utilitaristas, ou melhor, os "falsos utilitaristas", ignoram as leis do contrato, da divisão do trabalho, da limitação ética da ação. Por ignorância e superstição, tomam a via do socialismo sem saber. Esses falsos utilitaristas conservaram-se empiristas de visão muito curta. Sua compreensão empírica da utilidade "impede que partam dos fatos fundamentais que ditam os limites da legislação". A ciência sociológica, ao contrário, poderá dizer o que é a verdadeira utilidade, isto é, fundamentada em leis exatas: "Assim, a utilidade, não avaliada empiricamente, mas, determinada racionalmente, prescreve a manutenção dos direitos individuais e, por implicação, proíbe tudo que lhes pode ser contrário"[24].

---

[23] Herbert Spencer, *L'individu contre l'État*, cit., p. 26 (em edição mais recente: *Le droit d'ignorer l'État*, Paris, Les Belles Lettres, 1993, p. 43-4).

[24] Ibidem, p. 156 (ibidem, p. 201).

Contra a superstição do Estado

Uma das fontes da deriva socialista do utilitarismo empírico é a crença metafísica na instância soberana. O Estado e as categorias políticas que fundam sua legitimidade são uma "grande superstição política". Assim, Spencer mostra o quanto Hobbes e, depois, Austin tentaram justificar a soberania sobre a base do direito divino. O que significa que esses filósofos foram incapazes de fundar a soberania sobre si mesma, isto é, sobre a função que ela deveria cumprir. Todavia, é toda a teoria política que visa a fundar a democracia moderna que deve ser revisada. A onipotência governamental, que a caracteriza, repousa sobre a superstição de um direito divino dos parlamentos que é também um direito divino das maiorias, o qual somente prolonga o direito divino dos reis[25].

Não nos causará surpresa, portanto, ver Spencer atacar Bentham e seus discípulos a propósito da criação dos direitos pelo Estado. Spencer lembra o teor dessa teoria, mostrando que ela implica uma criação *ex nihilo* de direitos, a não ser que ela apenas queira dizer que, antes da formação do governo, o povo não possuía a totalidade dos direitos de forma indivisa. Para Spencer, a teoria benthamiana e austiniana da criação dos direitos é falsa, ilógica e perigosa, porque utiliza uma *fallacy*[26]. O Estado, na verdade, apenas molda o que já existe.

A referência ao "direito natural", portanto, não tem mais o sentido que tinha no jusnaturalismo dos séculos XVII e XVIII. Como vimos, o direito é fundado, a partir de então, tanto nas condições da vida individual como nas condições da vida social, que dependem da mesma necessidade vital. Com respeito a estas últimas, lembramos que é a "experiência das vantagens possíveis da cooperação" que impele os primeiros homens a viver em grupos. Ora, essa cooperação, atestada por Spencer pelos costumes das sociedades selvagens, tem como condição de existência contratos tácitos que a partes se comprometem a respeitar. A "evolução" testemunha aqui a favor da anterioridade imemorial do direito dos contratos em relação a toda legislação positiva. A missão do Estado é, por isso, estreitamente circunscrita: ele apenas garante a execução de contratos livremente consentidos; não cria de modo algum novos direitos *ex nihilo*.

---

[25] Ibidem, p. 116 e 122 (ibidem, p. 121 e 132).
[26] Ibidem, p. 132 (ibidem, p. 153).

A função do liberalismo no passado foi pôr um limite aos poderes dos reis. A função do liberalismo no futuro será limitar o poder de parlamentos submetidos à pressão impaciente das massas incultas[27]. Atacando Bentham, Spencer vai à raiz teórica das tendências intervencionistas do liberalismo e do radicalismo inglês oriundo do utilitarismo. Ele ataca uma interpretação que consiste em fazer do bem-estar do povo o fim supremo da intervenção do Estado, sem levar suficientemente em conta as leis naturais, isto é, as relações de causalidade entre os fatos.

A questão essencial levantada diz respeito à verdade da teoria utilitária, tal como é geralmente recebida, e a resposta a contrapor aqui é que, tal como é geralmente recebida, ela não é verdadeira. Pelos tratados dos moralistas utilitários, e pelos atos dos homens políticos que consciente ou inconscientemente seguem a orientação deles, está implicado que a utilidade deve ser determinada diretamente pela simples inspeção dos fatos presentes e pela avaliação dos resultados prováveis; ao passo que o utilitarismo, se bem compreendido, implica que nos guiemos pelas conclusões gerais fornecidas pela análise experimental dos fatos já observados.[28]

Essa correta compreensão da utilidade no âmbito de uma sociologia evolucionista permitirá evitar a escravidão socialista, que nunca é mais do que um retrocesso a um estado anterior da evolução, a era militar. Para evitá-la, o liberalismo deve afastar-se da lógica mortal das leis sociais à qual o levou um reformismo benthamiano cientificamente inepto.

O nascimento do concorrencialismo *fin-de-siècle*

O evolucionismo biológico de Spencer, embora pareça muito datado a certos neoliberais, a ponto de frequentemente "se esquecerem" de mencioná-lo entre suas fontes de referência, exceto para rejeitá-lo, deixou uma marca profunda no curso posterior da doutrina liberal. Podemos até mesmo dizer que *o spencerismo representa uma verdadeira virada*. Dissemos antes o quanto Spencer, por intermédio de Comte, fez da divisão fisiológica do trabalho uma das peças principais de sua "síntese filosófica". Num primeiro momento, a evolução é explicada como um fenômeno geral que obedece a dois processos: a integração a um "aglomerado" e a diferenciação das partes mutuamente dependentes.

---

[27] Ibidem, p. 158 (ibidem, p. 206).
[28] Ibidem, p. 154 (ibidem, p. 198).

Com essa última ideia da passagem observável por toda parte do homogêneo para o heterogêneo[29], Spencer estende o princípio da divisão do trabalho ao conjunto das realidades físicas, biológicas e humanas; ele o transforma num princípio da marcha universal da matéria e da própria vida. Comte, assim como mais tarde Darwin, ressaltou a especificidade da espécie humana, e ambos demostraram, por caminhos diferentes, o que Comte chamou de "inversão radical da economia individual", que fazia prevalecer os motivos simpáticos sobre o instinto egoísta. Embora retome a ideia da diferenciação das funções econômicas, Spencer recusa-se a admitir a necessidade, para a espécie humana, de um centro político dedicado à regulação das atividades diferenciadas. É claro que, quando examina a evolução do espírito humano, comparando as "raças superiores" e as "raças inferiores", ele não se esquece da lição comtiana que fazia do altruísmo uma reação ao avanço egoísta da economia liberal[30], mas se nega a tirar disso a conclusão de que o governo tem certo dever regulador. Parece-lhe, ao contrário de Comte e mais tarde de Durkheim, que a "cooperação voluntária", tal como se desenvolve nas sociedades mais evoluídas sob a forma do contrato, assegura uma dependência mútua entre as unidades suficientemente consistente para manter o "superorganismo social". Essa premissa vai levá-lo a reinterpretar, à própria maneira, a teoria darwiniana da seleção natural e integrá-la a sua síntese evolucionista[31].

Darwin publicara em 1859 *A origem das espécies**, fazendo da seleção natural, como todos sabemos, o princípio da transformação das espécies. Alguns anos depois, prestando homenagem a Darwin, Spencer criará em seus *Principles of Biology* [Princípios de biologia] (1864) a famosa expressão "sobrevivência dos

---

[29] Ver Herbert Spencer, "Progress: Its Law and Causes", *The Westminster Review*, v. 67, 1857.

[30] Idem, "Esquisse d'une psychologie comparée de l'homme", *Revue Philosophique de la France et de l'Étranger*, t. 1, 1876.

[31] Sobre todos esses pontos, ver a tese clássica do historiador norte-americano Richard Hofstadter, escrita em 1944, *Social Darwinism in American Thought* (Boston, Beacon, 1992). Foi essa obra que popularizou o termo "darwinismo social", raramente utilizado até então. Notemos que essa expressão surgiu em 1879 num artigo da revista *Popular Science*, sob a pluma de Oscar Schmidt, e foi utilizado por um anarquista, Émile Gautier, num texto publicado em Paris, em 1880, intitulado *Le darwinisme social*.

* Trad. Aulyde Soares, São Paulo/Brasília, Melhoramentos/Editora da UnB, 1982. (N. E.)

mais aptos" (*survival of the fittest*)³², que será retomada por Darwin na quinta edição de *A origem das espécies*, na qual ele a apresenta como equivalente da expressão "seleção natural". Sem detalhar as razões desses cruzamentos e dos mal-entendidos mútuos que os caracterizam, notaremos que, para Spencer, a teoria darwiniana parecia corroborar a teoria do *laissez-faire* da qual ele se fez arauto, como indica o paralelo entre a evolução econômica e a evolução das espécies em geral que ele estabelece em seus *Princípios de biologia*. Para ele, a primeira é apenas uma variedade da "luta pela vida", que faz prevalecer as espécies mais bem adaptadas a seu meio. Esse paralelo conduzia diretamente a uma deformação profunda da teoria da seleção, na medida em que não era mais a herança seletiva das características mais adaptadas à sobrevivência da espécie que importava, mas a luta direta entre raças e entre classes que era interpretada em termos biológicos. A problemática da competição levava a melhor sobre a da reprodução, dando origem, assim, ao que foi chamado de maneira muito imprópria de "darwinismo social". Como mostrou Patrick Tort, Darwin, de sua parte, sustentava que a civilização se caracterizava sobretudo pela prevalência de "instintos sociais" capazes de neutralizar os aspectos eliminatórios da seleção natural e acreditava que o sentimento de simpatia estava destinado a estender-se indefinidamente³³.

Convém sublinhar a virada que o pensamento de Spencer representa na história do liberalismo. O ponto decisivo que permite a passagem da lei da evolução biológica para suas consequências políticas é a prevalência na vida social da luta pela sobrevivência. Sem dúvida, a referência a Malthus ainda é muito importante em Spencer: nem todos os homens são convidados para o grande "banquete da natureza". À essa influência, porém, somou-se a ideia de que a competição entre os indivíduos constituía para a espécie humana, que nisso é assimilável às outras espécies, o próprio princípio do progresso da humanidade. Daí a assimilação da concorrência econômica a uma luta

---

[32] Na parte 3, capítulo 12, de *Principles of Biology*, v. 1 (Londres/Edimburgo, Williams/Northgate, 1864), § 165, p. 445, Spencer escreve que: "*This survival of the fittest* [...] *is that which Mr. Darwin has called 'natural selection, or the preservation of favoured races in the struggle for life'*" ["Essa sobrevivência dos mais aptos (...) é o que o sr. Darwin chamou de 'seleção natural, ou preservação das raças favorecidas na luta pela vida'"] (ed. fr.: *Príncipes de biologie*, Paris, Germer Baillière, 1880, t. 1, p. 539).

[33] Ver Patrick Tort, *Spencer et l'évolutionnisme philosophique*, cit. Remeto o leitor ao esclarecimento completo dessa questão em Patrick Tort, *L'effet Darwin: sélection naturelle et naissance de la civilisation* (Paris, Seuil, 2008).

vital geral, que é preciso deixar que se desenvolva para que a evolução não seja interrompida; daí as principais consequências que examinamos antes, em especial as que condenavam a ajuda aos mais necessitados, que deveriam ser abandonados à própria sorte.

Spencer vai deslocar, assim, o centro de gravidade do pensamento liberal, passando do modelo da divisão do trabalho para o da concorrência como necessidade vital. Esse naturalismo extremo, além de satisfazer interesses ideológicos e explicar lutas comerciais ferozes entre empresas e entre economias nacionais, faz a concepção do motor do progresso passar da *especialização* para a *seleção*, que não têm as mesmas consequências, como bem podemos imaginar.

No primeiro modelo, que encontramos de forma exemplar em Smith e Ricardo, mas é muito anterior a eles, a livre troca favorece a especialização das atividades, a divisão das tarefas nas oficinas, assim como a orientação da produção nacional. O mercado, nacional ou internacional, com seu jogo próprio, é a mediação necessária entre as atividades, o mecanismo de sua coordenação. A consequência primeira desse modelo comercial e mercantil é que, pelo aumento geral da produtividade média que decorre da especialização, todo mundo ganha na troca. Essa não é uma lógica eliminatória do pior dos sujeitos econômicos, mas uma lógica de complementaridade que melhora a eficácia e o bem-estar do pior dos produtores. É claro que aquele que não quiser obedecer a essa "regra do jogo" deve ser entregue à própria sorte, mas aquele que participa do jogo não pode perder. No segundo modelo, ao contrário, nada garante que aquele que participa da grande luta da seleção natural irá sobreviver, apesar de seus esforços, de sua boa vontade, de suas capacidades. Os menos aptos, os mais fracos, serão eliminados por aqueles que são mais adaptados, mais fortes na luta. Não se trata mais de uma lógica de promoção geral, mas de um processo de eliminação seletiva. Esse modelo não faz mais da troca um meio de se fortalecer, de melhorar; ele faz dela uma prova constante de confronto e sobrevivência. A concorrência não é considerada, então, como na economia ortodoxa, clássica ou neoclássica, uma condição para o bom funcionamento das trocas no mercado; ela é a lei implacável da vida e o mecanismo do progresso por eliminação dos mais fracos. Profundamente marcado pela "lei da população" de Malthus, o evolucionismo spenceriano conclui bruscamente que o progresso da sociedade e, mais amplamente, da humanidade supõe a destruição de alguns de seus componentes.

Sem dúvida, esses dois modelos continuarão a sobrepor-se nas argumentações do liberalismo ulterior. No próprio Spencer, a delimitação entre a cooperação voluntária que caracteriza a sociedade industrial e a lei da seleção não é simples. De todo modo, a "reação" de Spencer à crise do liberalismo, com o deslocamento que ele faz do modelo da troca para o da concorrência, constitui um evento teórico que terá efeitos múltiplos e duradouros. O neoliberalismo, em seus diferentes ramos, será profundamente marcado por esse evento, mesmo quando o evolucionismo biológico for abandonado. Será evidente que a concorrência é, como luta entre rivais, o motor do progresso das sociedades e que todo entrave que se coloca a ele, em particular pelo amparo às empresas, aos indivíduos ou mesmo aos países mais fracos, deve ser considerado um obstáculo à marcha contínua da vida. Infelizes dos vencidos na competição econômica!

O tão mal denominado "darwinismo social" está mais para um "concorrencialismo social"[34], que institui a competição como norma geral da existência individual e coletiva, tanto da vida nacional como da vida internacional[35]. A adaptação a uma situação de concorrência vista como natural tornou-se, assim, a palavra de ordem da conduta individual, assimilada a um combate pela sobrevivência. Prolongando o malthusianismo que, na grande época vitoriana, fazia da pobreza um efeito fatal da fecundidade irresponsável das classes populares, esse concorrencialismo fez muito sucesso na Europa e, sobretudo, nos Estados Unidos. Respondendo às acusações de predação e pilhagem, grandes industriais norte-americanos como Andrew Carnegie ou John D. Rockefeller usaram essa retórica selecionista para justificar o crescimento dos grupos capitalistas gigantes que vinham construindo. Rockefeller resumiu a ideologia, declarando:

> A variedade de rosa "American Beauty" só pode ser produzida com o esplendor e o perfume que entusiasmam quem a contempla sacrificando-se

---

[34] Patrick Tort mostrou de maneira definitiva que a teoria darwiniana era o oposto exato desse concorrencialismo, uma vez que, para o homem social, a seleção biológica é substituída por "tecnologias de compensação" que reduzem artificialmente as causas de debilidade dos indivíduos menos favorecidos (Patrick Tort, *L'effet Darwin*, cit., p. 110). O polêmico termo "darwinismo social", empregado por seus oponentes, contém em si uma falsificação. A repetição das expressões "luta pela vida" ou "sobrevivência dos mais aptos" não é suficiente para lhe garantir um fundamento sólido na teoria de Darwin.

[35] Mike Hawkins, *Social Darwinism in European and American Thought, 1860-1945: Nature as Model and Nature as Threat* (Cambridge, Cambridge University Press, 1997).

os primeiros botões que brotam em torno dela. O mesmo acontece na vida econômica. Isso é apenas a aplicação de uma lei da natureza e de uma lei de Deus.[36]

Essa ideologia concorrencialista renovou o dogmatismo do *laissez-faire*, com prolongamentos políticos significativos nos Estados Unidos, que puseram em questão algumas leis de proteção dos assalariados.

No plano teórico, foi o sociólogo norte-americano e professor do Yale College William Graham Sumner (1840-1910) quem estabeleceu mais explicitamente as bases desse concorrencialismo[37]. No ensaio *The Challenge of Facts* [O desafio dos fatos], dirigido contra o socialismo e todas as tentações do pensamento social "sentimental", Sumner tenciona lembrar que o homem, desde o princípio dos tempos, está em luta por sua existência e pela existência de sua mulher e seus filhos. Essa luta vital contra uma natureza que distribui com parcimônia os meios de subsistência obriga os homens a trabalhar, a disciplinar-se, a moderar-se sexualmente, a fabricar ferramentas, a constituir um capital. A escassez é a grande educadora da humanidade. Mas a humanidade tem tendência a reproduzir-se além de suas capacidades de subsistência. A luta contra a natureza é ao mesmo tempo, e inevitavelmente, uma luta dos homens entre si. Essa tendência está na origem do progresso. É próprio da sociedade civilizada, caracterizada pelo reino das liberdades civis e da propriedade privada, transformar essa luta numa competição livre e pacífica, da qual resulta uma distribuição desigual das riquezas, que, por sua vez, produz necessariamente ganhadores e perdedores. Não há razão para deplorar as consequências desigualitárias dessa luta, como fazem desde Rousseau os filósofos sentimentais, sublinha Sumner. A justiça nada mais é do que a justa recompensa do mérito e da habilidade na luta. Os que fracassam devem isso apenas a sua fraqueza e a seu vício. Um dos ensaios mais significativos de Sumner afirma que

> a propriedade privada, que como vimos é característica de uma sociedade organizada segundo as condições naturais da luta pela existência, também produz desigualdades entre os homens. A luta pela existência é dirigida contra a natureza. Devemos conseguir os meios de satisfazer nossas necessidades a despeito

---

[36] Rockefeller citado em John Kenneth Galbraith, "Derrière la fatalité, l'épuration social. L'art d'ignorer les pauvres", *Le Monde Diplomatique*, Paris, out. 2005.

[37] Ver William Graham Sumner, *The Challenge of Facts and Other Essays* (org. Albert Galloway Keller, New Haven, Yale University Press, 1914).

de sua avareza, mas nossos companheiros são nossos competidores no dispor dos parcos recursos que ela nos oferece. A competição, por consequência, é uma lei da natureza. A natureza é inteiramente neutra, submete-se àquele que a ataca de forma mais enérgica e resoluta. Ela concede suas recompensas aos mais aptos, logo, sem atentar para outras considerações de qualquer espécie que sejam. Portanto, se existe liberdade, o que os homens obtêm dela está na exata proporção de seus trabalhos, e aquilo de que têm a posse e o gozo está na exata proporção do que são e fazem. Tal é o sistema da natureza. Se não a amamos e se tentamos corrigi-la, existe apenas um meio de fazê-lo. Podemos tomar do melhor e dar ao pior. Podemos desviar as punições dos que fizeram mal para os que fizeram bem. Podemos tomar as recompensas dos que fizeram bem e dá-las aos que fizeram menos bem. Desse modo, diminuiremos as desigualdades. Favoreceremos a sobrevivência dos mais inaptos [*the survival of the unfittest*] e faremos isso destruindo a liberdade. É preciso compreender que não podemos escapar da alternativa: liberdade, igualdade, sobrevivência dos mais aptos [*survival of the fittest*]; não liberdade, igualdade, sobrevivência dos mais inaptos [*survival of the unfittest*]. O primeiro caminho leva a sociedade para a frente e favorece seus melhores membros. O segundo caminho leva a sociedade para trás e favorece seus piores membros.

Temos aqui uma síntese perfeita desse "darwinismo social", que de darwiniano só tem o nome que atribuíram a ele. Mas não foi apenas nesse sentido que o liberalismo mudou para sair da crise.

O "novo liberalismo" e o "progresso social"

Por mais importante que tenha sido essa reação violenta do spencerismo, significativa por si mesma das mudanças em curso e prenhe das transformações ulteriores do liberalismo, na segunda metade do século XIX muitos deram razão às observações de Tocqueville quando ele descreveu o crescimento da intervenção governamental e aos argumentos econômicos e sociológicos de John Stuart Mill. Muitos também, inclusive nas fileiras dos que reivindicavam o liberalismo, fizeram dos instintos de simpatia e solidariedade a mais alta expressão da civilização, prolongando Comte ou Darwin. Num livro famoso na época, John Atkinson Hobson fez do crescimento das funções governamentais um dos temas principais de sua reflexão, assim como, na Alemanha, o "socialista de cátedra" Adolf Wagner[38]. Para

---

[38] Ver John Atkinson Hobson, *The Evolution of Modern Capitalism* (Londres, The Walter Scott Publishing Co., 1894).

muitos, o Estado aparecia como um interventor não somente legítimo, mas também necessário na economia e na sociedade. Em todo caso, a questão da "organização" do capitalismo e da melhoria da condição dos pobres, que não eram todos preguiçosos e cheios de vícios, tornara-se uma questão central desde o fim do século XIX.

A Primeira Guerra Mundial e as crises que vieram depois dela apenas aceleraram uma revisão geral dos dogmas liberais do século XIX. O que fazer com as velhas imagens idealizadas da livre troca, quando todo o equilíbrio social e econômico parece abalado? As repetidas crises econômicas, os fenômenos especulativos e as desordens sociais e políticas revelavam a fragilidade das democracias liberais. O período de crises múltiplas gerava uma ampla desconfiança em relação a uma doutrina econômica que pregava liberdade total aos atores no mercado. O *laissez-faire* foi considerado ultrapassado, até mesmo no campo dos que reivindicavam o liberalismo. Afora um núcleo de economistas universitários irredutíveis, aferrados à doutrina clássica e essencialmente hostis à intervenção do Estado, cada vez mais autores esperavam uma transformação do sistema liberal capitalista, não para destruí-lo, mas para salvá-lo. O Estado parecia o único em condições de recuperar uma situação econômica e social dramática. De acordo com a fórmula proposta por Karl Polanyi, a crise dos anos 1930 soou a hora de um "reencastramento" do mercado em disciplinas regulamentares, quadros legislativos e princípios morais.

Se a Grande Depressão foi ocasião para uma revisão mais radical da representação liberal, nos países anglo-saxões, como vimos, a dúvida já era oportuna muito antes. O New Deal foi preparado por um trabalho crítico considerável, que foi muito além dos meios tradicionalmente hostis ao capitalismo. Aliás, desde o fim do século XIX, nos Estados Unidos, o significado das palavras *liberalism* e *liberal* começava a mudar para designar uma doutrina que rejeitava o *laissez-faire* e visava a reformar o capitalismo[39].

Um "novo liberalismo" mais consciente das realidades sociais e econômicas procurava definir havia muito tempo uma nova maneira de compreender os princípios do liberalismo, que emprestaria certas críticas do socialismo, mas para melhor realizar os fins da civilização liberal.

---

[39] Alguns autores veem esse deslocamento como uma traição ou um "desvirtuamento" do liberalismo. É o caso de Alain Laurent, *Le libéralisme américain: histoire d'un détournement* (Paris, Les Belles Lettres, 2006).

O "novo liberalismo" repousa sobre a constatação da incapacidade dos dogmas liberais de definir novos limites para a intervenção governamental. Em nenhum outro lugar lê-se melhor essa incapacidade dos dogmas antigos do que no pequeno ensaio de John Maynard Keynes cujo título já é por si só uma indicação do espírito da época: *O fim do "laissez-faire"** (1926). Se Keynes se tornará mais tarde o alvo preferido dos neoliberais, não devemos nos esquecer de que keynesianismo e neoliberalismo compartilharam as mesmas preocupações durante algum tempo: como salvar do próprio liberalismo o que é possível do sistema capitalista? Esse questionamento interessa a todos os países, com variações notáveis conforme o peso da tradição do liberalismo econômico. Obviamente, a moda estava à procura de uma terceira via entre o puro liberalismo do século anterior e o socialismo, mas seria um engano imaginar essa "terceira via" como o "justo meio". Na realidade, essa procura adquire todo sentido quando a reinserimos no âmbito da questão central da época: sobre que fundamentos deve-se repensar a intervenção governamental[40]?

Toda a força de Keynes proveio justamente de ter sabido colocar esse problema da época em termos de governamentalidade, como fará pouco depois, aliás, seu amigo Walter Lippmann, embora num sentido diferente. Após lembrar as palavras de Edmund Burke[41] e a distinção de Bentham entre *agenda* e *não agenda*, Keynes escreve o seguinte:

> A tarefa essencial dos economistas hoje, sem dúvida, é repensar a distinção entre *agenda* do governo e *não agenda*. O complemento político dessa tarefa

---

* Em John Maynard Keynes, *Keynes* (org. Tamás Szmrecsányi, 2. ed., São Paulo, Ática, 1984, Coleção Economia). (N. E.)

[40] Gilles Dostaler apresenta da seguinte maneira a visão política de Keynes: "A visão política de Keynes se delineia, num primeiro momento, em termos negativos. Ela é mais clara naquilo que rejeita do que no que prega. De um lado, Keynes trava uma luta contra o liberalismo clássico, que se tornou apanágio de um conservadorismo e que, em sua forma extrema, pode transformar-se em fascismo. Por outro, ele rejeita as formas radicais do socialismo, que ele denomina ora leninismo, ora bolchevismo, ora comunismo. Trata-se, portanto, de navegar entre a reação e a revolução. Essa é a missão de uma 'terceira via', alternadamente denominada novo liberalismo, liberalismo social e socialismo liberal, do qual ele se faz propagandista". Gilles Dostaler, *Keynes et ses combats* (Paris, Albin Michel, 2005), p. 166.

[41] Edmund Burke considerava que "um dos problemas mais sutis do direito" era "a definição exata do que o Estado deve tomar a seu encargo e gerir segundo o desejo da opinião pública e do que deve ser deixado para a iniciativa privada, resguardado, tanto quanto possível, de qualquer ingerência".

seria conceber, dentro do quadro democrático, formas de governo que fossem capazes de pôr as *agendas* em execução.[42] Keynes não deseja pôr em questão todo o liberalismo, mas sua deriva dogmática. Assim, quando propõe que "o essencial para um governo não é fazer um pouco melhor ou um pouco pior o que os indivíduos já fazem, mas fazer o que atualmente não é feito de maneira alguma"[43], não se poderia ser mais claro sobre a natureza da "crise do liberalismo": como reformular teórica, moral e politicamente a distinção entre *agenda* e *não agenda*? Isso significava retomar uma questão antiga, sabendo que a resposta não poderia mais ser a dos fundadores da economia liberal, em particular a de Adam Smith. Keynes quer estabelecer a distinção entre o que os economistas disseram de fato e o que a propaganda respondeu. Para ele, o *laissez-faire* é um dogma social simplista que amalgamou tradições e épocas diferentes, sobretudo a apologia da livre concorrência do século XVIII e o "darwinismo social" do século XIX.

Os economistas ensinavam que a riqueza, o comércio e a indústria eram fruto da livre concorrência — que a livre concorrência fundara Londres. Mas os darwinistas iam mais longe: a livre concorrência criara o homem. A humanidade não era mais fruto da Criação, ordenando milagrosamente todas as coisas para o melhor, mas fruto, supremo, do acaso submetido às condições da livre concorrência e do *laissez-faire*. O princípio mesmo da sobrevivência do mais bem adaptado podia ser considerado, assim, uma vasta generalização dos princípios econômicos ricardianos.[44]

Keynes sublinha que essa crença dogmática é largamente rejeitada pela maioria dos economistas desde meados do século XIX, embora continue a ser apresentada aos estudantes como propedêutica. Ainda que talvez exagere a extensão da revisão, omitindo a constituição da economia de inspiração "marginalista" que faz da concorrência a condição mais perfeita do funcionamento ideal dos mercados, ele aponta um momento de refundação da doutrina que foi chamada de "novo liberalismo" e que ele próprio reivindica para si. Esse novo liberalismo visava a controlar as forças econômicas para evitar a anarquia social e política, reapresentando a questão da *agenda* e da *não agenda* em sentido favorável à intervenção política. O Estado se vê

---

[42] John Maynard Keynes, *The End of Laisser-faire* (Marselha, Agone, 1999), p. 26.
[43] Ibidem, p. 31.
[44] Ibidem, p. 9.

encarregado de um papel regulador e redistribuidor fundamental naquilo que se apresenta também como um "socialismo liberal"[45].

Como mostra Gilles Dostaler, isso significava sobretudo reatar com o radicalismo inglês, que sempre defendeu a intervenção do Estado quando esta era necessária. É nessa tradição que se inseriam, no fim do século XIX e no início do século XX, autores como John Hobson e Leonard Hobhouse. Estes últimos defendiam uma democracia social, vista como o prolongamento normal da democracia política. Na pluma desses partidários das reformas sociais, os princípios da liberdade de comércio e de propriedade tornavam-se um meio como outro qualquer, e não mais um fim em si, o que evidentemente não deixa de lembrar Bentham e Mill. Mais ainda, esse movimento pretendia travar uma luta doutrinal contra o individualismo na compreensão dos mecanismos econômicos e sociais, criticando frontalmente a ingenuidade dogmática do velho liberalismo, que conduzia à confusão do Estado moderno com o Estado monárquico despótico.

Hobhouse propôs em 1911 uma releitura sistemática da história do liberalismo[46]. Esse movimento lento e progressivo de libertação do indivíduo em relação às dependências pessoais era, para ele, um fenômeno eminentemente histórico e social. Este levou a certa forma de organização que é irredutível à reunião imaginária de indivíduos inteiramente formados fora da sociedade. Essa organização social visa a produzir coletivamente as condições de pleno desabrochar da personalidade, inclusive no plano econômico. Isso somente é possível se as relações múltiplas que cada indivíduo mantém com os outros obedecem a regras coletivamente estabelecidas. A democracia mais completa, baseada na proporcionalidade da representação,

---

[45] Gilles Dostaler descreve esse "novo liberalismo" da seguinte maneira: "Trata-se, em última análise, de transformar profundamente um liberalismo econômico que havia custado socialmente muito caro no período vitoriano e corria o risco de provocar uma revolta da classe operária. O novo liberalismo apresenta-se como uma alternativa ao socialismo coletivista e marxista. Os novos liberais rejeitam a luta de classes como motor de transformação social. Aderem de preferência a uma forma de socialismo liberal que podemos qualificar de social-democrata, ao menos no sentido que tomará a expressão após as cisões nos partidos operários no início da Segunda Guerra Mundial. Naturalmente, esse novo liberalismo é o exato oposto daquilo que hoje chamamos de neoliberalismo, que é, em primeiro lugar, uma reação ultraliberal contra o intervencionismo keynesiano". Gilles Dostaler, *Keynes et ses combats*, cit., p. 179.

[46] Ver Leonard Hobhouse, *Liberalism and Other Writings* (org. James Meadowcroft, Cambridge, Cambridge University Press, 1994).

é necessária para que essa realização pessoal seja efetiva: cada indivíduo deve ter condições de participar da instauração das regras que assegurarão sua liberdade efetiva[47]. É que a liberdade ganha uma concepção nova e mais concreta com a legislação protetora dos trabalhadores. Segundo Hobhouse, no século XIX pareceu necessário reequilibrar as trocas sociais em benefício dos mais fracos mediante uma intervenção da legislação: "O verdadeiro consentimento é um consentimento livre, e a plena liberdade do consentimento implica igualdade das duas partes comprometidas na transação"[48]. Cabe ao Estado assegurar essa forma real de liberdade que o velho liberalismo não concebera; cabe a ele garantir essa "liberdade social" (*social freedom*), que ele opõe à "liberdade não social" (*unsocial freedom*) dos mais fortes. Ainda de forma benthamiana, Hobhouse explica que a liberdade real somente pode ser assegurada pela coerção exercida sobre aquele que é mais ameaçador para a liberdade dos outros. Essa coerção, longe de ser atentatória à liberdade, proporciona à comunidade um ganho de liberdade em todas as condutas, evitando a desarmonia social[49]. Liberdade não é o contrário de coerção, antes é a combinação das coerções exercidas sobre os que são fortes com as proteções dos que são mais fracos.

Dessa perspectiva, a lógica liberal autêntica pode ser facilmente resumida: a sociedade moderna multiplica as relações contratuais, não apenas no campo econômico, mas em toda a vida social. Portanto, convém multiplicar as ações de reequilíbrio e proteção para garantir a liberdade de todos, sobretudo dos mais fracos. O liberalismo social assegura, assim, por sua legislação, uma extensão máxima da liberdade ao maior número de indivíduos. Filosofia plenamente individualista, esse liberalismo dá ao Estado o papel essencial de assegurar a cada indivíduo os meios de realizar seu próprio projeto[50].

---

[47] Pode-se notar que esse novo liberalismo é um movimento fundamentalmente democrático, que deixa de lado a desconfiança que ainda se encontrava em Mill acerca da "tirania da maioria". Mais próximo de Bentham nesse aspecto, ele tem mais receio da reconstituição das oligarquias do que do poder das massas.

[48] Leonard Hobhouse, *Liberalism and Other Writings*, cit., p. 43.

[49] Ibidem, p. 44.

[50] Evidentemente, essa "retomada" liberal deve ser articulada à tradição republicana no mundo euro-atlântico. Seu equivalente na França é o projeto republicano moderno, estudado por Jean-Fabien Spitz, *Le moment républicain en France* (Paris, Gallimard, 2005, Coleção NRF Essais).

No entreguerras, esse novo liberalismo terá desdobramentos importantes nos Estados Unidos[51]. John Dewey, nas conferências que fez em 1935, reunidas em *Liberalismo e ação social*, mostrou a impotência do liberalismo clássico para realizar seu projeto de liberdade pessoal no século XIX, sendo incapaz de passar da crítica das formas antigas de dependência para uma organização social inteiramente fundada sobre os princípios liberais. Reconhece em Bentham o mérito de ter visto a grande ameaça que pesava sobre a vida política nas sociedades modernas. A democracia que ele queria implantar era pensada como forma de impedir os políticos de usar seu poder em interesse próprio. Mas Dewey acusa-o, a ele e ao conjunto dos liberais, de não ter reconhecido que o mesmo mecanismo agiria na economia e, consequentemente, de não ter previsto "travas" para evitar esse desvirtuamento[52]. Em suma, para Dewey, assim como anos antes para Hobhouse, o liberalismo do século XX não poderia mais contentar-se com os dogmas que permitiram a crítica da ordem antiga, mas deve colocar-se imperativamente o problema da construção da ordem social e da ordem econômica. É exatamente a isso que se dedicarão – em sentido oposto – os neoliberais modernos.

Hobhouse, Keynes ou Dewey encarnam uma corrente, ou melhor, um meio difuso do fim do século XIX e início do século XX, no cruzamento do radicalismo com o socialismo, que se empenha em pensar a reforma do capitalismo[53]. A ideia de que a política é guiada por um bem comum e deve ser submetida a finalidades morais coletivas é fundamental nessa corrente, o que explica as intersecções possíveis com o movimento socialista. O fabianismo, por intermédio de círculos e revistas, constitui um dos polos desses encontros. Mas esse novo liberalismo deve ser situado sobretudo na história do radicalismo inglês. Hobson deve ser levado a sério quando declara que

---

[51] Segundo Alain Laurent, os "liberais modernos" conduzidos por John Dewey teriam realizado uma operação muito semelhante nos anos 1920 nos Estados Unidos, o que teria sido determinante para o significado que adquiriu o termo "*liberal*" no léxico político norte-americano.

[52] Ver John Dewey, "Liberalism and Social Action", em *The Later Works (1935-1937)*, v. 11 (Carbondale, Southern Illinois University Press, 1987), p. 28 [ed. bras.: "Liberalismo e ação social", em *Liberalismo, liberdade e cultura*, trad. Anísio Teixeira, São Paulo, Editora Nacional, 1970].

[53] Ver Peter Clarke, *Liberals and Social Democrats* (Cambridge, Cambridge University Press, 1978).

queria "um novo utilitarismo em que as satisfações físicas, intelectuais e morais terão seu lugar justo"[54].

Ver nisso um "desvirtuamento" do verdadeiro liberalismo seria, evidentemente, um erro baseado no postulado de uma identidade fundamental do liberalismo[55]. É esquecer que, desde o início do século XIX, o radicalismo benthamiano teve suas zonas de contato com o movimento socialista nascente, tanto na Inglaterra como na França. É esquecer que, anos depois, o utilitarismo doutrinal foi progressivamente conduzido a opor uma lógica hedonista pura a uma ética da maior felicidade para o maior número de pessoas, como em Henry Sidgwick. Mas também é desconhecer o sentido das inflexões aparentes dadas por John Stuart Mill a sua própria doutrina, como lembramos antes.

A dupla ação do Estado segundo Karl Polanyi

A questão da natureza da intervenção governamental deve ser distinguida da questão das fronteiras entre o Estado e o mercado. Essa distinção permite apreender melhor um problema apresentado em *A grande transformação*, livro em que Karl Polanyi afirma que o Estado liberal conduziu uma dupla ação com sentidos contrários no século XIX. De um lado, agiu em favor da criação dos mecanismos de mercado e, de outro, implantou mecanismos que o limitaram; de um lado, apoiou o "movimento" na direção da sociedade de mercado e, de outro, levou em consideração e reforçou o "contramovimento" de resistência da sociedade aos mecanismos de mercado.

Polanyi mostra que a entrada no mercado dos fatores econômicos é a condição para o crescimento capitalista. A Revolução Industrial teve como condição a constituição de um sistema mercantil em que os homens devem conceber-se, "sob o aguilhão da fome", como vendedores de serviços para poder adquirir recursos vitais para a troca monetária. Para tanto, é necessário que a natureza e o trabalho se tornem mercadorias, que as relações que o homem mantém com seus semelhantes e com a natureza tomem a forma da relação mercantil. Para que a sociedade inteira se organize de acordo com a ficção da mercadoria, para que se constitua como uma grande

---

[54] John A. Hobson, *Wealth and Life*, citado em Michael Freeden, *Liberalism Divided*, cit., extraído de John A. Hobson, *Wealth and Life* (Londres, Macmillan, 1929).

[55] Ver Alain Laurent, *Le libéralisme américain*, cit.

máquina de produção e troca, a intervenção do Estado é indispensável, não apenas no plano legislativo, para fixar o direito de propriedade e contrato, mas também no plano administrativo, para instaurar nas relações sociais regras múltiplas necessárias ao funcionamento do mercado concorrencial e fazer com que sejam respeitadas. O mercado autorregulador é fruto de uma ação política deliberada, da qual um dos principais teóricos foi, segundo Polanyi, precisamente Bentham. Citamos aqui um trecho decisivo de *A grande transformação*:

> O *laissez-faire* não tinha nada de natural; os mercados livres nunca poderiam ter nascido se as coisas tivessem sido simplesmente abandonadas a si mesmas. [...] Entre 1830 e 1850, viu-se não apenas uma explosão de leis ab-rogando regulamentos restritivos, mas também um enorme aumento das funções administrativas do Estado, que é então dotado de uma burocracia central capaz de cumprir as tarefas estabelecidas pelos partidários do liberalismo. Para o utilitarista típico, o liberalismo econômico é um projeto social que deve ser posto em ação para a maior felicidade do maior número de pessoas; *o laissez-faire não é um método que permite realizar uma coisa, ele é a coisa que se deve realizar.*[56]

Esse Estado administrativo, criador e regulador da economia e da sociedade de mercado, é imediatamente, sem que se possa distinguir bem o alcance das intervenções, um Estado administrativo que reprime a dinâmica espontânea do mercado e protege a sociedade. Esse é o segundo paradoxo da demonstração de Karl Polanyi, formulado da seguinte maneira por ele: "Enquanto a economia do *laissez-faire* era produzida pela ação deliberada do Estado, as restrições posteriores principiaram espontaneamente. *O laissez-faire era planejado, a planificação não*"[57]. Após 1860, e para o pesar de Herbert Spencer, um "contramovimento" generalizou-se em todos os países capitalistas, tanto na Europa como nos Estados Unidos. Inspirando-se nas ideologias mais diversas, ele respondia a uma lógica de "proteção da sociedade". Esse movimento de reação contra as tendências destruidoras do mercado autorregulador tomou duas formas: o protecionismo comercial nacional e o protecionismo social que se instalou no fim do século XIX. Portanto, a história deve ser lida segundo um "duplo movimento" de sentido contrário: o que leva à criação do mercado e o que tende a resistir a ele. Esse movimento de

---

[56] Karl Polanyi, *La grande transformation*, cit., p. 189; grifo nosso.
[57] Ibidem, p. 191; grifo nosso.

autodefesa espontânea, como diz Polanyi, prova que a sociedade de mercado total é impossível, que os sofrimentos que acarreta são tais que os poderes públicos são obrigados a estabelecer "diques" e "muralhas". Todo desequilíbrio ligado ao funcionamento do mercado ameaça a sociedade submetida a ele. Inflação, desemprego, crise de crédito internacional, *crash* financeiro, todos esses fenômenos econômicos atingem diretamente a sociedade e, portanto, exigem defesas políticas. Porque não compreenderam essa lição que poderia ter sido tirada do período anterior à Primeira Guerra Mundial, os responsáveis políticos que surgiram após o fim das hostilidades quiseram reconstruir uma ordem liberal mundial muito frágil, acumulando tensões entre o movimento de reconstrução do mercado (em particular no nível mundial, com o desejo de restauração do sistema do padrão-ouro) e o movimento de autodefesa social. Essas tensões, que têm a ver com a contradição interna à "sociedade de mercado", passaram da esfera econômica para a social, e desta para a política, da cena nacional para a internacional e vice-versa, o que, por fim, provocou a reação fascista e a Segunda Guerra Mundial.

A "grande transformação" que caracteriza os anos 1930 e 1940 é uma resposta de grande envergadura ao "desaparecimento da civilização de mercado"[58] e, mais precisamente, uma reação à tentativa derradeira e desesperada de restabelecer o mercado autorregulador nos anos 1920: "O liberalismo econômico fez um lance alto para restabelecer a autorregulação do sistema, eliminando todas as políticas intervencionistas que comprometiam a liberdade dos mercados de terra, trabalho e moeda"[59]. Desse lance alto, em que a moeda desempenhou o papel principal, à grande transformação, a consequência é direta. O imperativo da estabilidade monetária e da liberdade do comércio mundial levou a melhor sobre a preservação das liberdades públicas e da vida democrática. O fascismo foi o sintoma de uma "sociedade de mercado que se recusava a funcionar"[60] e o sinal do fim do capitalismo liberal tal como fora inventado no século XIX. A grande reviravolta política dos anos 1930 manifesta-se como uma ressocialização violenta da economia[61]. Por toda parte, a tendência é a mesma: subtraem-se

---

[58] Ibidem, p. 285.
[59] Ibidem, p. 299.
[60] Ibidem, p. 308.
[61] Ver Prefácio de Louis Dumont, em ibidem, p. 1.

do mercado concorrencial as regras de fixação dos preços do trabalho, da terra e da moeda para submetê-las a lógicas políticas que visam à "defesa da sociedade". O que Polanyi chama de "grande transformação" é, para ele, o fim da civilização do século XIX, a morte do liberalismo econômico e de sua utopia. Polanyi, todavia, precipitou-se acreditando na morte definitiva do liberalismo. Por que cometeu esse erro de diagnóstico? Podemos avançar a hipótese de que subestimou um dos principais aspectos do liberalismo, embora ele mesmo o tenha posto em evidência. Vimos antes que, entre as diferentes formas de intervencionismo do Estado, havia duas que se contrariavam: as intervenções de *criação do mercado* e as de *proteção da sociedade*, o "movimento" e o "contramovimento". Mas existe um terceiro tipo, do qual ele fala mais brevemente: as intervenções de *funcionamento do mercado*. Embora indique que estas não são facilmente distinguíveis das outras, ele as menciona como uma constante da ação do governo liberal. Essas intervenções destinadas a assegurar a autorregulação do mercado tentam fazer com que o princípio de concorrência que deve regê-lo seja respeitado. Polanyi cita como exemplos as leis antitrustes e a regulamentação das associações sindicais. Nos dois casos, trata-se de ir contra a liberdade (na situação em questão, a liberdade de coalizão) para fazer funcionar melhor as regras concorrenciais. Polanyi cita, aliás, esses "liberais consequentes com eles mesmos", entre os quais Walter Lippmann, que não hesitam em sacrificar o *laissez-faire* em benefício do mercado concorrencial[62]. Isso porque estes últimos termos não são sinônimos, apesar da linguagem comum que os confunde. Citamos uma passagem particularmente eloquente:

> Estritamente falando, o liberalismo econômico é o princípio diretor de uma sociedade em que a indústria é baseada na instituição de um mercado autorregulador. É verdade que, uma vez que esse sistema esteja mais ou menos realizado, necessita-se de menos intervenção de certo tipo. Contudo, isso não quer dizer, longe disso, que o sistema de mercado e a intervenção sejam termos que se excluam mutuamente. Pois, enquanto esse sistema não é implantado, os partidários da economia liberal devem exigir – e não hesitarão em fazê-lo – que o Estado intervenha para estabelecê-lo e, uma vez estabelecido, que intervenha para mantê-lo. O partidário da economia liberal pode portanto, sem nenhuma incoerência, pedir ao Estado que utilize

---
[62] Ibidem, p. 200.

a força da lei, ele pode até mesmo recorrer à violência, à guerra civil, para instaurar as condições prévias para um mercado autorregulador.[63] Essa passagem muito pouco citada, notável pelo fato de antecipar certas "cruzadas" recentes, distancia-nos da "disjunção" entre Estado e mercado que é vista como típica do liberalismo. A realidade histórica é muito diferente, como mostra Polanyi quando cita a guerra que o Norte travou contra o Sul para unificar as regras de funcionamento do capitalismo norte-americano. Essa forma constante de intervenção para "manutenção" do mercado lança uma nova luz sobre o erro de Polanyi, bem como sobre os que vieram depois dele. Ela é apenas a presunção otimista de um fim ardentemente desejado ou apenas o resultado de uma confusão de pensamento, cujo risco foi identificado pelo próprio Polanyi[64]. O liberalismo econômico não se confunde com o *laissez-faire*, não é contrário ao "intervencionismo", como ainda se pensa com frequência.

Na realidade, é entre os diferentes tipos de intervenções do Estado que é preciso fazer uma distinção. Elas podem dizer respeito a princípios heterônomos à mercantilização e obedecer a princípios de solidariedade, compartilhamento, respeito a tradições ou normas religiosas. Nesse sentido, participam do "contramovimento" à tendência principal do grande mercado. Mas também podem ser da ordem de um programa que visa a estender a inserção no mercado (ou quasi-mercado) de setores inteiros da produção e da vida social, mediante certas políticas públicas ou certas despesas sociais que vêm proteger ou apoiar o desenvolvimento das empresas capitalistas. Polanyi, quando se quis "profeta", ficou como que fascinado com a contradição entre esse movimento mercantil e esse contramovimento social, contradição que, para ele, levou afinal à "explosão" do sistema. Mas esse fascínio, explicável tanto pelo contexto como pelas intenções demonstrativas de sua obra, fez com que ele se esquecesse das intervenções públicas para o funcionamento do mercado autorregulador que, no entanto, ele pusera em evidência.

Esse erro de Polanyi é importante porque tende a obscurecer a natureza específica do neoliberalismo, que não é simplesmente uma nova reação à "grande transformação", uma "redução do Estado" que precederia um "retorno do Estado". Ele se define melhor como certo tipo de

---

[63] Ibidem, p. 201.
[64] Idem.

intervencionismo destinado a moldar politicamente relações econômicas e sociais regidas pela concorrência.

O neoliberalismo e as discordâncias do liberalismo

A "crise do liberalismo" revelou a insuficiência do princípio dogmático do *laissez-faire* para a condução dos negócios governamentais. O caráter fixo das "leis naturais" tornou-as incapazes de guiar um governo cujo objetivo declarado é assegurar a maior prosperidade possível e, ao mesmo tempo, a ordem social.

Entre os que permanecem apegados aos ideais do liberalismo clássico, foram formulados dois tipos de resposta que devem-se distinguir, ainda que, historicamente, elas tenham se misturado algumas vezes. A primeira em ordem cronológica é a do "novo liberalismo", a segunda é a do "neoliberalismo". Os nomes dados a essas duas vias não se impuseram de imediato, como se pode imaginar. Foi o uso que se fez delas, os conteúdos que foram elaborados, as linhas políticas que se destacaram pouco a pouco que nos permitem distingui-las retroativamente. A proximidade dos nomes traduz, em primeiro lugar, uma comunidade de projeto: trata-se nos dois casos de responder a uma crise do modo de governo liberal, de superar as dificuldades de todos os tipos que surgiram das mutações do capitalismo, dos conflitos sociais, dos confrontos internacionais. Trata-se até, mais fundamentalmente, de fazer frente ao que apareceu em dado momento como o "fim do capitalismo", fim esse que foi encarnado pela ascensão dos "totalitarismos" após a Primeira Guerra Mundial. Essas duas correntes descobriram progressivamente que tinham em comum, dito brutalmente, um inimigo: o totalitarismo, isto é, a destruição da sociedade liberal. Sem dúvida, foi isso que as levou a criar um discurso ao mesmo tempo teórico e político que dá razão, forma e sentido à intervenção governamental, um discurso novo, que produz uma nova racionalidade governamental. O que supunha revisar, de um lado e de outro, o naturalismo liberal tal como fora transmitido ao longo do século XIX.

A distinção dos nomes, "novo liberalismo" e "neoliberalismo", por mais discreta que seja na aparência, traduz uma oposição que não foi percebida de imediato, às vezes nem mesmo pelos atores dessas formas de renovação da arte do governo. O "novo liberalismo", do qual uma das expressões tardias e mais elaboradas no plano da teoria econômica foi a de Keynes, consistiu em reexaminar o conjunto dos meios jurídicos, morais, políticos, econômicos e sociais que permitiam a realização de uma "sociedade de liberdade individual", em proveito de todos. Duas propostas poderiam resumi-lo: 1) as *agendas* do Estado devem ir além dos limites que o dogmatismo do *laissez-faire* impôs a elas, se se deseja salvaguardar o essencial dos benefícios de uma sociedade liberal; 2) essas novas *agendas* devem pôr em questão, na prática, a confiança que se depositou até então nos mecanismos autorreguladores do mercado e a fé na justiça dos contratos entre indivíduos supostos iguais. Em outras palavras, a realização dos ideais do liberalismo exige que se saiba utilizar meios aparentemente alheios ou opostos aos princípios liberais para defender sua implementação: leis de proteção do trabalho, impostos progressivos sobre a renda, auxílios sociais obrigatórios, despesas orçamentárias ativas, nacionalizações. Mas, se esse reformismo aceita restringir os interesses individuais para proteger o interesse coletivo, ele o faz apenas para garantir as condições reais de realização dos fins individuais.

O "neoliberalismo" vem mais tarde. Em certos aspectos, aparece como uma decantação do "novo liberalismo" e, em outros, como uma alternativa aos tipos de intervenção econômica e reformismo social pregados pelo "novo liberalismo". Ele compartilhará amplamente a primeira proposição com este último. Mas, ainda que admitam a necessidade de uma intervenção do Estado e rejeitem a pura passividade governamental, os neoliberais opõem-se a qualquer ação que entrave o jogo da concorrência entre interesses privados. A intervenção do Estado tem até um sentido contrário: trata-se não de limitar o mercado por uma ação de correção ou compensação do Estado, mas de desenvolver e purificar o mercado concorrencial por um enquadramento jurídico cuidadosamente ajustado. Não se trata mais de postular um acordo espontâneo entre os interesses individuais, mas de produzir as condições ótimas para que o jogo de rivalidade satisfaça o interesse coletivo. A esse respeito, rejeitando a segunda das duas proposições mencionadas antes, o neoliberalismo combina a reabilitação da intervenção pública com uma concepção do mercado centrada na concorrência, cuja fonte, como vimos, encontra-se no spencerismo da segunda metade do século XIX[65]. Ele prolonga a virada que deslocou o eixo do liberalismo,

---

[65] Michel Foucault apontou essa passagem da troca para a concorrência, que caracteriza o neoliberalismo em relação ao liberalismo clássico. Ver Michel Foucault, *Naissance de la biopolitique*, cit., p. 121-2.

fazendo da concorrência o princípio central da vida social e individual, mas, em oposição à fobia spenceriana de Estado, reconhece que a ordem de mercado não é um dado da natureza, mas um produto artificial de uma história e de uma construção política.

2
O COLÓQUIO WALTER LIPPMANN OU A REINVENÇÃO DO LIBERALISMO

Se é verdade que a crise do liberalismo teve como sintoma um reformismo social cada vez mais pronunciado a partir do fim do século XIX, o neoliberalismo é uma *resposta* a esse sintoma, ou ainda, uma tentativa de entravar essa orientação às políticas redistributivas, assistenciais, planificadoras, reguladoras e protecionistas que se desenvolveram desde o fim do século XIX, uma orientação vista como uma degradação que conduzia diretamente ao coletivismo.

A criação da Sociedade Mont-Pèlerin, em 1947, é citada com frequência, e erroneamente, como o registro de nascimento do neoliberalismo[1]. Na realidade, o momento fundador do neoliberalismo situa-se antes, no Colóquio Walter Lippmann, realizado durante cinco dias em Paris, a partir de 26 de agosto de 1938, no âmbito do Instituto Internacional de Cooperação Intelectual (antecessor da Unesco), na rue Montpensier, no centro de Paris[2]. A reunião de Paris distingue-se pela qualidade de seus participantes, que, na maioria, marcarão a história do pensamento e da política liberal dos países ocidentais após a guerra, quer se trate de Friedrich Hayek, Jacques Rueff, Raymond Aron, Wilhelm Röpke, quer se trate de Alexander von Rüstow.

---

[1] A respeito da história da Sociedade Mont-Pèlerin, ver Ronald Max Hartwell, *A History of the Mont Pelerin Society* (Indianápolis, Liberty Fund, 1995).

[2] Para mais detalhes, ver François Denord, "Aux origines du néolibéralisme en France: Louis Rougier et le Colloque Walter Lippmann de 1938", *Le Mouvement Social*, n. 195, 2001, p. 9-34, e, mais recente, o livro abundantemente documentado de Serge Audier, *Le Colloque Lippmann: aux origines du néolibéralisme* (Latresne, Le Bord de l'Eau, 2008).

Escolher uma dessas duas datas como momento fundador não é indiferente, como veremos adiante. A análise que se faz do neoliberalismo depende dessa escolha.

Esses dois acontecimentos, aliás, estão correlacionados. O Colóquio Walter Lippmann encerrou-se com a declaração de criação de um Centro Internacional de Estudos para a Renovação do Liberalismo, cuja sede acabou sendo o Museu Social, na rue Las Cases, em Paris, instituição que foi concebida na época como uma sociedade intelectual internacional que deveria realizar sessões regulares sempre em países diferentes. Os acontecimentos na Europa decidiram o contrário. Sob esse ângulo, a Sociedade Mont-Pèlerin aparece como um prolongamento da iniciativa de 1938. Um de seus pontos em comum, que não foi de pouca importância para a difusão do neoliberalismo, é seu cosmopolitismo. O Colóquio Walter Lippmann é a primeira tentativa de criação de uma "internacional" neoliberal que se prolongou em outros organismos, entre os quais, nas últimas décadas, a Comissão Trilateral e o Fórum Econômico Mundial de Davos. Outro ponto em comum é a importância que se dá ao trabalho intelectual de refundação da doutrina para melhor assegurar sua vitória contra os princípios adversários. A reconstrução da doutrina liberal vai beneficiar meios acadêmicos bem financiados e de prestígio, começando nos anos 1930 pelo Institut Universitaire des Hautes Études Internationales [Instituto Universitário de Altos Estudos Internacionais], fundado em 1927, em Genebra, pela London School of Economics e pela Universidade de Chicago, para mencionarmos apenas os mais famosos, e destilando-se em seguida em algumas centenas de *think tanks* que difundirão a doutrina ao redor do mundo.

O neoliberalismo vai desenvolver-se segundo várias linhas de força, submetendo-se a tensões das quais devemos reconhecer a importância. O colóquio de 1938 revelou discordâncias que, desde o princípio, dividiram os intelectuais que reivindicavam para si o neoliberalismo. Aliás, ele mostra bem as divergências que, após a Segunda Guerra Mundial, continuarão a agir de forma cada vez mais patente. Essas divergências são de vários tipos e não devem ser confundidas. O Colóquio Walter Lippmann mostra, em primeiro lugar, que a exigência comum de reconstrução do liberalismo ainda não permite, em 1938, distinguir completamente as tendências do "novo liberalismo" e as do "neoliberalismo". Como mostrou Serge Audier, alguns participantes franceses são tipicamente da primeira corrente quando se referem a um "liberalismo social", como Louis Marlio, ou a um "socialismo liberal", como Bernard Lavergne.

Todavia, o "novo liberalismo" não é o principal eixo do colóquio, que é muito mais o momento em que é decantado um modo diferente de reconstrução, que terá em comum com o "novo liberalismo" a aceitação da intervenção, mas tentará dar a ela uma nova definição e, por conseguinte, novos limites. Isso, porém, é simplificar as coisas. Outras divergências dizem respeito ao próprio sentido desse "neoliberalismo" que se deseja construir: trata-se de transformar o liberalismo, dando-lhe um novo fundamento, ou ressuscitar o liberalismo clássico, isto é, operar um "retorno ao verdadeiro liberalismo" contra os desvios e as heresias que o perverteram? Em face dos inimigos comuns (o coletivismo em suas formas comunista e fascista, mas também as tendências intelectuais e as correntes políticas reformistas que supostamente levavam a ele nos países ocidentais, a começar pelo keynesianismo), essas divergências vão parecer secundárias, sobretudo quando vistas de fora. Durante a travessia do deserto político e intelectual dos neoliberais, o que importa, na verdade, é opor um *front* unido ao "intervencionismo de Estado" e à "escalada do coletivismo". Foi essa oposição que a Sociedade Mont-Pèlerin conseguiu encarnar, reunindo as diferentes correntes do neoliberalismo, a corrente norte-americana (fortemente influenciada pelos "neoaustríacos" Friedrich Hayek e Ludwig von Mises) e a corrente alemã e permitindo, desse modo, que se apagassem as linhas divergentes tais como haviam se firmado antes da guerra. Sobretudo, essa junção dos neoliberais ocultou um dos aspectos principais da virada que se deu na história do liberalismo moderno: a teorização de um intervencionismo propriamente liberal. Era precisamente isso que trazia à luz o Colóquio Walter Lippmann. Nesse sentido, este último não é somente um registro de nascimento, mas um elemento revelador.

Contra o naturalismo liberal

O colóquio realizou-se de 26 a 30 de agosto de 1938. O organizador dessa reunião internacional com 26 economistas, filósofos e funcionários do alto escalão de vários países foi Louis Rougier, filósofo hoje esquecido. Na época, ele era professor de filosofia em Besançon, adepto do positivismo lógico, membro do Círculo de Viena e já havia escrito várias obras e artigos que pregavam um "retorno do liberalismo" sobre novas bases. Essa reunião foi uma dupla ocasião para o lançamento da tradução francesa do livro de Walter Lippmann, *An Inquiry into the Principles of the Good Society* [Uma investigação sobre os princípios da Grande Sociedade], com o título de *La cité libre*[3], e para a presença do autor em Paris. O livro é apresentado pelo organizador do colóquio como um manifesto de reconstrução do liberalismo, em torno do qual podem reunir-se espíritos diferentes trabalhando na mesma direção. A ideia que anima Rougier é bastante simples: não haverá "retorno do liberalismo" se não houver uma refundação teórica da doutrina liberal e se dela não se deduzir uma política liberal ativa, que evite os efeitos negativos da crença metafísica no *laissez-faire*. A linha que Rougier deseja estabelecer no colóquio é um prolongamento da convicção que Lippmann afirma firmemente em sua obra quando define a "agenda" do liberalismo a ser reinventado:

> A *agenda* prova que o liberalismo não é a apologética estéril em que se transformou durante sua sujeição ao dogma do *laissez-faire* e à incompreensão dos economistas clássicos. Ela demonstra, acredito eu, que o liberalismo é não uma justificação do *status quo*, mas uma lógica de reajustamento social que se tornou necessária pela Revolução Industrial.[4]

Rougier, no discurso que abriu os trabalhos do colóquio, assinala que esse esforço de refundação ainda não tem um nome oficial: deve-se falar em "liberalismo construtor", "neocapitalismo" ou "neoliberalismo", termo que, segundo ele, parece prevalecer no uso corrente[5]? Refundar o liberalismo para melhor combater a grande ascensão dos totalitarismos é a meta que

---

[3] Walter Lippmann, *La cité libre* (trad. Georges Blumberg, Paris, Librairie de Médicis, 1938). Lippmann, jornalista e editorialista norte-americano, famoso pelas análises de opinião pública e política estrangeira norte-americana, esteve entre as duas guerras no cruzamento do "novo liberalismo" com o neoliberalismo. Em *Drift and Mastery* (1913), ele se pronuncia a favor de um controle científico da economia e da sociedade. Mais tarde, seus escritos sobre a Grande Depressão e o New Deal darão continuidade a sua tese de que não existem liberdades sem intervenção governamental. Em *The New Imperative* (1935), salienta que o "novo imperativo" político, que foi posto em prática com as políticas de resposta à crise, consiste em o Estado "assumir a responsabilidade pela condição de vida dos cidadãos". Em sua opinião, essas políticas, adotadas tanto por Hoover como por Roosevelt, inauguraram um "New Deal permanente" em ruptura com a ideologia do *laissez-faire* anterior a 1929, dando ao governo uma nova função, que consiste em "usar de todos os seus poderes para regular o ciclo dos negócios". Se o governo da economia moderna é indispensável, resta determinar a melhor política possível. Todos os seus esforços visarão a repensar um modo de governo liberal. Ver Ronald Steel, *Walter Lippmann and the American Century* (Boston, Little Brown, 1980).

[4] Walter Lippmann, *La cité libre*, cit., p. 272.

[5] A expressão já havia sido utilizada antes do colóquio, em particular por Gaëtan Pirou.

O Colóquio Walter Lippmann ou a reinvenção do liberalismo • 75

Rougier pretendia dar à reunião da qual fora o promotor, sublinhando que a ambição do colóquio era condensar um movimento intelectual difuso[6]. Ao mesmo tempo, esse colóquio é para ele o ato inaugural de uma organização internacional destinada a construir e difundir uma doutrina liberal de novo gênero: o Centro Internacional de Estudos para a Renovação do Liberalismo, o qual mencionamos anteriormente. Esse centro ainda organizará algumas reuniões temáticas, mas desaparecerá em consequência da dispersão de seus membros causada pela guerra e pela ocupação.

Em seu discurso de abertura, Rougier lembra também a importância da tese de Lippmann, segundo a qual o liberalismo não se identifica com o *laissez-faire*. De fato, essa assimilação demonstrou todas as suas consequências negativas, já que, diante da evidência dos males do *laissez-faire*, a opinião pública logo conclui que apenas o socialismo pode salvar do fascismo ou, inversamente, apenas o fascismo pode salvar do socialismo, embora um e outro sejam variedades de uma mesma espécie. Ele enfatiza igualmente a crítica de Lippmann ao naturalismo da doutrina "manchesteriana". *La cité libre* possuía o grande mérito, em sua opinião, de lembrar que o regime liberal é resultado de uma ordem legal que pressupõe um intervencionismo jurídico do Estado. Ele resume da seguinte maneira a tese central da obra:

> A vida econômica ocorre dentro de um quadro jurídico que estabelece o regime da propriedade, dos contratos, das patentes, da falência, o estatuto das associações profissionais e das sociedades comerciais, o dinheiro e os bancos, todas as coisas que não são dadas pela natureza, como as leis do equilíbrio econômico, mas são criações contingentes do legislador.[7]

Essa é a expressão da linha dominante do colóquio, que será objeto de ressalva, ou até mesmo de contestação, por parte de alguns convidados, em particular dos "neoaustríacos" Von Mises e, decerto, Hayek, que, embora não se manifeste durante as discussões, concorda com aquele que

---

[6] Louis Rougier vê as discussões do colóquio como a continuação de uma série de trabalhos já publicados que se identificavam com o liberalismo e cujo tema em comum era a "crise do capitalismo". Ele menciona as obras de Jacques Rueff, *La crise du capitalisme* (1935), Louis Marlio, *Le sort du capitalisme* (1938), e Bernard Lavergne, *Grandeur et déclin du capitalisme* (1938).

[7] Travaux du Centre International d'Études pour la Rénovation du Libéralisme, *Le Colloque Lippmann* (Paris, Librairie de Médicis, 1939), p. 15. A ata do colóquio foi publicada recentemente por Serge Audier, *Le Colloque Lippmann*, cit.

considera seu mestre. Mas todos os participantes compartilham incontestavelmente da rejeição dos "neoaustríacos" ao coletivismo, ao planismo e ao totalitarismo, em suas formas comunista e fascista. Há também uma rejeição amplamente compartilhada às reformas de esquerda que visam à redistribuição de renda e à proteção social, como aquelas adotadas pela Frente Popular na França[8]. Mas o que fazer para combater essas tendências? Reatualizar o liberalismo dentro de um novo contexto ou revisá-lo profundamente? Essa alternativa está estreitamente ligada ao diagnóstico da "grande crise" e suas causas.

As divergências manifestadas então têm relação com uma diferença importante de interpretação dos fenômenos econômicos, políticos e sociais do entreguerras, que alguns autores de diferentes horizontes políticos e doutrinais pensam como uma "crise do capitalismo". Resta pouca dúvida, como vimos anteriormente, que a situação mudou profundamente com relação à "*belle époque* do liberalismo", tão bem descrita por Karl Polanyi.

Duas interpretações radicalmente opostas do "caos" do capitalismo conflitam durante esses dias. Aliás, elas dividem mais amplamente os meios liberais na Europa nessa época. Para uns, a doutrina do *laissez-faire* deve ser renovada, sem dúvida, mas deve sobretudo ser defendida daqueles que pregam a ingerência do Estado. Destes últimos, Lionel Robbins na Inglaterra e Jacques Rueff na França, juntamente com os "austríacos" Von Mises e Hayek, estão entre os autores mais conservadores em matéria doutrinal[9]. Para outros, o liberalismo deve ser integralmente refundado e favorecer o que já é chamado de "intervencionismo liberal", segundo o termo utilizado por Von Rüstow e Henri Truchy[10]. As divergências sobre as análises da grande crise são particularmente significativas dessas duas opções possíveis.

---

[8] O consenso em torno desse ponto não é geral. Prova da "complexidade do neoliberalismo francês", segundo Serge Audier, é que alguns participantes do Colóquio Walter Lippmann são partidários dos "progressos sociais" e do "liberalismo social". É o caso já citado de Louis Marlio e Bernard Lavergne. Serge Audier, *Le Colloque Lippmann*, cit., p. 140-57 e 172-80.

[9] Veremos mais adiante o quanto autores como Von Mises e, sobretudo, Hayek desenvolveram reflexões originais que não podem ser simplesmente assimiladas ao velho *laissez-faire*.

[10] Henri Truchy, "Libéralisme économique et économie dirigée", *L'Année Politique Française et Étrangère*, dez. 1934, p. 366, citado em François Denord, "Aux origines du néolibéralisme en France", cit.

Para os primeiros, os fatores principais do caos devem ser buscados na traição progressiva dos princípios do liberalismo clássico (Robbins, Rueff, Hayek, Von Mises); para os segundos, as causas da crise são encontradas no próprio liberalismo clássico (Rougier, Lippmann e os teóricos alemães do ordoliberalismo[11]).

Em *La Grande Dépression, 1929-1934*, Robbins explica também que a crise é consequência das intervenções políticas que desregularam o mecanismo autocorretivo dos preços. Como sublinha Rueff no prefácio que fez ao livro, foram as boas intenções dos reformistas sociais que levaram ao desastre. A reação de Robbins e Rueff revela uma nostalgia de um mercado espontaneamente autorregulado que teria funcionado em uma era dourada das sociedades ocidentais. É o que Rueff traduz muito bem no opúsculo *La crise du capitalisme*, quando opõe o quase equilíbrio do período anterior à Primeira Guerra Mundial ao caos da grande crise[12]. Antes, escreve ele:

> Os homens agiam independentemente uns dos outros, sem nunca se preocupar com as repercussões de seus atos sobre o estado geral dos mercados. E, no entanto, do caos das trajetórias individuais nasce essa ordem coletiva traduzida pelo quase equilíbrio que os fatos revelavam.[13]

Mas, depois, as intervenções públicas, todas as formas de dirigismo, as taxações, as planificações e as regulamentações "possibilitaram a alegre queda da prosperidade"[14]. O postulado desses autores, que encontramos também em Von Mises ou Hayek, é que a intervenção política é um processo cumulativo. Uma vez iniciada, leva necessariamente à coletivização total da economia e ao regime policial totalitário, já que é preciso adaptar os comportamentos individuais aos mandamentos absolutos do programa de gestão autoritária da economia. A conclusão é clara: não se pode falar de falência do liberalismo, porque foi a política intervencionista que gerou a crise. O mecanismo dos preços, quando funciona livremente, resolve todos os problemas de coordenação das decisões dos agentes econômicos.

Rueff, por exemplo, na sessão de domingo, 28 de agosto, dedicada às relações entre o liberalismo e a questão social, sustenta da maneira mais

---

[11] Fazemos uma apresentação destes últimos no capítulo 3.
[12] Jacques Rueff, *La crise du capitalisme* (Paris, Éditions de la Revue Bleue, 1936).
[13] Ibidem, p. 5.
[14] Ibidem, p. 6.

ortodoxa que a insegurança social sofrida pelos trabalhadores deve-se aos desequilíbrios econômicos periódicos contra os quais nada se pode fazer, e que eles não são tão graves quanto parecem, na medida em que há automaticamente um retorno ao equilíbrio quando o mecanismo dos preços não é desregulado. Por outro lado, o Estado, se intervém, emperra a máquina automática:

> O sistema liberal tende a assegurar às classes mais necessitadas o máximo de bem-estar. Todas as intervenções do Estado no plano econômico tiveram o efeito de empobrecer os trabalhadores. Todas as intervenções dos governos pareceram melhorar as condições da maioria, mas para isso não há outro meio senão aumentar a massa dos produtos que devem ser partilhados.[15]

Ao questionamento cético de Lippmann sobre os benefícios sociais da liberdade de mercado ("é possível aliviar o sofrimento que a mobilidade de um sistema de mercados privados comporta? Se o equilíbrio deve ser deixado sempre por conta própria, isso comporta grandes sofrimentos"[16]), Rueff responde pouco depois com a sentença definitiva: "O sistema liberal dá ao sistema econômico uma flexibilidade que permite lutar contra a insegurança"[17]. Von Mises ainda lembrará, a propósito do seguro-desemprego, que

> o desemprego, enquanto fenômeno maciço e duradouro, é consequência de uma política que visa a manter os salários em um nível mais elevado do que aquele que resultaria do estado do mercado. O abandono dessa política redundaria muito rapidamente numa diminuição considerável do número de desempregados.[18]

Na véspera, a pergunta "o declínio do liberalismo é devido a causas endógenas?" também mostrava a tensão. Para o pensador ordoliberal Röpke, a concentração industrial que destrói a concorrência deve-se a causas técnicas (peso do capital fixo), ao passo que Von Mises sustenta que os cartéis são produto do protecionismo, que fragmenta o espaço econômico mundial, freia a concorrência entre países e, portanto, favorece os acordos em nível nacional. Segundo ele, seria absurdo, portanto, pregar a intervenção do Estado em relação à concentração, porque é precisamente essa intervenção

---

[15] Serge Audier, *Le Colloque Lippmann*, cit., p. 69.
[16] Idem.
[17] Ibidem, p. 71.
[18] Ibidem, p. 74.

a causa do mal: "Não foi o livre jogo das forças econômicas, mas a política antiliberal dos governos que criou as condições favoráveis ao estabelecimento dos monopólios. Foi a legislação, foi a política que criou a tendência ao monopólio"[19].

Essa linha de não intervenção absoluta que se expressa no colóquio revela nesse plano a persistência de uma ortodoxia aparentemente intocada. Mas o que Foucault acertadamente chamará de "fobia do Estado" não resume o mais inovador propósito do colóquio.

A originalidade do neoliberalismo

Através do discurso dos numerosos participantes, impõe-se uma redefinição do liberalismo que deixa os ortodoxos particularmente desarmados. Essa linha de força do colóquio une a perspectiva de Rougier, de ordem essencialmente epistemológica, a de Lippmann, que lembra a importância da construção jurídica no funcionamento da economia de mercado, e, por fim, aquela, muito próxima, dos "sociólogos liberais" alemães Röpke e Von Rüstow, que enfatizam a sustentação social do mercado, que por si só não é capaz de assegurar a integração de todos.

Aparentemente, os participantes do colóquio tinham plena consciência das clivagens que os dividiam. Assim, Von Rüstow afirma:

> É inegável que aqui, em nosso círculo, estão representados dois pontos de vista diferentes. Uns não veem nada de essencial para criticar ou mudar no liberalismo tradicional [...]. Outros, como nós, procuram a responsabilidade pelo declínio do liberalismo no próprio liberalismo; e, consequentemente, procuram a saída numa renovação fundamental do liberalismo.[20]

São sobretudo Rougier e Lippmann que definem durante o colóquio o que se deve entender, segundo eles, por "neoliberalismo" e quais tarefas lhe competem. Ambos os autores haviam desenvolvido antes, em suas

---

[19] Ibidem, p. 37.

[20] François Denord comenta essas palavras da seguinte maneira: "Em público, Rüstow respeita as regras do decoro universitário, mas, em particular, confessa a Wilhelm Röpke a péssima opinião que tem de Friedrich Hayek e Ludwig von Mises: o lugar deles é no museu, conservados em formol. São pessoas desse tipo que são responsáveis pela grande crise do século XX". François Denord, "Aux origines du néolibéralisme en France", cit., p. 88.

respectivas obras, ideias bastante semelhantes e, sobretudo, a mesma vontade de reinventar o liberalismo. Para compreender melhor a natureza dessa reconstrução, convém examinarmos um pouco mais de perto os escritos de Rougier e, principalmente, de Lippmann.

O "retorno ao liberalismo" pregado por Rougier é, na verdade, uma refundação das bases teóricas do liberalismo e a definição de uma nova política. Rougier parece guiado sobretudo por sua rejeição à metafísica naturalista. O importante para ele é afirmar de saída a distinção entre um naturalismo liberal de estilo antigo e um liberalismo ativo, que visa à criação consciente de uma ordem legal no interior da qual a iniciativa privada, submetida à concorrência, possa desenvolver-se com toda a liberdade. Esse intervencionismo *jurídico* do Estado contrapõe-se a um intervencionismo *administrativo*, que estorva ou impede a liberdade de ação das empresas. O quadro legal, ao contrário da gestão autoritária da economia, deve deixar que o consumidor arbitre no mercado entre os produtores concorrentes.

A grande diferença entre esse neoliberalismo e o liberalismo antigo, segundo Rougier, é a concepção que eles têm da vida econômica e social. Os liberais tendiam a ver a ordem estabelecida como uma ordem natural, o que os levava a sistematicamente tomar posições conservadoras, tendendo a manter os privilégios existentes. Não intervir era, em resumo, respeitar a natureza. Para Rougier,

> ser liberal não é em absoluto ser conservador, no sentido da manutenção dos privilégios de fato resultante da legislação anterior. É, ao contrário, ser essencialmente "progressista", no sentido de uma contínua adaptação da ordem legal às descobertas científicas, aos progressos da organização e da técnica econômica, às mudanças de estrutura da sociedade, às exigências da consciência contemporânea. Ser liberal não é, como o "manchesteriano", deixar os automóveis circularem em todos os sentidos, seguindo seus caprichos, donde resultariam incessantes engarrafamentos e acidentes; não é, como o "planista", estabelecer para cada automóvel uma hora de saída e um itinerário; é impor um *código de trânsito*, admitindo ao mesmo tempo que ele não é na época dos transportes rápidos o mesmo que era na época das diligências.[21]

Essa metáfora com o código de trânsito é uma das imagens mais usadas pelo neoliberalismo, é quase uma assinatura oficial. Ela é longamente

---

[21] Serge Audier, *Le Colloque Lippmann*, cit., p. 15-6.

desenvolvida por Lippmann[22], mas também consta no famoso livro que Hayek publicará após a guerra, *O caminho da servidão**.

A ideia decisiva do colóquio é que o liberalismo clássico é o principal responsável pela crise por que ele passava. Os erros de governo aos quais ele conduziu favoreceram o planismo e o dirigismo. De que natureza eram esses erros? Consistiam essencialmente em confundir as regras de funcionamento de um sistema social com leis naturais intangíveis. Rougier, por exemplo, vê na fisiocracia francesa a expressão mais clara desse tipo de confusão[23]. O que chama de "mística liberal", ou crença numa natureza imutável, que ele pretende distinguir cuidadosamente da ciência econômica verdadeira, deriva da passagem da observação das características científicas de uma ordem regida pela livre concorrência para a ideia de que essa ordem é intocável e perfeita, uma vez que é obra de Deus[24]. O segundo erro metodológico, que está ligado a essa confusão, é a crença na "primazia do econômico sobre o político". Esse duplo erro pode ser resumido, segundo Rougier, na seguinte sentença: "O melhor legislador é aquele que sempre se abstém de intervir no jogo das forças econômicas e subordina a elas todos os problemas morais, sociais e políticos". Essa submissão a uma ordem supostamente natural, que está no princípio do *laissez-faire*, é uma ilusão baseada na ideia de que a economia é um domínio à parte, que não seria regido pelo direito. Essa independência da economia com relação às instituições sociais e políticas é o erro básico da mística liberal que leva ao não reconhecimento do caráter construído do funcionamento do mercado.

Lippmann, em *La cité libre*, fez uma análise muito semelhante dos erros dos "últimos liberais", como os denomina. O "*laissez-faire*", do qual ele recorda a origem em Gournay, era uma teoria negativa, destruidora, revolucionária, que por sua própria natureza não poderia guiar a política dos Estados. Tratava-se não de um programa, mas de uma palavra de

---

[22] Lippmann explica em *La cité libre* (cit., p. 335-6) que os funcionários públicos existem para fazer o código de trânsito ser respeitado, não para dizer aonde devemos ir.

* Trad. Anna Maria Capovilla, José Italo Stelle e Liane de Morais Ribeiro, 5. ed., Rio de Janeiro, Instituto Liberal, 1994. (N. E.)

[23] Ver Louis Rougier, *Les mystiques économiques: comment l'on passe des démocraties libérales aux États totalitaires* (Paris, Librairie de Médicis, 1938).

[24] Segundo Rougier, a crença naturalista é um misticismo, porém menos grosseiro que a doutrina coletivista, que é pura crença mágica nos poderes absolutos da razão humana sobre os processos sociais e políticos. Logo, existem graus no misticismo.

ordem, que "não passava de uma objeção histórica a leis caducas"[25]. Essas ideias inicialmente revolucionárias, que permitiram derrubar os vestígios do regime social e político antigo e instaurar uma ordem de mercado, "transformaram-se em um dogma obscurantista e pedantesco"[26]. O naturalismo que impregnava as teorias jurídico-políticas dos primeiros liberais estava destinado a essa mutação dogmática e conservadora. Se em certa época os direitos naturais foram ficções liberais que permitiram garantir a propriedade e, portanto, favorecer os comportamentos acumuladores, esses mitos se fixaram em dogmas inalteráveis que impediram qualquer reflexão sobre a utilidade das leis, explica ele. Vetando a reflexão sobre o alcance das leis, esse respeito absoluto à "natureza" fortalecia a situação adquirida pelos privilegiados.

Essa análise não deixa de ter certo parentesco com a posição dos fundadores franceses da sociologia do século XIX. O grande defeito do liberalismo econômico, como Auguste Comte mostrou em sua época, derivava da impossibilidade de se construir uma ordem social viável a partir de uma teoria essencialmente negativa. A novidade do neoliberalismo "reinventado" reside no fato de se poder pensar a ordem de mercado como uma ordem construída, portanto, ter condições de estabelecer um verdadeiro programa político (uma "agenda") visando a seu estabelecimento e sua conservação permanente.

A ideia mais equivocada dos "últimos liberais", como John Stuart Mill ou Herbert Spencer[27], consiste em afirmar que existem domínios em que há uma lei e outros em que não há lei nenhuma. Foi essa crença na existência de esferas de ação "naturais", regiões sociais de não direito, como seria, na opinião deles, a economia de mercado, que deturpou a inteligência do curso histórico e impediu o prosseguimento das políticas necessárias. Como ainda observa Lippmann, no século XIX a dogmática liberal descolou-se pouco a pouco das práticas reais dos governos. Enquanto os liberais discutiam sentenciosamente a extensão do *laissez-faire* e a lista dos direitos naturais, a realidade política era a da invenção de leis, instituições e normas de todos os tipos, indispensáveis para a vida econômica moderna:

---

[25] Walter Lippmann, *La cité libre*, cit., p. 221 e seg.
[26] Ibidem, p. 228.
[27] Lippmann não faz distinção entre esses dois autores porque não leva em conta as dúvidas e nem as inflexões de Mill.

Todas essas transações dependiam de uma lei qualquer, da disposição do Estado de fazer valer certos direitos e proteger certas garantias. Consequentemente, significava não ter nenhum senso de realidade perguntar-se onde se situavam os limites do domínio do Estado.[28]

Os direitos de propriedade, os contratos mais variados, os estatutos jurídicos das empresas, enfim, todo o enorme edifício do direito comercial e do direito do trabalho era um desmentido em ato da apologética do *laissez-faire* dos "últimos liberais", que se tornaram incapazes de refletir acerca da prática efetiva dos governantes e do significado da obra legisladora. O equívoco é até mais profundo. Esses liberais foram incapazes de compreender a dimensão *institucional* da organização social:

> Apenas reconhecendo que os direitos legais são proclamados e aplicados pelo Estado é que se pode submeter a um exame racional o valor de um direito particular. Os últimos liberais não se deram conta disso. Cometeram o grave erro de não ver que a propriedade, os contratos, as sociedades, assim como os governos, os parlamentos e os tribunais, são criaturas da lei e existem apenas enquanto uma pilha de direitos e deveres cuja aplicação pode ser exigida.[29]

Vemos por essas sentenças como a crítica neoliberal de Lippmann resgata o solo da governamentalidade tal como foi pensada por Bentham, aquém das fórmulas naturalistas que haviam invadido a literatura apologética do mercado. Sem estabelecer completamente o elo entre a crítica que faz à ilusão jusnaturalista e a maneira como Bentham pensava as relações entre a liberdade de ação e a ordem jurídica, Lippmann analisa a evolução doutrinal como uma *degradação* que ocorreu entre o fim do século XVIII e o fim do XIX, entre Bentham e Spencer.

A ignorância demonstrada pelos liberais tardios com relação ao trabalho dos juristas para definir, enquadrar, melhorar o regime dos direitos e obrigações referentes à propriedade, às trocas e ao trabalho tem razões que Lippmann pretende explicar. Esse não reconhecimento do fato de que "todo o regime da propriedade privada e dos contratos, da empresa individual, da associação e da sociedade anônima faz parte de um conjunto jurídico do qual ele é inseparável" é explicado pelo modo de fabrico do direito em questão. Segundo ele, é porque esse direito é mais o produto da jurisprudência que sanciona os usos do que uma codificação feita conforme as regras que eles

---

[28] Walter Lippmann, *La cité libre*, cit., p. 230.
[29] Ibidem, p. 293.

puderam vê-lo erroneamente como expressão de uma "espécie de direito natural fundado na natureza das coisas e com um valor, por assim dizer, supra-humano". Essa ilusão naturalista levou-os a ver em cada disposição jurídica que não lhes agradava uma ingerência intolerável do Estado, uma violação inadmissível do estado de natureza[30]. Não reconhecer o trabalho da criação jurídica é o erro inaugural que se encontra no princípio da retórica de denúncia da intervenção do Estado:

> O título de propriedade é uma criação da lei. Os contratos são instrumentos jurídicos. As sociedades são criaturas do direito. Consequentemente, comete-se um erro quando se considera que elas possuem existência fora da lei e depois se pergunta se é lícito "intervir" nelas [...]. Toda propriedade, todo contrato e toda sociedade existem somente porque existem direitos e garantias cuja aplicação pode ser assegurada, quando são sancionados pela lei, apelando para o poder de coerção do Estado. Quando se fala em não mexer em nada, fala-se para não dizer nada.[31]

Uma fonte adicional de erro consistiu em ver as simplificações necessárias da ciência econômica como um modelo social a ser aplicado. Para Lippmann, assim como para Rougier, é normal que o trabalho científico elimine os resíduos e as hibridações da realidade das sociedades para deduzir por abstração relações e regularidades. Mas os liberais viram essas leis como criações naturais, uma imagem exata da realidade, e aquilo que escapava ao modelo simplificado e depurado era tido por eles apenas como imperfeições ou aberrações[32]. A conjunção dessa interpretação epistemológica equivocada com essa ilusão naturalista explica a força duradoura do dogmatismo liberal até o início do século XIX.

O liberalismo que continha o ideal de emancipação humana no século XVIII transformou-se progressivamente num conservadorismo estreito, contrário a qualquer avanço das sociedades em nome do respeito absoluto à ordem natural:

> As consequências desse erro foram catastróficas. Porque, imaginando esse domínio da liberdade inteiramente hipotético e ilusório, em que os homens supostamente trabalham, compram e vendem, fazem contratos e possuem bens, os liberais renunciaram a qualquer crítica e tornaram-se defensores

---

[30] Ver ibidem, p. 252.
[31] Ibidem, p. 320-1.
[32] Ibidem, p. 244.

do direito que reinava nesse domínio. Tornaram-se, assim, apologistas reconhecidos de todos os abusos e de todas as misérias que ele continha. Tendo admitido que não existiam leis, mas uma ordem natural vinda de Deus, só podiam ensinar a alegre adesão ou a resignação estoica. Na realidade, defendiam um sistema composto de vestígios jurídicos do passado e inovações interesseiras, introduzidas pelas classes mais afortunadas e poderosas da sociedade. Além do mais, tendo presumido a não existência de uma lei humana regendo os direitos de propriedade, os contratos e as sociedades, naturalmente não puderam interessar-se em saber se essa lei era boa ou ruim nem se podia ser reformada ou melhorada. Foi com toda razão que se ridicularizou o conformismo desses liberais. Eles tinham provavelmente tanta sensibilidade quanto os outros, mas o cérebro deles parara de funcionar. Afirmando em bloco que a economia de troca era "livre", isto é, situada fora da alçada da jurisdição do Estado, meteram-se num impasse. [...] É por isso que perderam o domínio intelectual das grandes nações, e o movimento progressista virou as costas para o liberalismo.[33]

Não somente liberalismo e progressismo separaram-se, como se viu, sobretudo, o surgimento de uma contestação cada vez mais forte do capitalismo liberal e das desigualdades que ele engendrava. O socialismo desenvolveu-se aproveitando o empedernimento conservador da doutrina liberal, a serviço dos interesses econômicos dos grupos dominantes. O questionamento da propriedade é, para Lippmann, particularmente sintomático desse desvio: "Se a propriedade privada está tão gravemente comprometida no mundo moderno, é porque as classes favorecidas, resistindo a qualquer mudança em seus direitos, provocaram um movimento revolucionário que tende a aboli-las"[34].

A agenda do liberalismo reinventado

Os "últimos liberais" não entenderam que, "longe de ser abstencionista, a economia liberal pressupõe uma ordem jurídica ativa e progressista" que visa à adaptação permanente do homem a condições sempre cambiantes. É necessário um "intervencionismo liberal", um "liberalismo construtor", um dirigismo do Estado que convém distinguir de um intervencionismo coletivista e planista. Apoiado na evidência dos benefícios da competição,

---

[33] Ibidem, p. 234-5.
[34] Ibidem, p. 329.

esse intervencionismo abandona a fobia spenceriana do Estado e combina a herança do concorrencialismo social e a promoção da ação do Estado. Seu objetivo é restabelecer incessantemente as condições da livre concorrência ameaçada por lógicas sociais que tendem a reprimi-la para garantir a "vitória dos mais aptos".

> O dirigismo do Estado liberal implica que ele seja exercido de maneira que a liberdade seja protegida, não subjugada; de maneira que a conquista do benefício seja o resultado da vitória dos mais aptos numa competição leal, não o privilégio dos mais protegidos ou dos mais ricos, em consequência do apoio hipócrita do Estado.[35]

Esse liberalismo "mais bem compreendido", esse "liberalismo verdadeiro", depende da reabilitação do Estado como fonte de autoridade imparcial sobre os particulares.

> Quem quiser retornar ao liberalismo terá de dar autoridade suficiente aos governos para que resistam à ascensão dos interesses privados sindicalizados, e essa autoridade lhes será dada por meio de reformas constitucionais apenas na medida em que o espírito público for reerguido através da denúncia dos malefícios do intervencionismo, do dirigismo e do planismo, que em geral são apenas a arte de desregular sistematicamente o equilíbrio econômico em detrimento da grande massa dos cidadãos-consumidores para o benefício momentâneo de um pequeno número de privilegiados, como se vê com extrema abundância na experiência russa.[36]

Sem dúvida, não é simples distinguir a intervenção que mata a concorrência daquela que a fortalece. Em todo caso, quando se constata que existem forças políticas e sociais que induzem à desregulação da máquina, deve-se aceitar que uma força contrária visa a devolver-lhe o devido lugar e poder por "gosto do risco e da responsabilidade"[37]. Rougier tem duas posições diferentes, na verdade. Na primeira, o intervencionismo do Estado deve ser essencialmente *jurídico*. Trata-se de impor regras universais a todos os agentes econômicos e resistir a todas as intervenções que deturpam a concorrência, dando vantagens ou concedendo privilégios e proteções a determinadas categorias. O perigo é que o Estado fique na mão de grupos coligados, seja dos mais ricos, seja das massas pobres.

---

[35] Louis Rougier, *Les mystiques économiques*, cit., p. 84.
[36] Ibidem, p. 10.
[37] Ibidem, p. 192.

Para Rougier, existem forças na sociedade que induzem ao desvirtuamento do jogo da concorrência em proveito próprio, a começar pelas forças políticas, que para conquistar o voto dos eleitores não hesitam em praticar políticas demagógicas. A Frente Popular francesa é em si mesma um exemplo perfeito. Existem também lógicas sociais que induzem a essas deturpações, que não são levadas em conta por um pensamento econômico limitado: "[...] nós não somos moléculas de gás, mas seres pensantes e sociais; nós coligamos nossos interesses, somos submetidos a práticas gregárias, sofremos pressões externas de grupos organizados (sindicatos, organizações políticas, Estados estrangeiros etc.)"[38]. Um Estado forte, protegido das chantagens e pressões, é necessário para garantir igualdade de tratamento diante da lei.

Ele também sustenta outro argumento. O Estado não deve proibir-se de intervir para fazer as engrenagens da economia funcionarem melhor. O liberalismo construtor significa

> lubrificar a máquina econômica, desengripar os fatores autorreguladores do equilíbrio; permitir que preços, taxas de juro, disparidades ajustem a produção às necessidades reais do consumo, tornadas solventes; a poupança, às necessidades de investimento dali em diante justificadas pela demanda; o comércio exterior, à divisão natural do trabalho internacional; os salários, às possibilidades técnicas e à rentabilidade das empresas.[39]

Essa ingerência adaptadora chega ao ponto de induzir certos comportamentos desejáveis nos agentes a fim de restabelecer equilíbrios que, embora "naturais", não se constituiriam por si sós.

> O intervencionismo liberal deve preocupar-se, em períodos de superoferta, em estimular o consumo, que é a única coisa que permite valorizar a produção, pois, se o volume da produção é função do preço de custo, apenas a demanda solvente determina seu valor comercial e social; e isso não pelos procedimentos esterilizantes da venda a crédito, mas distribuindo a maior parte dos benefícios de uma empresa na forma de dividendos para os acionistas e salários para os operários. Com isso, o Estado não terá como objetivo criar equilíbrios artificiais, mas restabelecer os equilíbrios naturais entre a poupança e os investimentos, a produção e o consumo, as exportações e as importações.[40]

---

[38] Idem.
[39] Ibidem, p. 194.
[40] Ibidem, p. 85.

O capitalismo concorrencial não é um produto da natureza: ele é uma máquina que exige vigilância e regulação constantes. Percebe-se, no entanto, a falta de clareza em torno do "intervencionismo liberal" na versão dada por Rougier, que só poderia inquietar os liberais mais próximos da ortodoxia. Rougier mistura três dimensões diferentes na legitimação da política pública: o estabelecimento de um Estado de direito, uma política de adaptação às condições cambiantes e uma política que auxilia a realização dos "equilíbrios naturais". Elas não são da mesma ordem. Uma coisa é romper com a "fobia do Estado", tal como esta se manifestava exemplarmente em Spencer, outra é estabelecer o limite que separará a intervenção legítima da ilegítima. Como evitar cair nos vícios dos "políticos demagogos" e dos "doutrinários iluminados"? O critério absoluto é o respeito aos princípios da concorrência. Ao contrário de todos aqueles que explicam que "a concorrência mata a concorrência", Rougier sustenta – como todos os liberais, aliás – que as distorções da concorrência são consequência sobretudo das ingerências do Estado, não de um processo endógeno. Desde o protecionismo alfandegário até a instauração de um monopólio, é sempre o Estado que, exclusivamente ou não, está na origem da limitação ou da supressão do regime concorrencial, em detrimento dos interesses do maior número de indivíduos. O que, todavia, introduz uma diferença entre essas posições é que, para Rougier, a concorrência só pode ser estabelecida pela ingerência do Estado. Esse é também o principal eixo do neoliberalismo alemão, como indica Von Rüstow durante o colóquio:

> Não é a concorrência que mata a concorrência. É antes a fraqueza intelectual e moral do Estado, que primeiro ignora e negligencia seus deveres de policial do mercado e deixa a concorrência degenerar e depois deixa cavaleiros rapinadores abusarem dos direitos dessa concorrência degenerada para lhe dar o golpe de misericórdia.[41]

Para Rougier, o "retorno ao liberalismo" somente tem sentido pelo valor que se dá à "vida liberal", que não é a selva dos egoísmos, mas o jogo regulado da realização de si mesmo. Por isso ele prega o "gosto da vida que resulta do fato de ela comportar um risco, mas dentro do quadro ordenado de um jogo cujas regras são conhecidas e respeitadas"[42].

---

[41] Serge Audier, *Le Colloque Lippmann*, cit., p. 41.
[42] Louis Rougier, *Les mystiques économiques*, cit., p. 4.

Neoliberalismo e revolução capitalista

Lippmann, por sua vez, vai desenvolver uma argumentação muito diferente e, sem dúvida, mais consistente para justificar o neoliberalismo e explicar seu significado histórico. A seu ver, o coletivismo é uma "contrarrevolução", uma "reação" à revolução verdadeira, surgida nas sociedades ocidentais. Porque, para ele, a verdadeira revolução é a da economia capitalista e comercial estendida a todo o planeta, a do capitalismo que altera continuamente os modos de vida, transformando o mercado no "regulador soberano dos especialistas numa economia baseada numa divisão do trabalho muito especializada"[43].

É o que os últimos liberais esqueceram e que torna obrigatória uma "redescoberta do liberalismo". O liberalismo, na verdade, não é uma ideologia semelhante às outras, e menos ainda esse "enfeite descorado" do conservadorismo social no qual se transformou pouco a pouco. Ele é, para Lippmann, a única filosofia que pode conduzir a adaptação da sociedade e dos homens que a compõem à mutação industrial e comercial baseada na divisão do trabalho e na diferenciação dos interesses. É a única doutrina que, bem compreendida, pode construir a "Grande Sociedade" e fazê-la funcionar com harmonia: "O liberalismo não é, como o coletivismo, uma reação à Revolução Industrial; ele é a própria filosofia dessa Revolução Industrial"[44]. O caráter *necessário* do liberalismo, sua inserção no movimento das sociedades, acaba aparecendo como o correspondente da tese marxiana que faz do socialismo outra necessidade da história.

A economia baseada na divisão do trabalho e regulada pelos mercados é um sistema de produção que não pode ser fundamentalmente modificado. Trata-se de um dado da história, uma base histórica, da mesma forma que o sistema econômico dos caçadores-coletores. Mais ainda, trata-se de uma revolução muito semelhante àquela por que passou a humanidade no período Neolítico. O erro dos coletivistas é acreditar que se pode anular essa revolução social pelo domínio total dos processos econômicos; o erro dos manchesterianos é pensar que esse é um estado natural que não exige intervenções políticas.

A palavra mais importante na reflexão de Lippmann é *adaptação*. A agenda do neoliberalismo é guiada pela necessidade de uma adaptação

---

[43] Walter Lippmann, *La cité libre*, cit., p. 209.
[44] Ibidem, p. 285.

permanente dos homens e das instituições a uma ordem econômica intrinsecamente variável, baseada numa concorrência generalizada e sem trégua. A política neoliberal é requerida para favorecer esse funcionamento, combatendo os privilégios, os monopólios e os rentistas. Ela visa a criar e preservar as condições de funcionamento do sistema concorrencial.

À revolução permanente dos métodos e das estruturas de produção deve corresponder igualmente a adaptação permanente dos modos de vida e das mentalidades. O que torna obrigatória uma intervenção permanente da força pública. Foi o que entenderam claramente os primeiros liberais, inspirados pela necessidade de reformas sociais e políticas, mas foi também o que esqueceram os "últimos liberais", mais preocupados com a manutenção do que com a adaptação. A bem da verdade, os adeptos do *laissez-faire* supunham que esses problemas de adaptação se resolviam por magia ou, melhor, que nem existiam.

O neoliberalismo repousa sobre a dupla constatação de que o capitalismo inaugurou um período de revolução permanente na ordem econômica, mas que os homens não se adaptam espontaneamente a essa ordem de mercado cambiante, porque se formaram num mundo diferente. Essa é a justificação de uma política que deve visar à *vida individual e social como um todo*, como dirão os ordoliberais alemães depois de Lippmann. Essa política de adaptação da ordem social à divisão do trabalho é uma tarefa imensa, diz ele, que consiste em "dar à humanidade um novo tipo de vida"[45]. Lippmann é particularmente explícito acerca do caráter sistemático e completo da transformação social que se deve operar:

> A má adaptação se deve ao fato de que houve uma revolução no modo de produção. Como essa revolução se deu entre homens que herdaram um tipo de vida radicalmente diferente, o reajuste necessário deve estender-se a toda a ordem social. Provavelmente, ele deve prosseguir enquanto durar a própria Revolução Industrial. Não pode haver um momento nele em que a "nova ordem" esteja realizada. Pela natureza das coisas, uma economia dinâmica deve necessariamente estar alojada numa ordem social progressista.[46]

É precisamente ao Estado e à legislação produzida ou garantida por ele que cabe inserir as atividades produtoras e comerciais em relações evolutivas, enquadrá-las em normas harmônicas com a especialização produtiva e a extensão das

---

[45] Ibidem, p. 272.
[46] Ibidem, p. 256.

trocas comerciais. Longe de negar a necessidade de um quadro social, moral e político para melhor deixar funcionarem os mecanismos supostamente naturais da economia de mercado, o neoliberalismo deve ajudar a redefinir um novo quadro que seja compatível com a nova estrutura econômica.

Mais ainda, a política neoliberal deve *mudar o próprio homem*. Numa economia em constante movimento, a adaptação é uma tarefa sempre atual para que se possa recriar uma harmonia entre a maneira como ele vive e pensa e as condicionantes econômicas às quais deve se submeter. Nascido num estado antigo, herdeiro de hábitos, modos de consciência e condicionamentos inscritos no passado, o homem é um inadaptado crônico que deve ser objeto de políticas específicas de readaptação e modernização. E essas políticas devem chegar ao ponto de mudar a própria maneira como o homem concebe sua vida e seu destino a fim de evitar os sofrimentos morais e os conflitos inter ou intraindividuais:

> Os verdadeiros problemas das sociedades modernas colocam-se em qualquer lugar onde a ordem social não seja compatível com as necessidades da divisão do trabalho. Um exame dos problemas atuais não seria mais do que um catálogo dessas incompatibilidades. O catálogo começaria pela hereditariedade, enumeraria todos os costumes, as leis, as instituições e as políticas e somente terminaria após tratar da noção que o homem tem de seu destino sobre a Terra, de suas ideias sobre sua alma e a de todos os outros homens. Pois todo conflito entre a herança social e a forma como os homens devem ganhar a vida acarreta necessariamente uma desordem em seus negócios e uma divisão em seus espíritos. Quando a herança social e a economia não formam um todo homogêneo, há necessariamente revolta contra o mundo ou renúncia ao mundo. Por isso, em épocas como a nossa, em que a sociedade se encontra em conflito com as condições de sua existência, o descontentamento leva alguns à violência, e outros ao ascetismo e ao culto do além. Quando os tempos são conturbados, uns erguem barricadas e outros entram para o convento.[47]

Para evitar essas crises de adaptação, convém pôr em prática um conjunto de reformas sociais, que são uma *verdadeira política da condição humana* nas sociedades ocidentais. Lippmann aponta dois aspectos propriamente humanos dessa política global de adaptação à competição: a eugenia e a educação. A adaptação exige novos homens, dotados de qualidades não apenas diferentes, mas também superiores das que dispunham os antigos homens:

---

[47] Ibidem, p. 256-7.

A economia necessita não apenas que a qualidade da espécie humana, que o equipamento dos homens diante da vida, seja mantida num grau mínimo de qualidade, mas também que essa qualidade seja progressivamente melhorada. Para viver com sucesso num mundo de interdependência crescente do trabalho especializado, é preciso um crescimento contínuo das faculdades de adaptação, da inteligência e da compreensão esclarecida dos direitos e dos deveres recíprocos, dos benefícios e das possibilidades desse tipo de vida.[48]

É preciso, em particular, uma grande política de educação das massas que prepare os homens para as funções econômicas especializadas que os aguardam e para o espírito do capitalismo a que devem aderir para viver "em paz numa Grande Sociedade de membros interdependentes"[49]:

> Educar grandes massas, equipar os homens para uma vida em que devem especializar-se, mas ao mesmo tempo ainda ser capazes de mudar de especialidade, eis o imenso problema ainda não resolvido. A economia da divisão do trabalho exige que esses problemas de eugenia e educação sejam efetivamente tratados, e a economia clássica supõe que eles o sejam.[50]

O que torna necessária essa grande política de educação praticada em benefício das massas, e não mais apenas de uma pequena elite cultivada, é que os homens terão de mudar de cargo e empresa, adaptar-se às novas técnicas, enfrentar a concorrência generalizada. A educação, em Lippmann, não é da ordem da argumentação republicana tradicional, mas da ordem da lógica adaptativa, que é a única coisa que justifica o custo escolar: "É para tornar os homens aptos ao novo tipo de vida que o liberalismo pretende consagrar parte considerável do orçamento público à educação"[51].

A política que Lippmann promove tem outros aspectos que a aproximam, como veremos adiante, dos temas da sociologia ordoliberal de Röpke e Von Rüstow: proteção do contexto de vida, da natureza, dos bairros e das cidades. Os homens devem ter mobilidade econômica, mas não devem viver como nômades sem raízes, sem passado. A questão da integração social nas comunidades locais, muito presente na cultura norte-americana, faz parte dos contrapesos necessários ao desenvolvimento da economia mercantil: "Não há dúvida de que a Revolução Industrial descivilizou grandes massas

---

[48] Ibidem, p. 258.
[49] Ibidem, p. 285.
[50] Ibidem, p. 258.
[51] Ibidem, p. 285.

de homens, tirando-os de seus lares ancestrais e juntando-os em grandes subúrbios sombrios e anônimos, repletos de casebres superpovoados"[52]. Assim como os ordoliberais alemães do pós-guerra, Lippmann não vê contradição entre o tipo de economia que deseja ver perdurar, na medida em que a considera um dado histórico insuperável, e as consequências sociais que ela pode gerar. A seu ver, a defesa de uma sociedade integrada e estabilizada é da alçada da política social, exatamente da mesma maneira como a luta contra o coletivismo das grandes *holdings* é necessária para manter a concorrência. Sob certos aspectos, esse neoliberalismo, que se pretende uma política de adaptação, leva a certa hostilidade em relação às formas adquiridas pelo capitalismo das grandes unidades. É desse modo que podemos compreender a vontade de lutar contra a manipulação dos monopólios e o desejo de ver ampliada a vigilância sobre as transações comerciais e financeiras: "Numa sociedade liberal, o aprimoramento dos mercados deve ser objeto de estudo incessante. Trata-se de um vasto domínio de reformas necessárias"[53].

Não devemos nos esquecer, porém, que essa reinvenção do liberalismo não se deixa iludir sobre as necessidades políticas ligadas ao funcionamento dos mercados, em particular no plano da mobilização, da formação da força de trabalho e de sua reprodução em estruturas sociais e institucionais estáveis e eficazes. Essa é, sem dúvida, a principal preocupação de *La cité libre*, como indica a justificação do imposto progressivo destinado, entre outras coisas, à educação dos produtores, mas também a sua indenização, em caso de demissão, a fim de ajudá-los a reciclar-se e reposicionar-se: "Não há nenhuma razão para que um Estado liberal não assegure e não indenize os homens contra os riscos do progresso dele próprio. Ao contrário, ele tem todas as razões em fazê-lo"[54].

O império da lei

Dissemos anteriormente como a crítica neoliberal de Lippmann ao naturalismo ia ao encontro da concepção benthamiana do papel criador da lei, em particular no campo da ação econômica. A ideia de que a propriedade

---

[52] Ibidem, p. 260.
[53] Ibidem, p. 268.
[54] Ibidem, p. 270.

não está inscrita na natureza, mas é produto de um entroncamento de direitos complicado, variável, diferenciado, é incontestavelmente comum a ambos. Encontramos a mesma preocupação com a mudança do arcabouço legal em função das evoluções sociais e econômicas, contra as concepções conservadoras do jusnaturalismo. Num sistema econômico em permanente evolução, a lei deve ser modificada quando necessário. Mas Lippmann demonstra muito mais simpatia que Bentham pela prática jurisprudencial da Common Law e muito mais desconfiança acerca da criação parlamentar da lei. Mostra, muito antes de Hayek, que há uma afinidade de espírito entre o modo de criação da lei na prática anglo-saxã e as necessidades de coordenação dos indivíduos nas sociedades modernas.

A questão da arte do governo é central. Os adeptos do coletivismo e os do *laissez-faire* equivocam-se por razões contrárias sobre a ordem política correspondente a um sistema de divisão do trabalho e troca. Uns querem administrar todas as relações dos homens entre eles, e os outros gostariam de acreditar que essas relações são livres por natureza. A democracia é o império da lei para todos, é o governo pela lei comum feita pelos homens: "Numa sociedade livre, o Estado não administra os negócios dos homens. Ele administra a justiça entre os homens, que conduzem eles mesmos seus próprios negócios"[55]. É verdade que não se chegou facilmente a essa concepção, como atestam os debates desde o fim do século XVIII.

Como organizar o Estado numa época em que o povo é o detentor legítimo do poder para fazê-lo servir aos interesses das massas? Esse é o grande problema da constituição que os *founding fathers* impuseram a si mesmos – e é igualmente o dos republicanos franceses e dos democratas radicais ingleses. Segundo Lippmann, o modo de governo liberal não tem relação com a ideologia, mas com a necessidade de estrutura, como dissemos anteriormente. Ele resulta da própria natureza dos laços sociais dentro da sociedade mercantil.

A divisão do trabalho impõe certo tipo de política liberal e veda a arbitrariedade de um poder ditatorial que dispõe dos indivíduos como bem entende. No plano político, uma sociedade civil composta de agentes econômicos é impossível de ser dirigida por ordens e decretos, como se se tratasse de uma organização hierarquizada. O que se pode fazer é conciliar interesses diferenciados, determinando uma lei comum. "O sistema liberal

---

[55] Ibidem, p. 318.

se esforça para definir o que um homem pode esperar dos outros, inclusive dos funcionários do Estado, e assegurar a realização dessa expectativa."[56] Essa concepção das relações sociais define o único modo de governo possível de uma cidade livre que limita a arbitrariedade e não pretende dirigir os indivíduos.

Uma lei é uma regra geral das relações entre indivíduos privados, ela expressa apenas as relações gerais dos homens entre si. Não é nem emanação de uma potência transcendente nem propriedade natural do indivíduo. É um modo de organização dos direitos e dos deveres recíprocos dos indivíduos em relação uns aos outros, objetos de mudanças contínuas em função da evolução social. O governo liberal pela lei comum, explica Lippmann, "é o controle social exercido não por uma autoridade superior que dá ordens, mas por uma lei comum que define os direitos e os deveres recíprocos das pessoas e as convida a fazer cumprir a lei, submetendo seus casos específicos a um tribunal"[57]. Essa concepção da lei estende o campo dos direitos privados ao conjunto do direito como instituição das obrigações relativas dos indivíduos em relação uns aos outros.

Lippmann retoma a concepção *relacional* da lei, que era a dos primeiros liberais. Explica que não somos pequenas soberanias independentes, como Robinsons Crusoés numa ilha; somos ligados a um conjunto denso de obrigações e direitos, que estabelecem certa reciprocidade em nossas relações.

Esses direitos não são copiados da natureza, tampouco deduzidos de um dogma proclamado de uma vez por todas, e menos ainda uma produção de um legislador onisciente. Eles são produto de uma evolução, de uma experiência coletiva das necessidades de regulamentação surgidas da multiplicação e da modificação das transações interindividuais. Muito antes de Hayek, Lippmann, herdeiro dos escoceses Hume e Ferguson, apresenta a formação da sociedade civil como resultado de um processo de descoberta da regra geral que deve governar as relações recíprocas dos homens e, por isso mesmo, contribui para *civilizá-los*, no sentido de que a aplicação do *direito civil* obedece ao princípio geral e simples da rejeição da arbitrariedade em suas relações. Esse princípio de civilização assegura a cada um uma esfera de liberdade, fruto de restrições no exercício do poder arbitrário do homem sobre o homem. O desenvolvimento da lei, que é a negação da possibilidade

---

[56] Ibidem, p. 343.
[57] Ibidem, p. 316.

de agressão do outro, é o que permite liberar as faculdades produtoras e as energias criadoras.

Para Lippmann, a nova governamentalidade é essencialmente *judiciária*: mais do que curvar-se à forma de administração da justiça em toda a sua extensão e todos os seus procedimentos, ela cumpre uma operação integralmente judiciária em seu conteúdo e seu alcance. A oposição simplista entre intervenção e não intervenção do Estado, tão pregnante na tradição liberal, impediu a compreensão do papel efetivo do Estado na criação jurídica e inibiu as possibilidades de adaptação. O conjunto de normas produzidas pelos costumes, pela interpretação dos juízes e pela legislação, com a garantia do Estado, evolui por um trabalho constante de adaptação, por uma reforma permanente que faz da política liberal uma função essencialmente judiciária. Não há diferença de natureza nas operações dos poderes Executivo, Legislativo ou propriamente Judiciário: todos devem julgar, em cenários diferentes e de acordo com procedimentos distintos, reivindicações muitas vezes contraditórias de grupos e indivíduos com interesses diferentes. A lei como regra geral visa a assegurar obrigações equitativas entre indivíduos com interesses particulares. Todas as instituições liberais exercem um julgamento sobre os interesses. Adotar uma lei é decidir entre interesses em conflito. O legislador não é uma autoridade que ordena e impõe, mas um juiz que decide entre interesses. O modelo mais puro é, pois, o da Common Law, em oposição ao direito romano, do qual provém a teoria moderna da soberania.

A administração da justiça, essencialmente comutativa, tem um lugar vital num universo social em que os conflitos de interesse são inevitáveis. Porque os interesses particulares se diferenciaram na "Grande Sociedade", uma imagem cara aos primeiros liberais, é que o modo de governo deve mudar, passando do "método autoritário" para o "método recíproco" do controle social. Os arranjos normativos servem para tornar compatíveis as reivindicações individuais pela definição e pelo respeito das obrigações recíprocas, de acordo com uma lógica essencialmente horizontal. O soberano não governa por decreto, não é a expressão de um fim coletivo nem mesmo o da "maior felicidade para o maior número de pessoas". A regra liberal do governo consiste em confiar na ação privada dos indivíduos e não apelar para a autoridade pública para determinar o que é melhor fazer ou pensar. Esse é o princípio do limite da coerção do Estado. O que, como veremos adiante, pressupõe uma desconfiança com relação ao poder do povo pelo povo.

O ponto essencial em Lippmann é, sem dúvida, que não se podem pensar independentemente a economia e o sistema normativo. A implicação recíproca entre eles parte da consideração da interdependência generalizada dos interesses na sociedade civil. A descoberta progressiva dos princípios do direito é simultaneamente produto e fator dessa "Grande Sociedade", na qual cada um é ligado aos outros para a satisfação de seu próprio interesse:

> Os homens tornados dependentes uns dos outros pela troca de trabalho especializado em mercados cada vez mais estendidos deram-se como arcabouço jurídico um método de controle social que consiste em definir, julgar e corrigir direitos e obrigações recíprocos, e não mandar por decreto.[58]

O exercício desse novo modo de governo acabou aumentando o campo de interdependência, fazendo entrar cada vez mais indivíduos e povos na rede de transações e competições, a ponto de ser possível imaginar uma "Grande Sociedade" em escala planetária, resultado lógico da divisão mundial do trabalho. Longe de constituir um governo mundial ou um império, a nova sociedade civil estabelecerá relações pacíficas entre povos independentes, graças ao fortalecimento da divisão mundial do trabalho, ela própria ligada à "aceitação crescente no mundo inteiro dos princípios essenciais de uma lei comum que todos os parlamentos representantes das diferentes coletividades humanas respeitam e adaptam à diversidade de suas condições"[59].

Um governo das elites

O que distingue o coletivismo do Estado forte liberal? Os coletivistas se iludem a respeito de sua capacidade de dominar o conjunto das relações econômicas numa sociedade tão diferenciada como a sociedade moderna. A experiência da Primeira Guerra Mundial e da Revolução de 1917 levou à crença na possibilidade de uma gestão direta e total das relações econômicas. No entanto, os homens não podem dirigir a ordem social, dadas a complexidade e a sobreposição dos interesses: "Quanto mais complexos os interesses que se devem dirigir, menos possível é dirigi-los mediante a coerção exercida por uma autoridade superior"[60].

---

[58] Ibidem, p. 385.
[59] Ibidem, p. 383.
[60] Ibidem, p. 57.

Mas não nos enganemos. Não se trata de diminuir a força dessa autoridade. Trata-se de mudar o tipo de autoridade, seu campo de exercício. Ela terá de se satisfazer em ser fiadora de uma lei comum que governará indiretamente os interesses. Apenas um Estado forte terá condições de fazer respeitar essa lei comum. Como sublinha Lippmann em todas as suas publicações, é preciso voltar atrás na ilusão de um poder governamental fraco, tal como esta se difundiu durante o século XIX. Essa grande crença liberal no Estado discreto, supérfluo, não é mais admissível desde 1914 e 1917:

> Enquanto a paz parecia assegurada, o bem público residia no agregado de transações privadas. Não havia necessidade de um poder que excedesse os interesses particulares e os mantivesse numa ordem dada, dirigindo-os. Isso, como sabemos agora, era apenas um sonho de um dia excepcionalmente ensolarado. O sonho acabou quando estourou a Primeira Guerra Mundial.[61]

A tese do Estado forte leva os neoliberais a reconsiderar o que se entende por democracia e, mais particularmente, por "soberania do povo". O Estado forte somente pode ser governado por uma elite competente, cujas qualidades são o exato oposto da mentalidade mágica e impaciente das massas:

> É preciso que as democracias se reformulem constitucionalmente de maneira que aqueles aos quais elas confiam as responsabilidades do poder considerem-se não os representantes dos interesses econômicos e dos apetites populares, mas os garantidores do interesse geral contra os interesses particulares; não instigadores de promessas eleitorais, mas moderadores das reivindicações sindicais; atribuindo-se como tarefa fazer todos respeitarem as regras comuns da competição individual e das expectativas coletivas; impedindo que minorias ativas ou maiorias iluminadas desvirtuem a seu favor a lealdade do combate que deve assegurar, para o benefício de todos, a seleção das elites. É preciso que elas inculquem nas massas, pela voz dos novos professores, o respeito das competências, a honra de colaborar numa obra comum.[62]

Esse é um traço comum entre as teses políticas de Rougier, que as desenvolveu em *La mystique démocratique*[63], e as posições de Lippmann a favor

---

[61] Walter Lippmann, *Crépuscule des démocraties?* (trad. Maria Luz, Paris, Fasquelle, 1956), p. 18.
[62] Louis Rougier, *Les mystiques économiques*, cit., p. 18-9.
[63] Idem, *La mystique démocratique (ses origines, ses illusions)* [1929] (Paris, Albatros, 1983).

de um governo das elites[64]. Encontraremos essa redefinição da democracia na concepção hayekiana de "demarquia"[65]. Muito antes de *La cité libre*, em textos sobre a opinião pública e os problemas de governo nas democracias, Lippmann examinou longamente a impossibilidade de conciliar um sistema imparcial de regras do jogo e o princípio efetivo da soberania popular segundo o qual as massas poderiam ditar seus desejos aos governantes.

A opinião pública, objeto de duas obras importantes de Lippmann nos anos 1920, impede os governantes de tomar as medidas que se impõem, especialmente com relação à guerra ou à paz. O fato de que os povos têm influência demais por intermédio da opinião pública e do sufrágio universal constitui a fraqueza congênita das democracias. Esse dogma democrático considera que os governantes devem seguir a opinião majoritária, os interesses do maior número de indivíduos, o que é ir no sentido do que é mais agradável e menos penoso. É preciso, ao contrário, deixar os governantes governarem e limitar o poder do povo à nomeação dos governantes, segundo uma linha "jeffersoniana". O essencial é proteger o governo executivo das interferências caprichosas da população, que é a causa do enfraquecimento e da instabilidade dos regimes democráticos. O povo deve nomear quem o dirigirá, e não dizer a cada instante o que deve ser feito. Essa é a condição para evitar que o Estado seja conduzido a uma intervenção generalizada e ilimitada. Daí a necessidade de uma tecnologia política que o impeça de ser submetido aos interesses particulares, como é o caso do parlamentarismo. Lippmann, do qual já se disse que em política era "platônico", em todo caso tem o mérito da coerência[66].

O quadro geral do neoliberalismo foi esboçado nos anos 1930, antes de Friedrich Hayek tomar a frente do movimento na esteira de *O caminho da servidão*. As relações entre essa fase inaugural e a evolução do neoliberalismo após 1947 e a criação da Sociedade Mont-Pèlerin não podem

---

[64] Ver Francis Urbain Clave, "Walter Lippmann et le néolibéralisme de *La cité libre*", *Cahiers d'Économie Politique*, v. 48, 2005, p. 79-110.

[65] Ver capítulo 4 deste volume.

[66] Sua admiração e amizade por Charles de Gaulle baseavam-se nessa encarnação do Estado acima dos interesses particulares. Notaremos, aliás, que muitos outros liberais, em especial na França, consideravam De Gaulle um modelo político tipicamente neoliberal, de Jacques Rueff a Raymond Barre, passando por Raymond Aron. Ver Francis Urbain Clave, "Walter Lippmann et le néolibéralisme de *La cité libre*", cit., p. 91.

ser compreendidas apenas em termos de "radicalização" ou "retorno ao liberalismo clássico" em oposição aos desvios intervencionistas surgidos em 1938[67]. O desenvolvimento do pensamento de Hayek, em particular, não pode ser entendido simplesmente como uma "reafirmação" dos princípios antigos, já que integrará de forma singular a crítica do velho *laissez-faire* e a necessidade de um "código de trânsito" firme e rigoroso. Esse pensamento, que pode ser visto como uma resposta original aos problemas postos pela redefinição do liberalismo, tenta articular as posições da maioria e da minoria do Colóquio Walter Lippmann, permitindo ao menos por um tempo que ordoliberais alemães e austro-americanos se mantenham na mesma corrente.

---

[67] Essa é a interpretação equivocada de Alain Laurent em *Le libéralisme américain: histoire d'un détournement* (Paris, Les Belles Lettres, 2006), p. 139 e seg. O erro de Laurent, como o erro simétrico dos "antiliberais", reside na incompreensão da natureza do "intervencionismo liberal", o que os impede de compreender a maneira como Hayek prolonga e muda a orientação do neoliberalismo.

3
O ORDOLIBERALISMO ENTRE "POLÍTICA ECONÔMICA" E "POLÍTICA DE SOCIEDADE"

Nascido nos anos 1930 em Freiburg im Breisgau pela aproximação de economistas como Walter Eucken (1891-1950) e juristas como Franz Böhm (1895-1977) e Hans Grossman-Doerth (1884-1944), o ordoliberalismo é a forma alemã do neoliberalismo, a que vai impor-se após a guerra na República Federal da Alemanha. O termo "ordoliberalismo" resulta da ênfase em comum desses teóricos na *ordem* constitucional e procedural que se encontra na base de uma sociedade e de uma economia de mercado.

A "ordem" (*Ordo*) como tarefa política

A própria palavra "ordem" deve ser entendida em dois sentidos: um sentido propriamente *epistemológico* ou *sistêmico*, que é da alçada da análise dos diferentes "sistemas" econômicos, e um sentido *normativo*, que acaba determinando certa política econômica. No último capítulo dos *Grundlagen der Nationalökonomie* [Fundamentos da economia nacional] (1940), Eucken distingue entre "ordem econômica" (*Wirtschaftsordnung*) e "ordem da economia" (*Ordnung der Wirtschaft*): o primeiro conceito se insere numa tipologia das "formas de organização"; o segundo tem um alcance normativo na medida em que remete à realização e à defesa de uma ordem econômica capaz de superar os múltiplos aspectos da crise da vida moderna, a saber, a ordem da concorrência (*Wettbewerbsordnung*)[1]. Dessa última perspectiva, se

---

[1] Rainer Klump, "On the Phenomenological Roots of German *Ordnungstheorie*: What Walter Eucken Owes to Edmund Husserl", em Patricia Commun (org.), *L'ordolibéralisme allemand aux sources de l'économie sociale de marché* (Cergy-Pontoise, Cirac/Cicc, 2003), p. 158.

revela que a ordem da concorrência, longe de ser uma ordem natural, deve ser constituída e regulada por uma política "ordenadora" ou "de ordenação" (*Ordnungspolitik*)[2]. O objeto próprio dessa política é o quadro institucional, que é o que pode assegurar o bom funcionamento dessa "ordem econômica" específica. De fato, na ausência de um quadro institucional adequado, as medidas de política econômica, mesmo as mais bem-intencionadas, estão condenadas à ineficácia.

Num artigo de 1948 intitulado "Das ordnungspolitische Problem" [O problema político da ordenação], Eucken toma o exemplo da Alemanha pós-guerra para ressaltar a importância decisiva desse quadro. Em 1947, leis de dissolução de cartéis foram promulgadas para desconcentrar o poder econômico. Mas essas leis foram instauradas quando o controle do processo econômico estava nas mãos das agências do governo central. No contexto dessa "ordem econômica", o de uma economia dirigida, essas medidas não tiveram efeito algum: produtos como cimento, aço, carvão ou couro continuaram a ser repartidos por intermédio do governo, de modo que a direção da economia continuou essencialmente inalterada. Mas, se a "ordem econômica" fosse diferente, ou seja, se os preços servissem como reguladores, não há dúvida de que o resultado da lei antimonopólio teria sido completamente diferente[3]. Assim, a tarefa política do momento era estabelecer uma ordem de concorrência baseada no mecanismo dos preços e, para isso, criar um quadro institucional especificamente adaptado a uma economia de concorrência.

Nascido nos círculos intelectuais contra o nazismo, o ordoliberalismo é uma doutrina de transformação social que apela para a responsabilidade dos homens. Como agir para refundar uma ordem social liberal depois dos erros do estadismo totalitário? Essa foi a pergunta que se fizeram, desde o início, os principais representantes do ordoliberalismo. Para eles, trata-se de reconstruir a economia de mercado com base numa análise científica da sociedade e da história[4]. Mas certa dimensão moral é consubstancial com

---

[2] O termo alemão *Ordnung* deve ser entendido em sentido ativo: não o arranjo dos elementos que dá a um sistema já constituído uma coerência própria, mas a atividade de pôr em ordem ou mesmo de estabelecer uma ordem. Traduzimos o sentido sistêmico por "ordem" e o sentido político ativo por "ordenação".

[3] Walter Eucken, "Das ordnungspolitische Problem", *Ordo – Jahrbuch für die Ordnung der Wirtschaft und Gesellschaft*, v. 1 (Freiburg, J. B. C. Mohr, 1948), p. 65.

[4] Ver Jean-François Poncet, *La politique économique de l'Allemagne occidentale* (Paris, Sirey, 1970), p. 58.

essa análise: a "ordem liberal" é testemunha da capacidade humana de criar de forma voluntária e consciente uma ordem social justa, condizente com a dignidade do homem. A criação de um Estado de direito (*Rechtsstaat*) é a condição dessa ordem liberal. Isso significa que o estabelecimento e o funcionamento do capitalismo não são predeterminados: eles dependem das ações políticas e das instituições jurídicas. Michel Foucault insiste com toda razão na importância de confrontar essa concepção com a concepção marxista da história do capitalismo dominante na época[5]. De fato, o ordoliberalismo rejeita com vigor toda forma de redução do jurídico a uma simples "superestrutura", assim como a ideia correlativa da economia como "infraestrutura". É particularmente testemunha disso este trecho do artigo de 1948 que acabamos de mencionar:

> Falsa seria a visão segundo a qual a ordem econômica seria como a infraestrutura (*der Unterbau*) sobre a qual se ergueriam as ordens da sociedade, do Estado, do direito e as outras ordens. A história dos tempos modernos ensina tão claramente quanto as épocas mais antigas que as ordens do Estado ou as ordens jurídicas também têm influência sobre a formação da ordem econômica.

Eucken esclarece suas palavras referindo-se de novo à situação da Alemanha após 1945. De um lado, a transformação da ordem econômica por causa do surgimento de grupos monopólicos de poder pode influenciar de modo considerável a tomada de decisão no Estado; de outro, a formação de monopólios pode ser encorajada pelo próprio Estado, em especial por intermédio de sua política de patentes, de sua política comercial, de sua política de taxas, como aconteceu regularmente nos últimos tempos, aponta Eucken:

> Primeiro o Estado favorece a formação do poder econômico privado e depois se torna parcialmente dependente dele. Assim, não há uma dependência unilateral das outras ordens em relação à ordem econômica, mas uma dependência recíproca, uma "interdependência das ordens" (*Interdependenz der Ordnungen*).[6]

Essa análise comporta uma consequência decisiva: o devir do capitalismo não é inteiramente determinado pela lógica econômica de acumulação do

---

[5] Michel Foucault, *Naissance de la biopolitique* (Paris, Seuil/Gallimard, 2004), p. 169 e seg.
[6] Walter Eucken, "Das ordnungspolitische Problem", cit., p. 72.

capital, ao contrário do que dizia um discurso marxista amplamente difundido na época. Desse último ponto de vista, "existe na verdade apenas um capitalismo, já que existe apenas uma lógica do capital"; mas, do ponto de vista ordoliberal, que já era o de Rougier, "a história do capitalismo somente pode ser uma história econômico-institucional", o que significa que o capitalismo tal como o conhecemos depende da "singularidade histórica de uma figura econômico-institucional", e não da figura que dita a lógica da acumulação do capital. A implicação política dessa consideração é manifesta: longe de o impasse *dessa* figura do capitalismo ser o impasse do "capitalismo *tout court*", abre-se todo um campo de possibilidades diante dela, desde que trabalhe em favor de certas transformações econômicas e políticas[7].

Obra da vontade, e não produto de uma evolução cega, a ordem de mercado é, pois, parte de um conjunto coerente de instituições conformes com a moral. Os ordoliberais não são os únicos na época a romper com a perspectiva naturalista do velho *free trade*, mas caracterizam-se por ter sistematizado teoricamente esse rompimento, mostrando que toda atividade de produção e troca exerce-se no quadro de uma constituição econômica específica e de uma estrutura social construída. A crítica da economia política clássica é formulada de maneira particularmente clara por Eucken em 1948, no artigo citado:

> Os clássicos reconheceram claramente que o processo econômico da divisão do trabalho impõe uma tarefa difícil e diversificada de direção. Isso já foi um resultado eminente, em relação ao qual a época ulterior ficou para trás. Viram também que esse problema somente poderia ser resolvido por uma ordem econômica (*Wirtschaftsordnung*) adequada. Esse foi outro reconhecimento novo e de grande alcance, que também se perdeu posteriormente. Apesar disso, a política econômica, por mais que tenha sido influenciada pelos clássicos, não foi suficientemente orientada para o problema da ordenação (*Ordnungsproblem*). Os clássicos viam a solução do problema de direção na ordem "natural", na qual os preços de concorrência conduzem automaticamente o processo. Acreditavam que a ordem natural se realiza espontaneamente e que o corpo da sociedade não precisa de um "regime alimentar rigorosamente determinado" (Smith), portanto, de uma política determinada de ordenação da economia (*Wirtschaftsordnungspolitik*), para prosperar. Chegaram, a partir daí, a uma política do "*laissez-faire*" e, com ela, ao nascimento de formas de ordem dentro das quais a direção do processo econômico deixou aparecer danos importantes. A confiança na

---

[7] Sobre todo esse desenvolvimento, ver Michel Foucault, *Naissance de la biopolitique*, cit., p. 170-1.

autorrealização da ordem natural era grande demais (*Das Vertrauen auf die Selbstverwirklichung der natürlichen Ordnung war zu groß*).⁸

De forma ainda mais categórica, Röpke resume bem o espírito da doutrina em *Civitas humana*, em que recupera, fazendo eco ao Colóquio Lippmann, a rejeição do *laissez-faire*:

> Não é empenhando-nos em não fazer nada que suscitaremos uma economia de mercado vigorosa e satisfatória. Muito pelo contrário, essa economia é uma formação acadêmica, um artifício da civilização; ela tem em comum com a democracia política o fato de ser particularmente difícil e pressupor muitas coisas que devemos nos esforçar obstinadamente para atingir. Isso constitui um amplo programa de rigorosa política econômica positiva, com uma lista que impõe tarefas a ser cumpridas.⁹

Particularmente eloquente aqui é a aproximação que se faz entre economia de mercado e democracia política – tanto uma como a outra fazem parte do domínio do artifício, não da natureza.

Mas esse amplo acordo sobre a crítica às ilusões naturalistas da economia política clássica não consegue dissimular certas diferenças, ou mesmo divergências, sobre a natureza do remédio que se deve dar aos males que atingem a sociedade moderna. É com razão, portanto, que os comentadores chamaram muitas vezes atenção para o fato de que a unidade da corrente era problemática. É possível distinguir esquematicamente dois grupos principais: de um lado, o dos economistas e dos juristas da Escola de Freiburg, entre os quais os mais importantes eram Walter Eucken e Franz Böhm; de outro lado, o de um liberalismo de inspiração "sociológica", cujos principais representantes foram Alfred Müller-Armack, Wilhelm Röpke e Alexander von Rüstow¹⁰. Os fundadores da Escola de Freiburg transformam o *quadro jurídico-político* em principal fundamento da economia de mercado e objeto da constituição econômica. As "regras do jogo" institucionais parecem monopolizar sua atenção. Os autores do segundo grupo, que não tinham menos influência do que os primeiros sobre as autoridades políticas, darão

---

[8] Walter Eucken, "Das ordnungspolitische Problem", cit., p. 80.

[9] Wilhelm *Röpke, Civitas humana ou les questions fondamentales de la réforme économique et sociale* (trad. Paul Bastier, Paris, Librairie de Médicis, 1946), p. 65.

[10] Já falamos dos dois últimos autores no capítulo precedente, com relação ao papel que tiveram nos debates do Colóquio Walter Lippmann; quanto ao terceiro, nós o apresentaremos adiante neste capítulo.

muito mais ênfase ao *quadro social* em que a atividade econômica deve desenvolver-se. É o caso dos economistas com preocupações sociológicas mais pronunciadas, assim como religiosas e morais, como Röpke e Von Rüstow. Em poucas palavras, enquanto o primeiro grupo dá prioridade ao crescimento econômico, que supostamente traz em si mesmo o progresso social, o segundo é muito mais atento aos efeitos de desintegração social do processo do mercado e, consequentemente, atribui ao Estado a tarefa de instaurar um "meio social" (*soziale Umwelt*) próprio para reintegrar os indivíduos nas comunidades. O primeiro grupo enuncia os princípios de uma "política econômica" (*Wirtschaftspolitik*); o segundo tenta elaborar uma verdadeira "política de sociedade" (*Gesellschaftspolitik*)[11].

A legitimação do Estado pela economia e seu "suplemento social"

O ordoliberalismo forneceu a justificativa doutrinal da reconstrução política alemã ocidental, fazendo da economia de mercado a base de um Estado liberal-democrático. Essa justificação comporta dois aspectos, um negativo e outro positivo.

Em primeiro lugar, e esse é o aspecto negativo, a crítica ordoliberal ao nazismo faz deste último o resultado natural e a verdade da economia planificada e dirigida. Longe de constituir uma "monstruosidade" ou um "corpo estranho", o nazismo foi como o fator revelador de uma espécie de invariante que une necessariamente certos elementos entre eles: economia protegida, economia de assistência, economia planificada, economia dirigida[12]. Significativamente, Röpke chegará a designar a economia planificada como "economia de comando" (*Kommandowirtschaft*)[13]! Mas essa crítica vai ainda mais longe. Ela denuncia no nazismo uma lógica de crescimento infinito do poder do

---

[11] É o que sublinha Michel Senellart, que discerne na superestimação da homogeneidade do discurso ordoliberal uma das limitações do trabalho de Michel Foucault. Ver Michel Senellart, "Michel Foucault: la critique de la *Gesellschaftspolitik* ordolibérale", em Patricia Commun (org.), *L'ordolibéralisme allemand aux sources de l'économie sociale de marché*, cit., p. 48.

[12] Michel Foucault, *Naissance de la biopolitique*, cit., p. 113.

[13] Patricia Commun (org.), *L'ordolibéralisme allemand aux sources de l'économie sociale de marché*, cit., p. 196, nota 59.

Estado e, desse modo, permite-se voltar contra ele a crítica que ele sempre dirigiu à sociedade burguesa individualista – segundo os ordoliberais, não é de fato a economia de mercado que é responsável pela dissolução dos laços orgânicos tradicionais e pela atomização dos indivíduos, mas, sim, o crescimento do poder do Estado, cujo efeito foi destruir os laços de comunidade entre os indivíduos[14]. É ainda a Röpke que caberá fornecer um fundamento filosófico a essa crítica ao nazismo: do ponto de vista do ordoliberalismo, o nazismo apenas levou ao extremo a aplicação na economia e na sociedade do tipo de racionalidade que valia nas ciências da natureza. O coletivismo econômico aparece nessa perspectiva como a extensão da "eliminação cientística do homem" à prática econômica e política. Esse "napoleonismo econômico" somente pode prosperar "à sombra da corte marcial"[15], na medida em que busca o domínio total da sociedade por intermédio de um planejamento ao qual cada indivíduo é constrangido a obedecer. Coletivismo econômico e coerção tirânica do Estado estão ligados, como estão economia de mercado e liberdade individual. A economia de mercado é, ao contrário, um obstáculo redibitório a qualquer "politização da vida econômica"; ela impede que o poder político decida pelo consumidor. O princípio da "livre escolha" aparece aqui não apenas como um princípio de eficácia econômica, mas também como um antídoto contra qualquer desvio coercitivo do Estado.

Considerada agora sob seu aspecto positivo, a originalidade doutrinal do ordoliberalismo, no contexto histórico da reconstrução das instituições políticas alemãs após a guerra, é operar, segundo a expressão de Foucault, um "duplo circuito" entre o Estado e a economia. Se o primeiro fornece o quadro de um espaço de liberdade dentro do qual os indivíduos podem buscar seus interesses particulares, o livre jogo econômico criará e legitimará em outro sentido as regras de direito público do Estado. Em outras palavras, "a economia produz legitimidade para o Estado que é fiador dela"[16]. Nesse sentido, o problema dos ordoliberais é rigorosamente o inverso daquele que enfrentavam os liberais do século XVIII: não é o de abrir espaço para a liberdade econômica dentro de um Estado existente que já tem legitimidade própria, mas, sim, o de fazer um Estado existir a partir do espaço preexis-

---

[14] Michel Foucault, *Naissance de la biopolitique*, cit., p. 117.
[15] Wilhelm Röpke, *Civitas humana*, cit., *p. 57.*
[16] Michel Foucault, *Naissance de la biopolitique*, cit., p. 86.

tente da liberdade econômica[17]. Para ser compreendida, a importância dessa legitimação do Estado mediante o crescimento econômico e o aumento do padrão de vida deve evidentemente ser reinserida na história política da Alemanha e, em particular, na experiência traumatizante do Terceiro Reich.

Para Foucault, é isso que explica o amplo e constante "consenso" em torno dos objetivos econômicos apresentados pelas autoridades alemãs ocidentais em 1948. De fato, em abril de 1948, o Conselho Científico criado junto ao departamento de economia alemão na zona anglo-americana – do qual faziam parte em especial Eucken, Böhm e Müller-Armack – envia a esse departamento um relatório que afirma que a direção do processo econômico deve ser feita pelo mecanismo de preços. Alguns dias depois, Ludwig Erhard[18], responsável pela administração econômica da "bizona", toma esse princípio para si e pede que a economia seja liberada das restrições do Estado. De fato, a liberalização dos preços vai ser atrelada a uma reforma monetária a partir de junho de 1948. Essa decisão política vai contra a corrente do clima dirigista e intervencionista que prevalecia na época em toda a Europa, principalmente em virtude das exigências da reconstrução.

Dois homens tiveram um papel decisivo na conversão de Erhard, reticente a esse tipo de medida. O primeiro foi ninguém menos que o próprio Eucken. Em 1947, ele publica um texto com um título significativo: "A miséria econômica alemã" ("Die deutsche Wirtschaftsnot"). Ele mostra no artigo como a economia dirigida conduz à desintegração do sistema produtivo e aponta a responsabilidade dos Aliados nesse estado de coisas. A seu ver, a política aliada aparece como continuação direta da política nazista: controle de preços e distribuição, desmontes, confiscos etc. Ele preconiza que o sistema de economia dirigida seja revogado, atrelando a reforma monetária à liberalização dos preços. Manifestamente, o trabalho de persuasão de Eucken ao longo de 1947 explica em grande parte a rapidez de execução da reforma monetária[19]. O segundo pensador

---

[17] Ibidem, p. 88.

[18] Ludwig Erhard, que se tornará ministro da Economia de Adenauer em 1951, é considerado o pai do "milagre econômico alemão".

[19] Patricia Commun (org.), *L'ordolibéralisme allemand aux sources de l'économie sociale de marché*, cit., p. 194. Iniciada em 20 de junho de 1948, essa reforma monetária substitui o antigo Reichsmark pelo Deutsche Mark e estabelece o Bank Deutscher Länder na função de banco de emissão. Ela tem três objetivos: diminuir a massa monetária para

que influenciou diretamente Erhard foi Röpke. De volta à Alemanha em 1947, depois de doze anos de exílio, ele faz a mesma análise que Eucken: o principal problema da economia alemã é a "perda da função dos preços como indicadores de escassez"[20]. Em abril de 1948, Erhard visita Röpke, que na época residia em Genebra e, segundo um de seus biógrafos, tomou a decisão de fazer a reforma monetária assim que voltou da Suíça[21].

Contudo, por si só a promoção da economia à instância de legitimação não resolve a questão de qual exatamente deve ser a forma da organização política do Estado por reconstruir. A instituição do mercado não é suficiente para determinar a forma da construção constitucional. Embora possamos admitir a tese proposta por Foucault de uma legitimação do Estado pela economia, não podemos nos esquecer de que no ordoliberalismo, ou ao menos no segundo dos dois grupos discernidos antes, há também uma tentativa de legitimação da autoridade política por sua "missão social". Considerações tanto morais como sociais vão permitir que se mude significativamente a orientação da doutrina. Isso porque não se trata apenas de dizer quais são os direitos e as liberdades dos indivíduos; é preciso situar também as raízes e o meio concreto dos deveres que eles terão de cumprir.

Röpke sublinhou particularmente o fato de que uma das dimensões da grande crise civilizacional que levou ao totalitarismo adquire o aspecto de crise de legitimidade do Estado. Sobre o que repousar a legitimidade política? Um Estado legítimo é um Estado que se inclina ao direito, respeita o princípio de liberdade de escolha, é claro, mas também é um Estado que obedece ao *princípio de subsidiariedade*, tal como defendido pela doutrina católica, isto é, respeita o meio de integração dos indivíduos em esferas naturais hierarquizadas. O fundamento da ordem política não é somente econômico, mas é também sociológico. Se é preferível adotar um Estado descentralizado de tipo federal, que respeita o princípio de subsidiariedade baseado na ideia dessa hierarquia de "comunidades naturais", é porque apenas essa forma institucional fornece aos indivíduos um quadro social estável, seguro, mas também moralizante. É essa integração na família, na vizinhança, no bairro ou na região que lhes dará o sentido de suas responsabilidades, o sentimento de suas obrigações

---

reabsorver o excedente do poder de compra, aumentar a velocidade da circulação da moeda e restabelecer um padrão monetário de trocas (ibidem, p. 207-8).

[20] Ibidem, p. 195.

[21] Idem.

para com o outro, o gosto pelo cumprimento de seus deveres, sem os quais não há nem laço social nem felicidade verdadeira. Como veremos adiante, é necessária uma política específica, de tipo "sociológico", para assegurar essa base moral e social do Estado, de modo que podemos falar, também nesse caso, em um "duplo circuito" entre a sociedade e o Estado. A descentralização é integrada aqui à doutrina liberal de limitação do poder do Estado. Röpke explica da seguinte maneira o "princípio da hierarquia":

> Partindo de cada indivíduo e retornando à central estatal, o direito original encontra-se no escalão inferior, e cada escalão superior entra em jogo subsidiariamente, no lugar do escalão imediatamente inferior, apenas quando uma tarefa ultrapassa o domínio deste último. Constitui-se, assim, um escalonamento do indivíduo, além da talha e da comuna, até o cantão e, finalmente, até o Estado central, um escalonamento que, ao mesmo tempo, limita o próprio Estado ao qual ele contrapõe o direito dos escalões inferiores, com sua esfera inviolável de liberdade. Portanto, nesse sentido largamente entendido da "hierarquia", o princípio da descentralização política já implica o programa do liberalismo em seu sentido mais estendido e mais geral, um programa que, desse modo, faz parte das condições essenciais de um Estado são, de um Estado que estabelece para si mesmo as limitações necessárias e, respeitando as esferas livres do Estado, adquire sua saúde, força e estabilidade.[22]

Que ninguém se engane, portanto, com o sentido que Röpke dá à qualificação dessa base social como "natural" – o adjetivo está aí apenas para significar seu caráter de condição para uma "integração sã" do indivíduo em seu meio. A evolução das sociedades ocidentais desde o século XIX engendrou uma desintegração patológica crescente dessas comunidades. Consequentemente, compete ao Estado operar uma adaptação permanente desses quadros sociais mediante uma política específica, a qual tem dois objetivos, apresentados por Röpke como conciliáveis e complementares: a consolidação social da economia de mercado e a integração dos indivíduos em comunidades locais.

A ordem da concorrência e a "constituição econômica"

Assim como vimos, em seu sentido propriamente normativo, "ordo" designa uma organização economicamente eficaz e, ao mesmo tempo,

---

[22] Wilhelm Röpke, *Civitas humana*, cit., p. 161. Sabemos que lugar a construção europeia reservou ao princípio de subsidiariedade. Sobre a relação dessa construção com o ordoliberalismo, ver capítulo 7 deste volume.

respeitosa da dimensão moral do homem, uma "organização capaz de funcionar e digna do Homem"[23]. Essa organização só pode ser a de uma economia de mercado. Sob esse aspecto, a *Ordnungspolitik* visa, acima de tudo, por meio de uma legislação econômica apropriada, a determinar um "quadro" estável em que poderá desenvolver-se de modo ótimo um "processo" econômico baseado na livre concorrência e na coordenação dos "planos" dos agentes econômicos pelo mecanismo de preços. Em consequência, ela faz da soberania do consumidor e da concorrência livre e não distorcida os princípios fundamentais de toda "constituição econômica". O que funda, então, a superioridade a um só tempo econômica e moral da economia de mercado em relação às outras ordens econômicas possíveis?

A superioridade da economia de mercado deve-se, segundo eles, ao fato de que ela é a única forma suscetível de superar a escassez de bens (primeiro critério, ou critério da "capacidade de funcionamento") e, ao mesmo tempo, deixar os indivíduos livres para conduzir a própria vida como bem entenderem (segundo critério, ou critério da "dignidade do homem"). O princípio que se encontra no cerne dessa ordem econômica não é outro senão o princípio da concorrência, e é precisamente por isso que essa ordem é superior a todas as outras. Segundo as palavras de Böhm, o sistema concorrencial é "o único que dá chance total aos planos espontâneos do indivíduo" e consegue "conciliar os milhões de planos espontâneos e livres com os desejos dos consumidores", isso sem comando nem coerção legal[24]. Como vimos anteriormente, essa promoção do princípio da concorrência acaba introduzindo um deslocamento importante com relação ao liberalismo clássico, na medida em que o mercado não é mais definido pela *troca*, mas pela *concorrência*. Se a troca funciona pela equivalência, a concorrência implica desigualdade[25].

O mais importante, porém, é a atitude essencialmente antinaturalista e antifatalista que decorre desse reconhecimento da lógica da concorrência

---

[23] Walter Eucken, *Grundsätze der Wirtschaftspolitik* (6. ed., Tübingen, J. C. B. Mohr [Paul Siebeck], 1952), p. 239, citado por Laurence Simonin, "Le choix des règles constitutionnelles de la concurrence: ordolibéralisme et théorie contractualiste de l'État", em Patricia Commun (org.), *L'ordolibéralisme allemand aux sources de l'économie sociale de marché*, cit., p. 71.

[24] Franz Böhm, "Die Idee des Ordo im Denken Walter Euckens", *Ordo*, v. 3, 1950, p. 15, citado por Laurence Simonin, "Le choix des règles constitutionnelles de la concurrence", cit., p. 71.

[25] Ver capítulo 1 deste volume.

que rege a economia de mercado: enquanto os velhos economistas liberais concluíram pela necessidade de uma não intervenção do Estado, os ordoliberais transformaram a livre concorrência em objeto de uma escolha política fundamental. É porque, para eles, a concorrência não é um dado natural, mas uma "essência" evidenciada pelo método da "abstração isolante"[26]. A "redução eidética" elaborada por Husserl é posta em prática no campo da ciência econômica. O objetivo é extrair o necessário do contingente, fazendo um objeto qualquer variar pela imaginação, até que seja isolado um predicado que não pode ser separado dele: o invariante obtido revela a essência ou *eidos* do objeto examinado, daí o nome de "eidético" dado ao método. Assim, longe de repousar sobre a observação de fatos naturais, o liberalismo rompe com qualquer atitude de "ingenuidade naturalista"[27], justifica sua preferência por certa organização econômica através de uma argumentação racional que convida à construção jurídica de um Estado de direito e uma ordem de mercado.

Na realidade, a política ordoliberal depende inteiramente de uma decisão constituinte: trata-se de institucionalizar a economia de mercado na forma de uma "constituição econômica", ela própria parte integrante do direito constitucional positivo do Estado, de maneira a desenvolver a forma de mercado mais completa e mais coerente[28]. Como explicam os economistas e os juristas de Freiburg, o direito econômico da concorrência é uma das partes importantes do sistema jurídico estabelecido pelo legislador e pela jurisprudência. Eucken e Erhard chamarão essa constituição econômica de "decisão de base" ou "decisão fundamental". Seu princípio é simples: "A realização de um sistema de preços de concorrência perfeita é o critério para qualquer medida de política econômica"[29].

Todos os artigos da legislação econômica devem contribuir para assegurar o bom funcionamento dessa lógica da "concorrência perfeita". As diferentes peças do modelo ajustam-se umas às outras graças ao trabalho dos cientistas

---

[26] O original alemão diz exatamente: "*pointiert hervorhebende Abstraktion*".

[27] De acordo com a expressão husserliana utilizada muito a propósito por Michel Foucault, *Naissance de la biopolitique*, cit., p. 123.

[28] Ver François Bilger, *La pensée économique libérale dans l'Allemagne contemporaine* (Paris, LGDJ, 1964), cap. 2.

[29] Ver Jean-François Poncet, *La politique économique de l'Allemagne occidentale*, cit., p. 60.

experts que elaboram seus "princípios constituintes" (*konstituierende Prinzipien*). Como já indica o nome, esses princípios têm a função de constituir a ordem como estrutura formal. São seis: princípio da estabilidade da política econômica, princípio da estabilidade monetária, princípio dos mercados abertos, princípio da propriedade privada, princípio da liberdade dos contratos e princípio da responsabilidade dos agentes econômicos[30].

Política de "ordenação" e política "reguladora"

Postas as regras institucionais, como definir precisamente a política que compete ao governo conduzir? Essa política deve ser exercida em dois níveis de importância: num primeiro nível, por um sólido enquadramento ou mesmo por uma educação da sociedade pela legislação e, num segundo nível, pela ação vigilante de uma "polícia dos mercados".

Os neoliberais alemães estão muito distantes de uma hostilidade de princípio a qualquer intervenção do Estado. Em compensação, pretendem distinguir as boas intervenções das más, de acordo com o critério de conformidade destas ao "modelo" proposto pela constituição. A distinção ordoliberal entre ações "conformes" e ações "não conformes" à ordem de mercado não deve ser assimilada à distinção benthamiana de agendas e não agendas. O critério discriminador não é o resultado da ação, mas o respeito ou não das "regras do jogo" fundamentais da ordem concorrencial. A lógica é mais procedural do que consequencialista.

A distinção fundamental entre o "quadro" e o "processo" fundamenta a distinção entre os dois níveis da política ordoliberal, a saber, a política de "ordenação" e a política "reguladora": as ações conformes podem pertencer ao "quadro" e, nesse caso, definem uma política "ordenadora", ou de "ordenação", mas podem também pertencer ao "processo" e, nesse caso, correspondem a uma política "reguladora". Segundo Eucken, o "quadro" é o produto da história dos homens, de modo que o Estado pode continuar a moldá-lo por uma política ativa de "ordenação"; o "processo" da atividade pertence à ação individual, por exemplo, a iniciativa privada no mercado,

---

[30] Sylvain Broyer, "*Ordnungstheorie* et ordolibéralisme: les leçons de la tradition. Du caméralisme à l'ordolibéralisme: ruptures et continuités?", em Patricia Commun (org.), *L'ordolibéralisme allemand aux sources de l'économie sociale de marché*, cit., p. 98, nota 73.

e deve ser exclusiva e estritamente regida pelas regras da concorrência na economia de mercado.

A política de "ordenação" visa a criar as condições jurídicas de uma ordem concorrencial que funcione com base em um sistema de preços livres. Para retomarmos uma expressão de Eucken, convém moldar os "dados" globais, aqueles que se impõem ao indivíduo e escapam ao mercado, a fim de construir o quadro da vida econômica de tal forma que o mecanismo de preços possa funcionar regular e espontaneamente. Esses dados são as condições de existência do mercado nas quais o governo deve intervir. Eles podem ser divididos em dois tipos: dados da organização social e econômica e dados materiais. Os primeiros são as regras do jogo que devem ser impostas aos atores econômicos individuais. O livre-câmbio mundial é um exemplo desse tipo de dado. Também devemos incluir entre eles a ação sobre a mente, ou mesmo o condicionamento psicológico (o que foi chamado por Erhard de "*Seelen Massage*"[31]). Os dados materiais compreendem, de um lado, as infraestruturas (os equipamentos) e, de outro, os recursos humanos (demográficos, culturais, morais e escolares). O Estado também pode agir sobre as técnicas, favorecendo o ensino superior e a pesquisa, assim como pode estimular a poupança pessoal graças a sua ação sobre o sistema fiscal e social. Röpke dirá que essa política de enquadramento, típica do "intervencionismo liberal", apoia-se em

> instituições e disposições que garantem à concorrência esse quadro, essas regras do jogo e esse aparelho de vigilância imparcial das regras do jogo, das quais a concorrência tem tanta necessidade quanto um torneio, sob pena de transformar-se numa rixa feroz. De fato, uma ordenação de concorrência genuína, justa, leal, flexível em seu funcionamento, não pode existir sem um quadro moral e jurídico bem concebido, sem uma vigilância constante das condições que permitem à concorrência produzir seus efeitos enquanto verdadeira concorrência de rendimento.[32]

Quanto mais eficaz é essa política de ordenação, menos importante deve ser a política reguladora do processo[33]. De fato, a política "reguladora" tem

---

[31] Literalmente, "massagem das almas"!
[32] Wilhelm Röpke, *Civitas humana*, cit., p. 66.
[33] Como escreveu Jean-François Poncet: "Quanto mais ativa e esclarecida for a política ordenadora, menos a política reguladora terá de se manifestar" (*La politique économique de l'Allemagne occidentale*, cit., p. 61).

como função "regular" as estruturas existentes de maneira a fazê-las evoluir no sentido da ordem da concorrência ou garantir sua conformidade a essa ordem contra qualquer desvio. Consequentemente, longe de contrariar a lógica da concorrência, ela tem a tarefa de afastar todos os obstáculos ao livre jogo do mercado por intermédio do exercício de uma verdadeira polícia dos mercados, da qual é um exemplo a luta contra os cartéis. A política conjuntural não é descartada, portanto, mas deve obedecer à regra constitucional suprema da estabilidade dos preços e do controle da inflação, e não causar dano à livre fixação dos preços. Nem a preservação do poder de compra nem a manutenção do pleno emprego nem o equilíbrio da balança comercial poderiam ser os principais objetivos, necessariamente subordinados aos "princípios constituintes".

A lei de 1957 sobre a criação do Bundesbank é um exemplo perfeito dessa orientação, quando especifica que o Banco Central é independente e não se submete às diretivas do governo e que sua missão principal é salvaguardar a moeda. É preciso, portanto, negar-se a intervir no "processo", em particular por uma política monetária laxista, que se aproveitaria abusivamente da baixa dos juros para obter o pleno emprego. Por princípio, a política ativa de tipo keynesiano é incompatível com os princípios ordoliberais. Ela favorece a inflação e enrijece os mercados, ao passo que a política estrutural deve visar, ao contrário, à flexibilidade de salários e preços. De maneira geral, serão vedados todos os instrumentos aos quais recorre a planificação, como fixação de preços, apoio a dado setor do mercado, criação sistemática de empregos e investimento público. Além de se subordinar às leis da constituição econômica, a política reguladora é comandada por alguns princípios específicos, definidos precisamente como "reguladores" (*regulierende Prinzipien*): criação de uma agência de controle dos cartéis, política fiscal direta e progressiva, controle dos efeitos não desejados susceptíveis de serem causados pela liberdade de planejamento concedida aos agentes econômicos, vigilância específica do mercado de trabalho[34]. Para resumirmos, a política de ordenação intervém diretamente no "quadro" ou nas condições de existência do mercado de modo a realizar os princípios da constituição econômica; a política reguladora intervém não diretamente no "processo" em si, mas por intermédio de um controle e de uma vigilância cujo intuito é afastar todos os obstáculos ao livre jogo da concorrência e, assim, facilitar o "processo".

---

[34] Sylvain Broyer, "*Ordnungstheorie* et ordolibéralisme: les leçons de la tradition", cit.

O cidadão-consumidor e a "sociedade de direito privado"

O ordoliberalismo visa a fundar uma ordem social e política sobre um tipo determinado de relação social: a concorrência livre e leal entre indivíduos perfeitamente soberanos de suas vidas. Qualquer distorção da concorrência traduz uma dominação ilegítima do Estado ou de um grupo de interesses privados sobre o indivíduo. Ela pode ser assimilada à tirania e à exploração.

A principal questão para o ordoliberalismo é a do poder: a do poder de direito de que cada indivíduo dispõe sobre sua vida – nesse sentido, a propriedade privada é compreendida como um meio de independência – e, ao mesmo tempo, a do poder ilegítimo de todos os grupos de interesses susceptíveis de causar dano a esse poder dos indivíduos mediante práticas anticoncorrenciais. O ideal social – às vezes extremamente arcaizante, como em Röpke – remete simultaneamente a uma sociedade de pequenos empreendedores dos quais nenhum tem condições de exercer um poder exclusivo e arbitrário sobre o mercado e a uma democracia de consumidores que exercem diariamente seu poder individual de escolha. A ordem política mais perfeita parece ser a que satisfaz uma multidão de soberanos individuais que teriam a última palavra tanto na política como no mercado. Erhard ressaltava que "a liberdade de consumo e a liberdade de produção são, no espírito do cidadão, direitos fundamentais intangíveis"[35].

Devemos notar que essa promoção política do consumidor, longe de ser anódina, deve ser diretamente vinculada ao princípio constitucional da concorrência. Obviamente, os indivíduos são ligados entre si por ações econômicas nas quais intervêm tanto como produtores quanto como consumidores. A diferença é que o indivíduo como produtor procura satisfazer uma demanda da sociedade – portanto, de certo modo ele é o "criado" –, ao passo que como consumidor ele está em posição de "comandar". A tese dos ordoliberais é que existem "interesses constitucionais comuns" nos consumidores que não existem nos produtores. De fato, os interesses dos indivíduos como produtores são do tipo protecionista, na medida em que visam a obter um tratamento particular para pessoas ou grupos determinados, ou seja, um "privilégio", e não regras que valham

---

[35] Ludwig Erhard, *La prospérité pour tous* (trad. Francis Brière, Paris, Plon, 1959), p. 7 [ed. bras.: *Bem-estar para todos*, trad. Ana de Freitas, Rio de Janeiro, Livros de Portugal, 1984].

para todos uniformemente. Ao contrário, os interesses dos indivíduos como consumidores são consensuais e comuns, mesmo que se concentrem em mercados diferentes: todos os consumidores têm, enquanto tais, o mesmo interesse pelo processo concorrencial e pelo respeito às regras da concorrência. Desse ponto de vista, a "constituição econômica" da ordem da concorrência parece estar ligada a uma espécie de contrato entre o consumidor-eleitor e o Estado, na medida em que consagra o interesse geral consagrando a soberania do consumidor[36].

Evidentemente, o Estado deve começar por respeitar a igualdade de chances no jogo concorrencial, suprimindo tudo que possa parecer privilégio ou proteção concedidos a tal interesse particular em detrimento de outros[37]. Um dos principais argumentos da doutrina, que encontramos em outras correntes liberais, diz que um dos principais vieses do capitalismo, a concentração excessiva e a cartelização da indústria, não é de natureza endógena, mas se origina em políticas de privilégio e proteção praticadas pelo Estado quando se encontra sob o controle de alguns grandes interesses privados. Por isso é necessário um "Estado forte", capaz de resistir a todos os grupos de pressão, livre dos dogmas "manchesterianos" do Estado mínimo.

Erhard resumiu muito bem o espírito dessa doutrina em *La prospérité pour tous* [A prosperidade para todos]. O Estado tem um papel essencial a desempenhar: ele é o protetor supremo da concorrência e da estabilidade monetária, considerada um "direito fundamental do cidadão". O direito fundamental de gozar da igualdade de direitos e chances e de um "quadro estável" – sem os quais a concorrência seria distorcida – legitima e orienta a intervenção pública. A seu ver, a política consiste em ater-se a regras gerais, sem jamais privilegiar um grupo em particular, porque isso seria introduzir distorções graves na destinação dos rendimentos ou na alocação dos recursos no conjunto da economia. Esta última é um todo cujas partes são ligadas entre si de maneira coerente.

> Os interesses particulares e o apoio a grupos bem definidos devem ser proscritos, nem que seja por causa da interdependência de todo os fenômenos econômicos. Toda medida especial tem repercussões em domínios

---

[36] Para o desenvolvimento inteiro, ver Laurence Simonin, "Le choix des règles constitutionnelles de la concurrence", cit., p. 70.

[37] Ver Viktor Vanberg, "L'École de Freiburg", em Philippe Nemo e Jean Petitot (orgs.), *Histoire du libéralisme en Europe* (Paris, PUF, 2006), p. 928 e seg.

que poderiam parecer absolutamente distintos, nos quais jamais se poderia imaginar que pudessem ocorrer tais incidências.[38]

Mas é no ensaio hoje clássico de Böhm, "Privatrechtsgesellschaft und Marktwirtschaft"[39] [Sociedade de direito privado e economia de mercado], que encontramos a legitimação teórica mais bem-acabada e original da "preferência constitucional" pela ordem da concorrência. O autor ataca a ideia preconcebida dos juristas de que o indivíduo, no plano do direito, é imediatamente confrontado com o Estado. Mostra que a Revolução Francesa, longe de emancipar o indivíduo *da* sociedade, na realidade o "deixou *na* sociedade": a sociedade é que foi transformada de sociedade feudal de privilégios "em pura sociedade de direito privado" (*in eine reine Privatrechtsgesellschaft*)[40]. Ele esclarece o que se deve entender por "sociedade de direito privado": "Uma sociedade de direito privado não é em absoluto um simples avizinhamento de indivíduos sem ligação, mas uma multidão de homens que estão submetidos a uma ordem unitária (*einheitlichen Ordnung*) e, a bem dizer, a uma ordem de direito (*Rechtsordnung*)". Essa ordem de direito privado não estabelece apenas as regras a que todos os membros da sociedade são submetidos quando contraem contratos entre si, adquirem bens e títulos uns dos outros, cooperam uns com os outros ou trocam serviços etc.; acima de tudo, ela outorga a todas as pessoas que se situam sob sua jurisdição uma enorme liberdade de movimento, uma competência para conceber planos e conduzir a própria vida em relação com os próximos, um status no interior da sociedade de direito privado que não é um "dom da natureza", mas um "direito civil social"; não um "poder natural", mas uma "permissão social". A realidade do direito é, pois, não que o indivíduo enfrente diretamente o Estado, mas que se ligue a seu Estado "pela intermediação da sociedade de direito privado"[41].

Inegavelmente, há nisso uma forma de reabilitação da "sociedade civil" contra certa propensão do pensamento alemão a subordiná-la ao Estado[42].

---

[38] Ludwig Erhard, *La prospérité pour tous*, cit., p. 85.
[39] Franz Böhm, "Privatrechtsgesellschaft und Marktwirtschaft", *Ordo Jahrbuch*, v. 17, 1966, p. 75-151.
[40] Ibidem, p. 84-5.
[41] Ibidem, p. 85.
[42] Basta pensar na maneira como Hegel faz do Estado o verdadeiro fundamento da sociedade civil em seus *Princípios da filosofia do direito* [trad. Orlando Vitorino, São Paulo, Martins Fontes, 2009].

É particularmente importante ressaltar esse ponto na medida em que o funcionamento do sistema de direção da economia de mercado pressupõe a existência de uma sociedade de direito privado[43]. Nessas condições, a tarefa do governo limita-se "a estabelecer a ordem-quadro (*die Rahmenordnung*), velar por ela e forçar sua observância"[44]. O mais notável é que Böhm não hesita em retomar por sua conta, embora distorcendo seu sentido, a distinção rousseauniana de "vontade geral" e "vontade particular"[45]. Cumprindo sua missão, o Estado age de forma imparcial e garante que a "vontade geral" não será sacrificada no altar das diferentes vontades particulares. De um lado, há todos os grupos de pressão organizados com base em interesses profissionais que tentam enfraquecer o mandato constitucional do Estado, fazendo prevalecer um interesse particular em detrimento da generalidade das regras do direito privado; de outro, há o interesse geral de todos os membros da sociedade pela instauração e pela conservação de uma ordem de concorrência regida pelo direito privado. Dessa perspectiva, a "vontade geral" é a vontade de defender a generalidade das regras do direito privado, e a "vontade particular" é a "vontade profissional" pela qual um grupo de interesses age a fim de obter isenções da lei ou uma lei específica a seu favor. Enquanto em Rousseau a vontade geral constitui, como relação do povo com ele mesmo, o fundamento do direito público, em Böhm ela tem por objeto o estabelecimento e a manutenção do direito privado. Desse modo, o governo é o guardião da "vontade geral", sendo o guardião das regras do direito privado[46].

A "economia social de mercado": as ambiguidades do "social"

Para os ordoliberais, o termo "social" remete a uma forma de sociedade baseada na concorrência como um tipo de vínculo humano, uma forma de sociedade que se deve construir e defender pela ação deliberada de uma *Gesellschaftspolitik* ("política de sociedade"), como a batizaram Von Rüstow e Müller-Armack. Objeto de uma política deliberada, esse tipo de sociedade de

---

[43] Franz Böhm, "Privatrechtsgesellschaft und Marktwirtschaft", cit., p. 98.
[44] Ibidem, p. 138.
[45] Ibidem, em especial p. 140-1.
[46] Veremos no capítulo 5 todo o proveito que um Hayek tira dessa delimitação do papel do governo.

indivíduos soberanos em suas escolhas é também o fundamento último de um Estado de direito, como acabamos de ver.

Esse mesmo termo designa também, em sentido mais clássico, certa fé no *resultado* benéfico do processo econômico de mercado, uma fé que o título do famoso livro de Erhard já citado resume bem: *La prospérité pour tous* [A prosperidade para todos]. Müller-Armack[47], propagador da expressão "economia social de mercado", explica que a economia de mercado era chamada "social" porque obedecia às escolhas dos consumidores, realizava uma democracia de consumo através da concorrência, fazendo pressão sobre as empresas e os assalariados para melhorar a produtividade: "Essa orientação ao consumo equivale, na verdade, a uma prestação de serviço social da economia de mercado"; acrescenta que "o aumento da produtividade, garantida e imposta constantemente pelo sistema concorrencial, age do mesmo modo que uma fonte de progresso social"[48].

Antes de se renderem, os socialistas alemães criticaram esse conceito, sob o pretexto de que a economia de mercado não podia ser social, que até por princípio ela era contrária a qualquer economia baseada na solidariedade e na cooperação social. Müller-Armack responde com dois argumentos:

- Um sistema de economia de mercado é superior a qualquer outra forma de economia quando se trata de garantir o bem-estar e a segurança econômica. "É a busca de uma síntese entre as regras do mercado, de

---

[47] Depois de Erhard, Müller-Armack foi o economista ordoliberal alemão que mais se envolveu na implantação de políticas econômicas. Também foi um dos homens mais eficazes para fazer valer as condições alemãs no processo de construção da Europa. Professor de economia e responsável pelo Ministério das Finanças, faz a ponte entre a teoria e a prática. Em 1946, lança a expressão "economia social de mercado" numa obra intitulada *Wirtschaftslenkung und Marktwirtschaft* [Economia planificada e economia de mercado]. Na Universidade de Colônia, foi sobretudo um dos negociadores do Tratado de Roma de 1957 e artífice do compromisso que assegurará a dupla assinatura. Depois disso, foi subsecretário de Estado dos Assuntos Europeus, a partir de 1958, e foi com grande frequência o representante alemão em diversas negociações ligadas à construção europeia.

[48] Alfred Müller-Armack, citado em Hans Tietmeyer, *Économie sociale de marché et stabilité monétaire* (trad. Sylvain Broyer, Paris/Frankfurt, Économica/Bundesbank, 1999), p. 6. Note-se que a expressão foi criada um ano antes de Müller-Armack aderir à Sociedade Mont-Pèlerin de Hayek e Röpke (ele foi um dos dez primeiros alemães da sociedade).

um lado, e as necessidades sociais de uma sociedade de massa industrial moderna, de outro."[49]
- A economia *social* de mercado opõe-se à economia *liberal* de mercado. A economia de mercado é um desejo da sociedade, é uma escolha coletiva irrevogável. Uma ordem de mercado é uma "ordem artificial", determinada por objetivos da sociedade. É uma máquina social que necessita de regulagem, é um artifício, um meio técnico que deve produzir resultados benéficos, desde que nenhuma lei viole as regras de mercado.

O sentido de "social", portanto, é ambíguo: ora remete diretamente a uma realidade construída pela ação política, ora procede de uma crença nos benefícios sociais do sistema de concorrência perfeita. Também é muito abrangente. Para Müller-Armack, uma economia social de mercado compreende a política cultural, a educação e a política científica. O investimento no capital humano, o urbanismo, a política ambiental fazem parte dessa política de enquadramento social.

Em seu sentido ordoliberal, a expressão "economia social de mercado" é diretamente oposta à expressão Estado de bem-estar ou Estado social. A "prosperidade para todos" é uma consequência da economia de mercado e apenas dela, ao passo que os seguros sociais e as indenizações de todos os tipos pagos pelo Estado social – um mal necessário, sem dúvida, mas provisório, que tanto quanto possível deve ser limitado – podem desmoralizar os agentes econômicos. A responsabilidade individual e a caridade em suas diferentes formas são os únicos remédios verdadeiros para a pobreza.

Os ordoliberais, embora tenham influenciado muito o poder político na Alemanha desde o fim da guerra, não conseguiram livrar-se de um sistema de seguros sociais que datava de Bismarck nem interromper seu crescimento como desejavam. Do mesmo modo, tiveram de se conformar com a cogestão das empresas, uma espécie de compromisso com os sindicatos alemães no pós-guerra. No entanto, é um completo contrassenso identificar esse intervencionismo social com o ordoliberalismo[50]. Segundo essa doutrina, a "política social" deveria limitar-se a uma legislação protetora mínima dos trabalhadores e a uma redistribuição fiscal muito moderada, que permitisse

---

[49] Alfred Müller-Armack, *Auf dem Weg nach Europa. Erinnerungen und Ausblicke* (Tübingen/Stuttgart, Rainer Wunderlich/C. E. Poeschel, 1971), citado em Hans Tietmeyer, *Économie sociale de marché et stabilité monétaire*, cit., p. 207.

[50] Ver a esse respeito o capítulo 7 deste volume, dedicado à construção da Europa.

a cada indivíduo continuar a participar do "jogo do mercado". Deveria ater-se, assim, à luta contra a exclusão, tema que permite unir a doutrina cristã da caridade e a filosofia neoliberal da integração de todos no mercado por intermédio da "responsabilidade individual". Röpke enfatizou que também era tarefa do "intervencionismo liberal" garantir aos indivíduos um quadro de vida estável e seguro, o que supunha não tanto "intervenções de conservação", mas intervenções de adaptação, as únicas capazes de proteger os mais fracos contra a dureza das mudanças econômicas e tecnológicas.

O progresso social passa pela constituição de um "capitalismo popular", baseado no estímulo à responsabilidade individual mediante a constituição de "reservas" e a formação de um patrimônio pessoal obtido graças ao trabalho. Erhard explica sem nenhuma ambiguidade: "Os termos livre e social se sobrepõem [...]; quanto mais livre a economia, mais social ela é, e maior é o ganho para a economia nacional"[51]. É da livre competição que nascerá todo o progresso social: "Bem-estar para todos e bem-estar pela concorrência" são sinônimos[52]. Em matéria de política social, portanto, deve-se recusar o princípio indiscriminado da proteção de todos. O valor ético está na luta concorrencial, não na proteção generalizada do Estado de bem-estar, "em que cada um enfia a mão no bolso de seu vizinho"[53].

A "política de sociedade" do ordoliberalismo

Como vimos anteriormente, um dos aspectos importantes da doutrina é a afirmação da *interdependência* de todas as instituições, assim como de todos os níveis da realidade humana. A ordem política, os fundamentos jurídicos, os valores e as mentalidades fazem parte da ordem global, e todos têm efeito sobre o processo econômico. Os objetivos da política compreenderão logicamente uma ação sobre a sociedade e o quadro de vida, com o intuito de conciliá-los com o bom funcionamento do mercado. A doutrina leva, portanto, à redução da separação entre Estado, economia e sociedade, tal como existia no liberalismo clássico. Ela embaralha as fronteiras, considerando que todas as dimensões do homem são como peças indispensáveis ao funcionamento

---

[51] Ludwig Erhard, citado em Hans Tietmeyer, *Économie sociale de marché et stabilité monétaire*, cit., p. 6.

[52] Ludwig Erhard, *La prospérité pour tous*, cit., p. 3.

[53] Ibidem, p. 133.

de uma "máquina econômica" (Müller-Armack). A economia de mercado só pode funcionar se estiver apoiada numa sociedade que lhe proporcione as maneiras de ser, os valores, os desejos que lhe são necessários. A lei não basta, são necessários também os costumes. Esse, sem dúvida, é o significado mais profundo da expressão "economia social de mercado", se considerarmos que essa economia é uma entidade global dotada de coerência[54].

O ordoliberalismo concebe a sociedade a partir de certa ideia do vínculo entre os indivíduos. Em matéria de relação social, a concorrência é *norma*. Ela caminha de mãos dadas com a liberdade. Não há liberdade sem concorrência, não há concorrência sem liberdade. A concorrência é o modo de relação interindividual mais conforme com a eficácia econômica e, ao mesmo tempo, mais conforme com as exigências morais que se podem esperar do homem, na medida em que ela permite que ele se afirme como ser autônomo, livre e responsável por seus atos.

Essa concorrência é leal quando envolve indivíduos capazes de exercer sua capacidade de julgamento e escolha. Essa capacidade depende de estruturas jurídicas, mas também de estruturas sociais. Surge daí a ideia de uma "política de sociedade", que logicamente completa os considerandos constitucionais da doutrina. Para evitar qualquer confusão, portanto, devemos ter o cuidado de sempre traduzir *Gesellschaftspolitik* por "política de sociedade", e não por "política social", pois o genitivo objetivo tem uma função essencial aqui, na medida em que significa que a sociedade é o objeto e o alvo da ação governamental, de forma alguma que essa ação deva ter o propósito de transferir as rendas mais altas para as rendas mais baixas. É por isso que Foucault tem toda a razão de falar aqui de "governo *de* sociedade", em oposição ao "governo econômico" dos fisiocratas[55].

Röpke é incontestavelmente um dos que mais teorizaram essa especificidade da política de sociedade. Para defender a economia de mercado contra o veneno mortal do coletivismo, é importante, escreve ele em suas muitas e copiosas obras, criticar o capitalismo histórico, isto é, a forma concreta que o princípio de ordem da economia de mercado tomou[56].

---

[54] Remeter-se a esse respeito à leitura de Michel Foucault em *Naissance de la biopolitique*, cit., p. 150. Ver também o artigo de Michel Senellart, "Michel Foucault", cit., p. 45-8.
[55] Michel Foucault, *Naissance de la biopolitique*, cit., p. 151; grifo nosso.
[56] Ver Wilhelm Röpke, *Civitas humana*, cit., p. 26.

Esta última continua a ser o melhor sistema econômico e, como vimos, o único sustentáculo de um Estado genuinamente liberal. Mas a economia de mercado "foi distorcida e desfigurada pelo monopolismo e pelas usurpações irracionais do Estado"[57], a tal ponto que o capitalismo, em sua forma atual, tornou-se uma "forma conspurcada, adulterada da economia de mercado"[58]. O "humanismo econômico", ainda denominado "terceira via", apoia-se num *liberalismo sociológico (soziologische Liberalismus)* "contra o qual perdem o gume as armas forjadas para atacar o antigo liberalismo puramente econômico"[59]. Röpke admite que o antigo liberalismo ignorava a sociedade ou supunha que ela se adaptava espontaneamente à ordem de mercado. Isso era uma cegueira culpada, produzida pelo racionalismo otimista das Luzes, que ignorava o laço social, a diversidade de suas formas, os contextos "naturais" em que desabrochava. Convém definir, então, as condições sociais de funcionamento do sistema concorrencial e considerar as reformas que devem ser feitas para obtê-las. É isso que especificará essa "terceira via" como a via do "liberalismo construtor" e do "humanismo econômico", tão estranhos ao coletivismo como ao capitalismo monopolista, dois tipos de economia que favorecem o comando, o despotismo, a dependência.

A questão que se coloca na obra de Röpke é esta, portanto: de que tipo deve ser a sociedade na qual o consumidor poderá exercer plena e continuamente seu direito de escolher, com toda a independência, os bens e os serviços que mais o satisfaçam?

Essa "terceira via", que se distingue do constitucionalismo mais estritamente jurídico dos fundadores da Escola de Freiburg por uma dimensão moral mais pronunciada, deve responder a um desafio muito mais vasto do que os desregramentos econômicos. Ela deve remediar uma "crise total de nossa sociedade". O que explica que essa "política de estrutura"[60] seja mais bem definida como uma "política de sociedade", isto é, uma política que visa a uma transformação completa da sociedade, num sentido evidentemente muito diferente do coletivismo. A fórmula decisiva é dada em *Civitas humana*: "Mas a própria economia de mercado só pode durar por meio de uma

---

[57] Ibidem, p. 37.
[58] Ibidem, p. 65.
[59] Ibidem, p. 43.
[60] Ibidem, p. 69.

política de sociedade que repouse sobre uma nova base"[61]. Essa política que pretende produzir indivíduos capazes de escolhas responsáveis e ponderadas deve procurar descentralizar as instituições políticas, descongestionar as cidades, desproletarizar e desagregar as estruturas sociais, desmonopolizar a economia e a sociedade – em suma, ela deve procurar fazer uma "economia humana", segundo a expressão que Röpke tanto aprecia, e da qual vê exemplos nas aldeias do cantão de Berna, compostas de pequenas e médias fazendas e empresas artesanais.

O aspecto arcaizante e nostálgico desse liberalismo sociológico não consegue esconder o fato de que o conjunto dos neoliberais deve responder a um problema crucial. Como reabilitar a economia de mercado, como continuar a acreditar na soberania plena do indivíduo no contexto do gigantismo da civilização capitalista industrial e urbana? O problema apresentou-se a Hayek, e ele foi obrigado a distinguir entre a "ordem espontânea" das interações individuais e a "organização" que repousa sobre uma concertação deliberada, em particular a da produção moderna, tanto nas empresas capitalistas como nos aparelhos administrativos do Estado[62]. Em que medida ainda se pode fazer do indivíduo independente, consumidor e produtor, a entidade de referência da ordem econômica de mercado? Röpke tem o mérito de não se esquivar do problema. Se quisermos evitar a "sociedade de formigas" do capitalismo das grandes unidades e do coletivismo, devemos tratar de fazer com que as estruturas sociais forneçam aos indivíduos as bases de sua independência e sua dignidade.

Foucault viu claramente o equívoco dessa "política de sociedade"[63]. Ela deve evitar que a sociedade seja inteiramente tomada pela lógica de mercado (princípio de heterogeneidade da sociedade e da economia), mas deve fazer igualmente com que os indivíduos se identifiquem com microempresas, permitindo a realização de uma ordem concorrencial (princípio de homogeneidade da sociedade e da economia). "Economia de mercado e sociedade

---

[61] Ibidem, p. 74. Modificamos a tradução, traduzindo *Gesellschaftspolitik* por "política de sociedade", e não "política social", pelas razões explicadas anteriormente. A frase alemã é a seguinte: "*Die Marktwirtschaft selbst ist aber nur zu halten bei einer widergelagerten Gesellschaftspolitik*" (*Civitas humana. Grundfragen der Gesellschaft und Wirtschaftsreform*, Erlenbach/Zurique, Eugen Rentsch, 1944, p. 85).

[62] Ver capítulo 5 deste volume.

[63] Michel Foucault, *Naissance de la biopolitique*, cit., p. 246-7.

não comercializada completam-se e amparam-se mutuamente. Compreendem-se mutuamente como espaço vazio e quadro, como uma lente convexa e outra côncava que juntas criam a objetiva fotográfica"[64].

Esse ponto merece ser examinado com atenção. Devemos enquadrar a economia de mercado, situá-la firmemente no "quadro sociológico-antropológico" do qual ela se nutre, mas jamais perder de vista que ela deve também se distinguir dele.

> A economia de mercado não é tudo. Numa sociedade viva e saudável, ela tem lugar marcado onde não se pode prescindir dela, e onde é preciso que seja pura e límpida. Mas ela degenera infalivelmente, apodrece e envenena com seus germes pútridos todas as outras frações da sociedade se, ao lado desse setor, não houver outros: os setores do abastecimento individual, da economia de Estado, do planismo, da dedicação e da simples e não comercial humanidade.[65]

O mercado deve encontrar seus limites nas esferas livres da lógica mercantil: a autoprodução, a vida familiar, o setor público são indispensáveis à existência social[66]. Essa exigência de pluralidade das esferas sociais não está ligada a uma preocupação de eficácia ou justiça, mas, sim, à natureza plural do homem, coisa que o "velho liberalismo econômico" não compreendeu. O laço social não pode reduzir-se a uma relação comercial.

> Perdera-se de vista que a economia de mercado é uma seção estreita da vida social, que é enquadrada e mantida por um domínio bem mais amplo: campo exterior em que os homens não são concorrentes, produtores, comerciantes, consumidores, membros de sociedades de exploração, acionistas, poupadores, mas simplesmente homens que não vivem só de pão, membros de famílias, vizinhos, correligionários, colegas de profissão,

---

[64] Wilhelm Röpke, *Civitas humana*, cit., p. 74. Essa imagem do quadro e do vazio, da borda e do oco, não deixa de lembrar a temática do encastramento (*embeddedness*) de Karl Polanyi. Dos mesmos sintomas da crise da civilização capitalista, Röpke e Polanyi extraem consequências políticas diametralmente opostas.

[65] Ibidem, p. 72.

[66] Em *La crise de notre temps* (trad. Hugues Faesi e Charles Reichard, Paris, Payot, 1962), p. 136, Röpke afirma nessa mesma linha: "O princípio do mercado pressupõe certos limites e, se democracia deve ter esferas livres da influência do Estado para não cair no despotismo desmedido, a economia de mercado deve ter esferas que não sejam submetidas às leis de mercado, sob pena de tornar-se intolerável: a esfera do autoabastecimento, a esfera das condições de vida por mais simples e modestas que seja, a esfera do Estado e da economia planificada".

cidadãos da coisa pública, seres de carne e sangue, com pensamentos e sentimentos eternamente humanos pendendo para a justiça, a honra, a ajuda mútua, o sentido do interesse geral, a paz, o trabalho bem feito, a beleza e a paz da natureza. A economia de mercado é somente uma organização determinada e, como vimos, absolutamente indispensável dentro de um estreito domínio em que ela encontra seu lugar devido e não deformado; entregue a si mesma, seria perigosa e até insustentável, porque reduziria os homens a uma existência totalmente antinatural, e eles, cedo ou tarde, rejeitariam tanto essa organização como a economia de mercado, que então lhes seria odiosa.[67]

A principal causa da grande crise social e moral do Ocidente que conduz direto ao coletivismo deve-se ao fato de que o quadro social não é suficientemente sólido. Não foi a economia de mercado que não funcionou, foram as estruturas de enquadramento que cederam. Röpke pensa a crise social como um rompimento dos diques que deveriam "conter" o mercado: "As bordas carunchosas trouxeram a ruína da economia liberal dos tempos passados e, ao mesmo tempo, de todo o sistema social do liberalismo"[68].

Qual é o remédio, então? Se a economia de mercado é como um vazio, convém consolidar novamente as bordas, adotar uma política que "visa a uma maior solidez do quadro sociológico-antropológico"[69].

Esse "programa sociológico" compreende diversas vias – descentralização, desproletarização, desurbanização –, todas tendendo a um objetivo comum: uma sociedade de pequenas unidades familiares de habitação e produção, independentes e concorrendo umas com as outras. Cada indivíduo deve ser inserido profissionalmente num quadro de trabalho que lhe garanta independência e dignidade. Em uma palavra, cada indivíduo deve gozar das garantias oferecidas pela pequena empresa ou, melhor, *cada indivíduo deve funcionar como uma pequena empresa*. Vemos aqui o equívoco apontado por Foucault: o que deveria funcionar como um *fora* do mercado que o limita do exterior é pensado precisamente sob o *modelo* de um mercado atomístico, composto de múltiplas unidades independentes.

---

[67] Wilhelm Röpke, *Civitas humana*, cit., p. 71-2.
[68] Ibidem, p. 73.
[69] Ibidem, p. 74.

A pequena empresa como remédio para a proletarização

Examinemos mais de perto a crítica de Röpke à proletarização, principal fator do coletivismo. A sociedade industrial conduziu a um desenraizamento urbano e a um nomadismo sem precedentes de massas assalariadas: "É um estado patológico como nunca existiu antes, em tal amplitude, no curso da história"[70]. Resgatando acentos que pouco se ouviam na sociologia desde Auguste Comte, Röpke mostra que esse nomadismo proletário ligado à destruição do campesinato e do artesanato pela grande exploração concentrada criou um grande vazio na existência de milhões de trabalhadores, privados de segurança e estabilidade, "assalariados urbanizados, sem independência, sem propriedade, inseridos em explorações gigantescas da indústria e do comércio"[71]. Em razão do vazio que criou, a proletarização é analisada como uma perda de autonomia da existência e um isolamento social:

> A proletarização significa que homens caem numa situação sociológica e antropológica perigosa, caracterizada por falta de propriedade, falta de reservas de toda natureza (inclusive laços familiares e de vizinhança), dependência econômica, desenraizamento, alojamentos de massas semelhantes a casernas, militarização do trabalho, distanciamento da natureza, mecanização da atividade produtora, em resumo, uma desvitalização e despersonalização gerais.[72]

A política de sociedade deve ter como prioridade "preencher o fosso que separa os proletários da sociedade burguesa, desproletarizando-os, fazendo-os, no verdadeiro e nobre sentido da palavra, burgueses, cidadãos, isto é, autênticos membros da *civitas*"[73]. Essa política de integração, cujo campo já fora esboçado por Von Rüstow durante o Colóquio Lippmann, passa pelo desenvolvimento da pequena exploração familiar e pela difusão da propriedade num contexto de pequenas cidades ou aldeias, nas quais se podem estabelecer laços de conhecimento mútuo. Tal política opõe-se, portanto, ao Estado social, que apenas diminui um pouco mais o homem, fazendo-o

---

[70] Ibidem, p. 228.
[71] Ibidem, p. 229.
[72] Ibidem, p. 230
[73] Ibidem, p. 167. Note-se que Röpke joga deliberadamente com a ambiguidade da palavra *Bürger*, que significa tanto "burguês" como "cidadão". Esse jogo diz muito a respeito da tendência do neoliberalismo de diluir a distinção entre o econômico e o político.

depender de subsídios coletivos. O grande perigo é que o desenraizamento proletário e a perda de toda propriedade pessoal que caracterizam essa situação levem a essa nova escravidão do Estado de bem-estar: "Quanto mais se estende a proletarização, mais impetuosamente afirma-se o desejo dos desenraizados de fazer o Estado lhes garantir o necessário e a segurança econômica e mais desaparecem os restos da responsabilidade pessoal"[74].

Desproletarizar as massas desenraizadas pelo capitalismo industrial não é torná-las seguradas socialmente, mas proprietárias, poupadoras, produtoras independentes. Para Röpke, a propriedade é o único meio de enraizar de novo os indivíduos em um meio, dar a eles a segurança que desejam, motivá-los para o trabalho: "Nosso dever é conservar e aumentar com todas as nossas forças o número de camponeses, artesãos, pequenos industriais e comerciantes, em resumo, todos os indivíduos independentes, munidos de propriedade de produção e habitação"[75]. A economia de mercado precisa desse "sustentáculo humano", desses "homens solidamente ancorados na vida, graças a seu tipo de trabalho e vida"[76].

Essa idealização da exploração familiar que inspira a política de restauração da propriedade individual, vista como ponto essencial da reforma social, nunca dá a entender, porém, que todos os assalariados se tornarão de fato pequenos donos de empresa. Trata-se antes de um *modelo social*, do qual cada indivíduo poderá aproximar-se e apreciar os benefícios morais e materiais, graças à propriedade de sua casa e ao cultivo de sua horta: "Temos convicção de que a horta nos fundos de casa fará milagres", exclama Röpke[77]. Com a horta, graças à autoprodução que poderá realizar, o assalariado será seu mestre, como um empreendedor que teria sobre os próprios ombros toda a responsabilidade pelo processo de produção. Tornando-se proprietário e produtor familiar, o indivíduo recuperará as virtudes da prudência, da seriedade e da responsabilidade, tão indispensáveis à economia de mercado. Esta última necessita que as estruturas sociais lhe forneçam homens independentes, corajosos, honestos, trabalhadores, rigorosos, sem os quais ela só pode degenerar num hedonismo egoísta. Essa dimensão moral da pequena empresa constitui

---

[74] Ibidem, p. 231.
[75] Ibidem, p. 257.
[76] Wilhelm Röpke, *La crise de notre temps*, cit., p. 198.
[77] Ibidem, p. 152.

o que ele chama significativamente de "núcleo camponês da economia política"[78]. Somente quando o "código da honestidade", a ética do trabalho e a preocupação com a liberdade estão suficientemente enraizados no indivíduo é que se pode desenvolver no mercado uma concorrência leal e sadia e que o equilíbrio social pode ser recuperado. Em uma palavra, os "diques" morais que permitem que os indivíduos "se mantenham de pé" são idênticos aos que permitem "manter de pé" a economia de mercado. Eles repousam sobre a generalização efetiva do modelo de empresa à escala da sociedade como um todo. A empresa pequena ou média é a muralha contra os desregramentos introduzidos pelo capitalismo, exatamente do mesmo modo como as comunidades naturais, dentro do princípio federalista de subsidiariedade, constituem os limites do poder do Estado.

A "terceira via"

O neoliberalismo de Röpke é um projeto social que visa a uma "organização econômica de homens livres"[79]. Segundo ele, somente se é livre quando se é proprietário, membro de uma comunidade natural familiar, empresarial e local, podendo contar com solidariedades próximas (família, amigos, colegas) e tendo energia para enfrentar a concorrência geral. Essa "terceira via" situa-se entre o "darwinismo social" do *laissez-faire* e o Estado social que cuida do indivíduo do berço à sepultura[80]. Ela deve fundar-se na ideia da "responsabilidade individual": "Quanto mais o Estado cuidar de nós, menos inclinação teremos para agir por nossas próprias forças"[81]. A propriedade e a empresa são, pois, os quadros sociais dessa autonomia da vontade econômica: "O camponês sem dívidas, que possua uma terra suficientemente grande, é o homem mais livre do nosso planeta"[82].

Essa terceira via tem vários rostos. Poderíamos ver nela apenas uma fórmula de compromisso, uma espécie de via média entre o liberalismo e o planismo. É o que Röpke dá a entender em certos textos escritos antes

---

[78] Wilhelm Röpke, *Civitas humana*, cit., p. 290.
[79] Idem, *La crise de notre temps*, cit., p. 201.
[80] Ibidem, p. 183
[81] Idem.
[82] Ibidem, p. 227.

da guerra[83], nos quais rejeita as oposições radicais entre as "soluções totais" dos fanáticos:

> Por que continuar a pôr em formação de batalha, um em face do outro, o liberalismo e o intervencionismo, se em verdade pode tratar-se apenas de um pouco mais ou um pouco menos de liberalismo, e não um brutal sim ou não, já que o liberalismo integral é uma impossibilidade e o intervencionismo integral extingue-se por si mesmo e torna-se puro comunismo?[84]

Contudo, em outros textos, o discurso é muito mais ambicioso. A "terceira via" define um liberalismo sociológico "construtor" que tem como objetivo uma remodelação social completa, indispensável para remediar a grande crise de nossa época. Ele define a *Gesellschaftspolitik* como

> uma política que perseguirá em uníssono a restauração da liberdade econômica, a humanização das condições de trabalho e vida, a supressão da proletarização, da despersonalização, do desenquadramento social, da formação em massa, do gigantismo e do privilégio, e outras degenerações patológicas do capitalismo, tal política é mais do que uma simples reforma econômica e social. [...] Todas as desordens econômicas de nosso tempo são apenas os sintomas superficiais de uma crise total de nossa sociedade, e é como tal que devemos tratá-la e curá-la. Assim, uma reforma econômica eficaz e duradoura deve ser, ao mesmo tempo, uma *reforma radical da sociedade*.[85]

É talvez por essa ênfase no aspecto moral do "espírito de empresa", da "responsabilização individual", da "ética da competição", que o liberalismo sociológico de Röpke esclarece tão bem os esforços feitos para transformar a empresa numa espécie de forma universal que dá à autonomia de escolha dos indivíduos o poder de se exercer.

É provável que a exaltação das virtudes da vida camponesa nos faça rir hoje por seu romantismo e seu vitalismo um tanto antiquados. A contribuição fundamental de Röpke à governamentalidade neoliberal reside, na verdade, no fato de recentrar a intervenção governamental no indivíduo para conseguir que ele organize sua vida, ou seja, a relação que tem com sua propriedade privada, sua família, seu cônjuge, seus seguros e sua aposentadoria,

---

[83] Como, por exemplo, em Wilhelm Röpke, *Explication économique du monde moderne* (trad. Paul Bastier, Paris, Librairie de Médicis, 1940), p. 281.

[84] Ibidem, p. 282.

[85] Ibidem, p. 284-5.

de modo que essa vida faça dele "uma espécie de empresa permanente e múltipla"[86]. Devemos ressaltar aqui a que ponto essa promoção do modelo de empresa à universalidade nos distancia de Locke. Para este último, o sentido amplo da noção de "propriedade" tinha a função de legitimar a propriedade dos bens exteriores como extensão da propriedade de si mesmo realizada pelo trabalho. Para alguns neoliberais contemporâneos, tanto a relação consigo mesmo como a relação com os bens exteriores devem tomar como modelo a lógica da empresa como unidade de produção em concorrência com os outros. Em outras palavras, não é o resultado do trabalho que é anexado à pessoa, como um prolongamento dela, mas é o governo que o indivíduo tem de si que deve interiorizar as regras de funcionamento da empresa; não é o exterior (ou seja, o resultado do trabalho) que é levado para o interior, mas é o exterior (ou seja, a empresa) que fornece à interioridade da relação consigo mesmo a norma de sua própria reorganização.

Em última análise, ainda que a coerência de conjunto da doutrina seja problemática, o legado político que os dois ramos do ordoliberalismo alemão deixaram ao neoliberalismo contemporâneo consiste em duas coisas essenciais. Em primeiro lugar, a promoção da concorrência a uma norma cujo intuito é orientar uma "política de ordenação": embora a epistemologia de Eucken tenha caído amplamente no esquecimento, salvo em certos círculos de especialistas, os princípios da "constituição econômica" continuam a ser invocados para avaliar medidas de política econômica, ainda que isso termine muitas vezes numa lenga-lenga formal. Em segundo lugar, a atribuição de um objeto absolutamente específico à ação política, a saber, a "sociedade" até em sua trama mais fina e, portanto, o indivíduo como foco do governo de si mesmo e ponto de apoio do governo da conduta. É nisso, de fato, que devemos situar o sentido profundo da universalização da lógica da empresa preconizada pela "política de sociedade" em sua forma mais bem-acabada.

---

[86] Michel Foucault, *Naissance de la biopolitique*, cit., p. 247.

4
O HOMEM EMPRESARIAL

Não captaríamos a originalidade do neoliberalismo se não víssemos seu ponto focal na relação entre as instituições e a ação individual. De fato, quando se deixa de considerar natural a conduta econômica maximizadora, condição absoluta do equilíbrio geral, convém explicar os fatores que a influenciam, a maneira como ela se aproxima de certo grau de eficiência, sem nunca conseguir alcançar a perfeição. As diferenças entre os autores neoliberais estão ligadas, em parte, à solução que eles dão a esse problema. Enquanto os principais responsáveis pelo "renascimento neoliberal" – Rougier, Lippmann e os ordoliberais alemães – destacam a necessidade da intervenção governamental, Von Mises se recusa a definir a função das instituições em termos de intervencionismo. E até proclama em alto e bom som o apego que tem ao princípio do "*laissez-faire*": "Dentro da economia de mercado, um tipo de organização social centrado no *laissez-faire*, existe um domínio no qual o indivíduo é livre para escolher entre diversos modos de agir, sem ser tolhido pela ameaça de ser punido"[1]. Lendo tais passagens, temos a impressão de que com Von Mises – como, aliás, observou Von Rüstow em 1938 – voltamos às apologias mais dogmáticas do *laissez-faire* como fonte de prosperidade para todos e cada um.

Seria precipitado concluir a partir daí que essa corrente de pensamento não traz nada de novo e contenta-se com um simples retorno ao liberalismo dogmático. Significaria, sobretudo, desprezar uma mudança importante na argumentação, que reside na valorização da concorrência e da empresa como

---

[1] Ludwig von Mises, *L'action humaine: traité d'économie* (trad. Raoul Audouin, Paris, PUF, 1985), p. 297 [ed. bras.: *A ação humana: um tratado de economia*, 2. ed., Rio de Janeiro, Instituto Liberal, 1995].

forma geral da sociedade. Obviamente, o ponto comum com o liberalismo clássico é ainda a exigência de que se justifique a limitação do Estado em nome do mercado, sublinhando o papel da liberdade econômica na *eficácia* da máquina econômica e no prosseguimento do processo de mercado. Daí certa confusão que leva a entender que Von Mises ou Hayek são apenas "fantasmas" do velho liberalismo manchesteriano.

O que pode enganar na atitude austro-americana[2] é seu "subjetivismo"[3] mais ou menos pronunciado, que chegou a levar certos discípulos de Von Mises, como Murray Rothbard, ao "anarcocapitalismo", isto é, à negação radical de qualquer legitimidade da entidade estatal. Sem ignorar o que resta ainda de bastante "clássico" nessa orientação, que a coloca longe da inspiração construtivista do neoliberalismo, é importante destacar a contribuição original do pensamento desses autores. Esse pensamento é inteiramente estruturado pela oposição de dois tipos de processo: um de destruição e outro de construção. O primeiro, que Von Mises chamou de "destrucionismo", tem como agente principal o *Estado*. Repousa sobre o encadeamento perverso de ingerências do Estado que levam ao totalitarismo e à regressão econômica. O segundo, que corresponde ao capitalismo, tem como agente o *empreendedor*, isto é, potencialmente qualquer sujeito econômico.

Dando ênfase à ação individual e ao processo de mercado, os autores austro-americanos visam, em primeiro lugar, a produzir uma descrição realista de uma máquina econômica que tende ao equilíbrio, quando não é perturbada por moralismos ou intervenções políticas e sociais destruidoras. Em segundo lugar, visam a mostrar como se constrói na concorrência geral certa dimensão do homem, o *entrepreneurship*[4], que é o princípio de conduta potencialmente universal mais essencial à ordem capitalista. Desse

---

[2] O adjetivo "austro-americano" designa aqui os economistas que imigraram para os Estados Unidos ou os norte-americanos que se alinharam à escola austríaca moderna, cujas duas figuras teóricas e ideológicas mais importantes são Ludwig von Mises e Friedrich Hayek. Além das teorias destes últimos, daremos realce mais particularmente aos desenvolvimentos da doutrina produzidos por Israel Kirzner.

[3] Em *The Counter-Revolution of Science* (Nova York, The Free Press, 1955, p. 31), Friedrich Hayek escreve que todo avanço importante na teoria econômica nos últimos cem anos foi um passo adiante na aplicação coerente do subjetivismo. Nesse ponto, faz uma homenagem clara a Von Mises, a quem considera seu mestre.

[4] Esse termo é traduzido em francês por *entrepreneurialité*. [Em português, traduz-se por "empreendedorismo" – N. T.]

modo, como diz muito apropriadamente Thomas Lemke em seu comentário sobre Michel Foucault, o neoliberalismo apresenta-se como um "projeto político que tenta criar uma realidade social que supostamente já existe"[5]. É precisamente essa dimensão antropológica do homem-empresa que, de um modo diferente daquele da sociologia ordoliberal, será a principal contribuição dessa corrente.

Os caminhos estratégicos promovidos pelo neoliberalismo – criação de situações de mercado e produção do sujeito empresarial – devem-se muito mais a ela do que à economia neoclássica. No programa neoclássico, a concorrência sempre remete a certo estado e, nesse sentido, tem muito mais a ver com uma estática do que com uma dinâmica. É, mais especificamente, um cânone pelo qual é possível julgar diversas situações em que se encontra um mercado e, ao mesmo tempo, o quadro em que a ação racional dos agentes pode idealmente conduzir ao equilíbrio. Toda situação que não corresponde às condições da concorrência pura e perfeita é considerada uma anomalia que impossibilita a realização da harmonia preconcebida entre os agentes econômicos. Desse modo, a teoria neoclássica é levada a prescrever um "retorno" às condições da concorrência estabelecidas *a priori* como "normais". Se é certo que o programa neoclássico deu ao discurso do livre mercado uma firme caução acadêmica, em particular sob a forma do "mercado eficiente" das finanças globais, é errado pensar que a racionalidade neoliberal repousa exclusiva ou principalmente sobre o programa walrasiano-paretiano do equilíbrio geral. Uma concepção muito diferente da concorrência – que tem apenas o nome em comum com a versão neoclássica – constitui o fundamento específico do concorrencialismo neoliberal. O grande passo adiante dado pelos austríacos Von Mises e Hayek consiste em ver a concorrência no mercado como um processo de descoberta da informação pertinente, como certo modo de conduta do sujeito que tenta superar e ultrapassar os outros na descoberta de novas oportunidades de lucro. Em outras palavras, radicalizando e sistematizando numa teoria coerente da ação humana alguns aspectos já presentes no pensamento liberal clássico (desejo de melhorar a própria sorte, fazer melhor do que o outro etc.), a doutrina austríaca privilegia uma dimensão agonística: a da competição e da rivalidade. A partir da luta dos

---

[5] Thomas Lemke, "The Birth of Bio-Politics: Michel Foucault's Lecture at the Collège de France on Neo-Liberal Governmentality", *Economy and Society*, v. 30, n. 2, 2001, p. 203.

agentes é que se poderá descrever não a formação de um equilíbrio definido por condições formais, mas a própria vida econômica, cujo ator real é o empreendedor, movido pelo espírito empresarial que se encontra em graus diferentes em cada um de nós e cujo único freio é o Estado, quando este trava ou suprime a livre competição.

Essa revolução na maneira de pensar inspirou inúmeras pesquisas, como aquelas, em plena expansão, sobre inovação e informação. Mas, sobretudo, ela exige uma política que vai muito além dos mercados de bens e serviços e diz respeito à totalidade da ação humana. Embora se considere típica de uma política neoliberal a construção de uma situação econômica que a aproxime do cânone da concorrência pura e perfeita, há outra orientação, talvez mais disfarçada ou menos imediatamente perceptível, que visa a introduzir, restabelecer ou sustentar dimensões de rivalidade na ação e, mais fundamentalmente, moldar os sujeitos para torná-los empreendedores que saibam aproveitar as oportunidades de lucro e estejam dispostos a entrar no processo permanente da concorrência. Foi particularmente no campo do *management* que essa orientação encontrou sua expressão mais forte.

Crítica do intervencionismo

Recordamos que, durante o Colóquio Walter Lippmann, Von Mises foi um dos que mais vilipendiaram qualquer nova legitimação da intervenção do Estado, a ponto de ser visto por outros participantes como um *old liberal* bastante deslocado no encontro. De fato, ele não suporta o socialismo nem tolera a intervenção do Estado[6]. Aliás, para ele, esta é o germe daquele. A interferência do Estado pode destruir a economia de mercado e arruinar a prosperidade, alterando a informação transmitida pelo mercado. Os preços orientam temporalmente os projetos individuais e permitem coordenar suas ações. A manipulação dos preços ou da moeda perturba o conhecimento dos desejos dos consumidores e impede que as empresas deem uma resposta conveniente e a tempo. Esses efeitos negativos, resultado dos entraves à adaptação, desencadeiam um processo cada vez mais nefasto. Quanto mais o Estado intervém, mais provoca perturbações e mais intervém para

---

[6] Stéphane Longuet, *Hayek et l'École autrichienne* (Paris, Nathan, 1998).

eliminá-las, e assim sucessivamente até se instaurar um socialismo totalitário. Essa cadeia de reações é facilitada pela ideologia da democracia ilimitada, baseada no mito da soberania do povo e da justiça social.

Desse ponto de vista, não existe uma terceira via possível entre o *free market* e o controle do Estado. Para Von Mises, a intervenção é, por definição, um entrave à economia de mercado. Por isso, não poupa críticas aos ordoliberais, esses "intervencionistas que procuram soluções 'em cima do muro'"[7]. Sem temer o exagero, Von Mises vê esses teóricos como capachos – involuntários, sem dúvida – da ditadura. Eles não se dão conta, segundo ele, que vão na direção do despotismo econômico absoluto do governo, não da soberania absoluta do consumidor sobre as escolhas de produção; e nisso são dignos herdeiros do "socialismo à alemã, modelo Hindenburg"[8]. O governo deve contentar-se em assegurar as condições da cooperação social, sem intervir. "O controle é indivisível": ou é todo privado ou é todo estatal; ou ditadura do Estado ou soberania do consumidor. Não existe meio-termo entre o totalitarismo de Estado e o mercado definido como uma "democracia de consumidores"[9]. Essa posição radical, que proíbe qualquer tipo de intervenção, baseia-se na disjunção de dois processos autogeradores e de sentido contrário: o processo negativo do Estado que cria seres assistidos e o processo de mercado que cria empreendedores criativos.

O que perturba a perfeita democracia do consumidor e abre o caminho para o despotismo totalitário é a intrusão de princípios éticos, heterogêneos ao processo do mercado, que não sejam o do interesse.

---

[7] Ludwig von Mises, *L'action humaine*, cit., p. 858.

[8] Ibidem, p. 761. Von Mises acrescenta: "Os partidários da mais recente variante do intervencionismo, a *Soziale Marktswirtschaft* [economia social de mercado], afirmam em alto e bom som que consideram a economia de mercado o melhor e mais desejável dos sistemas de organização econômica da sociedade e rejeitam a onipotência governamental dos socialistas. Evidentemente, porém, todos esses defensores de uma política de terceira via frisam com o mesmo vigor a rejeição do liberalismo manchesteriano e do *laissez-faire*. Dizem que é necessário que o Estado intervenha nos fenômenos de mercado todas as vezes e em todos os lugares onde o 'livre jogo das forças econômicas' resulte em situações que pareçam 'socialmente' indesejáveis. Sustentando essa tese, consideram evidente que compete ao governo decidir, em cada caso particular, se tal ou qual fato econômico deve ser considerado repreensível do ponto de vista 'social' e, consequentemente, se a situação do mercado requer ou não, da parte do governo, um ato especial de intervenção".

[9] Ibidem, p. 856.

> [A economia] não se interessa em saber se os lucros devem ser aprovados ou condenados do ponto de vista de uma pretensa lei natural ou de um pretenso código eterno e imutável da moralidade, a respeito do qual a intuição pessoal ou a revelação divina supostamente fornecem uma informação precisa. A economia simplesmente estabelece o fato de que os lucros e as perdas são fenômenos essenciais da economia de mercado.[10]

O mesmo vale para os julgamentos de valor dos intelectuais: sendo heterogêneos à lógica econômica, não respeitam a democracia absoluta do consumidor e, portanto, o funcionamento do mercado.

> Os moralistas e os pregadores fazem críticas ao lucro que erram o alvo. Não é culpa dos empreendedores que os consumidores, o povo, o homem comum, prefiram o aperitivo à Bíblia e os romances policiais aos livros sérios nem que os governos prefiram os canhões à manteiga. O empreendedor não lucra mais vendendo coisas "ruins" em vez de coisas "boas". Seus lucros são tanto maiores quanto mais consegue proporcionar aos consumidores o que estes exigem mais intensamente.[11]

O exercício da autoridade chama seu próprio reforço. Diante do fracasso dessas intervenções, o Estado vai sempre mais longe nos atos de autoridade, questionando as liberdades individuais de forma cada vez mais patente.

> É importante lembrar que a intervenção do governo significa sempre ação violenta ou ameaça de recorrer a ela. [...] Em última análise, governar é servir-se de homens armados, policiais, guardas, soldados, carcereiros e executores. O aspecto fundamental do poder é que ele pode impor suas vontades usando o cassetete, prendendo e matando. Os que exigem mais governo exigem, no fim das contas, mais coerção e menos liberdade.[12]

Essa condenação inapelável da intervenção repousa sobre uma acusação de usurpação. O Estado acredita saber, no lugar dos indivíduos, o que é bom para eles. Ora, para Von Mises e Hayek, a particularidade e a superioridade da economia de mercado é que o indivíduo deve ser o único a decidir a finalidade de suas ações, porque somente ele sabe o que é bom para ele.

> Na economia de mercado, o indivíduo é livre para agir dentro da órbita da propriedade privada e do mercado. Suas escolhas são inapeláveis. Para seus semelhantes, suas ações são fatos que devem ser levados em consideração por eles em sua própria atividade. A coordenação das ações autônomas de

---

[10] Ibidem, p. 315.
[11] Ibidem, p. 316.
[12] Ibidem, p. 756-7.

todos os indivíduos é assegurada pelo funcionamento do mercado. A sociedade não diz a alguém o que deve fazer. Não há necessidade de tornar a cooperação obrigatória por ordens e proibições. A não cooperação penaliza a si mesma. O ajustamento às exigências do esforço produtivo na sociedade e a busca dos objetivos próprios do indivíduo não conflitam. Isso, portanto, não requer arbitragem. O sistema pode funcionar e desempenhar seu papel sem intervenção de uma autoridade que emite ordens e interdições e pune os recalcitrantes.[13]

Não se poderia ser mais explícito na exaltação das virtudes do livre mercado e do papel do interesse individual no funcionamento da economia capitalista. Isso significa que voltamos a Smith, ou até mesmo a Mandeville?

Uma nova concepção do mercado

Se o pensamento austro-americano atribui um papel central ao mercado, é porque o vê como um *processo subjetivo*. A palavra-chave, *mercado*, ainda é a mesma do pensamento liberal tradicional, mas o *conceito* que ela designa mudou. Não é mais o de Adam Smith ou o dos neoclássicos. É um processo de descoberta e aprendizado que modifica os sujeitos, ajustando-os uns aos outros. A coordenação não é estática, não une seres sempre iguais a si mesmos, mas produz uma realidade cambiante, um movimento que afeta os meios nos quais os sujeitos evoluem e os transforma também. O processo de mercado, uma vez instaurado, constitui um quadro de ação que não necessita mais de intervenções – estas só poderiam ser um entrave, uma fonte de destruição da economia. Contudo, o mercado não é mais o "ambiente" natural no qual as mercadorias circulam livremente. Não é um "meio" dado de uma vez por todas, regido por leis naturais, governado por um princípio misterioso do equilíbrio. É um processo regulado que utiliza motivações psicológicas e competências específicas. É um processo menos autorregulador (isto é, que conduz ao equilíbrio perfeito) do que autocriador, capaz de se autogerar no tempo. E, se não necessita de poderes reguladores externos, é porque tem sua própria dinâmica. Uma vez instaurado, poderia prosseguir em perfeito movimento perpétuo, autopropulsivo, se não fosse desacelerado ou pervertido por entraves éticos e estatais que constituem atritos nocivos.

---

[13] Ibidem, p. 762.

O mercado é concebido, portanto, como um processo de autoformação do sujeito econômico, um processo subjetivo autoeducador e autodisciplinador, pelo qual o indivíduo aprende a se conduzir. O processo de mercado constrói seu próprio sujeito. Ele é *autoconstrutivo*.

Von Mises vê o homem como um ser ativo, um *homo agens*. O motor inicial é uma espécie de aspiração vaga a uma condição melhor, um impulso para agir a fim de melhorar a própria situação. Von Mises não define a ação humana por um cálculo de maximização propriamente dito, mas por uma racionalidade mínima que impele o homem a destinar recursos a um objetivo de melhoria da situação. A ação humana tem uma finalidade. Esse é o ponto de partida, e é essencial: a partir do impulso para realizar essa finalidade, ele não vai trocar aquilo que por acaso tem *a mais* – peles de coelho ou peixes com os quais não sabia o que fazer –, como supunham os primeiros teóricos da ordem do mercado, mas vai *empreender* e, ao empreender, vai *aprender*. Vai estabelecer um *plano individual de ação* e se lançar em empresas, vai eleger objetivos e destinar recursos a eles, vai construir, como diz o discípulo e continuador de Von Mises, Israel Kirzner, "sistemas fins-meios" em função de suas próprias aspirações, e estas orientarão sua energia. O ser referencial desse neoliberalismo não é primeiro e essencialmente o homem da troca que faz cálculos a partir dos dados disponíveis, mas o homem da empresa que escolhe um objetivo e pretende realizá-lo. Von Mises deu a fórmula desse homem: "Em toda economia real e viva, todo ator é sempre empreendedor"[14].

Com essa corrente de pensamento austro-americana, pode parecer que saímos da problemática da governamentalidade neoliberal. Não é nada isso. É como se ela atribuísse ao processo de mercado a responsabilidade exclusiva de construir o sujeito empresarial.

Ao contrário dos ordoliberais alemães, que deixam a cargo do quadro da sociedade o cuidado de limitar as ações humanas, os austro-americanos seguem o caminho do "subjetivismo", isto é, do autogoverno do sujeito. O homem sabe se conduzir não por "natureza", mas graças ao mercado, que constitui um processo de formação. Posto cada vez mais frequentemente em situação de mercado, o indivíduo pode aprender a conduzir-se racionalmente. Esboça-se assim, dessa vez de maneira indireta, o tipo de ação

---

[14] Ludwig von Mises citado em Israel Kirzner, *The Meaning of Market Process: Essays in the Development of Modern Austrian Economics* (Londres, Routledge, 1992), p. 30.

ligado à governamentalidade neoliberal: a criação de situações de mercado que permitem esse aprendizado constante e progressivo. Essa ciência da escolha em situação de concorrência é, na realidade, a teoria do modo como o indivíduo é conduzido a governar a si mesmo no mercado. A economia é mais questão de escolha do que de cálculo de maximização; mais especificamente, este último é apenas um momento, ou uma dimensão da ação, que não é capaz de resumi-la inteiramente. O cálculo pressupõe dados, e pode-se considerar até que é determinado pelos dados, como é o caso nas doutrinas do equilíbrio geral. A escolha é mais dinâmica, implica criatividade e indeterminação. É o elemento propriamente humano da conduta econômica. Como diz Kirzner, uma máquina pode calcular, mas não pode escolher. A economia é uma teoria da escolha[15]. E, em primeiro lugar, a dos consumidores, novos soberanos ativos que procuram o melhor negócio, o melhor produto que corresponderá a sua própria construção de fins e meios, isto é, seu plano. A contribuição do subjetivismo para a qual apelam Von Mises e Kirzner é ter "transformado a teoria dos preços de mercado em uma teoria geral da escolha humana"[16].

Esse ponto é fundamental. Se o *opus magnum* de Von Mises intitula-se *A ação humana*, convém levar muito a sério o título. Trata-se de uma redefinição do *homo oeconomicus* sobre bases mais amplas:

> A teoria geral da escolha e da preferência [...] é muito mais do que uma simples teoria do "lado econômico" das iniciativas do homem, de seus esforços para proporcionar-se coisas úteis e aumentar seu bem-estar material. *Ela é a ciência de todos os gêneros do agir humano.* O ato de escolher determina todas as decisões do homem. Fazendo sua escolha, o homem não opta apenas entre os diversos objetos e serviços materiais. Todos os valores humanos oferecem-se a sua escolha. Todos os fins e os meios, as considerações tanto materiais como morais, o sublime e o ordinário, o nobre e o ignóbil, são ordenados numa série única e submetidos a uma decisão que pega uma coisa e descarta outra. Nada do que os homens desejam obter ou evitar fica fora desse ordenamento numa única gama de gradações e preferências. A teoria moderna do valor recua o horizonte científico e expande o campo dos estudos econômicos. Assim, da economia política da escola clássica emerge

---

[15] Israel Kirzner, *The Meaning of Market Process*, cit., p. 123. A famosa definição de Lionel Robbins ("economia é o estudo do comportamento humano como uma relação entre fins e meios raros que têm usos mutuamente excludentes") foi influenciada pelos economistas austríacos, segundo Israel Kirzner.

[16] Ludwig von Mises, *L'action humaine*, cit., p. 3.

uma teoria geral do agir humano: a praxeologia. Os problemas econômicos ou catalácticos[17] estão enraizados numa ciência mais geral e não podem mais se separar dessa conexidade. Nenhum estudo de problemas propriamente econômicos pode dispensar-se de partir dos atos de escolha; a economia torna-se uma parte – ainda que a mais bem elaborada até o momento – de uma ciência mais universal, a praxeologia.[18]

O mercado e o conhecimento

Não há meio-termo: ou democracia do consumidor ou ditadura do Estado. Os princípios éticos ou estéticos não valem nada na esfera do mercado, como dissemos. Não pode haver economia de mercado sem a primazia absoluta do interesse, excluídos quaisquer outros motivos da ação.

A única razão por que economia de mercado pode funcionar sem que ordens governamentais digam a todos e qualquer um o que devem fazer, e como devem fazer, é que ela não pede a ninguém que se afaste das linhas de conduta mais convenientes aos próprios interesses. O que assegura a integração das ações individuais no conjunto do sistema social de produção é a busca de cada indivíduo por seus próprios objetivos. Seguindo sua "avidez", cada ator dá sua contribuição para o melhor arranjo possível das atividades de produção. Assim, na esfera da propriedade privada e das leis que a protegem contra os ataques de ações violentas ou fraudulentas, não há nenhum antagonismo entre os interesses do indivíduo e os da sociedade.[19]

A limitação do poder governamental encontra seu fundamento não nos "direitos naturais" nem na prosperidade gerada pela livre iniciativa privada, mas nas próprias condições de funcionamento da máquina econômica. Obviamente, há conciliações possíveis, mas a essência repousa na ideia de que a economia de mercado tem como condição a mais completa liberdade individual. Esse é um argumento mais funcional do que ético: a condição de funcionamento do mecanismo de mercado é a livre escolha nas decisões em função das informações que cada indivíduo possui. O mercado é um desses instrumentos que andam sozinhos, justamente porque coordena os trabalhos especializados utilizando otimamente os conhecimentos dispersos.

---

[17] Sobre o sentido exato desse termo, ver o próximo capítulo.
[18] Ludwig von Mises, *L'action humaine*, cit., p. 3-4.
[19] Ibidem, p. 763.

A teoria hayekiana do conhecimento é particularmente significativa a respeito desse ponto[20]. Hayek compartilha com Von Mises a ideia de que o indivíduo não é um ator onisciente. Talvez seja racional, como sustenta Von Mises, mas é, sobretudo, ignorante. É por isso, aliás, que existem regras que ele segue sem pensar. Ele sabe o que sabe por meio das regras, das normas de conduta, dos esquemas de percepção que a civilização desenvolveu progressivamente[21].

O problema do conhecimento não é periférico com relação à teoria econômica, ele é central, embora durante muito tempo tenha sido negligenciado em favor da análise da divisão do trabalho. O objeto econômico por excelência era o problema da coordenação das tarefas especializadas e da alocação dos recursos. Ora, diz Hayek, o problema da "divisão do conhecimento" é o "principal problema da economia e até mesmo das ciências sociais"[22]. Numa sociedade estruturada pela divisão do trabalho, ninguém sabe tudo. A informação é estruturalmente dispersa. No entanto, ainda que o primeiro reflexo seja querer "centralizar" a informação – que é o que tenta fazer o socialismo, como mostram os teóricos que elogiam a superioridade do "cálculo socialista" –, Hayek, seguindo Von Mises, mostra que essa tentativa está fadada ao fracasso, por causa da dispersão insuperável do saber.

Não se trata aqui de conhecimento científico. Para Hayek, que foi o primeiro a teorizá-lo, "*knowledge*" significa certo tipo de conhecimento diretamente utilizável no mercado, relacionado às circunstâncias de tempo e lugar – o conhecimento que se refere não ao porquê, mas ao quanto; o conhecimento que um indivíduo pode adquirir em sua prática, e cujo valor só ele pode avaliar; o conhecimento que ele pode utilizar de maneira proveitosa para vencer os outros na competição. Esse conhecimento específico e disperso, muito frequentemente desprezado e negligenciado, tem tanto valor quanto o conhecimento dos especialistas e dos administradores. Nesse sentido, para Hayek, é natural que um agente de câmbio ou um agente

---

[20] Essa teoria está contida, em essência, em dois textos importantes: o de 1935, intitulado "Economics and Knowledge", e o de 1945, "The Use of Knowledge in Society", ambos publicados em Friedrich Hayek, *Individualism and Economic Order* (Chicago, The University of Chicago Press, 1948).

[21] Ibidem, p. 88. Hayek cita Alfred Whitehead, para o qual "a civilização avança aumentando o número de operações importantes que podemos realizar sem ter de pensar nelas" (idem).

[22] Ibidem, p. 50.

imobiliário ganhe muito mais que um engenheiro, um pesquisador ou um professor; todos ganham, inclusive essas últimas categorias, quando possibilidades de lucro são efetivamente realizadas no mercado.

Esses conhecimentos individuais e particulares são uns dos mais importantes ou, em todo caso, são mais eficazes que os dados estatísticos agregados, na medida em que permitem a realização de todas as pequenas mudanças permanentes às quais o indivíduo deve adaptar-se no mercado. Daí a importância de uma descentralização das decisões para que cada indivíduo possa agir com as informações que tem. É inútil e até perigoso exigir um "controle consciente" dos processos econômicos: a superioridade do mercado deve-se justamente ao fato de ele poder prescindir de qualquer tipo de controle. Em contrapartida, é preciso facilitar a comunicação das informações para completar os fragmentos cognitivos que cada indivíduo possui. O preço é um meio de comunicação de informação pelo qual os indivíduos vão poder coordenar suas ações. A economia de mercado é uma economia de informação que permite prescindir do controle centralizado. Apenas as motivações individuais impelem os indivíduos a fazer o que devem fazer, sem que ninguém tenha de lhes dizer para fazê-lo, utilizando conhecimentos que eles são os únicos a deter ou buscar.

O mercado é um mecanismo social que permite mobilizar essa informação e comunicá-la ao outro *via* preço. O problema da economia não é, pois, o do equilíbrio geral. É saber como os indivíduos vão poder tirar o melhor partido da informação fragmentária de que dispõem.

O empreendedorismo como modo do governo de si

Não se pode compreender essa defesa da liberdade de mercado sem a relacionar ao postulado que a acompanha necessariamente: não há necessidade de intervenção porque os indivíduos são os únicos capazes de fazer cálculos a partir das informações que possuem. É esse postulado da ação humana racional que arruína previamente as pretensões do dirigismo. Daí a importância do esforço de Von Mises para fazer a ciência econômica repousar sobre uma teoria geral da ação humana, a "praxeologia".

A economia neoclássica padrão deixa aberta a possibilidade de uma intervenção corretiva do Estado. De fato, construindo modelos de equilíbrio sobre hipóteses irrealistas (como o conhecimento pleno dos dados), os marginalistas apenas mostraram, por seu próprio irrealismo, a irrealidade do mercado puro e perfeito. O subjetivismo reivindicado pelos austro-americanos lhes permite não pagar um preço politicamente alto por um resultado teórico tão duvidoso como o equilíbrio geral, que não é de grande interesse para o conhecimento do funcionamento das economias reais. Trata-se antes de compreender como o sujeito age realmente, como se conduz quando está numa situação de mercado. É a partir desse funcionamento que se poderá colocar a questão do modo de governo de si.

Esse autogoverno tem um nome: *entrepreneurship*. Essa dimensão prevalece sobre a capacidade calculadora e maximizadora da teoria econômica padrão. Todo indivíduo tem algo de empreendedorístico dentro dele, e é característica da economia de mercado liberar e estimular esse "empreendedorismo" humano. Kirzner define essa dimensão fundamental do seguinte modo: "O elemento empresarial do comportamento econômico dos participantes consiste [...] na vigilância das mudanças de circunstâncias, anteriormente despercebidas, que lhes permitem tornar a troca mais proveitosa do que era antes"[23].

O puro espírito de mercado não necessita de dotação inicial, porque se trata de explorar uma possibilidade de vender mais caro um bem já comprado: "Segue-se disso que *cada um de nós é um empreendedor potencial*, já que o papel empresarial puro não pressupõe uma boa sorte inicial, na forma de ativos de valor"[24]. O empreendedor não é um capitalista ou um produtor nem mesmo o inovador schumpeteriano que muda incessantemente as condições da produção e constitui o motor do crescimento. É um ser dotado de espírito comercial, à procura de qualquer oportunidade de lucro que se apresente e ele possa aproveitar, graças às informações que ele tem e os outros não. Ele se define unicamente por sua intervenção específica na circulação dos bens.

Para Von Mises, assim como para Kirzner, o empreendedorismo não é apenas um comportamento "economizante", isto é, que visa à maximização dos lucros. Ele também comporta a dimensão "extraeconomizante" da atividade de descobrir, detectar "boas oportunidades". A liberdade de ação é a possibilidade de testar suas faculdades, aprender, corrigir-se, adaptar-se. O mercado é um *processo de formação de si*.

---

[23] Israel Kirzner, *Concurrence et esprit d'entreprise* (trad. Raoul Audouin, Paris, Economica, 2005), p. 12 [ed. bras.: *Competição e atividade empresarial*, trad. Ana Maria Sarda, Rio de Janeiro, Instituto Liberal, 1986].

[24] Ibidem, p. 12; grifo nosso.

Para Von Mises, o empreendedor é o homem que age para melhorar sua sorte, utilizando as diferenças de preço entre os fatores de produção e os produtos. O espírito que ele desenvolve é o da especulação, que mistura risco e previsão:

> Como todo homem na posição de ator, o empreendedor é sempre um especulador. Ele prevê agir em função de situações futuras e incertas. Seu sucesso ou seu fracasso dependem da exatidão com que prevê acontecimentos incertos. [...] A única fonte de onde saem os lucros do empreendedor é sua aptidão para prever melhor do que os outros qual será a demanda dos consumidores.[25]

Ao contrário de Lionel Robbins, que pressupõe que o homem está sempre numa situação em que deve maximizar suas vantagens para atingir uma série de objetivos que lhe são dados não se sabe como, o *homo agens* de Von Mises e Kirzner, que deseja melhorar sua sorte, deve constituir os "quadros de fins e meios" em que deverá efetuar suas escolhas. Não é um maximizador passivo, mas um construtor de situações proveitosas, que ele descobre mediante vigilância (*alertness*) e poderá explorar. Porque o homem é um sujeito ativo, criativo, construtor, não se deve interferir em suas escolhas, ou se correria o risco de destruir essa capacidade de vigilância e esse espírito comercial tão essencial para o dinamismo da economia capitalista. Aprender a procurar informação torna-se uma competência vital no mundo competitivo descrito por esses autores. Se não podemos conhecer o futuro, podemos, graças ao processo concorrencial e empresarial, adquirir a informação que favorece a ação.

A pura dimensão do empreendedorismo, a vigilância em busca da oportunidade comercial, é uma *relação de si para si mesmo* que se encontra na base da crítica à interferência. Somos todos empreendedores, ou melhor, todos aprendemos a ser empreendedores. Apenas pelo jogo do mercado nós nos educamos a nos governar como empreendedores. Isso significa também que, se o mercado é visto como um livre espaço para os empreendedores, todas as relações humanas podem ser afetadas por essa dimensão empresarial, constitutiva do humano[26].

A coordenação do mercado tem como princípio a descoberta mútua dos planos individuais. O processo de mercado é como um cenário em que

---

[25] Ludwig von Mises, *L'action humaine*, cit., p. 307.
[26] Israel Kirzner, *Concurrence et esprit d'entreprise*, cit., p. 12.

ignorantes isolados, ao interagir, pouco a pouco revelam uns aos outros as oportunidades que vão melhorar a situação de cada um. Se todo mundo soubesse tudo, haveria um ajuste imediato e tudo pararia[27]. O mercado é um processo de aprendizagem contínua e adaptação permanente.

O que importa nesse processo é a redução da ignorância, o *learning by discovery*, oposto tanto ao saber total do planejador como ao saber total do equilíbrio geral. Por ignorar as decisões do outro, os empreendedores nem sempre fazem as melhores escolhas. No entanto, podem conhecer a natureza dos planos do outro pelo confronto comercial, pelo próprio jogo da concorrência. Descobrir oportunidades de compra e venda é descobrir empresas rivais que possam perturbá-las. Portanto, é também adaptar a oferta ou a demanda aos concorrentes. O mercado define-se precisamente por seu caráter intrinsecamente concorrencial. Cada participante tenta superar os outros numa luta incessante para tornar-se líder e assim permanecer. Essa luta tem a virtude do contágio: todos imitam os melhores, tornam-se cada vez mais vigilantes e, progressivamente, adquirem *entrepreneurship*. O empreendedor que procura vender pelos métodos da persuasão moderna obtém os efeitos mais positivos sobre os consumidores. Conscientizando-os das possibilidades de compra, o esforço do empreendedor visa a "proporcionar aos consumidores o empreendedorismo do qual foram privados, ao menos parcialmente"[28].

Estamos muito distantes de Schumpeter, que acreditava única e exclusivamente no desequilíbrio introduzido pela inovação. A concorrência e o aprendizado que ela permite equilibra oferta e procura em razão da informação circulando[29].

O desequilíbrio econômico se deve à ignorância mútua dos participantes potenciais do mercado. Estes últimos não veem de saída as oportunidades de ganhos mútuos, mas uma hora ou outra acabam por descobri-las. Ignoram as oportunidades, mas estão dispostos a descobri-las. O processo de mercado não é nada mais do que a sequência de descobertas que os tiram

---

[27] Israel Kirzner, no prefácio à edição francesa de *Concurrence et esprit d'entreprise* (cit., p. ix), sublinha que a teoria padrão difere da abordagem miseniana na medida em que se concentra no equilíbrio de mercado, e não no processo de mercado, e ignora o papel do empreendedor no processo de concorrência composto de uma sucessão de descobertas empresariais, preferindo meditar sobre as condições hipotéticas do equilíbrio a estudar os processos reais do mercado.

[28] Ibidem, p. 117.

[29] Sobre todos esses pontos, ver Israel Kirzner, *The Meaning of Market Process*, cit.

desse estado de ignorância. Esse processo de descoberta é um processo de equilibração. No fim do processo, quando restam apenas bolsões residuais de ignorância, surge um novo estado de equilíbrio. Isso, claro, é um estado hipotético, na medida em que há incessantemente mudanças de todos os tipos que alteram as oportunidades: "As forças a favor da mútua descoberta e da eliminação da ignorância estão sempre em ação"[30].

O processo de descoberta no mercado altera o próprio conceito do que devemos entender por conhecimento e ignorância. A descoberta daquilo que não se sabia não se confunde com a busca deliberada de conhecimento, que pressupõe que se saiba previamente aquilo que não se sabe. A descoberta que nos permite experimentar o mercado repousa no fato de que não sabíamos que ignorávamos, ou ignorávamos que ignorávamos. Se a descoberta pertinente está ligada a uma ignorância que ignora a si mesma como tal, então podemos avaliar a dificuldade dos planejadores que, ignorando que ignoram, nada podem encontrar. Essa ignorância não sabida como tal é o ponto de partida da análise do mercado. A surpresa, a descoberta fortuita, desencadeia a reação dos mais "alertas", isto é, os "empreendedores". Se descobrimos por acaso, durante um passeio, que um comerciante vende a um dólar as frutas que compramos de outro a dois dólares, o espírito de empreendimento que nos mantém alertas fará com que nos desviemos do mais caro. O sujeito de mercado entra numa experiência de descoberta na qual o que ele descobre primeiro é que não sabia que ignorava.

Como vemos, Kirzner fez uma síntese entre a teoria hayekiana da informação e a teoria miseniana do empreendedor que renova a argumentação a favor do livre mercado. O mercado precisa da liberdade individual como um de seus componentes fundamentais[31]. Essa liberdade individual consiste menos em definir sua própria escala de preferências do que fazer suas próprias descobertas empresariais: "O indivíduo livre possui a liberdade de decidir o que quer"[32]. A liberdade sem objetivo não é nada, somente adquire valor pelo sistema que lhe dá objetivos concretos, isto é, oportunidades de lucro! O capitalismo não tira suas vantagens do livre contrato entre intercambiadores que sabem com antecedência o que querem. O que o move é o processo de descoberta "competitivo-empresarial".

---

[30] Ibidem, p. 45.
[31] Ibidem, p. 52.
[32] Ibidem, p. 53.

Formar o novo empreendedor de massa

Não há consciência espontânea da natureza do espírito humano para Von Mises, assim como para Hayek não há consciência das regras a que obedecemos. A ação humana desenrola-se sempre sob certa névoa. Essa é, sem dúvida, uma de suas qualidades mais eminentes e menos conhecidas. A racionalidade efetiva que ela atesta – a adaptação eficaz dos meios aos fins – exclui qualquer racionalismo que faça da reflexão sobre a ação uma condição do bem agir. Essa inconsciência é também uma fraqueza explorada pelos racionalistas demagogos, que pretendem substituir a coordenação do mercado – fonte de anarquia e injustiça para eles – pelo controle consciente da economia. Permitir que todos se tornem verdadeiros sujeitos de mercado pressupõe combater os que criticam o capitalismo. Essa batalha transferida aos intelectuais é indispensável na medida em que as ideologias têm uma enorme influência sobre as orientações da ação individual. Von Mises, Hayek e seus sucessores convenceram-se rapidamente disso. Em sua grande obra crítica, *Le socialisme*, Von Mises defende que não há nada mais importante do que a "batalha de ideias" entre capitalismo e socialismo[33]. Acreditando que o socialismo lhes garantirá um nível mais alto de bem-estar, as massas, que não pensam, aderem a ele[34].

Von Mises não esconde a influência possível e desejável da ciência econômica sobre as políticas econômicas. As políticas liberais nunca fizeram mais do que pôr em prática a ciência econômica. Aliás, foi esta última que conseguiu eliminar alguns entraves que impediam o desenvolvimento do capitalismo:

---

[33] Ludwig von Mises, *Socialisme* (trad. Paul Bastier et al., Paris, Librairie de Médicis, 1938), p. 507.

[34] Von Mises escreve o seguinte: "É fato que as massas não pensam. Mas é precisamente por essa razão que seguem os que pensam. A direção espiritual da humanidade pertence ao pequeno número de homens que pensam por si mesmos; esses homens exercem sua ação primeiro sobre o círculo capaz de acolher e compreender o pensamento elaborado por outros; por esse caminho, as ideias se espalham pelas massas, nas quais se condensam poupo a pouco para formar a opinião pública da época. O socialismo não se tornou a ideia dominante dos nossos tempos porque as massas elaboraram e depois transmitiram às camadas intelectuais superiores a ideia da socialização dos meios de produção; o próprio materialismo histórico, por mais impregnado que seja do 'espírito popular' do romantismo e da escola histórica, nunca ousou fazer tal afirmação. A alma das multidões nunca produziu por si mesma nada além de massacres coletivos, atos de devastação e destruição" (ibidem, p. 510).

Foram as ideias dos economistas clássicos que afastaram os obstáculos erguidos por leis seculares, preconceitos e hábitos contra as melhorias tecnológicas, libertaram o gênio dos reformadores e dos inovadores, presos até então na camisa de força das corporações, da tutela governamental e das pressões sociais de toda espécie. Foram essas ideias que diminuíram o prestígio dos conquistadores e dos espoliadores e demonstraram os benefícios sociais decorrentes da atividade econômica privada. Nenhuma das grandes invenções modernas teria sido posta em prática se a mentalidade da era pré--capitalista não tivesse sido inteiramente desmantelada pelos economistas. O que se denomina comumente "Revolução Industrial" foi um rebento da revolução ideológica realizada pelas doutrinas dos economistas.[35]

É o que Von Mises e Hayek tentarão fazer, por sua vez, para combater os novos perigos que ameaçam a plena liberdade do mercado e criticar as diferentes formas de intervenção do Estado[36]. No caso de George Stigler e Milton Friedman, sabemos que eles foram não apenas economistas de renome, mas também "empreendedores ideológicos" temíveis, não se eximindo de militar da forma mais constante e declarada a favor do capitalismo de livre empresa contra todos os que, de um modo ou de outro, conformaram-se com a intervenção reformadora do Estado. Esses autores até mesmo teorizaram a luta ideológica: se as massas não pensam, como Von Mises gosta de dizer, cabe aos círculos estritos dos intelectuais travar frontalmente o combate contra todas as formas de progressismo e reforma social, germe do totalitarismo. Donde a extrema atenção que os neoliberais norte-americanos davam à difusão de suas ideias na mídia e ao ensino da economia nas escolas e faculdades dos Estados Unidos[37]. Se o mercado é um processo de aprendizado, se o fato de aprender é um fator fundamental do processo subjetivo de mercado, o trabalho de educação realizado por economistas pode e deve contribuir para a aceleração dessa autoformação do sujeito. A cultura de empresa e o espírito de empreendimento podem ser

---

[35] Ludwig von Mises, *L'action humaine*, cit., p. 9.

[36] A praxeologia é conscientemente destinada a servir de base teórica para as novas políticas liberais.

[37] Uma das principais mobilizações públicas dos autores neoliberais foi uma rigorosa contestação do relatório da *Task Force*, encarregada em 1961 de estabelecer um programa de ensino em economia para as *high schools*, descritivo demais para o gosto deles e muito pouco positivo em relação à economia capitalista. Ludwig von Mises, "The Objectives of Economic Education", em *Economic Freedom and Interventionism* (Nova York, The Foundation for Economic Education, 1990), p. 167.

aprendidos desde a escola, do mesmo modo que as vantagens do capitalismo sobre qualquer outra organização econômica. O combate ideológico é parte integrante do bom funcionamento da máquina.

A universalidade do homem-empresa

Essa valorização do empreendedorismo e a ideia de que essa faculdade só pode se formar no meio mercantil são partes interessadas na redefinição do sujeito referencial da racionalidade neoliberal. Com Von Mises, ocorre um claro deslocamento do tema. Trata-se menos da função específica do empreendedor dentro do funcionamento econômico do que da *faculdade* empresarial tal como existe em todo sujeito, da capacidade de se tornar empreendedor nos diversos aspectos de sua vida ou até mesmo de ser o empreendedor de sua vida. Em resumo, trata-se de fazer com que cada indivíduo se torne o mais "*enterprising*" possível.

Essa proposição genérica, de natureza antropológica, de certo modo redesenha a figura do homem econômico, dá a ele uma *allure* ainda mais dinâmica e ativa do que no passado. A importância que é atribuída ao papel do empreendedor não é nova. Desde o século XVIII, o homem de projetos (*projector*) já aparece como o verdadeiro herói moderno para alguns, como Daniel Defoe. Segundo Richard Cantillon, que sublinhará a função econômica específica do empreendedor, foi sobretudo Jean-Baptiste Say que, querendo distinguir-se de Adam Smith, dividiu a noção de trabalho – homogênea demais em sua opinião – em três funções: a do especialista que produz os conhecimentos, a do empreendedor que põe os conhecimentos em prática para produzir novas utilidades e a do operário que executa a operação produtiva[38]. O empreendedor é um mediador entre o conhecimento e a execução: "O empreendedor aproveita as mais elevadas e as mais humildes faculdades da humanidade. Recebe as orientações do especialista e as transmite ao operário"[39]. O empreendedor que aplica os conhecimentos tem um papel importante. Repousa sobre ele o sucesso da empresa e, generalizando, a prosperidade de um país. Por mais que a França

---

[38] Ver Jean-Baptiste Say, *Traité d'économie politique* (6. ed., Paris, Guillaumin, 1841), livro I, cap. 6, p. 78 e seg.; idem, *Cours complet d'économie politique pratique* (Paris, Guillaumin, 1848), parte 1, cap. 6, p. 93 e seg.

[39] Idem, *Cours complet d'économie politique pratique*, cit., p. 94.

tivesse os melhores especialistas, a Inglaterra a superou na indústria pelo talento de seus empreendedores e pela habilidade de seus operários[40]. Em que essa função é tão importante?

O empreendedor da indústria é o principal agente da produção. As outras operações são indispensáveis para a criação dos produtos, mas é o empreendedor que as implementa, que lhes dá um impulso útil e tira valor delas. É ele que julga as necessidades e, sobretudo, os meios de satisfazê-las e compara o objetivo com esses meios; assim, sua principal qualidade é o julgamento.[41]

Para ter um julgamento correto, o empreendedor deve ter também a ciência da prática, que somente se aprende pela experiência. Além disso, deve ser dotado de certas virtudes que farão dele um verdadeiro chefe, capaz de manter o rumo: audácia criteriosa e perseverança tenaz[42]. Mas essas qualidades, tão necessárias nas incertezas dos negócios, não são igualmente distribuídas na população. São mérito dos empreendedores bem-sucedidos, que justificam seus lucros. Começa aqui a grande lenda dos empreendedores que acompanhará a Revolução Industrial, uma lenda para cuja propagação os saint-simonianos contribuíram enormemente na França[43].

A valorização teórica do empreendedor terá um novo impulso com Joseph Schumpeter e sua *Teoria do desenvolvimento econômico* (1911)[44]. Para o economista austríaco, o fato fundamental que a teoria deve levar em consideração é a mudança dos estados históricos, que impede que se raciocine como se o circuito fosse pura repetição. Em outras palavras, uma ciência econômica que privilegia a imobilidade em detrimento do movimento, o equilíbrio em detrimento do desequilíbrio, passa ao largo do essencial. A evolução econômica resulta de rompimentos ligados a novas combinações produtivas, técnicas e comerciais, a inovações de múltiplos tipos, desde a criação de novos produtos até a abertura de novos mercados, passando pelo

---

[40] Idem, *Traité d'économie politique*, cit., p. 82.
[41] Idem, *Cours complet d'économie politique pratique*, cit., p. 97.
[42] Ibidem, cap. 12.
[43] Ver Dimitri Uzunidis, *La légende de l'entrepreneur: le capital social, ou comment vient l'esprit d'entreprise* (Paris, Syros, 1999).
[44] Joseph Alois Schumpeter, *Théorie de l'évolution économique* (trad. Jean-Jacques Anstett, Paris, Dalloz, 1999) [ed. bras.: *Teoria do desenvolvimento econômico*, trad. Maria Sílvia Possas, São Paulo, Nova Cultural, 1997].

aperfeiçoamento de novos procedimentos, utilização de novas matérias-primas e estabelecimento de modos diferentes de organização.

Esse ponto de vista dinâmico, que privilegia as descontinuidades, impõe uma redefinição de conceitos: a empresa é o lugar da execução dessas novas combinações, do mesmo modo que o empreendedor é o personagem ativo e criativo cuja função é pô-las em prática. Por definição, o empreendedor schumpeteriano é um inovador que se opõe ao personagem rotineiro que se contenta em explorar os métodos tradicionais[45]. Sua função é central na explicação da evolução econômica, a qual funciona por rompimentos sucessivos dos "estados econômicos".

Para Schumpeter, nem todos são empreendedores. Apenas os "condutores" (*Führer*) são capazes de empreender. Sua tarefa, contudo, não é dominar, mas realizar possibilidades que existem em estado latente na situação[46]. O empreendedor é um chefe que possui vontade e autoridade e não tem medo de ir contra a corrente: cria, desarranja, rompe o curso ordinário das coisas[47]. É o homem do "*plus ultra*", o homem da "destruição criadora"[48]. Não é um indivíduo calculador, hedonista; é um combatente, um competidor, que gosta de lutar e vencer, e cujo sucesso financeiro é apenas um símbolo de seu sucesso como criador. A atividade econômica deve ser entendida como um esporte, uma impiedosa e perpétua luta de boxe[49]. A inovação é inseparável da concorrência, é sua forma principal, porque a concorrência diz respeito não apenas aos preços, mas também, e sobretudo, a estruturas, estratégias, procedimentos e produtos.

Schumpeter não é um militante neoliberal. Numa obra escrita quase trinta anos depois, *Capitalismo, socialismo e democracia*, demonstrará seu pessimismo predizendo o "crepúsculo da função de empreendedor"[50], o que nos conduzirá a um estado estacionário. A inovação tornou-se rotina, não provoca mais rompimentos. Burocratiza-se, automatiza-se. De modo

---

[45] Ibidem, p. 106.
[46] Ibidem, p. 125.
[47] Ibidem, p. 126.
[48] Título do capítulo 7 de Joseph Alois Schumpeter, *Capitalisme, socialisme et démocratie* (trad. Gaël Fain, Paris, Payot, 1990) [ed. bras.: *Capitalismo, socialismo e democracia*, trad. Sérgio Góes de Paula, Rio de Janeiro, Zahar, 1984].
[49] Ibidem, p. 135.
[50] Ibidem, p. 179.

mais geral, o capitalismo, não tendo mais o benefício das condições sociais e políticas que o protegiam, está ameaçado.

Distante desse pessimismo, um neoschumpeterismo vai difundir-se nos anos 1970 e 1980, em consequência das crises do petróleo e das novas regras de funcionamento do capitalismo. A referência à figura do empreendedor-inovador delineada por Schumpeter ganhará um alcance nitidamente apologético, tornando-se até mesmo um dos elementos da vulgata gerencial. Mais importante ainda, esse neoschumpeterismo contribuirá para a concepção da "sociedade empresarial". Peter Drucker, grande figura do *management*, vai reabilitar essa figura heroica, anunciando o advento da nova sociedade de empreendedores e fazendo votos pela difusão do espírito de empreendimento em toda a sociedade[51]. A gestão empresarial será a verdadeira fonte do progresso, a nova onda tecnológica que porá a economia novamente em movimento. Segundo Drucker, a grande inovação "schumpeteriana" foi, mais do que a informática, a gestão empresarial: "A gestão empresarial é a nova tecnologia que, melhor do que qualquer ciência ou invenção, fez a economia norte-americana passar para o estágio da economia de empreendedores, e está transformando os Estados Unidos numa sociedade de empreendedores"[52]. Essa sociedade é caracterizada por sua "adaptabilidade" e sua norma de funcionamento, a mudança perpétua: "O empreendedor vai buscar a mudança, ele sabe agir sobre ela e explorá-la como uma oportunidade"[53]. A nova "gestão de empreendedores", tal como o define Drucker, pretende espalhar e sistematizar o espírito de empreendimento em todos os domínios da ação coletiva, em particular no serviço público, fazendo da inovação o princípio universal de organização. Todos os problemas são solucionáveis dentro do "espírito da gestão" e da "atitude gerencial"; todos os trabalhadores devem olhar para sua função e seu compromisso com a empresa com os olhos do gestor.

A concepção do indivíduo como um empreendedor inovador, que sabe explorar as oportunidades, é resultado, portanto, de várias linhas de

---

[51] Peter Drucker, *Les entrepreneurs* (Paris, Hachette, 1985) [ed. bras.: *Inovação e espírito empreendedor*, trad. Carlos J. Malferrari, 5. ed., São Paulo, Thompson Pioneira, 1998]. Drucker não concorda inteiramente com a visão romântica de Schumpeter. Ser empreendedor é uma profissão e pressupõe uma disciplina.

[52] Ibidem, p. 41.

[53] Ibidem, p. 53.

pensamento, entre as quais a "praxeologia" de Von Mises e a difusão de um modelo de gestão empresarial que aspira a uma validade prática universal. Essa dimensão do discurso neoliberal se manifestará sob múltiplas formas, das quais trataremos na última parte desta obra. A educação e a imprensa serão requeridas para desempenhar um papel determinante na difusão desse novo modelo humano genérico. Vinte ou trinta anos depois, as grandes organizações internacionais e intergovernamentais terão um poderoso papel de estímulo nesse sentido. É interessante constatar que a Organização para a Cooperação e Desenvolvimento Econômico (OCDE) e a União Europeia, sem se referir explicitamente aos focos de elaboração desse discurso sobre o indivíduo-empresa universal, serão continuadoras poderosas deles, por exemplo, tornando a formação dentro do "espírito de empreendimento" uma prioridade dos sistemas educacionais nos países ocidentais. Que cada indivíduo seja empreendedor por si mesmo e dele mesmo, essa é a grande inflexão que a corrente austro-americana e o discurso gerencial neoschumpeteriano darão à figura do homem econômico. Obviamente, com respeito às formas contemporâneas da governamentalidade neoliberal, a principal limitação dessa corrente parece residir numa fobia do Estado que muito frequentemente a conduz a resumir a atividade de governar à imposição de uma vontade pela coerção. Essa atitude impede que se compreenda que o governo do Estado poderia articular-se positivamente com o governo de si do sujeito individual, em vez de contrariá-lo ou de algum modo criar-lhe obstáculos. Contudo, ater-se a isso seria desmerecer a originalidade de Hayek: ter legitimado abertamente o recurso à coerção do Estado quando se trata de fazer respeitar o direito do mercado ou o direito privado.

5
ESTADO FORTE, GUARDIÃO DO DIREITO PRIVADO

Friedrich Hayek tende com frequência a subestimar retrospectivamente o papel determinante do Colóquio Walter Lippmann na "renovação" do liberalismo. Essa tendência revela-se de maneira particularmente clara numa nota acrescentada posteriormente a um artigo de 1951, intitulado "A transmissão dos ideais de liberdade econômica". No momento de apresentar o "grupo alemão" dos ordoliberais (Walter Eucken, Wilhelm Röpke), Hayek escreve o seguinte:

> Na versão original deste artigo, imperdoavelmente, esqueci-me de citar um princípio promissor desse renascimento liberal que, se bem que interrompido pelo estouro da guerra em 1939, permitiu muitos contatos pessoais que formaram a base de um esforço renovado, em escala internacional, após a guerra. Em 1937, Walter Lippmann arrebatou e encorajou os liberais com a publicação de sua brilhante *reafirmação* dos ideais fundamentais do liberalismo clássico em *The Good Society*.[1]

Vimos anteriormente o que foi essa suposta "reafirmação", que pretendia ser, na realidade, uma verdadeira "revisão"[2]. A confissão contida nessa nota diz muito sobre a vontade de negar qualquer descontinuidade entre liberalismo e neoliberalismo. Contudo, seria um equívoco concluir disso que Hayek teria pura e simplesmente ignorado a contribuição do Colóquio Lippmann. Na realidade, ele sempre demonstrará preocupação em

---

[1] Friedrich Hayek, "La transmission des idéaux de la liberté économique", em *Essais de philosophie, de science politique et d'économie* (Paris, Les Belles Lettres, 2007), p. 300, nota 3; grifo nosso.

[2] Ver capítulo 2 deste volume.

desvincular-se do velho liberalismo manchesteriano, diretamente alinhado com a crítica esboçada em agosto de 1938[3].

Por conseguinte, o liberalismo "renovado", longe de condenar por princípio a intervenção do Estado como tal, teve a originalidade de substituir a alternativa da "intervenção ou não intervenção" pela questão sobre *qual deve ser a natureza* de suas intervenções. Mais precisamente ainda, a questão é diferenciar as intervenções legítimas das ilegítimas. É o que diz de maneira absolutamente explícita *O caminho da servidão*: "O Estado deve ou não 'agir' ou 'intervir'? – *apresentar a alternativa dessa forma é desviar a questão*. O termo *laissez-faire* é extremamente ambíguo e serve apenas para deformar os princípios sobre os quais repousa a política liberal"[4]. Em resumo, "o que importa é mais o caráter da atividade do governo do que seu volume"[5]. A repetição dessas formulações permite verificar que certa crítica das insuficiências do "velho liberalismo", esboçada pelo Colóquio Lippmann, foi ampla e duradouramente compartilhada por aquele que veio a ser o principal artífice do "renascimento liberal" após a guerra.

Nem *laissez-faire*... nem "fins sociais"

Todavia, não devemos nos deixar enganar por essa proximidade entre as críticas. Com efeito, ela não implica em absoluto uma plena comunhão de visões sobre a natureza das intervenções que o Estado deve levar a cabo e o critério de legitimidade destas últimas. O melhor indício de que há um desacordo persistente nessas críticas é dado por algo que, à primeira vista, parece ligado a uma discordância puramente terminológica. O que está em questão é o sentido de uma palavrinha: "social". Um ensaio de Hayek, "Social? O que quer dizer isso?"[6], publicado em 1957, evidencia a que

---

[3] Ver, em particular, Friedrich Hayek, *La route de la servitude* (Paris, PUF, 2002), p. 33.

[4] Ibidem, p. 64; grifo nosso.

[5] Friedrich Hayek, *La constitution de la liberté* (Paris, Litec, 1994), p. 223 [ed. bras.: *Os fundamentos da liberdade*, trad. Anna Maria Capovilla e José Ítalo Stelle, São Paulo, Visão, 1983]. No mesmo sentido, ver ibidem, p. 231, e Friedrich Hayek, *Droit, législation et liberte*, v. 1 (Paris, PUF, 1980), p. 73 [ed. bras.: *Direito, legislação e liberdade*, trad. Maria Luiza X. de A. Borges, São Paulo, Visão, 1985].

[6] Título original: "What is 'Social'? What Does it Mean?". Em francês, publicado em Friedrich Hayek, *Essais de philosophie, de science politique et d'économie*, cit., p. 353-66.

ponto esse termo consegue materializar uma divergência irredutível com o ordoliberalismo alemão. Para Hayek, o erro dessa corrente é alimentar uma confusão conceitual entre as condições da ordem de mercado e as exigências "morais" da justiça. Na realidade, os promotores da "economia social de mercado" sempre tiveram certa preocupação com a "justiça social"[7] – pudemos constatar que tal pretensão satura a palavra "social" de todos os equívocos[8].

Por isso, Hayek continuará a bater na mesma tecla. Além do ensaio de 1957, dois outros textos vão exatamente na mesma direção. Em primeiro lugar, a conferência intitulada "Tipos de racionalismo" (1964), que retoma a mesma crítica básica contra "uma das palavras mais enganadoras e mais daninhas de nosso tempo", na medida em que

> a palavra "social" priva de qualquer conteúdo preciso os termos com os quais é combinada (como nas expressões alemãs "*soziale Marktwirtschaft*" ou "*sozialer Rechtsstaat*") [...]. Em consequência, senti-me obrigado a tomar posição contra a palavra "social" e demonstrar, em particular, que o conceito de justiça social não possuía o menor significado e criava uma ilusão enganadora que pessoas de ideias claras devem evitar.[9]

Em segundo lugar, um desenvolvimento dedicado ao sentido da palavra "social" no segundo volume de *Direito, legislação e liberdade* (1973):

> Fala-se não apenas de "justiça social", mas também de "democracia social", "economia social de mercado" e "Estado de direito social" (ou soberania social da lei – em alemão, *sozialer Rechtsstaat*); e, embora justiça, democracia, economia de mercado e Estado de direito sejam expressões de sentido absolutamente claro, a adição do adjetivo "social" as torna susceptíveis de designar quase qualquer coisa que se queira.[10]

---

[7] Ou, em todo caso, o desejo de atribuir "objetivos sociais" ao governo (ver capítulo 3 deste volume).

[8] Ver capítulo 3 deste volume.

[9] Friedrich Hayek, "Des sortes de rationalisme", em *Essais de philosophie, de science politique et d'économie*, cit., p. 141.

[10] Idem, *Droit, législation et liberté*, v. 2, cit., p. 96. A nota que acompanha a frase citada merecer ser reproduzida: "Deploro esse uso, ainda que, recorrendo a ele, certos amigos meus na Alemanha (e, mais recentemente, também na Inglaterra) aparentemente tenham conseguido tornar aceitável para círculos amplos o tipo de ordem social que defendo" (ibidem, p. 207). Se entendemos bem, a única justificação para o uso do termo "social" pelos neoliberais alemães é que ele permite aclimatar ao "espírito da época" a própria doutrina de Hayek...

Compreende-se melhor, a partir daí, que a posição de Hayek sobre a espinhosa questão da legitimidade da intervenção governamental deva ser situada no quadro que acabamos de delimitar de forma inteiramente negativa: de um lado, uma crítica das insuficiências do liberalismo manchesteriano, cuja função é justificar certo tipo de intervenção, a qual tudo leva a entender que se tornou indispensável por causa do papel fundamental do "arcabouço jurídico" para o bom funcionamento do mercado; de outro lado, uma rejeição de princípio a qualquer forma de atribuição ao governo de objetivos "sociais", pelo motivo fundamental de que tais objetivos implicam uma concepção artificialista da sociedade segundo a qual esta poderia ser conscientemente dirigida para fins coletivos susceptíveis de ser positivamente definidos[11].

Em última análise, a questão é como legitimar certo tipo de intervenção governamental (contra a doutrina do *laissez-faire*), sem admitir que a ordem de mercado que cria, segundo Hayek, a coesão da sociedade é uma ordem artificial (em particular contra os neoliberais alemães, visto que essa é uma de suas teses principais). Responder a essa questão implica esclarecer o *status* do próprio arcabouço jurídico (pertence ele à ordem do artifício ou, ao contrário, a certa forma de "naturalidade"?) e, mais amplamente, examinar a concepção alternativa de sociedade que Hayek contrapõe a qualquer concepção artificialista.

A "ordem espontânea do mercado" ou "catalaxia"

Num artigo muito pouco conhecido que marca uma virada na elaboração de seu pensamento, significativamente intitulado "O resultado da ação humana, mas não de um desígnio humano"[12], Hayek complica a oposição clássica entre "natural" e "convencional", elaborando uma divisão tripartite entre três tipos de fenômenos. Na verdade, o principal inconveniente da oposição clássica que herdamos dos sofistas gregos entre o que é *phusei* e o que é *thesei* ou *nomô* é que ela pode significar tanto a diferença entre o que resulta da *ação* humana e o que independe dela como a diferença entre

---

[11] Dessa vez, Hayek mostra-se bastante reservado sobre a pertinência prática da distinção de Röpke entre ações conformes e ações não conformes. Ver idem.

[12] O título original, "The Results of Human Action but not of Human Design", retoma uma frase de Adam Ferguson, *An Essay on the History of Civil Society*. Ver Friedrich Hayek, *Essais de philosophie, de science politique et d'économie*, cit., p. 159-72.

o que resulta de uma *vontade* humana e o que independe dela. Hayek defende que isso é fonte de confusão: o que independe da vontade humana não é necessariamente independente da ação humana; alguns resultados da ação humana podem não ter sido desejados por si mesmos e, ainda assim, fazer surgir uma forma de ordem ou regularidade.

Assim, convém introduzir entre o *artificial* (o que procede diretamente de uma vontade humana) e o *natural* (o que é independente da ação humana) uma "categoria intermediária": a de uma classe de fenômenos correspondente a todas as estruturas que são independentes de qualquer intenção e, ainda assim, são resultantes da ação humana. Na sistematização que posteriormente se deu a essa divisão tripartite, temos: *taxis*, termo grego que designa uma ordem construída pelo homem, segundo um desígnio claramente estabelecido, na maioria das vezes por meio de um plano (essa ordem será denominada "ordem fabricada" ou "artificial", o que Hayek designará com frequência pelo termo "organização" – pode ser uma habitação, uma instituição ou um código de regras); *kosmos*, termo grego que designa uma ordem independente da vontade humana, na medida em que encontra em si mesma seu próprio princípio motor (essa ordem será denominada "ordem natural" ou "ordem amadurecida" – um organismo, por exemplo, é uma ordem natural); por último, o terceiro tipo de ordem, que Hayek denominará "ordem espontânea" (*spontaneous order*) e que escapa da alternativa entre o artificial e o natural na medida em que agrupa todos os fenômenos que resultam da ação humana, mas nem por isso são resultado de um desígnio (*design*) humano. O ganho conceitual obtido com essa tripartição é decisivo porque permite pensar a ordem específica que constitui o mercado: a ordem de mercado é, na realidade, uma ordem espontânea, de forma alguma uma ordem artificial.

Essa tese, que ocupa um lugar central no pensamento de Hayek, comporta vários aspectos. O primeiro é que não se deve confundir a ordem do mercado com uma "economia". No sentido estrito do termo, uma "economia" (por exemplo, um lar, uma fazenda, uma empresa) é uma "organização" ou um "arranjo" deliberado de alguns recursos a serviço de um mesmo fim ou "ordem unitária de fins", que, como tal, pertence à esfera da *taxis*[13]. Ao contrário de uma economia, a ordem do mercado é independente de qualquer objetivo em particular, por isso "pode ser utilizada para perseguir inúmeros objetivos

---

[13] Friedrich Hayek, *Essais de philosophie, de science politique et d'économie*, cit., p. 252 (ver também idem, *Droit, législation et liberté*, v. 2, cit., p. 129-30).

individuais divergentes e até opostos". Em resumo, repousa não sobre objetivos comuns, "mas sobre a reciprocidade, isto é, sobre a conciliação de diferentes objetivos, em benefício mútuo dos participantes"[14].

O segundo aspecto é que a coesão da ordem de mercado é possibilitada por regras formais que valem precisamente em razão de sua generalidade: toda regra que derive de determinado fim seria nociva, porque, ao prescrever uma conduta (a que corresponde a determinado fim e a nenhum outro), apenas perturbaria o funcionamento de uma ordem que é, por princípio, independente de qualquer fim particular. Tais regras, portanto, não podem estabelecer o que as pessoas devem fazer, mas somente o que não devem fazer: consistem "unicamente em interdições de invasão do domínio protegido do outro"[15]. Hayek chama essas regras de *leis* para distingui-las das prescrições positivas particulares (também conhecidos como *mandamentos*[16]), de modo que a ordem de mercado pode ser caracterizada como *nomocracia* (regida pela lei), não como *teleocracia* (regida por um fim ou fins)[17].

O terceiro aspecto é que a própria *sociedade* deve ser compreendida como uma ordem espontânea. Obviamente, a sociedade não é redutível à ordem do mercado, ainda que se encontrem nela tanto ordens espontâneas (o mercado, a moeda) como organizações ou ordens construídas (as famílias, as empresas, as instituições públicas, entre as quais o próprio governo). Não obstante, nessa ordem de conjunto que constitui uma sociedade, a ordem do mercado ocupa um lugar fundamental. Em primeiro lugar, na medida em que a extensão dessa ordem do mercado no decorrer da história teve como resultado a ampliação da sociedade para além das organizações estreitas da horda, do clã e da tribo, até fazer surgir o que Hayek chama de "Grande Sociedade" ou "Sociedade Aberta"[18]. Em segundo lugar, porque "os laços que mantêm o conjunto de uma Grande Sociedade são puramente econômicos": ainda

---

[14] Idem, *Essais de philosophie, de science politique et d'économie*, cit., p. 251.

[15] Ibidem, p. 253 (ver também idem, *Droit, législation et liberté*, v. 2, cit., p. 148).

[16] Sobre a distinção de lei e mandamento, ver Friedrich Hayek, *La constitution de la liberté*, cit., p. 148-9.

[17] Idem, *Essais de philosophie, de science politique et d'économie*, cit., p. 251.

[18] Idem. Desse modo, Hayek acaba renovando uma das grandes ideias de Ferguson: a da "sociedade civil" como motor do progresso histórico (entendido que o conceito de "ordem do mercado" não coincide exatamente com o de "sociedade civil"). Assim, não causa muita surpresa que tenha sempre se desvinculado de qualquer forma de "conservadorismo".

que na estrutura de conjunto dessa sociedade existam, indubitavelmente, relações que não sejam econômicas, "é a ordem de mercado que possibilita a conciliação de projetos divergentes" – mesmo quando esses projetos perseguem fins não econômicos[19]. Esse aspecto da posição de Hayek não é suficientemente ressaltado: a ordem de mercado não é *uma* "economia", mas é constituída de "relações econômicas" (nas quais a competição entre projetos divergentes opera a distribuição de todos os meios disponíveis), e essas relações econômicas se encontram *na base do vínculo social*[20].

Tal concepção da ordem do mercado como ordem espontânea é solidária de outra tese, igualmente central no pensamento de Hayek: a da "divisão do conhecimento". Essa noção, elaborada muito cedo[21], é construída por analogia com a noção smithiana de "divisão do trabalho". Os indivíduos possuem conhecimentos limitados e fragmentários (constituídos mais de informações práticas e *savoir-faire* do que de conhecimentos racionais), por isso ninguém pode afirmar que detém, em dado momento, o conjunto dos conhecimentos dispersos entre os milhões de indivíduos que compõem a sociedade. No entanto, graças ao mecanismo do mercado, a combinação desses fragmentos espalhados gera resultados em toda a sociedade que não poderiam ser gerados de forma deliberada pela via de uma direção consciente. Isso somente é possível na medida em que, numa ordem de mercado, os preços desempenham o papel de vetores de transmissão da informação[22].

No nível da doutrina econômica, tal visão opõe-se irredutivelmente à teoria do equilíbrio geral (Léon Walras): enquanto esta última pressupõe agentes perfeitamente informados de todos os dados capazes de fundamentar suas decisões, a concepção hayekiana dá ênfase à situação de incerteza em que o mercado põe os agentes econômicos[23]. Mais uma vez, Hayek retoma

---

[19] Friedrich Hayek, *Droit, législation et liberté*, v. 2, cit., p. 135.

[20] Hayek vai muito além do liberalismo clássico que, na pessoa de seus primeiros representantes (Smith, Ferguson), sempre se recusou a fundamentar o vínculo social apenas sobre o vínculo econômico. Uma nota de *Droit, législation et liberté* (cit., cap. 10, p. 212, nota 12) cita a favor dessa tese a afirmação de Antoine-Louis-Claude Destutt de Tracy: "Commerce is the whole of Society" [O comércio é o todo da Sociedade – N. T.].

[21] Sobre esse ponto, remetemos ao capítulo precedente.

[22] Friedrich Hayek, *Droit, législation et liberté*, v. 2, cit., p. 141.

[23] Sobre o vínculo entre ordem espontânea de mercado e divisão do conhecimento, ver a apresentação clara e informada de Gilles Dostaler, *Le libéralisme de Hayek* (Paris, La Découverte, 2001), p. 31-2 e 50-1. Ver também o capítulo 4 deste volume.

de maneira original uma das ideias-forças do liberalismo smithiano, já que a metáfora da "mão invisível" significa em essência a impossibilidade de uma totalização do processo econômico, portanto, uma espécie de incognoscibilidade benéfica[24].

O termo com que Hayek pretende condensar sua concepção da ordem de mercado é "catalaxia":

> Proponho denominarmos essa ordem espontânea do mercado *catalaxia*, por analogia com o termo "catalaxia", que foi proposto para substituir o de "ciências econômicas". *Catalaxia* vem do verbo grego antigo *katalatein*, que, significativamente, quer dizer não só "trocar" e "intercambiar", como também "admitir na comunidade" e "fazer de um inimigo um amigo".[25]

Devemos prestar atenção, acima de tudo, ao duplo sentido do verbo grego, que dá a entender que a troca está na base do vínculo social, na medida em que cria uma ordem por ajuste mútuo das ações dos diferentes indivíduos.

Hayek vincula essa noção de ordem espontânea à grande filosofia escocesa do século XVIII, aquela mesma ilustrada por nomes como Ferguson, Smith e Hume. No artigo "Tipos de racionalismo" (1965), ele contrapõe dois racionalismos: um "racionalismo ingênuo" e um "racionalismo crítico". O primeiro (de Bacon, Descartes e Hobbes) afirma que todas as instituições humanas são "criações deliberadas da razão consciente": convém a esse primeiro racionalismo, que ignora os limites dos poderes da razão, a denominação "construtivismo"[26]. O segundo, ao contrário, define-se pela consciência desses limites, e é precisamente essa consciência que lhe permite arranjar lugar para ordens que não procedem de uma deliberação consciente.

A "esfera garantida de liberdade" e o direito dos indivíduos

Vimos que a ordem espontânea deve ser caracterizada como "nomocrática", não como "teleocrática". Para compreender o lugar que Hayek reserva ao direito, convém voltarmos brevemente à noção de "lei" (*nomos*). De fato, esse termo deveria designar, *stricto sensu*, apenas as regras impessoais

---

[24] Michel Foucault, *Naissance de la biopolitique* (Paris, Seuil/Gallimard, 2004), p. 285.
[25] Friedrich Hayek, *Essais de philosophie, de science politique et d'économie*, cit., p. 252-3.
[26] Ibidem, p. 143.

e abstratas que se impõem a todo indivíduo, tanto independentemente da busca de um fim particular como independentemente de qualquer circunstância particular[27]. Essas regras formais de conduta constituem o arcabouço do *direito privado* e do *direito penal*. A mais danosa das confusões seria identificá-las com as regras do *direito público*. Estas últimas não são regras de *conduta*, mas regras de *organização*, que têm como função definir a organização do Estado e dão a uma autoridade o poder de agir de determinada maneira, "à luz de objetivos específicos". Hayek observa que a progressiva insinuação do direito público no direito privado no decorrer do século anterior fez com que o termo "lei", que originalmente designava apenas as regras de conduta aplicáveis a todos, viesse a designar "toda regra de organização ou mesmo toda ordem particular aprovada pela legislatura constitucionalmente instituída"[28].

O liberalismo só podia opor-se a essa evolução: a ordem que ele pretende promover pode ser definida como uma "sociedade de direito privado" (*Privatrechtsgesellschaft*), segundo expressão do ordoliberal alemão Franz Böhm que Hayek toma para si[29]. Precisamente porque toda regra de organização é ordenada para um objetivo, e é característico de uma regra de conduta ser independente de todo objetivo, é que se deve tomar o cuidado de distingui-las nominalmente. Lembramos que os gregos distinguiam judiciosamente *nomos* e *thesis*: apenas o direito privado é *nomos*, o direito público é *thesis*, o que significa que o direito público é "ditado" ou "construído" e, nesse sentido, constitui uma ordem "fabricada" ou "artificial", ao passo que o direito privado é essencialmente uma ordem "espontânea". As regras de conduta que possibilitam a formação de uma ordem espontânea do mercado são oriundas, portanto, não da vontade arbitrária de uns poucos homens, mas de um processo espontâneo de seleção que age em longo prazo.

É nesse ponto que o pensamento de Hayek se inspira diretamente na teoria darwiniana de evolução, e não é à toa que se pôde falar dela como "evolucionismo cultural". Do modo como Hayek a compreende, a noção de evolução designa um "processo de adaptação contínua a acontecimentos

---

[27] Friedrich Hayek, *Droit, législation et liberté*, v. 2, cit., p. 42. Por "abstrata" entende-se que "a regra deve aplicar-se a um número indeterminado de instâncias futuras".
[28] Idem, *Essais de philosophie, de science politique et d'économie*, cit., p. 258-9.
[29] Ibidem, p. 258 (ver também Friedrich Hayek, *Droit, législation et liberté*, v. 2, cit., p. 37). Para esse conceito, ver capítulo 3 deste volume.

imprevisíveis, a circunstâncias aleatórias que não poderiam ser previstas"[30]. É essa ideia que permite a analogia entre a evolução biológica e a evolução das regras do direito na escala das sociedades humanas. Assim como o mecanismo da seleção natural assegura a sobrevivência das espécies mais adaptadas a seu ambiente e a extinção das outras, a seleção inconsciente de regras de "conduta justa" (ou regras de direito privado) favorece a adaptação das sociedades a um ambiente com frequência hostil. Com o tempo, esse processo de seleção das regras "por tentativa e erro" permitiu a ampla difusão das regras mais eficazes, segundo uma lógica de "evolução convergente"; portanto, sem que fosse necessário postular uma imitação consciente de certas sociedades por outras[31].

Seja qual for a pertinência dessa referência a Darwin, o que está em questão é a ideia de que a seleção das regras de conduta justa está na base do progresso das sociedades. De fato, foi por meio dela que a humanidade conseguiu sair das primeiras sociedades tribais e libertar-se de uma ordem baseada no instinto, na proximidade e na cooperação direta, até formar os laços da "Grande Sociedade". O ponto fundamental é que esse progresso não se deve a uma criação consciente por parte de legisladores particularmente inventivos: essas regras de direito privado (em particular as do direito comercial) foram incorporadas às tradições e aos costumes muito antes de serem codificadas pelos juízes, os quais, no fim das contas, apenas as *descobriram*, nunca tiveram de *fazê-las*. Aliás, é isso que justifica que essas regras sejam distinguidas das regras "postas" (*thesis*). Como Hayek observa explicitamente,

> o emprego do adjetivo "positivo" aplicado à lei deriva do latim, que traduzia por *positus* (que é posto) ou *positivus* a expressão grega *thesei*, que designava algo criado deliberadamente por uma vontade humana, em oposição ao que não foi inventado, mas produzido *physei*, pela natureza.[32]

É nesse ponto que Hayek se opõe diretamente a toda tradição do positivismo jurídico. Ele visa a dois autores em particular. Em primeiro lugar, Hobbes: fazendo suas as palavras do ditado latino "*non veritas sed auctoritas*

---

[30] Friedrich Hayek, *La présomption fatale: les erreurs du socialisme* (Paris, PUF, 1993), p. 38, citado em Gilles Dostaler, *Le libéralisme de Hayek*, cit., p. 86.

[31] Friedrich Hayek, *Droit, législation et liberté*, v. 2, cit., p. 48.

[32] Ibidem, p. 53 (ver também Friedrich Hayek, *Essais de philosophie, de science politique et d'économie*, cit., p. 169, nota 21).

facit legem"³³, Hobbes definiu a lei como "o mandamento daquele que detém o poder Legislativo"³⁴. Não se poderia exprimir melhor a confusão entre lei e mandamento criticada por Hayek, tanto mais que, para Hobbes, o soberano – e apenas ele – é o legislador. Em segundo lugar, Bentham: se o direito inglês é dividido em dois ramos, apenas a lei *feita pelo legislador* merece ser designada como direito *real* (*statute law*), "todos os arranjos que supostamente são feitos pelo outro ramo [...] deveriam ser distinguidos pelas denominações de direito irreal, não realmente existente, imaginário, factício, ilegítimo, direito *feito pelo juiz*"³⁵. Esse direito "feito" pelo juiz é a *common law*, ou lei *não escrita*, que Bentham se dedica a desacreditar, na medida em que não é "a vontade de mandamento de um legislador", que é propriamente a lei³⁶. Na opinião de Hayek, John Austin e Hans Kelsen apenas prolongam essa tradição intelectual que reduz o direito à vontade de um legislador, em oposição à tradição liberal, que afirma a anterioridade do direito sobre a legislação.

Contudo, o reconhecimento dessa anterioridade da justiça sobre qualquer legislação e sobre qualquer Estado organizado não significa adesão à doutrina do direito natural. Hayek evita a alternativa entre positivismo e naturalismo: as regras da justiça não são deduzidas abstratamente pela razão "natural" (jusnaturalismo) nem são fruto de um desígnio deliberado (positivismo), mas são um "produto da experiência prática da espécie humana"³⁷, isto é, o "resultado imprevisto de um processo de crescimento"³⁸. Para Hayek, portanto, está fora de cogitação invocar, como Locke, uma "lei natural" inscrita por Deus na criatura sob a forma de um mandamento da razão³⁹.

---

³³ Thomas Hobbes, *Leviatã*, 1651, cap. 26, citado em Friedrich Hayek, *Droit, législation et liberté*, v. 2, cit., p. 53: "Não é a verdade, mas, a autoridade, que faz a lei".

³⁴ Thomas Hobbes, *Dialogue on the Common Laws* (1681), citado em Friedrich Hayek, *Droit, législation et liberté*, v. 2, cit., p. 54.

³⁵ Bentham, citado em Friedrich Hayek, *Droit, législation et liberté*, v. 2, cit., p. 54; grifo nosso.

³⁶ Bentham, citado em Friedrich Hayek, *Droit, législation et liberté*, v. 2, cit., p. 197, nota 35: "The primitive sense of the word law, and the ordinary meaning of the word, is [...] the will of command of a legislator" [O sentido primitivo da palavra lei, e o significado comum dessa palavra, é (...) a vontade de mandamento de um legislador – N. E.].

³⁷ Friedrich Hayek, *Essais de philosophie, de science politique et d'économie*, cit., p. 180.

³⁸ Ibidem, p. 167.

³⁹ Ibidem, p. 162-3, nota 7.

Se ainda se insiste em falar de "lei da natureza", é no sentido de Hume que devemos compreendê-la: as regras de justiça não são conclusões da razão, que é absolutamente impotente para formá-las; podemos dizer que são "artificiais" (no sentido em que não são inatas), mas não "arbitrárias", na medida em que foram elaboradas progressivamente, assim como os idiomas e o dinheiro, a partir da experiência repetida dos inconvenientes causados por sua transgressão[40]. Todas essas regras se resumem a três leis fundamentais: "A da estabilidade das posses, a da transferência destas mediante consentimento e a do cumprimento das promessas"[41]: ou seja, o conteúdo essencial de todos os sistemas de direito privado: "a liberdade de contrato, a inviolabilidade da propriedade e o dever de compensar o outro pelos danos que lhe são causados"[42].

Essa identificação do núcleo fundamental das regras de conduta justa acarreta uma reelaboração da questão da liberdade e dos direitos individuais, tal como fora estabelecida pelas principais correntes do liberalismo clássico. De fato, são essas regras que, tomando corpo progressivamente, possibilitam, em paralelo à formação da ordem espontânea do mercado, uma extensão do "domínio" da liberdade individual. Esse domínio coincide com a "esfera de decisão privada" da qual o indivíduo dispõe quando situa sua ação no quadro formal das regras. Isso mostra a que ponto a liberdade, longe de ser um dado natural ou uma invenção da razão, é resultado de uma longa evolução cultural: "Ainda que a liberdade não seja um estado de natureza, mas um bem fabricado pela civilização, ela não nasceu de um desígnio"[43]. Mais uma vez, nem naturalismo nem voluntarismo têm razão. A liberdade não é o "poder de fazer o que se quer"; ela é indissociável da existência de regras morais transmitidas pelo costume e pela tradição que, em razão de sua generalidade, proíbem a todo indivíduo o exercício de uma coação qualquer sobre outrem. Consequentemente, a única definição de liberdade aceitável para Hayek é "negativa": liberdade é a "ausência desse obstáculo muito preciso que é a coerção exercida por outrem"[44]. Qualquer outra

---

[40] Ibidem, p. 183.

[41] David Hume, citado em Friedrich Hayek, *Essais de philosophie, de science politique et d'économie*, cit., p. 183 (ver também idem, *La constitution de la liberté*, cit., p. 157).

[42] Friedrich Hayek, *Droit, législation et liberté*, v. 2, cit., p. 48.

[43] Idem, *La constitution de la liberté*, cit., p. 53.

[44] Ibidem, p. 19.

definição de liberdade é enganosa, seja a "liberdade política" compreendida como participação dos homens na escolha do governo ou na elaboração da legislação, seja até a "liberdade interior" tão exaltada pelos filósofos (o controle de si mesmo em oposição à escravidão das paixões)[45]. Da coerção como o contrário da liberdade, Hayek dá a seguinte definição:

> Por coerção entendemos o fato de que uma pessoa seja dependente de um ambiente e de circunstâncias tão controlados por outra pessoa que, para evitar um dano maior, é obrigada a agir não em conformidade com seu próprio plano, mas a serviço dos objetivos dessa outra pessoa.[46]

Essa definição da coerção como imposição a um indivíduo dos objetivos de um ou vários outros indivíduos parece situar Hayek na linha de um John Stuart Mill. Em todo caso, a distinção entre as ações que afetam apenas seu autor e as que afetam os interesses de outro (e sabemos a importância que Mill dava a essa distinção) parece pouco operante em si mesma ao autor de *Os fundamentos da liberdade*[47]. Aliás, Hayek considera excessivo o violento ataque de Mill ao "despotismo do costume" no capítulo 3 de *Sobre a liberdade*: em sua crítica à "coerção moral", "levou provavelmente longe demais a defesa da liberdade", na medida em que a pressão da opinião pública não poderia ser identificada com uma "coerção"[48]. Apenas uma definição estrita da coerção, que implica uma instrumentalização da pessoa a serviço dos objetivos de outrem, parece capaz de "traçar os limites da esfera protegida". Na medida em que as "regras-leis" têm a função de proteger o indivíduo da coerção exercida por outro, ficará estabelecido que, num regime de liberdade, "a esfera livre do indivíduo compreende toda ação que não é explicitamente restringida por uma lei geral"[49]. Somente depois de feita essa delimitação é que se pode ter esperança de fundamentar os direitos individuais. A originalidade de Hayek é vincular esses direitos não a uma lei da natureza prescrita por Deus (Locke) ou à lei geral da vida (Spencer), mas às regras de conduta justa: "Há um sentido da palavra 'direito' segundo o qual *toda regra de conduta justa cria um direito correspondente dos indivíduos*", de modo que,

---

[45] Ibidem, p. 13-6. Hayek denuncia a confusão de pensamento que cerca o conceito filosófico de "liberdade da vontade" (*freedom of the will*).
[46] Ibidem, p. 21.
[47] Ibidem, p. 145.
[48] Ibidem, p. 146.
[49] Ibidem, p. 215.

na medida em que essas regras "delimitam domínios pessoais", "o indivíduo terá direito a esse domínio"[50].

Podemos ver aqui que tudo depende do prévio reconhecimento de uma "esfera privada", ou "reservada", garantida pelas regras gerais: "O caráter 'legítimo' das expectativas de alguém, ou os 'direitos' do indivíduo, é resultado do reconhecimento da esfera privada considerada"[51]. Assim, a definição da coerção como "violação dos direitos individuais" somente é lícita se esse reconhecimento foi consentido, já que o reconhecimento efetivo da esfera privada equivale ao reconhecimento dos direitos concedidos pelas regras que delimitam essa esfera. Portanto, as regras gerais são, em primeiro lugar e acima tudo, regras de composição das esferas protegidas e, como tais, garantem a cada indivíduo direitos cuja extensão é estritamente proporcional à de sua esfera própria. O erro seria restringir essa extensão à dos bens materiais que pertencem a um indivíduo:

> Não devemos imaginar essa esfera como constituída exclusivamente, nem mesmo principalmente, de bens materiais. É claro que o principal objetivo das regras de composição das esferas é repartir as coisas que nos cercam entre o que é meu e o que não é, mas essas regras também nos garantem vários outros "direitos", como a segurança em certos usos dos objetos ou simplesmente a proteção contra as intromissões em nossas atividades.[52]

Mais amplamente, a noção de "propriedade" ganhará um sentido ampliado, que recobre o que Locke já dera ao termo genérico de "propriedade" no *Segundo tratado do governo*:

> Desde a época de John Locke, é costume denominar esse domínio protegido "propriedade" (o que o próprio Locke definiu como "a vida, a liberdade e as posses de um homem"). No entanto, esse termo sugere uma concepção demasiado estreita e puramente material do domínio protegido, que inclui não apenas os bens materiais, mas também os recursos diversos contra os outros, assim como certas expectativas. Se, todavia, o conceito de propriedade é interpretado (como em Locke) em sentido ampliado, é verdade que a lei, no sentido de regras de justiça, e a instituição da propriedade são inseparáveis.[53]

---

[50] Friedrich Hayek, *Droit, législation et liberté*, v. 2, cit., p. 121; grifo nosso.
[51] Idem, *La constitution de la liberté*, cit., p. 139.
[52] Ibidem, p. 140.
[53] Friedrich Hayek, *Essais de philosophie, de science politique et d'économie*, cit., p. 257.

Contudo, devemos ver que, se Hayek recupera o conceito lockeano de "propriedade", é deduzindo-o de sua própria ideia da lei como regra geral derivada de um "crescimento inconsciente", portanto, desvinculando-a de seu fundamento jusnaturalista.

O "domínio legítimo das atividades governamentais" e a regra do Estado de direito

Os contornos da esfera protegida parecem estabelecer por si mesmos os limites da intervenção do Estado: toda intromissão deste último nessa esfera constituirá um atentado arbitrário aos direitos do indivíduo, de modo que se teria aqui o critério que permite discriminar as intervenções legítimas das ilegítimas. De fato, devemos insistir neste ponto: a questão principal para Hayek é a da *legitimidade*, não a da *eficácia*. O argumento da ineficácia prática ou dos efeitos nocivos da intervenção governamental parece-lhe propenso a obscurecer a "distinção fundamental entre medidas compatíveis e medidas incompatíveis com um sistema de liberdade"[54].

Basta lembrar a maneira como Mill tenta determinar os limites da ação governamental no capítulo 5 de *Sobre a liberdade* para mensurar a distância que separa sua tentativa da de Hayek. Mill não deriva a doutrina do livre--câmbio do princípio da liberdade individual: as restrições impostas ao comércio são coerções, sem dúvida, mas, "se são condenáveis, é unicamente porque não produzem os resultados esperados", não é em absoluto porque a sociedade não tem o direito de coerção[55]. Hayek tem consciência da insuficiência do ponto de vista de Mill sobre essa questão. Na nota 2 do capítulo 15 de *Os fundamentos da liberdade*, ele sublinha que, como os economistas têm o hábito de considerar tudo sob o ângulo da oportunidade, "não admira que tenham perdido de vista os critérios mais gerais". Segue-se imediatamente uma referência a Mill: "John Stuart Mill, admitindo (*On Liberty*, 1946, p. 8) que 'não há de fato nenhum princípio que permita julgar de maneira geral a legitimidade da intervenção do poder', já dera a impressão de que

---

[54] Idem, *La constitution de la liberté*, cit., p. 222.
[55] John Stuart Mill, *De la liberté* (Paris, Gallimard, 2005), p. 209 [ed. bras.: *Sobre a liberdade*, trad. Ari Ricardo Tank Brito, São Paulo, Hedra, 2010].

tudo era questão de oportunidade"[56]. O que Hayek pretende enunciar é justamente esse princípio geral de legitimidade.

Para chegar a esse princípio, primeiro é preciso compreender que a constituição da esfera de ação reservada ao indivíduo procede inteira e exclusivamente da existência das regras gerais de conduta justa. Consequentemente, tudo que ponha em causa essas regras só pode ser uma ameaça à própria liberdade individual. Por isso, é necessário que se estabeleça em princípio que nenhuma intervenção do Estado, por mais bem-intencionada que seja, deve eximir-se do respeito devido às regras gerais. Em outras palavras, o Estado deve aplicar a si mesmo as regras que valem para toda pessoa privada. Podemos ver agora como se deve entender a proposição de que a ordem liberal forma uma "sociedade de direito privado", segundo a expressão de Böhm adotada por Hayek: as regras do direito privado devem prevalecer universalmente, inclusive para as "organizações" que dependem não da ordem espontânea do mercado, mas do Estado. Temos aqui, em certo sentido, a consequência jurídica da ideia de que a sociedade *inteira* ("*the whole of Society*")[57] repousa sobre "relações econômicas" (uma vez que estas são estruturadas pelo direito privado). Para Hayek, foi esse *princípio da autoaplicação pelo Estado das regras gerais do direito privado* que recebeu historicamente na Alemanha a denominação de "Estado de direito" (*Rechtsstaat*). Daí a tese segundo a qual "o Estado de direito é o critério que nos permite fazer a distinção entre as medidas que são compatíveis com um sistema de liberdade e as que não o são"[58].

De onde vem essa "tradição alemã do *Rechtsstaat*", cuja importância decisiva para todo o movimento liberal posterior é ressaltada em *Os fundamentos da liberdade*? Se acreditarmos em Hayek, essa tradição deve o essencial de sua inspiração teórica à influência da filosofia do direito de Kant. Invertendo a ordem dedutiva em que o próprio Kant articulou moralidade e direito, Hayek interpreta livremente o famoso "imperativo categórico"[59] como uma

---

[56] Friedrich Hayek, *La constitution de la liberté*, cit., p. 484.
[57] Ver nota 20 deste capítulo.
[58] Friedrich Hayek, *La constitution de la liberté*, cit., p. 223.
[59] "Age apenas segundo uma máxima tal que possas ao mesmo tempo querer que ela se torne lei universal", Immanuel Kant, *Fondation de la métaphysique des mœurs* (Paris, Flammarion, 1994), p. 97 [ed. port.: *Fundamentação da metafísica dos costumes*, trad. Paulo Quintela, 2. ed., Lisboa, Edições 70, 2009].

extensão ao domínio da ética da ideia base da supremacia do direito[60]. Em 1963, essa inversão ganha uma formulação mais clara no texto da conferência dedicada à "A filosofia do direito e a filosofia política de David Hume":

> Diz-se às vezes que Kant desenvolveu sua teoria do Estado de direito aplicando aos assuntos públicos seu conceito moral de imperativo categórico. O que aconteceu foi provavelmente o *inverso*, isto é, Kant desenvolveu sua teoria do imperativo categórico aplicando à moral o conceito de Estado de direito (*Rule of Law*), que ele encontrou pronto para usar.[61]

A equivalência postulada aqui entre a expressão alemã "Estado de direito" e a expressão inglesa "império da lei" permite a Hayek ir ainda mais longe: ele afirma no mesmo texto que "o que Kant tinha a dizer a esse respeito parece derivar diretamente de Hume"[62].

Para precisar a implicação teórica e política dessa questão, devemos lembrar, seguindo Foucault[63], que a norma do Estado de direito constituiu-se na Alemanha a partir de uma dupla oposição: ao despotismo, de um lado, e ao Estado de polícia (*Polizeistaat*), de outro. Essas duas noções não são coincidentes. O despotismo torna a vontade do soberano o princípio da obrigação de todos de obedecer às injunções da potência pública. O Estado de polícia, por sua vez, caracteriza-se pela ausência de diferença entre as prescrições gerais e permanentes da potência pública (o que se convencionou denominar "leis") e os atos particulares e conjunturais desse mesmo poder público (que estão diretamente ligados à esfera dos "regulamentos"). Segue-se disso uma dupla definição do Estado de direito: em primeiro lugar,

---

[60] Obviamente, na arquitetura do sistema, a "Doutrina do direito" precede a "Doutrina da virtude", mas ambas são precedidas pela Fundamentação da metafísica dos costumes, à qual incumbe extrair em toda a sua pureza o princípio supremo da moralidade.

[61] Friedrich Hayek, "La philosophie juridique et politique de David Hume", em *Essais de philosophie, de science politique et d'économie*, cit., cap. 7, p. 188. Se é verdade que o problema da "aplicação" da moralidade pura é, nitidamente, um problema delicado no kantismo, nada justifica a afirmação de que Kant teria "aplicado" o direito à moral para chegar ao conceito do imperativo categórico.

[62] Idem. Mais uma vez, só podemos desmentir a possibilidade de tal "derivação": em Hume, as "leis da natureza" são fruto de uma experiência progressiva, ao passo que em Kant a "lei moral" é inteiramente *a priori* e, como tal, independente de qualquer experiência, o que é confirmado pelo caráter puramente formal dessa lei (por contraste com o conteúdo determinado das três regras evidenciadas por Hume: estabilidade das posses, transferência das posses mediante consentimento, cumprimento das promessas).

[63] Michel Foucault, *Naissance de la biopolitique*, cit., p. 173-4.

ele enquadra os atos da potência pública por meio de leis que os limitam de antemão, de modo que não é a vontade do soberano, mas a forma da lei que constitui o princípio da obrigação; em segundo lugar, o Estado de direito faz uma distinção de princípio entre as leis, que valem por sua validade universal, e as decisões específicas ou medidas administrativas[64]. Um pouco mais tarde, na segunda metade do século XIX, a elaboração dessa noção de Estado de direito foi aprofundada em um sentido que fez o problema dos "tribunais administrativos" aparecer como um problema central. Com efeito, seguindo essa elaboração, o Estado de direito não tem apenas como característica restringir sua ação ao quadro geral da lei; ele é um Estado que oferece a cada cidadão vias de recursos jurídicos contra a potência pública. Disponibilizar tais vias implica a existência de instâncias judiciais responsáveis por arbitrar as relações entre os cidadãos e a potência pública. É precisamente sobre o status desses tribunais que as controvérsias vão se cristalizar na Alemanha no decorrer do século XIX[65].

Retendo a ideia de que o Estado tem de poder ser levado diante de um tribunal por qualquer cidadão, bem como por qualquer pessoa privada, na medida em que está sujeito às mesmas regras de direito que toda pessoa privada, Hayek dá a essa noção de Estado de direito uma amplidão inédita, fazendo-a desempenhar o papel de *regra para toda legislação*. Uma passagem de *Os fundamentos da liberdade* diz isso de maneira muito explícita:

> Sendo o Estado de direito uma limitação de toda legislação, segue-se que ele não pode ser uma lei no mesmo sentido das leis feitas pelo legislador [...]. O Estado de direito, por conseguinte, não é uma regra estabelecida pela lei, mas uma regra que diz respeito ao que deveria ser a lei, uma regra metalegal ou um ideal político.[66]

Obtêm-se desse modo três níveis distintos que só teriam a ganhar se fossem sempre cuidadosamente hierarquizados: primeiro, o nível *metalegal*, que é o da regra do Estado de direito; segundo, o nível propriamente

---

[64] Ibidem, p. 174-5. Foucault se refere à obra pioneira de Karl Theodor Welcker, *Die Letzen Gründe von Recht, Staat und Strafe* [*Os últimos fundamentos do direito, do Estado e da punição*] (1813).

[65] Sobre essas controvérsias, ver Friedrich Hayek, *La constitution de la liberté*, cit., p. 201-4, bem como o comentário de Michel Foucault, *Naissance de la biopolitique*, cit., p. 175-6.

[66] Friedrich Hayek, *La constitution de la liberté*, cit., p. 206.

legal, que é o da legislação entendida no sentido da determinação de *novas regras gerais de conduta*; terceiro e último, o nível *governamental*, que é o da promulgação dos decretos e regulamentos *específicos*. Vemos que, nessa hierarquização, a regra do Estado de direito é a que deve presidir à elaboração de todas as regras gerais ou leis. O que importa é compreender o verdadeiro alcance desse princípio: constituir "uma limitação dos poderes de todo governo, inclusive os poderes do legislador"[67]. Essa função impede que ele seja resumido a uma simples exigência de legalidade; a conformidade das ações do governo às leis existentes não garante por si só que o poder de agir do governo seja limitado (uma lei poderia dar ao governo o poder de agir como bem entende); o que é exigido pela regra do Estado de direito é que todas as leis existentes "se conformem a certos princípios"[68].

Isso conduzirá, por consequência, à distinção de "Estado de direito formal" (*formeller Rechtsstaat*) e "Estado de direito material" (*materieller Rechtsstaat*): o Estado de direito, tal como Hayek o entende, corresponde ao "Estado de direito material", que exige que a ação coercitiva do Estado seja estritamente limitada à aplicação de regras uniformes de conduta justa, ao passo que o "Estado de direito formal" requer apenas a legalidade, isto é, "exige simplesmente que cada ação do Estado seja autorizada pela legislação, quer essa lei consista numa regra geral de conduta justa, quer não"[69]. Dessa forma, a crítica à concepção integralmente artificialista da legislação de um Bentham adquire todo o seu sentido. Estabelecer que tudo, até os direitos reconhecidos do indivíduo, procede da "fábrica" do legislador é consagrar teoricamente a "onipotência do poder Legislativo"[70]. Inversamente, reconhecer que a extensão dos direitos individuais caminha de mãos dadas com a elaboração das regras do direito privado é fazer dessas regras o modelo ao qual o próprio poder Legislativo deve conformar-se em sua atividade, portanto, impor-lhe de antemão limites intransponíveis.

Então, quais são, mais precisamente, as condições que toda lei deve satisfazer para conformar-se à regra metalegal do Estado de direito? Hayek enumera três "atributos da lei verdadeira", isto é, da lei no sentido "substancial" ou "material" que acabamos de especificar. O primeiro atributo dessas regras

---

[67] Ibidem, p. 205.
[68] Idem.
[69] Friedrich Hayek, *Essais de philosophie, de science politique et d'économie*, cit., p. 197 e 254.
[70] Idem, *Droit, législation et liberté*, v. 2, cit., p. 63.

é, obviamente, sua generalidade: não devem fazer referência "a nenhuma pessoa, nenhum espaço ou nenhum objeto em particular", "devem sempre visar ao futuro e jamais ter efeito retroativo"[71]. O que implica que a lei autêntica se abstém de visar a um fim particular, por mais desejável que pareça à primeira vista. O segundo atributo é que essas regras "devem ser conhecidas e indubitáveis"[72]. Se Hayek enfatiza particularmente essa condição, é porque a certeza da lei, assim como a previsibilidade de suas decisões, garantem ao indivíduo – que está fadado a agir num contexto de incerteza em virtude da ordem espontânea do mercado – esse mínimo de estabilidade sem o qual ele teria uma enorme dificuldade para levar a cabo seus próprios projetos: "A questão é saber se o indivíduo pode prever a ação do Estado, e se esse conhecimento lhe fornece pontos de referência para adequar seus próprios projetos"[73]. Enfim, o terceiro atributo de uma lei verdadeira não é outro senão a igualdade, o que significa que "toda lei deve ser aplicada igualmente a todos"[74]. Essa última exigência é "incompatível com o favorecimento ou o desfavorecimento previsível de determinadas pessoas"[75]. Consequentemente, implica que o Estado "se conforme à mesma lei que todos e, desse modo, encontre-se limitado em seus atos, da mesma forma que qualquer pessoa natural"[76].

Desses três atributos da lei (generalidade, certeza, igualdade), o terceiro é inegavelmente o que evidencia melhor que, no pensamento de Hayek, *o ideal do Estado de direito confunde-se com o ideal de uma sociedade de direito privado*. É nesse ponto que o pensamento do neoliberalismo vai muito além do princípio do controle da autoridade política enunciado por toda uma corrente do liberalismo clássico. Hume faz das leis "gerais e iguais" às quais os órgãos do governo devem conformar-se o princípio de uma limitação que impede que a autoridade se torne absoluta[77], mas não afirma em momento

---

[71] Idem, *La constitution de la liberté*, cit., p. 208.

[72] Idem.

[73] Friedrich Hayek, *La route de la servitude*, cit., p. 64.

[74] Idem, *La constitution de la liberté*, cit., p. 209.

[75] Ibidem, p. 210.

[76] Idem.

[77] David Hume, *Essais moraux, politiques et littéraires* (Paris, Vrin, 1999), p. 100 [ed. bras.: *Ensaios morais, políticos e literários*, trad. Luciano Trigo, Rio de Janeiro, Topbooks, 2004].

algum que as leis decretadas pela autoridade legislativa devem conformar-se ao modelo das regras do direito privado, tampouco confunde tais leis com as regras de justiça que são as "leis de natureza" (estabilidade das posses, transferência consentida da propriedade, obrigação das promessas). A mesma observação vale para Locke. *Direito, legislação e liberdade* faz uma referência elogiosa ao *Segundo tratado do governo*, citando em nota[78] o início do parágrafo 142: o poder Legislativo, explica Locke, "deve governar segundo *leis estáveis e promulgadas* (*promulgated established Laws*), que não devem variar ao sabor dos casos particulares; deve ter apenas uma regra para o rico e para o pobre, para o favorito na Corte e para o camponês no arado"[79]. Mais uma vez, devemos observar que a argumentação de Locke se insere numa problemática da limitação do poder Legislativo que não equivale a traçar o ideal de uma "sociedade de direito privado". Uma coisa é obrigar o poder a fazer as leis segundo a regra formal da estabilidade e da igualdade, outra coisa é exigir dessas leis que se alinhem em sua "substância" às regras do direito privado, como sustenta Hayek. Isso é suficientemente mostrado pelo fato de que, em Locke, trata-se de imperativo de igualdade somente na medida em que este concerne à aplicação da lei a indivíduos definidos por sua situação social (rico e pobre, cortesão e camponês), não da autoaplicação por parte do Estado de uma regra de direito privado.

  Que consequências devemos tirar dessa extensão do direito privado à "pessoa" do Estado? A primeira, e sem dúvida a mais importante do ponto de vista de Hayek, é que, num Estado de direito, "o poder político somente pode intervir na esfera privada e protegida de uma pessoa para punir uma infração cometida contra uma regra promulgada"[80]. Isso significa que não compete ao Executivo dar "ordens" ou "mandamentos" ao indivíduo (isto é, prescrições particulares relativas a um fim determinado, como devemos lembrar); ele deve apenas velar pelo respeito às regras de conduta justa que são igualmente válidas para todos, e é justamente esse dever de proteção da esfera privada de *todos* os indivíduos que, em caso de violação das

---

[78] Friedrich Hayek, *Droit, législation et liberté*, cit., p. 201, nota 60.
[79] John Locke, *Second traité du gouvernement* (Paris, PUF, 1994), p. 104 [ed. bras.: *Segundo tratado do governo e outros escritos*, trad. Magda Lopes e Marisa Lobo da Costa, 4. ed., Petrópolis/Bragança Paulista, Vozes/Editora Universitária São Francisco, 2006.]
[80] Friedrich Hayek, *La constitution de la liberté*, cit., p. 206.

regras por parte de um indivíduo, autoriza o Executivo a intervir na esfera privada *desse* indivíduo a fim de lhe aplicar uma sanção penal. Afora tais situações, deve-se esclarecer amplamente que "as autoridades governamentais não devem ter nenhum poder discricionário que permita esse gênero de invasão" na esfera privada de um cidadão[81]. O contrário equivaleria a considerar a pessoa privada e sua propriedade como um simples meio à disposição do governo. Por isso, sempre se deve dar a essa pessoa a possibilidade de recorrer a tribunais independentes, habilitados a decidir se o governo se conformou em sua ação ao estrito quadro das regras gerais ou se o excedeu arbitrariamente (donde se retorna à questão do lugar dos "tribunais administrativos"). Mais uma vez, o ponto fundamental "é que toda ação coercitiva do poder político deve ser definida sem ambiguidade dentro de um quadro jurídico permanente, que permita ao indivíduo gerir com confiança seus projetos e reduza tanto quanto possível as incertezas inerentes à existência humana"[82].

O que está em jogo aqui é exatamente a *preservação da eficiência da ordem do mercado*, já que o elemento decisivo da confiança reside no fato de que o indivíduo possa contar com a aptidão do Estado para fazer com que as regras gerais sejam respeitadas e, ao mesmo tempo, com o respeito das regras gerais pelo próprio Estado. Em resumo, a certeza proporcionada pelo quadro jurídico deve compensar a incerteza inerente à situação do indivíduo dentro de uma ordem espontânea tal como a ordem do mercado. Isso mostra a importância da ação coercitiva do Estado quando se trata de cuidar da punição das infrações cometidas contra as regras de conduta: garantir a segurança dos agentes econômicos é a verdadeira justificação do monopólio do uso da coerção que se encontra nas mãos do Estado. O que implica "que ele não tenha outro monopólio além desse e que, de todos os outros pontos de vista, opere nas mesmas condições que todo mundo"[83] (condição de igualdade reinterpretada por Hayek).

A segunda consequência da necessária subordinação do poder governamental ao princípio do Estado de direito é de ordem positiva dessa vez: na medida em que esse princípio constitui uma limitação apenas para as ações *coercitivas* do governo, um campo inteiro de atividades é deixado

---

[81] Ibidem, p. 213.
[82] Ibidem, p. 223.
[83] Ibidem, p. 224.

para o Estado, o das atividades *não coercitivas*. O liberalismo, tal como o compreende Hayek,

> pede uma distinção clara entre os *poderes de coerção do Estado*, em cujo exercício suas ações são limitadas à aplicação de regras de conduta justa, das quais se exclui qualquer arbitrariedade, e a *prestação de serviços pelo Estado*, no decorrer da qual ele pode empregar os recursos postos a sua disposição para esse fim, para a qual não possui nem poder de coerção nem de monopólio, mas pode usar largamente seus recursos sob seu arbítrio.[84]

O problema é que o financiamento das atividades de "puro serviço" implica a intervenção de certa coerção na forma de impostos[85]. Esse aspecto coercitivo das atividades de serviço somente se justifica se o Estado não se arroga o direito exclusivo de fornecer certos serviços, o que equivaleria *ipso facto* à constituição de um monopólio (o qual significaria a violação da condição de igualdade lembrada anteriormente). "O que é contestável não é a empresa de Estado, mas o monopólio de Estado."[86] De todas as atividades de serviço que podem concernir legitimamente ao Estado, as mais importantes são as que "dependem de seu esforço para criar um quadro favorável às decisões individuais": instauração e manutenção de um sistema monetário eficaz, definição de pesos e medidas, disponibilização de informações para o estabelecimento de estatísticas, organização da educação sob uma ou outra forma etc.[87]. Convém acrescentar a essas atividades "todos os serviços que são nitidamente desejáveis, porém não são fornecidos pela empresa concorrencial porque seria impossível ou difícil fazer os beneficiários pagarem", serviços entre os quais se encontram "o grosso dos serviços sanitários e de saúde pública, a construção e a manutenção das estradas e a maioria dos equipamentos urbanos criados pelos municípios para os seus habitantes"[88].

Em contrapartida, há medidas que a regra do Estado de direito exclui por princípio. Trata-se de todas aquelas cuja execução implica uma discriminação

---

[84] Friedrich Hayek, *Essais de philosophie, de science politique et d'économie*, cit., p. 254; grifo nosso.
[85] Idem, *La constitution de la liberté*, cit., p. 223.
[86] Ibidem, p. 225.
[87] Ibidem, p. 224.
[88] Idem. Hayek se refere logo em seguida à famosa reflexão de Smith sobre "essas obras públicas que [...] são de uma natureza tal que o ganho jamais poderia compensar o gasto que representariam para um indivíduo ou um grupo pouco numeroso".

arbitrária entre as pessoas, porque visam à obtenção de resultados particulares para pessoas particulares, em vez de se ater à aplicação das regras gerais válidas indistinta e uniformemente para todas as pessoas. Aqui, são particularmente visadas as "medidas que têm por objetivo regular o acesso aos diversos negócios e profissões, os termos das transações e as quantidades produzidas ou comercializadas"[89]. Todo controle de preços e quantidades de produção deve, portanto, ser abolido, na medida em que é necessariamente "arbitrário e discricionário" e impede o mercado de funcionar corretamente (não deixando que os preços cumpram seu papel de transmitir a informação). Pelas mesmas razões de fundo, exclui-se qualquer intervenção do governo para reduzir as inevitáveis diferenças de situação material que resultam do jogo de catalaxia. Portanto, a busca de objetivos relacionados a uma distribuição justa de renda (o que é designado em geral pelos termos "justiça social" ou "justiça distributiva") está em contradição formal com a regra do Estado de direito. Com efeito, uma remuneração e uma distribuição "justas" somente têm sentido num sistema de "fins comuns" ("teleocracia"), ao passo que na ordem espontânea do mercado nenhum fim desse tipo poderia prevalecer, consequentemente, nela, a "distribuição" de renda não é nem "justa" nem "injusta"[90]. Em última análise, "todas as tentativas para garantir uma distribuição 'justa' devem ser orientadas para a conversão da ordem espontânea do mercado em uma organização ou, em outros termos, em ordem totalitária"[91]. Assim, o que é condenado por princípio é a ideia de que a justiça distributiva faz parte das atribuições do Estado: "Se ele repousa sobre a justiça comutativa, o Estado de direito exclui a busca de uma justiça distributiva"[92]. Por outro lado, o fato de o governo se empenhar para assegurar "fora do mercado" uma proteção contra a miséria extrema de todos aqueles que são incapazes de ganhar seu sustento no mercado, "na forma de uma renda mínima garantida ou de um nível de recursos abaixo do qual

---

[89] Ibidem, p. 227.

[90] Diferentemente dos libertários, que, lembremos, consideram essa ordem intrinsecamente justa. Devemos acrescentar que Hayek recusa até a pertinência do termo "distribuição" aplicado a uma ordem espontânea, preferindo "dispersão", que tem a vantagem de não sugerir uma ação deliberada. Ver Friedrich Hayek, *Essais de philosophie, de science politique et d'économie*, cit., p. 261.

[91] Idem.

[92] Friedrich Hayek, *La constitution de la liberté*, cit., p. 232. Desde Aristóteles, a expressão "justiça comutativa" designa a justiça nas trocas.

ninguém deve cair", não implica por si só "uma restrição de liberdade ou um conflito com a soberania do direito". Problemático é que a remuneração dos serviços prestados seja fixada pela autoridade[93].

Agora podemos ver claramente que, em sua versão hayekiana, o neoliberalismo não somente não exclui, como pede a intervenção do governo. Porque a concepção da lei como "regra do jogo econômico" que prevalece nesse caso determina necessariamente o que Foucault chama de "crescimento da demanda judicial", a ponto de falar de um *"intervencionismo judiciário, que deverá ser praticado como arbitragem no quadro das regras do jogo"*[94]. É preciso avaliar a extensão da transformação relativa ao lugar do Judiciário no pensamento do liberalismo clássico. No século XVIII, a ideia da primazia da lei implicava uma "redução considerável do Judiciário ou do jurisprudencial": o Judiciário destinava-se, em princípio, à aplicação pura e simples da lei, o que em grande parte explica que o *Segundo tratado* não fale do poder Judiciário, ao lado dos poderes Legislativo, Executivo e Federativo. Depois, quando a lei nada mais é do que "regra de jogo para um jogo no qual cada um é mestre, para si e de sua parte", o Judiciário adquire "uma nova autonomia e uma nova importância"[95]. Porque, nesse "jogo de catalaxia", o verdadeiro sujeito econômico é a empresa. Quanto mais é estimulada a jogar como bem entende no quadro das regras formais, mais ela estabelece livremente para si mesma seus objetivos, estando entendido que não existem fins comuns impostos e a própria empresa constitui uma "organização" (no sentido técnico dado a esse termo por Hayek). Assim, quanto mais numerosas as ocasiões de conflito e litígio entre os sujeitos econômicos, maior a demanda de arbitragem por parte das instâncias judiciais; em outras palavras, quanto menor a ação administrativa, maior o campo de intervenção da ação judiciária.

Essa autonomização do Judiciário não é casual: ela forma um sistema com outras diferenças importantes com relação ao liberalismo clássico. Em última análise, podemos apontar três diferenças principais. A primeira consiste em fazer das relações econômicas internas ao jogo do mercado o fundamento de "toda a sociedade". A segunda consiste em retirar da alternativa entre direito natural e criação deliberada o arcabouço jurídico constitutivo dessa ordem: as regras jurídicas se identificam com as regras

---

[93] Idem, *Droit, législation et liberté*, cit., p. 105.
[94] Michel Foucault, *Naissance de la biopolitique*, cit., p. 180; grifo nosso.
[95] Idem.

do direito privado e penal (em especial as do direito comercial), que são oriundas de um processo inconsciente de seleção. Essa segunda diferença já permite esboçar, por vias indiretas, o ideal de uma "sociedade de direito privado", do qual nada autoriza que se diga que era o ideal do liberalismo clássico. A terceira mudança coroa as duas outras e representa o remate dessa doutrina: o Estado deve aplicar a si mesmo as regras do direito privado, o que significa que não só ele tem de se considerar igual a qualquer pessoa privada, como também deve se impor, em sua própria atividade legislativa, a promulgação das leis fiéis à lógica desse mesmo direito privado. Estamos longe, muito longe, de uma simples "reafirmação" do liberalismo clássico.

Antes Estado forte que democracia

Hayek está muito distante, por fim, da "reabilitação do *laissez-faire*" a que o neoliberalismo é frequentemente resumido. De resto, Hayek vê a doutrina do *laissez-faire* como profundamente estranha à tese dos "economistas clássicos ingleses", a qual reivindica para si:

> Na verdade, a tese deles nunca foi orientada contra o Estado nem foi próxima do anarquismo, *que é a conclusão lógica da doutrina racionalista do laissez-faire*; foi uma tese que levou em consideração, ao mesmo tempo, as funções próprias do Estado e os limites de sua ação.[96]

Isso mostra que, para ele, está fora de cogitação aceitar a concepção libertarista do "Estado mínimo" defendida por Robert Nozick (segundo a qual uma agência de segurança que conseguisse outorgar-se o monopólio da força ao cabo de um processo de concorrência faria perfeitamente o ofício de Estado), sem mencionar as posições muito mais radicais do anarcocapitalismo (David Friedman) a favor da privatização de todas as funções que o liberalismo clássico atribui ao Estado (Exército, polícia, justiça, educação).

No entanto, ao contrário da apresentação que faz de sua relação com o liberalismo clássico, Hayek não é um simples "continuador" que teria apenas revigorado as teses dessa corrente. A ênfase que dá aos direitos dos indivíduos não autoriza de modo algum que seja visto como um herdeiro de Locke, do mesmo modo que o construtivismo assumido do ordoliberalismo alemão não permite vê-lo como um herdeiro de Bentham. O que o separa

---

[96] Friedrich Hayek, *La constitution de la liberté*, cit., p. 59; grifo nosso.

de Locke na questão fundamental da função do poder político não deriva de uns poucos ajustes sem grandes consequências. Na realidade, o que está em jogo é um profundo questionamento da *democracia liberal*. Basta pegar três das noções-chave que permitem a Locke definir o "governo limitado" (o "bem comum", o Legislativo como poder supremo, o consentimento da maioria do povo) para se convencer de que se trata de um rompimento. Em primeiro lugar, como vimos, Locke faz do "bem comum" ou "bem do povo", positivamente definido, o objetivo pelo qual toda a atividade governamental deve ordenar-se. Hayek, por sua vez, esvazia a noção de "bem comum" de qualquer conteúdo positivo assinalável: por não corresponder a um "fim", o "bem comum" reduz-se à "ordem abstrata do conjunto", tal como é possibilitada pelas "regras de conduta justa", o que equivale exatamente a fazer o "bem comum" consistir num simples "meio", já que essa ordem abstrata vale apenas "como meio facilitador da busca de uma grande diversidade de intenções individuais"[97].

Em segundo lugar, como também já vimos, Locke considera o poder Legislativo o "poder supremo" do governo, o que deve ser entendido em sentido forte: cabe a ele *fazer* leis, o que não pode resumir-se à ratificação das variações do "costume". Hayek, de sua parte, denuncia a confusão entre governo e legislação, entre elaboração dos decretos e das regulamentações particulares, de um lado, e ratificação das leis ou das "regras gerais de conduta", de outro. Isso o leva a atribuir essas duas funções a duas assembleias diferentes: à assembleia governamental, o poder Executivo; à assembleia legislativa, o poder de determinar as novas regras gerais. Essa última assembleia escapa a qualquer controle democrático: os nomótetas seriam homens maduros (de 45 anos no mínimo), escolhidos por eleitores da mesma idade para um período de quinze anos. A fim de evitar a palavra "democracia", "conspurcada por um longo abuso", Hayek inventa o termo "demarquia"[98].

Em terceiro lugar, e aqui chegamos realmente ao fundo do problema, Locke faz do consentimento da maioria do povo a regra a que estão submetidos todos os membros do corpo político. Chega a afirmar que "sempre

---

[97] Idem, *Droit, législation et liberté*, v. 2, cit., p. 6.
[98] Ibidem, p. 48. Enquanto a "democracia" pode degenerar em coerção praticada pela maioria sobre a minoria, a "demarquia" somente outorga poder de sujeição à vontade da maioria do maior número de indivíduos se a maioria se compromete a seguir a regra geral.

subsiste *no povo um poder supremo* de destituir ou *mudar o Legislativo*, quando se dá conta de que este age em contradição com a missão que lhe foi dada"[99]. Ao contrário dele, Hayek se recusa a conferir à maioria do povo o poder absoluto de obrigar todos os seus membros. O que lhe parece formar o conteúdo do conceito de "soberania popular" é que a regra majoritária não seja limitada nem limitável[100]. Ora, a função desse conceito é legitimar uma "democracia ilimitada", sempre suscetível de degenerar numa "democracia totalitária". O que significa que a democracia não é um fim em si, mas um meio que somente tem valor como método de seleção dos dirigentes. Assim, Hayek teve o mérito da franqueza quando declarou a um jornal chileno durante a ditadura de Pinochet, mais exatamente em 1981: "Minha preferência pende a favor de uma ditadura liberal, não a um governo democrático em que não haja nenhum liberalismo"[101]. Essa crítica à "soberania popular" e à "democracia ilimitada" está ligada a uma preocupação fundamental: trata-se, em última análise, de isentar as regras do direito privado (o da propriedade e da troca comercial) de qualquer espécie de controle exercido por uma "vontade coletiva". Tudo isso é muito lógico, se recordarmos o que implica o ideal de uma "sociedade de direito privado": um Estado que adota por princípio a submissão de sua ação às regras do direito privado não pode assumir o risco de uma discussão pública sobre o valor dessas normas, *a fortiori* não pode aceitar entregar-se à vontade do povo para decidir essa discussão.

Como avaliar a contribuição de Hayek para a elaboração do neoliberalismo? Não há dúvida de que sua influência intelectual e política foi determinante a partir da fundação da Sociedade Mont-Pèlerin (1947). Muitas das propostas políticas formuladas na terceira parte de *Os fundamentos da*

---

[99] John Locke, *Second traité du gouvernement*, cit., p. 108.
[100] Friedrich Hayek, *La constitution de la liberté*, cit., p. 104.
[101] Idem, citado em Stéphane Longuet, *Hayek et l'École autrichienne* (Paris, Nathan, 1998), p. 175. O texto em inglês da entrevista de abril de 1981, pelo jornal *El Mercurio*, tal como foi publicado pelo Instituto Hayek, diz exatamente: "As you will understand, it is possible for a dictator to govern in a liberal way. And it is also possible for a democracy to govern with a total lack of liberalism. Personally I prefer a liberal dictator to democratic government lacking liberalism" [Entenda, é possível para um ditador governar de forma liberal. E também é possível para uma democracia governar sem liberalismo nenhum. Pessoalmente, prefiro um ditador liberal a um governo democrático sem liberalismo – N. T.].

liberdade, em particular as que visam ao combate da "coerção" praticada pelos sindicatos, inspiraram diretamente os programas de Thatcher e Reagan[102]. No entanto, se tomarmos como critério não mais a influência política direta, mas a contribuição para a instauração da *racionalidade* neoliberal (no sentido de Foucault), impõe-se uma reavaliação. Seguramente devemos a Hayek a amplitude inédita dada a temas que já faziam parte do fundo original (os que Rougier e Lippmann estabeleceram, sublinhando a importância das regras jurídicas e a necessidade de um "Estado forte liberal"). Devemos a ele também, e talvez sobretudo, o aprofundamento da ideia avançada por Böhm de um governo guardião do direito privado, até fazê-lo significar explicitamente a exigência de uma aplicação desse direito ao próprio governo. Por último, na ordem da teoria econômica, devemos a ele a elaboração da noção de "divisão do conhecimento". Contudo, sobre a questão decisiva da *construção da ordem do mercado*, somos obrigados a reconhecer que hoje, na prática do neoliberalismo, tende a prevalecer uma atitude construtivista, muito distante do evolucionismo cultural hayekiano.

---

[102] Margaret Thatcher declarou em 5 de janeiro de 1981 à Câmara dos Comuns: "Sou uma grande admiradora do professor Hayek. Seria bom que os honoráveis membros desta casa lessem alguns de seus livros, *The Constitution of Liberty*, os três volumes de *Law, Legislation and Liberty*" (citado em Gilles Dostaler, *Le libéralisme de Hayek*, cit., p. 24).

II
A NOVA RACIONALIDADE

6
A GRANDE VIRADA

Os anos 1980 foram marcados, no Ocidente, pelo triunfo de uma política qualificada, ao mesmo tempo, de "conservadora" e "neoliberal". Os nomes de Ronald Reagan e Margaret Thatcher simbolizam esse rompimento com o "welfarismo" da social-democracia e a implementação de novas políticas que supostamente poderiam superar a inflação galopante, a queda dos lucros e a desaceleração do crescimento. Os slogans frequentemente simplistas dessa nova direita ocidental são conhecidos: as sociedades são sobretaxadas, super-regulamentadas e submetidas às múltiplas pressões de sindicatos, corporações egoístas e funcionários públicos. A política conservadora e neoliberal pareceu, sobretudo, constituir uma resposta política à crise econômica e social do regime "fordista" de acumulação do capital. Esses governos conservadores questionaram profundamente a regulação keynesiana macroeconômica, a propriedade pública das empresas, o sistema fiscal progressivo, a proteção social, o enquadramento do setor privado por regulamentações estritas, especialmente em matéria de direito trabalhista e representação dos assalariados. A política de demanda destinada a sustentar o crescimento e realizar o pleno emprego foi o principal alvo desses governos, para os quais a inflação se tornara o problema prioritário[1].

---

[1] Para termos uma visão sintética dessas políticas, basta considerarmos o manifesto de 1979 do Partido Conservador, com o qual Margaret Thatcher se elegeu. O programa previa controle da inflação, diminuição do poder dos sindicatos, recuperação dos incentivos ao trabalho e ao enriquecimento, fortalecimento do Parlamento e da lei, auxílio à família por uma política mais eficaz dos serviços sociais, reforço da Defesa. Ver Andrew Gamble, *The Free Economy and the Strong State: The Politics of Thatcherism* (Durham, Duke University Press, 1988).

Mas será que basta situar as políticas neoliberais em certa conjuntura histórica para compreender sua natureza e definir suas relações com o esforço de refundação teórica do liberalismo? Como explicar a continuidade dessas políticas durante décadas? Sobretudo, como justificar que algumas dessas políticas tenham sido adotadas tanto pela "nova direita"[2] quanto pela "esquerda moderna"?

Na realidade, essas novas formas políticas exigem uma mudança muito maior do que uma simples restauração do "puro" capitalismo de antigamente e do liberalismo tradicional. Elas têm como principal característica o fato de alterar radicalmente o modo de exercício do poder governamental, assim como as referências doutrinais no contexto de uma mudança das regras de funcionamento do capitalismo. Revelam uma subordinação a certo tipo de racionalidade política e social articulada à globalização e à financeirização do capitalismo. Em uma palavra, só há "grande virada" mediante a implantação geral de uma nova lógica normativa, capaz de incorporar e reorientar duradouramente políticas e comportamentos numa nova direção. Andrew Gamble resumiu esse novo rumo na frase: "Economia livre, Estado forte". A expressão tem o mérito de destacar o fato de que não estamos lidando com uma simples retirada de cena do Estado, mas com um reengajamento político do Estado sobre novas bases, novos métodos e novos objetivos. O que exatamente quer dizer essa frase? Naturalmente, podemos enxergar nela o que as correntes conservadoras querem que ela contenha: um papel maior da defesa nacional contra os inimigos externos, da polícia contra os inimigos internos e, de modo mais geral, dos controles sobre a população, sem esquecer o desejo de restauração da autoridade estabelecida, das instituições e dos valores tradicionais, em particular os "familiares". Contudo, há muito mais do que essa linha de defesa da ordem instituída, classicamente conservadora.

É sobre esse ponto preciso que persistem os mal-entendidos. Alguns autores preferiram ver apenas um "retorno do mercado" nas políticas econômicas e sociais conduzidas pela nova direita e pela esquerda moderna. Lembram com razão que esse tipo de política sempre se apoiou na ideia de que, para os mercados funcionarem bem, é necessário reduzir os impostos,

---

[2] A expressão "nova direita" é a tradução da expressão inglesa *new right*, que designa precisamente as formações políticas, as associações e as mídias que apoiaram o discurso neoliberal e conservador a partir dos anos 1980. Portanto, não deve sugerir um parentesco qualquer com o movimento que recebeu esse nome na França.

diminuir o gasto público (inclusive enquadrando seu crescimento em regras constitucionais), transferir as empresas públicas para o setor privado, restringir a proteção social, privilegiar "soluções individuais" diante dos riscos, controlar o crescimento da massa monetária para reduzir a inflação, possuir uma moeda forte e estável e desregulamentar os mercados, em particular o do trabalho. No fundo, se o "compromisso social-democrata" era sinônimo de intervencionismo do Estado, o "compromisso neoliberal" era sinônimo de livre mercado. O que se destacou menos foi o caráter *disciplinar* dessa nova política, que dá ao governo um papel de guardião das regras jurídicas, monetárias, comportamentais, atribui-lhe a função oficial de vigia das regras de concorrência no contexto de um conluio oficioso com grandes oligopólios e, talvez mais ainda, confere-lhe o objetivo de criar situações de mercado e formar indivíduos adaptados às lógicas de mercado. Em outras palavras, a atenção exclusiva que se deu à ideologia do *laissez-faire* nos desviou do exame das práticas e dos dispositivos encorajados pelos governos ou diretamente implantados por eles. Por consequência, a *dimensão estratégica* das políticas neoliberais foi paradoxalmente negligenciada pela crítica "antiliberal" padrão, na medida em que essa dimensão entra de imediato numa racionalidade global que permaneceu despercebida.

O que devemos de fato entender por "estratégia"? No sentido mais comum, o termo designa a "escolha dos meios empregados para chegar a um fim"[3]. É inegável que a virada dos anos 1970-1980 mobilizou todo um leque de meios para se alcançar no melhor prazo certos objetivos bem determinados (desmantelamento do Estado social, privatização das empresas públicas etc.). Portanto, estamos muito bem embasados para falar, nesse sentido, de uma "estratégia neoliberal": entenda-se o conjunto de discursos, práticas, dispositivos de poder visando à instauração de novas condições políticas, a modificação das regras de funcionamento econômico e a alteração das relações sociais de modo a impor esses objetivos. Contudo, por mais legítimo que seja, esse uso do termo "estratégia" poderia levar a entender que o objetivo da concorrência generalizada entre empresas, economias e Estados foi elaborado a partir de um projeto longamente amadurecido, como se tivesse sido objeto de uma escolha tão racional e controlada quanto os meios postos a serviço

---

[3] Hubert L. Dreyfus e Paul Rabinow, *Michel Foucault: un parcours philosophique* (Paris, Gallimard, 1984), p. 318-9 [ed. bras.: *Michel Foucault: uma trajetória filosófica*, trad. Vera Portocarrero e Gilda Gomes Carneiro, 2. ed. rev., Rio de Janeiro, Forense, 2013].

dos objetivos iniciais. Daí para pensar a virada em termos de um "complô" é um passo – que alguns se apressaram em dar, em particular na esquerda. O que nos parece, ao contrário, é que o objetivo de uma nova regulação pela concorrência não existia antes da luta contra o Estado de bem-estar na qual se engajaram, alternada ou simultaneamente, círculos intelectuais, grupos profissionais, forças sociais e políticas, muitas vezes por motivos bastante heterogêneos. A virada começou por pressão de certas condições, sem que ninguém sonhasse ainda com um novo modo de regulação em escala mundial. Nossa tese é que esse objetivo tenha se constituido ao longo do próprio confronto, se imposto a forças muito diferentes em razão da própria lógica do confronto e, a partir desse momento, feito o papel de catalisador, oferecendo um ponto de encontro a forças até então relativamente dispersas.

Para tentar explicar esse surgimento do objetivo a partir das condições de um confronto já iniciado, devemos recorrer a outro sentido do termo "estratégia", um sentido que não a faz proceder da vontade de um estrategista nem da intenção de um sujeito. Essa ideia de uma "estratégia sem sujeito" ou "sem estrategista" foi elaborada por Foucault. Tomando o exemplo do objetivo estratégico de moralização da classe operária nos anos 1830, ele defende que esse objetivo *produziu* a burguesia como o agente de sua instauração, e não que a classe burguesa, como sujeito pré-constituído, é que tenha concebido esse objetivo a partir de uma ideologia já elaborada[4]. O que se trata de pensar aqui é certa "lógica das práticas": primeiro, há as práticas, frequentemente díspares, que instauram técnicas de poder (entre as quais, em primeiro lugar, as técnicas disciplinares) e são a multiplicação e a generalização de todas essas técnicas que impõem pouco a pouco uma direção global, sem que ninguém seja o instigador desse "impulso na direção de um objetivo estratégico"[5]. Não conseguiríamos expressar melhor a maneira como a concorrência se constituiu como nova norma mundial a partir de certas relações entre as forças sociais e certas condições econômicas, sem que tenha sido "escolhida" de forma premeditada por um "Estado-maior" qualquer. Fazer aparecer a dimensão estratégica das políticas neoliberais é, portanto, não apenas revelar em que elas dizem respeito à escolha de certos meios (de acordo com o primeiro sentido do termo "estratégia"), mas

---

[4] Michel Foucault, "Le jeu de Michel Foucault", em *Dits et écrits II* (Paris, Gallimard, 2001), p. 306-7.

[5] Hubert L. Dreyfus e Paul Rabinow, *Michel Foucault*, cit., p. 268-9.

é também mostrar o caráter estratégico (no segundo sentido do mesmo termo) do objetivo da concorrência generalizada que permitiu dar a todos esses meios uma coerência global.

Neste capítulo, nos propomos examinar na ordem os quatro pontos seguintes. O primeiro diz respeito à *relação de apoio recíproco* graças à qual as políticas neoliberais e as transformações do capitalismo ampararam-se mutuamente para produzir o que denominamos "a grande virada". Contudo, essa virada não se deve apenas à crise do capitalismo nem surgiu de repente. Ela foi precedida e acompanhada por uma *luta ideológica*, que foi sobretudo uma crítica sistemática e duradoura de ensaístas e políticos contra o Estado de bem-estar. Essa ofensiva alimentou diretamente a ação de certos governos e contribuiu enormemente para a legitimação da nova norma quando esta por fim surgiu. Esse é o segundo ponto. No entanto, apenas a conversão dos espíritos não teria sido suficiente – foi necessária uma mudança de comportamento. Isso foi obra, em grande parte, de técnicas e dispositivos de *disciplina*, isto é, de sistemas de coação, tanto econômicos como sociais, cuja função era obrigar os indivíduos a governar a si mesmos sob a pressão da competição, segundo os princípios do cálculo maximizador e uma lógica de valorização de capital. Esse é o terceiro ponto. Finalmente, a progressiva ampliação desses sistemas disciplinares, assim como sua codificação institucional, levaram à instauração de uma *racionalidade* geral, uma espécie de novo regime de evidências que se impôs aos governantes de todas as linhas como único quadro de inteligibilidade da conduta humana.

Uma nova regulação pela concorrência[6]

Há duas maneiras de se enganar a respeito do sentido da "grande virada". A primeira consiste em fazê-la proceder exclusivamente de transformações econômicas internas ao sistema capitalista. Desse modo, a dimensão de *reação-adaptação* a uma situação de crise é artificialmente isolada. A segunda consiste em ver a "revolução neoliberal" como a aplicação deliberada e concertada de uma teoria econômica, privilegiando-se na maioria das vezes

---

[6] O conteúdo desta seção retoma em parte a apresentação feita por El Mouhoub Mouhoud e Dominique Plihon no seminário "Question Marx". Ele foi inteiramente revisto pelos autores para a presente publicação, com a ajuda de El Mouhoub Mouhoud.

a de Milton Friedman[7]. Nesse caso, é a dimensão da *revanche* ideológica que é supervalorizada. Na realidade, a instauração da norma mundial da concorrência ocorreu pela *conexão* de um projeto político a uma dinâmica endógena, a um só tempo tecnológica, comercial e produtiva. Pretendemos, nesta seção e na seguinte, evidenciar os principais traços dessa dinâmica, reservando a análise específica da segunda dimensão às seções posteriores, dedicadas à ideologia e à disciplina.

O programa político de Margaret Thatcher e Ronald Reagan, imitado por um grande número de governos e continuado pelas grandes organizações internacionais, como o FMI e o Banco Mundial, apresenta-se primeiro como um conjunto de *respostas* a uma situação que se considera "ingerível". Essa dimensão propriamente reativa é patente no relatório da Comissão Trilateral[8], intitulado *The Crisis of Democracy*, um documento-chave que mostra a consciência da "ingovernabilidade" das democracias compartilhada por muitos dos dirigentes dos países capitalistas[9]. Os especialistas convidados a formular seu diagnóstico em 1975 constataram que os governantes eram incapazes de governar em razão do excessivo envolvimento dos governados na vida política e social. Ao contrário de Tocqueville ou Mill, que lamentavam a apatia dos modernos, os três relatores da Comissão Trilateral, Michel Crozier, Samuel Huntington e Joji Watanuki, queixavam-se do "excesso de democracia" que surgiu nos anos 1960, isto é, em sua opinião, do aumento das reivindicações igualitárias e do desejo de participação política ativa das classes mais pobres e mais marginalizadas. Para eles, a democracia política somente pode funcionar normalmente com certo grau "de apatia e não participação da parte de certos indivíduos e grupos"[10]. Alinhando-se aos temas clássicos

---

[7] Esse aspecto é sublinhado muito unilateralmente na última obra de Naomi Klein, *La stratégie du choc: la montée d'un capitalisme du désastre* (trad. Leméac/Actes Sud, 2008) [ed. bras.: *A doutrina do choque: ascensão do capitalismo de desastre*, trad. Vania Cury, Rio de Janeiro, Nova Fronteira, 2008].

[8] Como indica sua carta inaugural, a Comissão Trilateral, fundada em 1973 por David Rockefeller, reúne duzentos "cidadãos distintos", isto é, membros selecionadíssimos da elite política e econômica mundial provenientes da "tríade" (Estados Unidos, Europa, Japão) que se dedicarão a "desenvolver propostas práticas para uma ação conjunta".

[9] Michel Crozier, Samuel Huntington e Joji Watanuki, *The Crisis of Democracy: Report on the Governability of Democracies to the Trilateral Commission* (Nova York, New York University Press, 1975).

[10] Ibidem, p. 114.

dos primeiros teóricos neoliberais, pediam que se reconhecesse que "há um limite desejável para a ampliação indefinida da democracia política"[11].

Esse apelo a que se pusessem "limites às reivindicações" traduzia à própria maneira o início da crise da antiga norma fordista. Esta conciliava os princípios do taylorismo com as regras de divisão do valor adicionado favoráveis à alta regular dos salários reais (por indexação pelos preços e pelos ganhos de produtividade). Além disso, essa articulação da produção e do consumo de massa apoiava-se no caráter relativamente autocentrado[12] desse modelo de crescimento que garantia certa "solidariedade" macroeconômica entre salário e lucro. As características da demanda (fraca diferenciação dos produtos, alta elasticidade da demanda em relação ao preço[13], progressão da renda) correspondiam à satisfação progressiva das necessidades das famílias em termos de bens de consumo e equipamento. Assim, esse crescimento sustentado da renda, assegurado pelo aumento dos ganhos de produtividade, permitia escoar a produção de massa em mercados essencialmente domésticos. Setores industriais pouco expostos à concorrência internacional tiveram um papel de motor do crescimento. A organização da atividade produtiva repousava sobre uma divisão do trabalho bastante aprofundada, uma automatização incrementada, porém rígida, um ciclo de produção/consumo longo, que possibilitava a obtenção de economias de escala sobre bases nacionais ou mesmo internacionais, já ligadas à deslocalização maciça de segmentos de montagem em países asiáticos. Entendia-se que, no plano político e social, tais condições possibilitavam arranjos que até certo ponto articulavam a valorização do capital e um aumento dos salários reais (o que foi chamado de "compromisso social-democrata").

No entanto, no fim dos anos 1960, o modelo "virtuoso" do crescimento fordista depara com limites endógenos. As empresas sofreram uma baixa sensível em suas taxas de lucro[14]. Essa queda da "lucratividade" explica-se

---

[11] Ibidem, p. 115, citado em Serge Halimi, *Le Grand Bond en arrière* (Paris, Fayard, 2004), p. 249.

[12] O termo permite definir um circuito macroeconômico centrado na base territorial do Estado-nação.

[13] A elasticidade-preço da demanda designa, em linguagem econômica, a sensibilidade da demanda à variação dos preços.

[14] Ver Gérard Duménil e Dominique Lévy, *Crise et sortie de crise, ordre et désordres néolibéraux* (Paris, PUF, 2000).

pela desaceleração dos ganhos de produtividade, pela relação das forças sociais e da combatividade dos assalariados (o que deu aos "anos 1968" sua característica histórica), pela alta inflação amplificada pelas duas crises do petróleo, em 1973 e 1979. A estagflação parece assinar o atestado de óbito da arte keynesiana de "pilotar a conjuntura", que pressupunha a arbitragem entre inflação e recessão. A coexistência desses dois fenômenos – alta taxa de inflação e taxa elevada de desemprego – parecia desabonar as ferramentas da política econômica, em particular a ação benéfica do gasto público sobre o nível da demanda e o nível de atividade, logo, sobre o nível do emprego.

A desregulação do sistema internacional instaurada após a Segunda Guerra Mundial constituirá um fator suplementar de crise. A flutuação geral das moedas a partir de 1973 abre caminho para uma maior influência dos mercados sobre as políticas econômicas e, num contexto novo, a abertura crescente das economias mina as bases do circuito autocentrado de "produção-renda-demanda".

A nova política monetarista esforça-se precisamente para responder aos dois problemas principais, que são a estagflação e o poder de pressão das organizações de assalariados. O que se fez foi interromper a indexação dos salários pelos preços e, assim, transferir a sangria causada pelas duas crises do petróleo para o poder de compra dos assalariados em benefício das empresas. Os dois eixos principais da mudança de direção da política econômica foram a luta contra a inflação galopante e a recuperação dos lucros no fim dos anos 1970. O aumento brutal das taxas de juros à custa de uma grave recessão e de um aumento do desemprego permitiu lançar rapidamente uma série de ofensivas contra o poder sindical, baixar os gastos sociais e os impostos e facilitar a desregulamentação. No início dos anos 1980, os próprios governos de esquerda se converteram a essa política monetarista, como mostra exemplarmente o caso da França[15].

Através de outro "círculo virtuoso", a elevação das taxas de juros levaram à crise do endividamento dos países latino-americanos, em particular do México, em 1982, dando ocasião para que o FMI impusesse, em troca da negociação das condições de pagamento, planos de ajuste estrutural que pressupunham reformas profundas. O aumento das taxas de juros para o dobro nos Estados Unidos, em 1979, e suas consequências internas e externas vão devolver aos credores certo poder sobre os devedores, exigindo deles

---

[15] Com a virada da política de austeridade do governo Delors em 1983.

uma remuneração real mais elevada e impondo-lhes condições políticas e sociais muito desfavoráveis[16]. Essa disciplina monetária e orçamentária torna-se a nova norma das políticas anti-inflacionárias no conjunto dos países da OCDE e nos países do Sul, que dependem do crédito do Banco Mundial e do apoio do FMI.

Desse modo, progressivamente uma nova orientação tomou corpo em dispositivos e mecanismos econômicos que mudaram profundamente as "regras do jogo" entre os diferentes capitalismos nacionais, assim como entre as classes sociais em cada um dos espaços nacionais. As mais famosas das medidas adotadas foram a grande onda de *privatizações* de empresas públicas (na maioria das vezes vendidas a preço de banana) e o movimento geral de *desregulamentação* da economia. A ideia diretriz dessa orientação é que a liberdade que se dá aos atores privados – que conhecem melhor a situação dos negócios e seus próprios interesses – é sempre mais eficaz do que a intervenção direta ou a regulação pública. Se a ordem econômica keynesiana e fordista repousava sobre a ideia de que a concorrência entre empresas e entre economias capitalistas deveria ser enquadrada por regras fixas comuns no que diz respeito a taxas de câmbio, políticas comerciais e divisão de renda, a nova norma neoliberal instaurada no fim dos anos 1980 erige a concorrência em regra suprema e universal de governo.

Esse sistema de regras definiu o que poderíamos chamar de *sistema disciplinar mundial*. Como mostraremos adiante, a elaboração desse sistema representa o desfecho de um processo de experimentação de dispositivos disciplinares polidos desde os anos 1970 pelos governos atraídos para o dogma do monetarismo. Encontrou sua formulação mais condensada naquilo que John Williamson chamou de "Consenso de Washington". Esse consenso se estabeleceu na comunidade financeira internacional como um conjunto de recomendações que todos os países deveriam seguir para conseguir empréstimos e auxílios[17].

---

[16] Ver Dominique Plihon, *Le nouveau capitalisme* (Paris, La Découverte, 2003, Coleção Repères).

[17] Entre as dez recomendações da nova norma mundial, encontramos: disciplina orçamentária e fiscal (respeito ao equilíbrio orçamentário e diminuição dos descontos obrigatórios e taxas de impostos), liberalização comercial, com supressão das barreiras alfandegárias e fixação de taxas de câmbio competitivas, abertura à movimentação de capitais estrangeiros, privatização da economia, desregulamentação e criação de

As organizações internacionais tiveram um papel bastante ativo na difusão dessa norma. O FMI e o Banco Mundial viram o sentido de sua missão mudar radicalmente nos anos 1980, em consequência da adesão dos governos dos países mais poderosos à nova racionalidade governamental. As economias mais frágeis tiveram, em sua maioria, de obedecer às recomendações desses organismos para conseguir ajuda ou, ao menos, "aprovação", a fim de melhorar sua imagem diante dos credores e dos investidores internacionais. Dani Rodrik, economista de Harvard que trabalhou muito com o Banco Mundial, não teve dúvidas em dizer que se tratou de uma "hábil estratégia de marketing": "O ajuste estrutural foi apresentado como uma iniciativa que os países deveriam tomar para salvar suas economias da crise"[18]. Na realidade, como bem mostrou Joseph Stiglitz, os resultados dos planos de ajuste foram bastante destrutivos na maioria das vezes. As "terapias de choque" sufocaram o crescimento com taxas de juro muito elevadas, arruinaram a produção local expondo-a sem cautela à concorrência dos países mais desenvolvidos, muitas vezes agravaram a desigualdade e aumentaram a pobreza, reforçaram a instabilidade econômica e social e submeteram essas economias "abertas" à volatilidade dos movimentos de capitais. A intervenção do FMI e do Banco Mundial visava a impor o quadro político do Estado concorrencial, ou seja, do Estado cujas ações tendem a fazer da concorrência a lei da economia nacional, seja essa concorrência a dos produtores estrangeiros, seja a dos produtores nacionais.

De maneira mais geral, as políticas seguidas pelos governos tanto do Norte como do Sul consistiram em buscar no aumento de suas parcelas de mercado em nível mundial a solução para seus problemas internos. Essa corrida à exportação, à conquista de mercados estrangeiros e à captação de poupança criou um contexto de concorrência exacerbada que levou a uma "reforma" permanente dos sistemas institucionais e sociais, apresentada à população como uma necessidade vital. As políticas econômicas e sociais integraram essa "adaptação" à globalização como dimensão principal, tentando aumentar a capacidade de reação das empresas, diminuir a pressão fiscal sobre

---

mercados concorrenciais e proteção aos direitos de propriedade, em particular à propriedade intelectual dos oligopólios internacionais.

[18] Dani Rodrik citado em Naomi Klein, *La stratégie du choc*, cit., p. 202. Diga-se de passagem, temos aqui uma ilustração muito boa do primeiro sentido do termo "estratégia" como escolha dos meios que permitem alcançar um objetivo previamente determinado.

os rendimentos do capital e os grupos mais favorecidos, disciplinar a mão de obra, baixar o custo do trabalho e aumentar a produtividade.

Os Estados tornaram-se elementos-chave dessa concorrência exacerbada, procurando atrair uma parte maior dos investimentos estrangeiros pela criação de condições fiscais e sociais mais favoráveis à valorização do capital. Assim, contribuíram amplamente para a criação de uma ordem que os submete a novas restrições que, por sua vez, levam a comprimir salários e gastos públicos, reduzir "direitos adquiridos" considerados muito onerosos e enfraquecer os mecanismos de solidariedade que escapam à lógica assistencial privada. Ao mesmo tempo atores e objetos da concorrência mundial, construtores e colaboradores do capitalismo financeiro, os Estados são cada vez mais submetidos à lei férrea de uma dinâmica da globalização que lhes escapa largamente. Os dirigentes dos governos e dos organismos internacionais (financeiros e comerciais) podem sustentar, assim, que a globalização é um *fatum* que ao mesmo tempo trabalha continuamente para a criação dessa pretensa "fatalidade".

O crescimento do capitalismo financeiro

Em nível mundial, a difusão da norma neoliberal encontra um veículo privilegiado na liberalização financeira e na globalização da tecnologia. Um mercado único de capitais instala-se por intermédio de uma série de reformas legislativas, das quais as mais significativas foram a liberação total do câmbio, a privatização do setor bancário, a abertura dos mercados financeiros e, em nível regional, a criação da moeda única europeia. Essa liberação *política* das finanças é fundamentada numa necessidade de financiamento da dívida pública, que seria paga recorrendo-se aos investidores internacionais. No plano teórico, é justificada pela superioridade da concorrência entre os atores financeiros na administração do crédito, naquilo que diz respeito ao financiamento de empresas, lares e Estados endividados[19]. Foi facilitada por uma revisão progressiva da política monetária norte-americana, que abandonou os cânones estritos do monetarismo doutrinal.

As finanças mundiais sofreram uma expansão considerável durante quase duas décadas. O volume das transações a partir dos anos 1980 mostra que

---

[19] Ver Dominique Plihon, "L'État et les marchés financiers", *Les Cahiers Français*, n. 277, 1996.

o mercado financeiro se autonomizou em relação à esfera da produção e das trocas comerciais, aumentando a instabilidade já crônica da economia mundial[20]. Desde que a "globalização" começou a ser puxada pelas finanças, a maioria dos países viu-se na impossibilidade de tomar medidas que iriam de encontro aos interesses dos detentores do capital. Por isso, eles não impediram nem a formação das bolhas especulativas nem o estouro delas. Mais ainda, por uma política monetária que se afastou do monetarismo clássico, contribuíram para sua formação – como os Estados Unidos a partir de 2000. A unificação do mercado mundial do dinheiro veio acompanhada de uma homogeneização dos critérios contábeis, de uma uniformização das exigências de rentabilidade, de um mimetismo das estratégias dos oligopólios, de ondas de recompras, fusões e restruturações de atividades.

A passagem do capitalismo fordista ao capitalismo financeiro foi marcada também por uma sensível modificação das regras de controle das empresas. Com a privatização do setor público, o peso cada vez maior dos investidores institucionais e o aumento dos capitais estrangeiros na estrutura da propriedade das empresas, uma das principais mudanças do capitalismo foram os objetivos perseguidos pelas empresas sob pressão dos acionistas. De fato, o poder financeiro dos proprietários da empresa conseguiu dos gestores que estes exercessem pressão constante sobre os assalariados com o intuito de aumentar os dividendos e as cotações na bolsa. Segundo essa lógica, a "criação de valor acionário", isto é, a produção de valor em proveito dos acionistas como determinam os mercados de ações, torna-se o principal critério de gestão dos dirigentes. O comportamento das empresas é profundamente afetado. Elas desenvolverão todos os tipos de meios para aumentar essa "criação de valor" financeiro: fusões-aquisições, recentralização no foco do negócio, terceirização de certos segmentos da produção, redução do tamanho da empresa[21]. A governança da empresa (*corporate governance*) está diretamente ligada à vontade dos acionistas de assumir o controle da gestão das empresas. O controle "indicial", determinado unicamente pela variação do índice da bolsa, visa a reduzir a autonomia dos objetivos dos gestores, que supostamente têm interesses diferentes, ou até mesmo oposto aos, dos

---

[20] Ver François Chesnais (org.), *A finança mundializada: raízes sociais e políticas, configuração, consequências* (trad. Rosa Marques e Paulo Nakatani, São Paulo, Boitempo, 2005).

[21] Dominique Plihon, *Le nouveau capitalisme*, cit., p. 67 e seg.

acionistas. O principal efeito que tiveram essas práticas de controle foi tornar o aumento da cotação em bolsa o objetivo comum de acionistas e dirigentes. O mercado financeiro foi constituído em *agente disciplinante* para todos os atores da empresa, desde o dirigente até o assalariado de base: todos devem submeter-se ao princípio de *accountability*, isto é, à necessidade de "prestar contas" e ser avaliado em função dos resultados obtidos.

O fortalecimento do capitalismo financeiro teve outras consequências importantes, sobretudo sociais. A concentração de renda e patrimônio acelerou-se com a financeirização da economia. A deflação salarial traduziu um poder maior dos detentores dos capitais, o que lhes permitiu atrair um acréscimo importante de valor, impondo seus critérios de rendimento financeiro à toda a esfera produtiva e fazendo as forças de trabalho competirem em escada mundial. Ela levou muitos assalariados a recorrer ao endividamento, que o ativismo monetário do Federal Reserve Bank tornou mais fácil depois do *crash* de 2000. O empobrecimento relativo e muitas vezes absoluto desses assalariados submeteu-os desse modo ao poder das finanças.

Em segundo lugar, a relação do sujeito com ele mesmo foi profundamente afetada. Em razão dos impostos mais atrativos e do estímulo dos poderes públicos, o patrimônio financeiro e imobiliário de muitas famílias de classe média e alta aumentou consideravelmente a partir dos anos 1990. Apesar de longe do sonho thatcheriano de populações ocidentais compostas de milhões de pequenos capitalistas, a lógica do capital financeiro teve efeitos subjetivos significativos. Cada sujeito foi levado a conceber-se e comportar-se, em todas as dimensões de sua vida, como um capital que devia valorizar-se: estudos universitários pagos, constituição de uma poupança individual para a aposentadoria, compra da casa própria e investimentos de longo prazo em títulos da bolsa são aspectos dessa "capitalização da vida individual" que, à medida que ganhava terreno na classe assalariada, erodia um pouco mais as lógicas de solidariedade[22].

O advento do capitalismo financeiro, ao contrário do que anunciaram na época alguns analistas, não nos fez passar do capitalismo organizado do século XIX para um "capitalismo desorganizado"[23]. É mais adequado dizer

---

[22] Sobre esse ponto, ver Randy Martin, *The Financialization of Daily Life* (Filadélfia, Temple University Press, 2002). Sobre o que chamaremos de "subjetivação financeira", ver capítulo 9 deste volume.

[23] Scott Lasch e John Urry, *The End of Organized Capitalism* (Cambridge, Polity Press, 1987).

que o capitalismo se reorganizou sobre novas bases, cuja mola é a instauração da concorrência generalizada, inclusive na esfera da subjetividade. O que aprouve chamar de "desregulamentação", termo ambíguo que poderia dar a entender que o capitalismo não conhece nenhum outro modo de regulação, é na realidade uma nova *ordenação* das atividades econômicas, das relações sociais, dos comportamentos e das subjetividades.

Nada é mais indicativo disso do que o papel dos Estados e das organizações econômicas internacionais no estabelecimento do novo regime de acumulação predominantemente financeiro. Há, de fato, uma falsa ingenuidade no fato de se lamentar a força do capital financeiro em oposição à força declinante dos Estados. O novo capitalismo está profundamente ligado à construção *política* de uma finança global regida pelo princípio da concorrência generalizada. Nisso, a "mercadorização"* (*marketization*) das finanças é filha da razão neoliberal. Portanto, convém não tomar o efeito pela causa, identificando sumariamente neoliberalismo com capitalismo financeiro.

É claro que nem tudo vem pela mão do Estado. Se, a princípio, um dos objetivos da liberalização dos mercados financeiros consistia em facilitar as necessidades crescentes de financiamento dos déficits públicos, a expansão das finanças globais é resultado também de múltiplas inovações em produtos financeiros, práticas e tecnologias que não haviam sido previstas inicialmente.

Em todo caso, foi o Estado que nos anos 1980, por suas reformas de liberalização e privatização, constituiu uma finança de mercado, em vez de uma gestão mais administrada dos financiamentos bancários das empresas e das famílias. Lembremos que, dos anos 1930 aos 1970, o sistema financeiro era enquadrado por regras que visavam a *protegê-lo dos efeitos da concorrência*. A partir dos anos 1980, ele continua a ser submetido a regras, mas estas mudam radicalmente, já que visam a *regulamentar a concorrência geral* entre todos os atores financeiros em escala internacional[24]. A França oferece um

---

* No original, "*mise en marché*". Não se trata apenas de transformar algo em mercadoria, mas de inscrever a lógica concorrencial do mercado nos comportamentos ou nas relações e nos processos que não foram e não necessariamente serão transformados em mercadorias. (N. E.)

[24] Como escrevem Dominique Plihon, Jézabel Couppey-Soubeyran e Dhafer Saïdane, "consequentemente, o objetivo da regulamentação não foi afastar a atividade bancária da concorrência, mas criar condições legais e leais de atividade (*level playing field*)". Ver *Les banques, acteurs de la globalisation financière* (Paris, La Documentation Française, 2006), p. 113.

bom exemplo dessa transformação. Os governos franceses começaram a pôr fim à gestão administrada do crédito: supressão do limite de crédito, retirada do controle de câmbio e privatização das instituições bancárias e financeiras. Essas medidas permitiram a criação de um grande mercado único de capitais e encorajaram o desenvolvimento de conglomerados que misturavam atividades de banco, seguro e consultoria. Paralelamente, a gestão da dívida pública, em pleno crescimento no início dos anos 1990, foi profundamente modificada para que se pudesse recorrer aos investidores internacionais, de modo que, por esse meio, os Estados contribuíram ampla e diretamente para o crescimento das finanças globalizadas. Por uma espécie de "efeito reflexo" de sua própria ação, o Estado foi obrigado a "adaptar-se" às pressas à nova situação financeira internacional. Quanto maior foi a transferência de renda para os usurários, por meio de imposto, mais se teve de diminuir o número de funcionários e baixar os salários e mais foi preciso transferir para o setor privado segmentos inteiros do setor público. As privatizações, da mesma forma que o estímulo à poupança individual, acabaram por conferir um poder considerável a bancos e seguradoras.

O aumento do tamanho dos mercados, a abertura dos mercados e a criação do mercado de produtos derivados foram sistematicamente encorajados pelos poderes públicos para enfrentar a concorrência de outras praças financeiras (em particular as mais poderosas: Londres e Nova York). Nos Estados Unidos, nos anos 1990, assistiu-se ao fim da compartimentalização do setor bancário com a supressão do Glass-Steagall Act de 1933 e o surgimento paralelo de grandes conglomerados multifuncionais (*one-stop shopping*). A securitização de créditos, iniciada nos Estados Unidos nos anos 1970, favoreceu um quadro legal na maioria dos países (na França em 1988)[25]. Enfim, em outro campo, coube ainda ao Estado criar o elo entre o poder do capital financeiro e a gestão empresarial: ele deu um quadro legal[26] às normas da governança empresarial que consagrava os direitos dos acionistas e instaurava um sistema de remuneração dos dirigentes baseado no aumento do valor das ações (*stock-options*)[27].

---

[25] Ibidem, p. 18-9.

[26] Como na França a "lei sobre as novas regulações econômicas", de maio de 2001.

[27] Lembramos que essas medidas favoráveis ao capitalismo financeiro foram consenso entre as elites políticas e econômicas. Na França, coube a um governo de esquerda implantá-las.

Obviamente, o FMI e o Banco Mundial prosseguiram essa construção política das finanças de mercado pelos governos. As políticas públicas ajudaram ativa e fortemente os "investidores institucionais" a instaurar a norma do máximo valor acionário, captar fluxos de renda cada vez maiores, alimentar uma especulação desenfreada graças à extração de renda financeira. A concentração das instituições financeiras, agora situadas no centro dos novos dispositivos econômicos, permitiu atrair de modo sólido a poupança das famílias e das empresas, o que lhes deu ao mesmo tempo mais poder sobre todas as esferas econômicas e sociais. Portanto, aquilo que se denomina "liberalização" das finanças – que é mais propriamente a construção de mercados financeiros internacionais – engendrou uma "criatura" com uma força ao mesmo tempo difusa, global e incontrolável.

Paradoxalmente, esse papel ativo dos Estados favoreceu a derrapagem das instituições de crédito em meados dos anos 2000. Foi precisamente a concorrência exacerbada entre instituições de crédito "multifuncionais" que as levou a assumir riscos cada vez maiores a fim de manter a própria rentabilidade[28]. Mas elas somente poderiam assumir esses riscos se o Estado continuasse a ser o fiador supremo do sistema. O salvamento das caixas econômicas nos anos 1990 nos Estados Unidos mostrou que o Estado não poderia permanecer indiferente ao desmoronamento dos grandes bancos, segundo o princípio do "*too big to fail*" ["grande demais para quebrar"]. Na realidade, há muito tempo o governo neoliberal faz o papel de credor de última instância, como mostra a prática de compra de créditos de bancos e securitização nos Estados Unidos[29]. De modo que não é de admirar que os governos tenham aumentado as intervenções de "salvamento" de instituições bancárias e seguradoras desde o desencadeamento da crise em 2007: essas intervenções apenas ilustram em grande escala o princípio da "nacionalização dos riscos e da privatização dos lucros". O governo britânico de Gordon Brown nacionalizou quase 50% de seu sistema bancário e o governo norte-americano recapitalizou os bancos de Wall Street a um custo de centenas

---

[28] Sobre os mecanismos da crise financeira, ver Paul Jorion, *Vers la crise du capitalisme américain* (Paris, La Découverte, 2007), e Frédéric Lordon, *Jusqu'à quand? Pour en finir avec les crises financières* (Paris, Raisons d'Agir, 2008).

[29] Nos Estados Unidos, os créditos hipotecários foram maciçamente garantidos pelas duas agências públicas encarregadas dos empréstimos residenciais, Fannie Mae e Freddie Mac.

de bilhões de dólares. Ao contrário do que afirmaram certos analistas, evidentemente não é de "socialismo" que se trata, tampouco de uma nova "Revolução de Outubro", mas de uma *extensão forçada e forçosa do papel ativo do Estado neoliberal*. Construtor, vetor e parceiro do capitalismo financeiro, o Estado neoliberal deu um passo à frente, tornando-se efetivamente, graças à crise, a instituição financeira de última instância. Isso é tão verdadeiro que esse "salvamento" conseguiu transformá-lo provisoriamente numa espécie de Estado *corretor*, que compra títulos na baixa para tentar revendê-los na alta. A ideia de que após a "retirada do Estado" assistiríamos a um "retorno do Estado" deve ser seriamente rediscutida.

Ideologia (1): o "capitalismo livre"

O fato de essa ilusão ser tão corriqueira deve-se em grande parte a uma estratégia eficaz de conversão de mentalidades que, a partir dos anos 1960 e 1970, tomou a dupla forma de uma luta ideológica contra o Estado e as políticas públicas, de um lado, e de uma apologia despudorada do capitalismo mais desbridado, de outro. Criou-se toda uma vulgata sobre o tema da necessária "desobrigação do Estado" e a incomparável "eficiência dos mercados". Foi assim que, na virada dos anos 1980, o mito do mercado autorregulador pareceu estar de volta, a despeito das políticas neoliberais que visavam a uma *construção* mais ativa dos mercados.

Essa conquista política e ideológica foi objeto de numerosos trabalhos. Alguns autores desenvolveram uma estratégia muito consciente de *luta ideológica*. Hayek, Von Mises, Stigler e Friedman de fato *refletiram* sobre a importância da propaganda e da educação, um tema que ocupa parte notável de suas obras e intervenções. Tentaram até mesmo dar uma forma popular a suas teses para que tocassem, se não a opinião pública diretamente, ao menos os formadores de opinião, e isso desde muito cedo, como mostra o sucesso mundial de *O caminho da servidão*, de Hayek. O que explica também a constituição dos *think tanks* (o mais famoso, a Sociedade Mont-Pèlerin, fundada em 1947 em Vevey, na Suíça, por Hayek e Röpke, não foi mais do que a "ponta de rede" de um vasto conjunto de associações e círculos militantes em todos os países). A historiografia descreve como os *think tanks* dos "evangelistas do mercado" permitiram lançar o assalto aos grandes partidos de direita, apoiando-se numa imprensa dependente dos meios empresariais, e como, pouco a pouco, as "ideias modernas" do mercado e da globalização fizeram refluir e definhar os sistemas ideológicos contrários, a começar pela social-democracia.

Evidentemente, do ponto de vista histórico, esse aspecto das coisas é fundamental. Foi precisamente pela fixação e pela repetição dos mesmos argumentos que certa vulgata acabou impondo-se por toda a parte, em particular nas mídias, na universidade e no mundo político. Nos Estados Unidos, Milton Friedman, em conjunto com seus trabalhos acadêmicos, teve um papel importante na reabilitação do capitalismo com uma produção excepcional de artigos, livros e programas de televisão. Ele foi o único economista de sua época a aparecer na capa da *Time Magazine* (1969). Perfeitamente consciente da importância dessa propagação das ideias pró-capitalistas, dizia que, na maioria das vezes, a legislação apenas acompanha um movimento da opinião pública que aconteceu vinte ou trinta anos atrás[30]: a virada da opinião pública contra o *laissez-faire* dos anos 1880 só se traduziu em políticas no início do século XX. Para Friedman, uma nova mudança a favor do capitalismo concorrencial ocorrera por volta dos anos 1960 e 1970, após o fracasso das políticas de regulação keynesiana, de luta contra a pobreza e de redistribuição de renda, e em consequência da rejeição cada vez maior ao modelo soviético. Para ele, a revolta dos contribuintes californianos em 1978, que se estendeu progressivamente a todos os Estados Unidos e a um grande número de países ocidentais, testemunhou essa nova aspiração da população à redução dos gastos públicos e dos impostos. Friedman, consciente desses ciclos e dos efeitos retardados da opinião pública sobre a política e a legislação, acerta quando anuncia em 1981 que aquela era uma grande virada que se traduziria em medidas governamentais.

No momento certo, todos os países tiveram seus *best-sellers* elogiando a revolução conservadora norte-americana e o retorno do mercado, e denunciando com veemência os custosos abusos da função pública e do "Estado de bem-estar". Essa imensa onda de novas evidências fabricou um consentimento, se não da população, ao menos das "elites" que tinham o monopólio da palavra pública, e permitiu que aqueles que ainda ousavam opor-se fossem estigmatizados como "arcaicos"[31].

---

[30] Ver a conferência de Milton Friedman, *The Invisible Hand in Economics and Politics* (Singapura, Institute of Southeast Asian Studies, 1981).

[31] Por exemplo, nos Estados Unidos, George Gilder, *Wealth and Poverty* (Nova York, Bantam Books, 1981), ou, na França, Henri Lepage, *Demain le capitalisme* (Paris, Hachette, 1978, Coleção Pluriel).

Não podemos esquecer, todavia, que não foi apenas a força das ideias neoliberais que garantiu sua hegemonia. Elas se impuseram a partir do enfraquecimento das doutrinas de esquerda e do desabamento de qualquer alternativa ao capitalismo. Elas se afirmaram sobretudo num contexto de crise dos antigos modos de regulação da economia capitalista, no momento em que a economia mundial era afetada pelas crises do petróleo. Isso explica por que, diferentemente dos anos 1930, a crise do capitalismo fordista resultou numa saída favorável não a *menos capitalismo*, mas, sim, a *mais capitalismo*. O principal tema dessa guerra ideológica foi a crítica do Estado como fonte de todos os desperdícios e freio à prosperidade.

O sucesso ideológico do neoliberalismo foi possível, em primeiro lugar, graças ao novo crédito que se deu a críticas antiquíssimas contra o Estado. Desde o século XIX, o Estado inspirou as mais virulentas diatribes. Frédéric Bastiat, precedendo Spencer nesse quesito, sobressaiu-se em suas *Harmonies économiques*. Os serviços públicos, dizia ele, alimentam a irresponsabilidade, a incompetência, a injustiça, a espoliação e o imobilismo: "Tudo que caiu no domínio do funcionalismo é quase estacionário", por falta do incentivo indispensável da concorrência[32]. Não nos surpreende, portanto, que sejam requeratados temas parcamente renovados por um novo vocabulário: o Estado é muito caro, desregula a frágil máquina da economia, "desestimula" a produção. Nos últimos trinta anos, o "custo do Estado" e o peso excessivo dos impostos foram constantemente alegados para legitimar uma primeira virada no plano fiscal. Outras críticas se juntaram a essa, ampliando a ideia do desperdício burocrático: o caráter inflacionário dos gastos do Estado, o tamanho insuportável da dívida acumulada, o efeito dissuasivo de impostos muito pesados e a fuga de empresas e capitalistas do espaço nacional, que se tornou "não competitivo" por causa do peso dos encargos sobre os rendimentos do capital. Friedman sonhava com uma sociedade pouco taxada:

> Minha definição seria a seguinte: é "liberal" uma sociedade em que os gastos públicos, todas as coletividades juntas, não ultrapassam 10% a 15% do produto nacional. Estamos muito longe disso. Existem, evidentemente, outros critérios, como o grau de proteção da propriedade privada, a presença de mercados livres, o respeito aos contratos etc. Mas tudo isso é medido pelo peso global do Estado. Dez por cento era a porcentagem na Inglaterra

---

[32] Frédéric Bastiat, *Œuvres économiques* (apres. Florin Aftalion, Paris, PUF, 1983, Coleção Libre Échange), p. 207.

no apogeu do reinado da rainha Vitória, no fim do século XIX. Na era dourada das colônias, Hong Kong chegou a menos de 15%. Todos os dados empíricos e históricos mostram que 10% a 15% é o tamanho ótimo. Hoje, os governos europeus chegam em média a quatro vezes mais. Nos Estados Unidos, chegamos apenas a três vezes.[33]

Essa argumentação recupera de certo modo o velho tema do "governo frugal", que deve evitar retirar riquezas excessivas para não prejudicar a atividade dos agentes econômicos, privando-os de recursos e arrasando suas motivações. Von Mises e Hayek a reforçaram nos anos 1930 com suas análises a respeito da ineficácia burocrática, que, para eles, devia-se essencialmente à impossibilidade de cálculo nas economias dirigidas e à ausência de qualquer arbitragem possível entre soluções alternativas. Os argumentos elaborados por esses autores contra a "burocracia" e o "Estado onipotente", que no momento em que foram formulados iam contra a corrente, fizeram um enorme sucesso na imprensa cinquenta anos depois, e, muito além da direita, o desmoronamento da União Soviética parecia ser a demonstração em ato do fracasso das economias centralizadas. Finalmente, o amálgama entre a burocracia de tipo stalinista e as diferentes formas de intervenção na economia – que Hayek e Von Mises não hesitaram em fazer – tornou-se comum na nova vulgata. Os fracassos da regulação keynesiana, as dificuldades encontradas pela escolarização em massa, o peso dos impostos, os diferentes déficits das caixas públicas de auxílio social, a incapacidade relativa do Estado social de eliminar a pobreza ou reduzir as desigualdades, tudo foi pretexto para reconsiderar as formas institucionais que, após a Segunda Guerra Mundial, asseguraram um compromisso entre as grandes forças sociais. Mais ainda, todas as reformas sociais desde o fim do século XIX foram postas em dúvida, em nome da liberdade absoluta dos contratos e da defesa incondicional da propriedade privada. Reprovando a tese polanyiana da "grande transformação", os anos 1980 caracterizam-se no campo ideológico como uma época "spenceriana".

Tudo isso foi misturado, com um conteúdo um pouco diferente, é claro, mas ainda de acordo com o método empregado por Hayek em *O caminho da servidão*. No fundo, o *gulag* e os impostos eram apenas dois elementos de um mesmo *continuum* totalitário. Na França, por exemplo, "novos filósofos"

---

[33] Entrevista com Henri Lepage, "Milton Friedman: le triomphe du libéralisme", *Politique Internationale*, n. 100, 2003.

e "novos economistas" participaram simultaneamente da mesma denúncia do grande Leviatã. Mais ainda, houve uma reviravolta na crítica social: até os anos 1970, desemprego, desigualdades sociais, inflação e alienação eram "patologias sociais" atribuídas ao capitalismo; a partir dos anos 1980, os mesmos males foram sistematicamente atribuídos ao Estado. O capitalismo deixou de ser o problema e se tornou a solução universal. Essa era a mensagem das obras de Friedman a partir dos anos 1960[34].

Foi em nome dos "fracassos do mercado" (*market failures*) que a intervenção pública foi justificada nos anos 1920 e estendida após a guerra. Essa inversão da crítica foi perfeitamente resumida por Friedman em *Livre para escolher*:

> O governo é um dos meios pelos quais podemos tentar compensar os "defeitos do mercado" e utilizar nossos recursos de forma mais eficaz para produzir a quantidade de ar, água e terra própria que aceitamos pagar. Infelizmente, os próprios fatores que produzem o "defeito de mercado" impedem o governo de chegar a uma solução satisfatória. Via de regra, é tão difícil para o governo como é para os participantes do mercado identificar quem foi prejudicado e quem foi beneficiado e avaliar o volume exato dos prejuízos e dos benefícios. Tentar usar o governo para corrigir um "defeito de mercado" é, muitas vezes, trocar um "defeito de mercado" por um "defeito de governo".[35]

Ronald Reagan transformou isso em slogan: "O governo não é a solução, é o problema."[36]

Ideologia (2): o "Estado de bem-estar" e a desmoralização dos indivíduos

Um grande número de teses, relatórios, ensaios e artigos tentará avaliar a balança de custos e benefícios do Estado para terminar com um veredito inapelável: o seguro-desemprego e a renda mínima são os responsáveis pelo

---

[34] Ver Milton Friedman, *Capitalisme et libertés* [1962] (Paris, Robert Laffont, 1971) [ed. bras.: *Capitalismo e liberdade*, trad. Afonso C. C. Serra, Rio de Janeiro, LTC, 2014].

[35] Milton Friedman e Rose Friedman, *La liberté du choix* (trad. Paris, Belfond, 1980), p. 204 [ed. bras.: *Livre para escolher*, trad. Ligia Filgueiras, Rio de Janeiro, Record, 2015].

[36] Outros argumentos vieram apoiar esse questionamento da intervenção pública. A escola econômica norte-americana conhecida como Public Choice desenvolveu um ponto de vista mais elaborado, aplicando às atividades públicas a lógica do cálculo econômico individual. Examinaremos essa doutrina no capítulo 9.

desemprego; os gastos com saúde agravam o déficit e provocam a inflação dos custos; a gratuidade dos estudos incentiva a vadiagem e o nomadismo dos estudantes; as políticas de redistribuição de renda não reduzem as desigualdades, mas desestimulam o esforço; as políticas urbanas não eliminaram a segregação, mas tornaram mais pesada a taxação local. Em resumo, tratava-se de fazer a respeito de tudo a pergunta decisiva acerca da utilidade da interferência do Estado na ordem do mercado e mostrar que, na maior parte dos casos, as "soluções" dadas pelo Estado causavam mais problema do que resolviam[37].

Mas a questão do custo do Estado social está longe de se circunscrever à dimensão contábil. Na realidade, é no campo moral que a ação pública pode ter os efeitos mais negativos, dependendo do número de polemistas. Mais precisamente, é pela desmoralização que se é capaz de provocar na população a opinião de que a política do "Estado de bem-estar" se tornou particularmente onerosa. O grande tema neoliberal afirma que o Estado burocrático destrói as virtudes da sociedade civil: a honestidade, o sentido do trabalho bem feito, o esforço pessoal, a civilidade, o patriotismo. Não é o mercado que destrói a sociedade civil com sua "sede de lucro", porque ele não poderia funcionar sem essas virtudes da sociedade civil; é o Estado que corrói as molas da moralidade individual. Como mostrou Albert O. Hirschman, o argumento não era novo: tratava-se de um dos três esquemas fundamentais da "retórica reacionária", o que ele chama de "efeito perverso". Buscar o bem da maioria por meio de políticas de proteção e redistribuição resulta infalivelmente em fazer sua desgraça[38]. Essa foi a tese amplamente difundida por Charles Murray em *Losing Ground* [Perdendo terreno], obra lançada em plena era Reagan[39]. A luta generosa contra a pobreza fracassou porque dissuadiu os pobres de tentar progredir, o contrário do que fizeram várias gerações de imigrantes. Manter os indivíduos em categorias desvalorizadas, fazê-los perder dignidade e autoestima, homogeneizar a classe pobre são alguns dos efeitos não desejados do auxílio social. Para Murray, existe apenas uma solução: a supressão do *welfare State* e a recuperação da solidariedade entre parentes e vizinhos, que obriga o indivíduo a assumir suas responsabilidades, a recuperar certo status, certo orgulho, para manter a honra.

---

[37] Ver um dos primeiros dossiês acusatórios produzidos na França: Henri Lepage, "L'État-providence démystifié", em *Demain le capitalisme*, cit., cap. 6.

[38] Albert O. Hirschman, *Deux siècles de rhétorique réactionnaire* (Paris, Fayard, 1995).

[39] Charles Murray, *Losing Ground: American Social Policy* (Nova York, Basic Books, 1984).

Uma das constantes do discurso neoliberal é a crítica da "dependência à assistência" gerada pela cobertura generosa dos riscos concedida pelos sistemas de assistência social. Os reformadores neoliberais não só se serviram do argumento da eficácia e do custo, como também alegaram a superioridade *moral* das soluções dadas ou inspiradas pelo mercado.

Essa crítica repousa sobre um postulado que diz respeito à relação do indivíduo com o risco. O "Estado de bem-estar", querendo promover o bem-estar da população por meio de mecanismos de solidariedade, eximiu os indivíduos de suas responsabilidades e dissuadiu-os de procurar trabalho, estudar, cuidar de seus filhos, prevenir-se contra doenças causadas por práticas nocivas. A solução, portanto, é pôr em ação, em todos os domínios e em todos os níveis, sobretudo no nível microeconômico do comportamento dos indivíduos, os mecanismos do cálculo econômico individual. O que deveria ter dois efeitos: a moralização dos comportamentos e uma maior eficiência dos sistemas sociais. Foi assim que, nos anos 1970, nos Estados Unidos, o auxílio às famílias com filhos dependentes (Aid to Families with Dependent Children) tornou-se o símbolo dos efeitos nefastos do *welfare State*, por encorajar a dissolução dos laços familiares, multiplicar as famílias assistidas e desestimular as *welfare mothers* de trabalhar. O que será confirmado, no registro acadêmico, pela demonstração de Gary Becker em *A Treatise on Family*, baseada no cálculo dos custos e das vantagens para as jovens mães em permanecer solteiras[40]. O "Estado de bem-estar" tem o efeito perverso de incitar os agentes econômicos a preferir o ócio ao trabalho. Essa argumentação, repetida até fartar, associa a segurança dada aos indivíduos à perda do senso de responsabilidade, ao abandono dos deveres familiares, à perda do gosto pelo esforço e do amor ao trabalho. Em uma palavra, a proteção social destrói valores sem os quais o capitalismo não poderia funcionar[41].

O ensaísta norte-americano George Gilder, no best-seller *Wealth and Poverty*, publicado no momento em que Reagan chegava ao poder, foi sem dúvida quem insistiu com mais eloquência na relação entre valores e capitalismo[42]. Para ele, o futuro repousa sobre a fé no capitalismo, tal como é expressa por Walter Lippmann em *The Good Society*:

---

[40] Gary S. Becker, *A Treatise on Family* (Cambridge, Harvard University Press, 1981).

[41] Um exemplo dessa argumentação encontra-se em Philippe Bénéton, *Le fléau du bien: essai sur les politiques sociales occidentales* (Paris, Robert Laffont, 1983), p. 287.

[42] George Gilder, *Richesse et pauvretés* (Paris, Albin Michel, 1981).

A fé no homem, no futuro, a fé no retorno cada vez maior do dom, a fé nas vantagens mútuas do comércio, a fé na providência de Deus são fundamentais para o êxito do capitalismo. Todas são necessárias para encorajar a paixão no trabalho e o espírito de empresa contra todos os fracassos e as frustrações inevitáveis de um mundo perdido; para inspirar a confiança e a solidariedade numa economia em que elas muitas vezes serão traídas; para encorajar a renúncia aos prazeres imediatos em nome de um futuro que corre o risco de virar fumaça; e, finalmente, para estimular o gosto pelo risco e pela iniciativa num mundo em que os lucros evaporam quando os outros se recusam a entrar no jogo.[43]

Se a riqueza repousa sobre essas virtudes, a pobreza é encorajada por políticas duplamente dissuasivas em relação ao trabalho e à fortuna: "A ajuda social e outras subvenções apenas prejudicam o trabalho. Os pobres escolhem o ócio não por fraqueza moral, mas porque são pagos para escolhê-lo"[44]. E tirar dos ricos para dar aos pobres por meio dos impostos é dissuadir os ricos de enriquecer: "O imposto progressivo é o principal perigo que ameaça esse sistema e desencoraja os ricos a arriscar seu dinheiro"[45].

O remédio que se deve dar a essa situação é evidente: diminuir as transferências de uns para os outros. A única guerra contra a pobreza que se sustenta é a volta aos valores tradicionais: "Trabalho, família e fé são os únicos remédios para a pobreza"[46]. Esses três meios estão ligados, já que é a família que transmite o sentido do esforço e a fé. Casamento monogâmico, crença em Deus e espírito de empresa são os três pilares da prosperidade, uma vez que nos livramos da ajuda social, que apenas destrói a família, a coragem e o trabalho.

Milton Friedman e sua esposa, Rose, vão no mesmo sentido, considerando que "a expansão do Estado ao longo das últimas décadas e o crescimento da criminalidade no mesmo período constituem duas faces de uma mesma evolução"[47]. Isso acontece porque a intervenção do Estado repousa sobre uma concepção do indivíduo como "produto de seu meio, logo, não podendo ser considerado responsável por seus atos". É preciso inverter essa

---

[43] Ibidem, p. 85-6.
[44] Ibidem, p. 81.
[45] Ibidem, p. 72.
[46] Ibidem, p. 81; grifo de Gilder.
[47] Milton Friedman e Rose Friedman, *La tyrannie du statu quo* (trad. Patrice Hoffmann, Paris, Lattès, 1984), p. 211 [ed. bras.: *Tirania do status quo*, trad. Ruy Jungmann, Rio de Janeiro, Record, 1984].

representação e considerar o indivíduo plenamente responsável. Responsabilizar o indivíduo é responsabilizar a família[48]. Esse será, entre outros, o objetivo da livre escolha da escola pelos pais e da liberdade que terão de financiar em parte a escolaridade dos filhos. Se o enriquecimento deve ser um valor supremo, é porque é visto como a razão mais eficaz para incentivar os trabalhadores a aumentar o esforço e o desempenho, da mesma forma que a propriedade privada da residência dos trabalhadores ou da empresa é vista como condição para a responsabilidade individual. Por isso, deve-se vender os conjuntos habitacionais para favorecer uma "democracia de proprietários" e um "capitalismo popular". Da mesma forma, deve-se submeter a direção das empresas aos acionistas por intermédio da privatização, porque eles serão exigentes com a gestão de seu patrimônio. De modo mais geral, é preciso pôr o cliente na posição de árbitro entre vários operadores para que pressione a empresa e seus agentes a servi-lo melhor. A concorrência introduzida pelos consumidores é a principal alavanca para a "responsabilização", portanto, para o bom desempenho dos assalariados nas empresas.

Um novo discurso de valorização do "risco" inerente à vida individual e coletiva tenderá a fazer pensar que os dispositivos do Estado social são profundamente nocivos à criatividade, à inovação, à realização pessoal. Se o indivíduo é o único responsável por seu destino, a sociedade não lhe deve nada; em compensação, ele deve mostrar constantemente seu valor para merecer as condições de sua existência. A vida é uma perpétua gestão de riscos que exige rigorosa abstenção de práticas perigosas, autocontrole permanente e regulação dos próprios comportamentos, misturando ascetismo e flexibilidade. A palavra-chave da sociedade de risco é "autorregulação". Essa "sociedade de risco" tornou-se uma daquelas evidências que acompanham as mais variadas propostas de proteção e seguro privados. Um imenso mercado de segurança pessoal, que vai do alarme doméstico aos planos de aposentadoria, desenvolveu-se proporcionalmente ao enfraquecimento dos dispositivos de seguros coletivos obrigatórios, reforçando por um efeito de circuito-fechado o sentimento de risco e a necessidade de se proteger individualmente. Por uma espécie de ampliação dessa problemática do risco, algumas atividades foram reinterpretadas como meios de proteção pessoal. É o caso, por exemplo, da educação e da formação profissional, vistas como escudos que protegem do desemprego e aumentam a "empregabilidade".

---

[48] Ibidem, p. 214-5.

Para compreender essa nova moral, devemos ter em mente a "revolução" que os economistas norte-americanos pretenderam fazer a partir dos anos 1960. A razão econômica aplicada a todas as esferas da ação privada e pública permite eliminar as linhas de separação entre política, sociedade e economia. Sendo global, deve estar na base de todas as decisões individuais, permite a inteligibilidade de todos os comportamentos e deve ser a única a estruturar e legitimar a ação do Estado[49].

É o que mostram os chamados "novos" economistas. Eles tentaram estender o campo de análise da teoria padrão a novos objetos. Não se trata aqui, como era o caso com os teóricos austro-americanos, de dar novas bases à ciência econômica por uma teoria do empreendedorismo; para eles, trata-se – e já é muito – de sair dos domínios tradicionais da análise econômica para generalizar a análise de custo-benefício a todo o comportamento humano. Obviamente, há muitas pontes entre essas correntes, mas as lógicas são heterogêneas. O próprio Von Mises ambicionava uma ciência total da escolha humana. Mas acreditava que tinha de elaborá-la refundando os conceitos e os métodos da economia. Tentava desse modo distinguir a ação humana em geral como criação de sistemas meios-fins (estudada pela praxeologia) e a economia monetária e comercial específica (que é da ordem da cataláxia).

Os economistas norte-americanos adeptos da economia padrão querem estabelecer que as ferramentas mais tradicionais de análise podem ser amplamente estendidas em seus usos, mostrando desse modo que se pode fazer a economia de uma revolução paradigmática e conservar as velhas ferramentas do cálculo de maximização. A família, o casamento, a delinquência, o desemprego, mas também a ação coletiva, a decisão política e a legislação tornam-se objetos do raciocínio econômico. É assim que Gary

---

[49] Para Gary S. Becker, toda ação humana é econômica: "The economic approach provides a valuable unified framework for understanding all human behavior" ["A abordagem econômica fornece um quadro único valioso para a compreensão de todo o comportamento humano"], escreve o autor em *The Economic Approach to Human Behavior* (Chicago, University of Chicago Press, 1976), p. 14. O que significa que todos os aspectos do comportamento humano são traduzíveis em preços (p. 6). Ele começou sua obra com uma tese, *The Economics of Discrimination* (1957), que trata dos fenômenos de discriminação no mercado de trabalho dos Estados Unidos. Deu prosseguimento a essa tese com uma análise dos efeitos da educação em seu livro sobre o capital humano (*Human Capital: A Theoretical and Empirical Analysis with Special Reference to Education*, 1964) e teorizou seu método em *Economic Theory* (1971) e *Economic Approach to Human Behavior* (1976).

Becker formula uma nova teoria da família, considerando-a uma firma que emprega certa quantidade de recursos em moeda e tempo para produzir "bens" de diferentes naturezas: competências, saúde, autoestima e outras "mercadorias", como filhos, prestígio, cobiça, prazer sensorial etc.[50].

O fundamento da iniciativa de Becker consiste em estender a função de utilidade empregada na análise econômica de modo que o indivíduo seja considerado um *produtor* e não um simples consumidor. Ele produz mercadorias que vão satisfazê-lo, utilizando bens e serviços comprados nos mercados, tempo pessoal e outros "*inputs*" que possuem valor, preços ocultos, mas calculáveis. Em resumo, trata-se de escolher entre diferentes "funções de produção", supondo que todo bem é "produzido" pelo indivíduo, que por sua vez mobiliza recursos variados: dinheiro, tempo, capital humano e até mesmo as relações sociais assimiladas a um "capital social"[51]. O que coloca, evidentemente, o problema da identificação dos "*inputs*", mas também o da quantificação de todos os aspectos não monetários que entram no cálculo e levam a uma decisão.

A questão principal, nesse reinvestimento das regiões externas do campo classicamente delimitado da ciência econômica, é dar, ou melhor, devolver consistência teórica à antropologia do homem neoliberal, não só, como diz Becker, com a intenção de perseguir um objetivo científico desinteressado, mas para fornecer apoios discursivos indispensáveis à governamentalidade neoliberal da sociedade. Por mais influente que tenha sido por si só essa concepção do *homem como capital* – o que é propriamente o significado do conceito de "capital humano" –, ela não conseguiu produzir as mutações subjetivas de massa que se podem constatar hoje. Para isso, foi necessário que ela tomasse corpo materialmente pela instauração de dispositivos múltiplos, diversificados, simultâneos ou sucessivos, que moldaram duradouramente a conduta dos sujeitos.

Disciplina (1): um novo sistema de disciplinas

O próprio conceito de governamentalidade, como ação sobre as ações de indivíduos supostamente livres em suas escolhas, permite redefinir a

---

[50] Gary S. Becker, *A Treatise on Family*, cit., p. 24.
[51] Como ele faz em Gary S. Becker e Kevin M. Murphy, *Social Economics: Market Behavior in a Social Environment* (Cambridge, Harvard University Press, 2000).

disciplina como técnica de governo próprio das sociedades de mercado. O termo *disciplina* poderá surpreender nesse caso. Ele implica, ao menos aparentemente, certa inflexão com relação ao sentido que Foucault lhe dá em *Vigiar e punir**, quando o aplica às técnicas de distribuição espacial, classificação e adestramento dos corpos individuais. O modelo da disciplina era, para ele, o panóptico benthamiano. Contudo, longe de opor "disciplina", "normalização" e "controle", como defendem certas exegeses, a reflexão de Foucault fez transparecer de modo cada vez mais nítido a matriz dessa nova forma de "conduta das condutas", que pode diversificar-se, conforme o caso, desde o encarceramento dos prisioneiros até a vigilância da qualidade dos produtos vendidos no mercado[52]. Se "governar é estruturar o campo de ação eventual dos outros", então a disciplina pode ser redefinida, de forma mais ampla, como um conjunto de técnicas de estruturação do campo de ação que variam conforme a situação em que se encontra o indivíduo[53].

Desde a era clássica das disciplinas, portanto, o poder não pode exercer-se por pura coerção sobre um corpo; ele deve acompanhar o desejo individual e orientá-lo, pondo em ação aquilo que Bentham chama de "influência". O que pressupõe que ele penetre no cálculo individual – e até participe dele – para agir sobre as antecipações imaginárias dos indivíduos: para reforçar o desejo (pela recompensa), para enfraquecê-lo (pela punição), para desviá-lo (pela substituição de objeto).

Essa lógica que consiste em dirigir indiretamente a conduta é o horizonte das estratégias neoliberais de promoção da "liberdade de escolher". Nem sempre distinguimos a dimensão normativa que necessariamente lhes pertence: a "liberdade de escolher" identifica-se com a obrigação de obedecer a uma conduta maximizadora dentro de um quadro legal, institucional, regulamentar, arquitetural, relacional, que deve ser construído para que o indivíduo escolha "com toda a liberdade" o que deve obrigatoriamente escolher para seu próprio interesse. O segredo da arte do poder, dizia Bentham, é agir de modo que o indivíduo busque seu interesse como se fosse seu dever, e vice-versa.

---

* Trad. Raquel Ramalhete, 42. ed., Petrópolis, Vozes, 2015. (N. E.)
[52] Esse é o sentido que se deve dar à frase: "O panóptico é a própria fórmula de um governo liberal", Michel Foucault, *Naissance de la biopolitique* (Paris, Seuil/Gallimard, 2004), p. 69.
[53] Idem, "Le sujet et le pouvoir", *Dits et Écrits II, 1976-1988*, cit., p. 1.056 e seg.

Devemos distinguir três aspectos das disciplinas neoliberais. A liberdade dos sujeitos econômicos pressupõe, em primeiro lugar, a segurança dos contratos e o estabelecimento de um quadro estável. A disciplina neoliberal conduz a estender o campo de ação que se deve estabilizar mediante regras fixas. A constituição de um quadro não somente legal, mas também orçamentário e monetário, deve impedir os sujeitos de prever variações de política econômica, isto é, fazer dessas variações objetos de antecipação. Isso significa que o cálculo individual deve poder apoiar-se numa ordem de mercado estável, o que exclui fazer do próprio quadro um objeto de cálculo.

A estratégia[54] neoliberal consistirá, então, em criar o maior número possível de situações de mercado, isto é, organizar por diversos meios (privatização, criação de concorrência dos serviços públicos, "mercadorização" de escola e hospital, solvência pela dívida privada) a "obrigação de escolher" para que os indivíduos aceitem a situação de mercado tal como lhes é imposta como "realidade", isto é, como única "regra do jogo", e assim incorporem a necessidade de realizar um cálculo de interesse individual se não quiserem perder "no jogo" e, mais ainda, se quiserem valorizar seu capital pessoal num universo em que a acumulação parece ser a lei geral da vida.

Por fim, dispositivos de recompensas e punições, sistemas de estímulo e "desestímulo" substituirão as sanções do mercado para guiar as escolhas e a conduta dos indivíduos quando as situações mercantis ou quase mercantis não são inteiramente realizáveis[55]. Serão construídos sistemas de controle e avaliação de conduta cuja pontuação condicionará a obtenção das recompensas e a evitação das punições. A expansão da tecnologia avaliativa como modo disciplinar repousa sobre o fato de que quanto *mais* livre para escolher é supostamente o indivíduo calculador, *mais* ele deve ser vigiado e avaliado para obstar seu oportunismo intrínseco e forçá-lo a conjuntar seu interesse ao da organização que o emprega.

Friedman é um dos principais pensadores dessa nova forma de disciplina. Falamos anteriormente do papel que ele teve na difusão de massa dos ideais

---

[54] O termo deve ser entendido aqui em seu sentido primeiro (ver no texto a distinção entre os dois sentidos de "estratégia").

[55] Da mesma forma, mas num contexto muito diferente, Bentham distinguiu a estruturação normalizadora das ações espontâneas no mercado, de um lado, e a vigilância mais sutilmente construída das condutas nas instituições destinadas a educar ou reeducar os que não conseguiam funcionar sozinhos no espaço das trocas mercantis, de outro.

do livre mercado e da livre empresa. Muito mais conhecido do público que Hayek e, sem dúvida, mais influente que ele nas políticas norte-americanas, Friedman fez conjuntamente uma carreira acadêmica – consagrada com um prêmio Nobel de Economia como figura principal da Escola de Chicago e fundador do monetarismo – e uma carreira de propagandista dos benefícios da liberdade econômica.

Friedman distinguiu-se fazendo do princípio monetarista o correspondente, no plano estritamente econômico, das regras formais tais como foram pensadas pelos neoliberais nos anos 1930. Esse princípio particular pode ser enunciado da seguinte maneira: para coordenar suas atividades no mercado, os agentes econômicos devem conhecer de antemão as regras simples e estáveis que presidem suas trocas. O que é verdadeiro em matéria jurídica deve ser verdadeiro *a fortiori* no plano das políticas econômicas. Estas devem ser automáticas, estáveis e perfeitamente conhecidas[56]. A moeda faz parte dessa estabilidade indispensável aos agentes econômicos para que possam desenvolver suas atividades. Contudo, estabelecer esse quadro estável significa que os agentes econômicos terão de se adaptar a ele e modificar seu comportamento. O intervencionismo de Friedman consiste em implantar *coerções de mercado* que forçam os indivíduos a adaptar-se a ele. Em outras palavras, trata-se de pôr os indivíduos em situações que os obriguem à "liberdade de escolher", isto é, a manifestar na prática sua capacidade de cálculo e governar a si próprios como indivíduos "responsáveis". Esse intervencionismo especial consiste em abandonar um grande número de instrumentos antigos de gestão (despesas orçamentárias ativas, política de renda, controle de preços e câmbio) e ater-se a uns poucos indicadores-chave e a objetivos limitados, como taxa de inflação, taxa de crescimento da massa monetária, déficit orçamentário e endividamento do Estado, a fim de restringir os atores da economia a um sistema de coerções que os obriga a comportar-se como exige o modelo.

Seguindo Friedman, cuja teoria monetária se fundamenta no princípio da ineficácia das políticas monetárias ativas, economistas norte-americanos desenvolveram nos anos 1970 a ideia de que as políticas de regulação macroeconômicas somente perderiam eficácia em consequência dos comportamentos de aprendizado dos agentes econômicos. A tentativa de retomada

---

[56] Bernard Élie, "Milton Friedman et les politiques économiques", em Marc Lavoie e Mario Seccareccia (orgs.), *Milton Friedman et son œuvre* (Montreal, Presses de l'Université de Montreal, 1993), p. 55.

da economia por uma diminuição das taxas de juros ou por um incentivo orçamentário tem êxito cada vez menor à medida que é utilizada, porque os agentes econômicos "aprendem" que essas medidas não têm os efeitos reais proclamados. A "teoria das expectativas racionais" é um caso particular da explicação pelos efeitos não desejados. As intenções políticas são frustradas em seu resultado em razão da não consideração das capacidades de cálculo sofisticado dos agentes, que, ao cabo de uma série de experiências das consequências dessas políticas, não se deixam mais enganar pelas ilusões da moeda abundante ou das diminuições de impostos. Disso resulta que o governo não pode mais considerá-los seres passivos, que reagem por reflexo aos *stimuli* monetários e orçamentários. De certo modo, o cálculo maximizador incorpora as próprias políticas como um dos parâmetros que devem ser levados em consideração. Essa "interiorização" da política no cálculo individual permite repensarmos a forma como evoluiu progressivamente o próprio neoliberalismo.

O monetarismo, tal como foi teorizado por Friedman, teve uma difusão rápida, à altura da situação criada pelo colapso do sistema monetário internacional após a guerra, através da implantação de taxas de câmbio flutuantes e do papel dos capitais voláteis, que podiam ameaçar qualquer divisa que não fosse gerida de acordo com as novas normas de disciplina monetária. Esta última tornou-se, em suma, uma disciplina imposta pelos mercados financeiros, como se viu na Grã-Bretanha em 1976, na França em 1991 e na Suécia em 1994. Assim, a luta contra a inflação constituiu a prioridade das políticas governamentais, enquanto a taxa de desemprego transformava-se em simples "variável de ajuste". A luta pelo pleno emprego tornou-se suspeita de ser um fator de inflação sem efeito duradouro. A teoria friedmaniana da "taxa de desemprego natural" foi amplamente aceita por autoridades políticas de todas as cores.

O próprio orçamento tornou-se um instrumento de disciplina dos comportamentos. A diminuição dos impostos sobre empresas e rendas mais elevadas foi apresentada muitas vezes como um meio de reforçar o estímulo ao enriquecimento e ao investimento. Na realidade, de forma muito mais dissimulada, o objetivo da diminuição da pressão fiscal, assim como a recusa de aumentar as cotizações sociais, foram meios – mais ou menos eficazes, conforme a situação das relações de força – de impor reduções do gasto público e dos programas sociais em nome do equilíbrio e da limitação da dívida do Estado. O melhor exemplo dessa estratégia fiscal é, sem dúvida, o de Ronald

Reagan, que em 1985 aprovou uma lei que exigia a redução automática dos gastos públicos até o restabelecimento do equilíbrio orçamentário em 1995 (Balanced Budget and Deficit Reduction Act), logo depois de ter criado um déficit considerável. Conseguindo que se esquecesse que a diminuição dos descontos obrigatórios de uns acarretava necessariamente uma contrapartida para os outros, os governos neoliberais instrumentalizaram os "buracos" criados nos orçamentos para demonstrar o custo "exorbitante" e "intolerável" da proteção social e dos serviços públicos. Por um encadeamento mais ou menos intencional, o racionamento que se impôs aos programas sociais e aos serviços públicos, degradando o atendimento, gerou frequentemente o descontentamento dos usuários e a adesão ao menos parcial destes às críticas de ineficácia que se dirigiam contra aqueles[57].

Essa dupla restrição monetária e orçamentária foi utilizada como uma disciplina social e política "macroeconômica" que supostamente dissuadia – pela inflexibilidade das regras estabelecidas – qualquer política que procurasse priorizar o emprego, quisesse atender às reivindicações salariais ou visasse à retomada da economia por intermédio do gasto público. É como se, por essas regras, o Estado se impusesse interdições definitivas com respeito ao uso de certas alavancas de ação sobre o nível de atividade, mas ao mesmo tempo, constrangendo os agentes a interiorizá-las, desse a si próprio os meios de agir permanentemente sobre eles através de uma "corrente invisível" (para empregarmos a expressão de Bentham) que os obrigava a comportar-se como indivíduos em competição uns com os outros.

Se era difícil convencer as populações de que deviam aceitar uma cobertura social menor sobre doenças e velhice, na medida em que se trata de "riscos universais", era mais fácil culpar os desempregados e pôr em funcionamento um princípio de divisão entre os trabalhadores bons e sérios, que eram bem-sucedidos, e todos aqueles que fracassavam por sua própria culpa, que não conseguiam "dar a volta por cima" e, além do mais, viviam nas costas da coletividade. O thatcherismo explorou largamente o script da culpa individual, desenvolvendo a ideia de que a sociedade não deveria nunca mais ser considerada responsável pela sorte dos indivíduos.

Um dos principais argumentos das políticas neoliberais consistiu em denunciar a excessiva rigidez do mercado de trabalho. A ideia-diretriz, nesse caso, é a da contradição que existiria entre a proteção da qual desfrutaria

---

[57] Analisaremos adiante a argumentação da Escola do Public Choice.

a mão de obra e a eficiência econômica. Essa ideia não é nova. Jacques Rueff, já nos anos 1920, criticava o *dole*[58] britânico como a principal causa do desemprego do lado de lá do canal da Mancha. O que é novidade é a concepção disciplinar de encargo dos desempregados. De fato, não se trata de suprimir pura e simplesmente toda assistência aos desempregados, mas de fazer com que essa ajuda leve a uma maior docilidade por parte dos trabalhadores privados de emprego. Trata-se de fazer do mercado de emprego um mercado muito mais conforme com o modelo de pura concorrência, não simplesmente por preocupação dogmática, mas para disciplinar melhor a mão de obra, ordenando-a pelos imperativos de recuperação da rentabilidade. Trata-se de recuperar, sob uma nova forma, uma política que visa a penalizar o trabalhador sem emprego para que, de alguma maneira, ele seja levado a encontrar o mais rápido possível um novo trabalho porque não pode arranjar-se muito tempo com o auxílio que recebe. Lembramos que, em outras épocas, a reforma da assistência social na Inglaterra perseguiu objetivos semelhantes. A Lei dos Pobres de 1834, promulgada por instigação de Nassau Senior e Edwin Chadwick, seguindo o espírito da economia clássica e do princípio de utilidade, traduziu-se na imposição de um regime de trabalho quase penitenciário aos residentes das *workhouses*, algo verdadeiramente repugnante para os que zelavam por sua liberdade e sua dignidade.

Esse é o espírito das políticas de "*welfare to work*" ("passar da ajuda social para o trabalho"), que também são construídas sobre o postulado da escolha racional. No terreno da política de emprego, a disciplina neoliberal consistiu em "responsabilizar" os desempregados utilizando a arma da punição contra aqueles que não aceitavam dobrar-se às regras do mercado. O desemprego traduzia uma preferência do agente econômico pelo ócio quando este é subvencionado pela coletividade, portanto, o ócio seria "voluntário". Querer reduzi-lo por meio de políticas de reflação é inútil, e até nefasto, segundo a doutrina da taxa de desemprego natural. A indenização dos desempregados equivale a criar "armadilhas de desemprego". A primeira tarefa prática foi atacar tudo que pudesse contribuir para que essa suposta rigidez fosse a causa do desemprego. A segunda visava a construir um sistema de "volta ao emprego" muito mais restritivo para os assalariados sem emprego.

Os sindicatos e a legislação trabalhista foram os primeiros alvos dos governos que adotaram o neoliberalismo. A dessindicalização na maioria dos

---

[58] *Dole* é o nome que se dá ao seguro pago aos desempregados na Grã-Bretanha.

países capitalistas desenvolvidos teve causas objetivas, sem dúvida, como a desindustrialização e a deslocalização de fábricas em regiões e países com baixos salários, sem tradição de lutas sociais ou submetidos a um regime despótico. Mas foi resultado também de uma vontade política de enfraquecimento da força sindical que, nos Estados Unidos e na Grã-Bretanha em especial, traduziu-se por uma série de medidas e dispositivos legislativos que limitaram o poder de intervenção e mobilização dos sindicatos[59]. Consequentemente, a legislação social mudou de forma muito mais favorável aos empregadores: revisão dos salários para baixo, supressão da indexação da remuneração pelo custo de vida, maior precarização dos empregos[60]. A orientação geral dessas políticas reside no desmantelamento dos sistemas que protegiam os assalariados contra as variações cíclicas da atividade econômica e sua substituição por novas normas de flexibilidade, o que permite que os empregadores ajustem de forma ótima suas necessidades de mão de obra ao nível de atividade, ao mesmo tempo que reduz ao máximo o custo da força de trabalho.

Essas políticas visam também a "ativar" o mercado de trabalho modificando o comportamento dos desempregados. O "buscador de emprego" deve tornar-se ator de sua empregabilidade, um ser *self-entreprising*, que se encarrega de si mesmo. Os direitos à proteção social são cada vez mais subordinados aos dispositivos de estímulo e punição que obedecem a uma interpretação econômica do comportamento dos indivíduos[61].

---

[59] Lembramos aqui da brutalidade com que Reagan demitiu todos os controladores de voo após a greve de 1981, substituindo-os por trabalhadores não sindicalizados. Esse foi apenas um sinal da ofensiva generalizada contra os compromissos sociais que vieram com o New Deal. Aconteceu o mesmo na Grã-Bretanha, onde Thatcher travou uma batalha frontal contra os sindicatos e dominou sua ação com restrições drásticas.

[60] Para uma análise da evolução da legislação social nos Estados Unidos, ver Isabelle Richet, *Les dégâts du libéralisme. États-Unis: une société de marché* (Paris, Textuel, 2002).

[61] Sobre esse ponto, ver Mark Considine, *Enterprising States: The Public Management of Welfare-to-Work* (Cambridge, Cambridge University Press, 2001). Foi assim que foram endurecidas pouco a pouco, e em toda a parte, as condições de concessão de auxílio. Na França, por exemplo, foi implantado em 2005 um sistema de penalidade que reduz 20% o seguro-desemprego na primeira recusa a uma proposta de emprego, 50% na segunda e 100% na terceira. Em 2008, essa política punitiva – que já permitira o aumento do número de exclusões de inscritos na Agência Nacional para o Emprego (Anpe) – foi reforçada.

Essas medidas de "responsabilização" dos "buscadores de emprego" não são exclusividade dos governos conservadores. Elas encontraram alguns de seus melhores defensores na esquerda europeia, como tende a comprovar a "corajosa" *Agenda 2010* do chanceler alemão Gerhard Schröder, que condiciona rigorosamente a ajuda que o Estado concede aos que procuram emprego à docilidade destes em aceitar o emprego que lhes é proposto, assim como ao nível de renda e aos bens da família:

> Todo beneficiário do dinheiro dos contribuintes deve estar disposto a limitar tanto quanto possível o encargo que ele representa para a coletividade, o que significa que todas as rendas e os bens próprios devem ser os primeiros a ser utilizados para prover suas necessidades elementares.[62]

Como vemos, essa política disciplinar põe radicalmente em questão os princípios de solidariedade às eventuais vítimas dos riscos econômicos.

Disciplina (2): a obrigação de escolher

Não há um único domínio em que a concorrência não seja enaltecida como meio de aumentar a satisfação do cliente, graças ao estímulo que dá aos produtores. A "liberdade de escolha" é um tema fundamental das novas normas de conduta dos sujeitos. Parece que é impossível conceber um sujeito que não seja ativo, calculista, à espreita das melhores oportunidades. Esquecendo todos os limites de seus benefícios, mostrados pela teoria econômica há pelo menos um século (diferenciação dos produtos, monopólio natural etc.), a nova doxa reconhece apenas a pressão que o consumidor é capaz de exercer sobre o fornecedor de bens e serviços. Em resumo, trata-se de construir novas exigências que ponham os indivíduos em situações em que são obrigados a escolher entre ofertas alternativas e incitados a maximizar seus próprios interesses.

A "liberdade de escolher", que para Friedman resume todas as qualidades que se tem o direito de esperar do capitalismo concorrencial, é uma das principais missões do Estado. É tarefa sua não apenas reforçar a concorrência nos mercados existentes, mas também criar concorrência onde ela ainda não existe. Isso porque o capitalismo é o único sistema capaz de proteger a liberdade individual em todos os domínios, em particular no político. Trata-se,

---

[62] Gerhard Schröder, *Ma vie et la politique* (trad. Geneviève Bégou et al., Paris, Odile Jacob, 2006), p. 295.

portanto, de introduzir dispositivos de mercado e estímulos mercantis, ou quase mercantis, para conseguir que os indivíduos se tornem ativos, empreendedores, "protagonistas de suas escolhas", "arrojados".

Sem dúvida, deveríamos lembrar aqui que certo *ethos* da escolha supostamente livre encontra-se no centro das mensagens publicitárias e das estratégias de marketing, e essa disposição adquirida aos poucos foi facilitada pelos desenvolvimentos tecnológicos que ampliaram a gama de produtos e canais de difusão da *mass media*. O consumidor deve tornar-se previdente. Como vimos anteriormente, ele deve munir-se individualmente de todas as garantias (cobertura de seguros privados, casa própria, conservação de sua empregabilidade). Deve escolher racionalmente, em todos os domínios, os melhores produtos e, cada vez mais, os melhores prestadores de serviços (o modo de entrega de seu correio, o fornecedor de sua eletricidade etc.). E, como cada empresa amplia a gama dos produtos que fornece, o sujeito deve "escolher" de forma cada vez mais sutil a oferta comercial mais vantajosa (por exemplo, a hora e a data da viagem de avião ou trem, o produto de seguro ou poupança etc.). Essa "privatização" da vida social não se limita ao consumo privado e ao lazer de massa. O espaço público é construído cada vez mais pelo modelo do "*global shopping center*", segundo a expressão empregada por Drucker para designar o universo em que vivemos hoje.

Um dos casos exemplares da construção de situação de mercado pela qual os neoliberais se mobilizaram muito no terreno político é o da educação. Também nesse domínio, Friedman foi pioneiro. Diante da degradação do setor público educacional nos Estados Unidos, ele propôs nos anos 1950 a implantação de um sistema de concorrência entre os estabelecimentos escolares baseado no "cheque-educação"[63]. O sistema consiste em deixar de financiar diretamente as escolas e dar a cada família um "cheque" representando o custo médio da escolaridade; a família é livre para utilizá-lo na escola de sua escolha e ainda acrescentar a quantia que quiser, de acordo com suas prioridades em matéria de escolarização. Mais uma vez, o raciocínio baseia-se no comportamento supostamente racional do consumidor, que deve poder arbitrar entre várias possibilidades e escolher a melhor oportunidade.

---

[63] Milton Friedman, "The Role of Government in Education" (1955), em *Capitalism and Freedom* (Chicago, University of Chicago Press, 1962). A ideia foi retomada e desenvolvida por John E. Chubb e Terry M. Moe, *Politics, Markets and America's Schools* (Washington, The Brookings Institution, 1990).

Na realidade, o sistema de "cheques-educação" tem dois objetivos associados: pretende transformar as famílias em "consumidoras de escola" e visa a introduzir a concorrência entre os estabelecimentos escolares, o que elevará o nível dos mais medíocres. Esse sistema combina um financiamento público, considerado legítimo para a "educação primária" por seus efeitos positivos em toda a sociedade, e uma administração de tipo empresarial do estabelecimento escolar, posto em situação de competição com os outros. Essa orientação a favor de um "mercado escolar" dominou as políticas de reforma escolar no mundo a partir dos anos 1990, em graus diferentes conforme o país. Isso não deixou de ter consequências para a fragmentação dos sistemas educacionais e a diferenciação dos locais e dos modos de escolaridade, de acordo com as classes sociais.

Disciplina (3): a gestão neoliberal da empresa

A disciplina neoliberal não se limita a essa maneira "negativa" de orientar as condutas por regras imutáveis no plano "macroeconômico" que os agentes racionais devem incorporar em seu próprio cálculo. Também não se reduz à instauração de situações de concorrência que obrigam o indivíduo a escolher muito além da esfera do consumo de bens e serviços comerciais. A extensão e a intensificação das lógicas de mercado tiveram efeitos muito patentes na organização do trabalho e nas formas de emprego da força de trabalho. O que a lógica do poder financeiro fez foi apenas acentuar o disciplinamento dos assalariados submetidos a uma exigência de resultados cada vez maior[64]. A busca obsessiva de mais-valor na bolsa implicou não apenas a garantia aos proprietários do capital de um crescimento contínuo de seus rendimentos, à custa dos assalariados – o que ocasionou uma maior divergência entre a evolução dos salários e a evolução dos ganhos de produtividade e, como dissemos, uma acentuação ainda mais marcada das desigualdades na distribuição de renda[65] –, como também e, sobretudo, traduziu-se pela

---

[64] Catherine Sauviat fala com muita justiça do capital financeiro como uma "máquina de disciplinar os assalariados". Ver "Os fundos de pensão e os fundos mútuos: principais atores da finança mundializada e do novo poder acionário", em François Chesnais (org.), *A finança mundializada*, cit., p. 118.

[65] Michel Aglietta e Laurent Berrebi, *Désordres dans le capitalisme mondial* (Paris, Odile Jacob, 2007), p. 34.

imposição de normas de rentabilidade mais elevadas em todas as economias, em todos os setores e em todos os escalões da empresa. Assim, cada vez mais assalariados foram submetidos a sistemas de estímulo e punição que visavam a atingir ou a superar os objetivos de criação de valor acionário, objetivos que eram eles próprios definidos por métodos de ajuste a partir das normas internacionais de rentabilidade. Assim, toda uma *disciplina do valor acionário* tomou forma em técnicas contábeis e avaliativas de gestão da mão de obra cujo princípio consiste em fazer de cada assalariado uma espécie de "centro de lucro" individual. É que o princípio da gestão neoliberal – que certos autores chamam de "autonomia controlada", "coerção flexível", "autocontrole" – visa a "interiorizar" as coerções da rentabilidade financeira na própria empresa e, ao mesmo tempo, fazer os assalariados interiorizarem as novas normas de eficiência produtiva e desempenho individual.

Fazer com que os indivíduos ajam no sentido desejado supõe que se criem as condições particulares que os obrigam a trabalhar e se comportar como agentes racionais. A alavanca do desemprego e da precariedade foi, sem dúvida, um meio poderoso de disciplina, em particular em matéria de taxas de sindicalização e reivindicação salarial. Mas essa alavanca "negativa", cujo motor é o medo, sem dúvida estava longe de ser suficiente para a reorganização das empresas. Outros instrumentos de gestão foram necessários para reforçar a pressão da hierarquia sobre os assalariados e aumentar seu comprometimento. Assim, a gestão das empresas privadas desenvolveu práticas de gestão de mão de obra cujo princípio é a individualização de objetivos e recompensas com base em avaliações quantitativas repetidas. Essa orientação, com frequência identificada com o questionamento do modelo burocrático tal como seu tipo ideal foi esboçado por Max Weber, também consistiu em inverter o sentido da obediência. Em vez de obedecer aos procedimentos formais e às ordens hierárquicas vindas de cima, os assalariados foram levados a curvar-se às exigências de prazo e qualidade impostas pelo "cliente", alçado a fonte exclusiva de restrições inelutáveis. Em todo caso, a individualização do desempenho e das gratificações permitiu que a concorrência *entre os assalariados* fosse dada como um tipo normal de relação dentro da empresa. É como se o mundo do trabalho tivesse "interiorizado" a lógica da competição exacerbada que existe ou deveria existir *entre as empresas*, assim como a lógica concorrencial para captar e manter o capital dos acionistas que leva à "criação de valor" em benefício deles. Isso pôs sob pressão mais direta dos mercados um número maior de assalariados, não apenas executivos, mas também operários e funcionários de escritório. Isso não resultou numa diminuição dos controles hierárquicos, mas na modificação progressiva desses controles no contexto de uma "nova gestão" que pôde apoiar-se em modos de organização, novas tecnologias de contabilidade, registro, comunicação etc.[66].

Essa "nova gestão" tomou formas muito diversas, como o desenvolvimento da contratualização das relações sociais, a descentralização das negociações entre assalariados e patronato no plano da empresa, a concorrência das unidades da empresa entre si ou com unidades externas, a normalização pela imposição generalizada de padrões de qualidade e o crescimento da avaliação individualizada dos resultados[67]. As fronteiras entre o dentro e o fora da empresa tornaram-se mais vagas com o desenvolvimento da subcontratação, da autonomização das entidades dentro da empresa, do recurso ao emprego temporário, das estruturas de projetos, do trabalho dividido em "missões" e do apelo a consultores externos.

Essas novas formas de organização do trabalho e da gestão permitem definir um novo modelo de empresa que Thomas Coutrot chama de "empresa neoliberal"[68]. A maior autonomia das equipes ou indivíduos, a polivalência, a mobilidade entre "grupos de projeto" e unidades descentralizadas traduzem-se por um enfraquecimento e uma instabilidade dos coletivos de trabalho. As novas formas de disciplina da empresa neoliberal são exercidas a uma maior distância, de maneira indireta, antes ou depois da ação produtiva. O controle é feito por registro de resultados, por rastreabilidade dos diferentes momentos da produção, por uma vigilância mais difusa dos comportamentos, das maneiras de ser, dos modos de relacionamento com os outros, em especial em todos os locais de produção de serviços que tenham contato com a clientela e em todas as organizações em que a operação do trabalho pressupõe cooperação e troca de informações. Essa gestão mais "personalizada" e mais difusa joga com a concorrência entre assalariados e

---

[66] Ver Michel Gollac e Serge Volkoff, "*Citius, Altius, Fortius*. L'intensification du travail", *Actes de la Recherche en Sciences Sociales*, n. 114, set. 1996.
[67] Sobre esse ponto, ver Michel Lallement, "Transformation des relations du travail et nouvelles formes d'action politique", em Pepper D. Culpepper, Peter A. Hall e Bruno Palier (orgs.), *La France en mutation, 1980-2005* (Paris, Presses de Sciences Po, 2006).
[68] Thomas Coutrot, *L'entreprise néo-libérale, nouvelle utopie capitaliste: enquête sur les modes d'organisation du travail* (Paris, La Découverte, 1998).

entre segmentos da empresa para constrangê-los, mediante uma comparação de métodos e resultados (*benchmarking*)[69], a alinhar-se aos desempenhos máximos e às "melhores práticas" num processo sem fim. A concorrência torna-se, assim, um modo de interiorização das exigências de rentabilidade do capital que permite o afrouxamento das linhas hierárquicas e dos controles permanentes realizados pelo pessoal intermediário, introduzindo uma pressão disciplinar ilimitada.

A terceirização de certas atividades e a descentralização em unidades mais autônomas aumentam a necessidade de avaliação para coordenar as atividades. A avaliação torna-se a chave da nova organização, o que acaba por cristalizar tensões de todos os tipos, ainda que seja a que diz respeito à contradição entre a injunção à criatividade e à tomada de riscos e o julgamento social que surja como lembrete das relações efetivas de poder dentro da empresa.

Esse novo modo de organização da empresa teve consequências importantes para o trabalho e o emprego. Traduziu-se em intensificação do trabalho, diminuição dos prazos e individualização dos salários. Esse último método, vinculando remuneração a desempenho e competência, ampliou o poder da hierarquia e reduziu todas as formas coletivas de solidariedade. Mas é coextensivo a uma nova prática de governo dos assalariados baseada no "autocontrole", que é pretensamente muito mais eficaz do que a coerção externa. Essa "filosofia da gestão" foi formulada por Peter Drucker. Ele explica que, na nova economia do saber, não se trata mais de gerir estruturas, mas, sim, de "guiar" pessoas que têm saberes para que produzam o máximo possível. Gestão por metas, avaliação de desempenhos e autocontrole dos resultados são os métodos empregados por essa gestão dos indivíduos:

> A principal vantagem da gestão por metas é que ela permite aos executivos medir seu próprio desempenho. O autocontrole reforça a motivação, o desejo de fazer melhor, de não se encostar. [...] Embora não seja indispensável para dar unidade de rumo e esforço à equipe dirigente, a gestão por metas é indispensável para permitir o autocontrole.[70]

---

[69] O *benchmarking* é muito precisamente um método de gestão que consiste em selecionar referências padrão de desempenho para comparar com os resultados de uma entidade produtiva (filial, departamento, empresa), determinar as "boas práticas" e estabelecer metas mais elevadas de desempenho.

[70] Peter Drucker, *Devenez manager! Les meilleurs textes de P. Drucker* (Paris, Village Mondial, 2006), p. 122 [ed. bras.: *O melhor de Peter Drucker: o homem, a administração, a sociedade*, trad. Maria Lúcia Leite Rosa, São Paulo, Nobel, 2002].

Esse autocontrole também é econômico, porque permite a redução da pirâmide hierárquica, e mais eficaz, na medida em que o trabalho não depende mais de uma necessidade externa, mas de uma coerção interna:

> Ele substitui o controle feito de fora pelo controle feito de dentro, muito mais estrito, exigente e eficaz. Leva o executivo a agir não porque alguém lhe disse o que era preciso fazer, ou o obrigou a fazê-lo, mas porque as necessidades objetivas de sua tarefa assim o exigem. Esse homem agirá não porque outro quis desse modo, mas porque ele próprio decidiu que deveria fazê-lo – em outras palavras, ele agirá como um homem livre.[71]

Essa "filosofia da liberdade", que tem aplicação universal, "assegura o desempenho, transformando necessidades objetivas em objetivos pessoais. Essa é a própria definição da liberdade – a liberdade no quadro da lei"[72]. Assim, o gestor tenta captar as energias individuais, não de acordo com uma lógica "artista" ou "hedonista", mas segundo um regime de autodisciplina que manipula as instâncias psíquicas de desejo e culpa. Trata-se de mobilizar a aspiração à "realização pessoal" a serviço da empresa, transferindo exclusivamente para o indivíduo, contudo, a responsabilidade pelo cumprimento dos objetivos. O que, evidentemente, tem um alto custo psíquico para os indivíduos[73].

Esse autogoverno não é obtido espontaneamente por simples efeito de um discurso sedutor de gestão que manipula a aspiração de cada indivíduo à autonomia. Esse controle da subjetividade somente é operado de maneira eficaz dentro de um contexto de mercado de trabalho flexível, em que a ameaça de desemprego está no horizonte de todo assalariado. Ele também é resultado de técnicas de gestão que tentaram objetivar as exigências de mercado e de rentabilidade financeira na forma de indicadores numéricos de metas e resultados e, mediante a individualização dos desempenhos medidos e discutidos em entrevistas pessoais, fazer com que os assalariados interiorizem a necessidade vital para eles de melhorar continuamente sua "empregabilidade". O cúmulo do autocontrole, que também mostra o mecanismo perverso que transforma cada um em "instrumento de si mesmo", ocorre quando o assalariado é convidado a definir não somente as metas que ele deve atingir, mas também os critérios pelos quais ele quer ser julgado.

---

[71] Ibidem, p. 127.
[72] Idem.
[73] Ver Nicole Aubert e Vincent Gaulejac, *Le coût de l'excellence* (Paris, Seuil, 1991).

Racionalidade (1): a prática dos especialistas e dos administradores

Não se trata mais, como no "welfarismo", de redistribuir bens de acordo com certo regime de direitos universais à vida, isto é, à saúde, à educação, à integração social e à participação política, mas de apelar à capacidade de cálculo dos sujeitos para fazer escolhas e alcançar resultados estabelecidos como condições de acesso a certo bem-estar. O que pressupõe que os sujeitos, para "ser responsáveis", disponham dos elementos desse cálculo, dos indicadores comparativos, da tradução contábil de suas ações, ou ainda, mais radicalmente, da monetarização de suas "escolhas": deve-se "responsabilizar" os doentes, os estudantes e suas famílias, os universitários, os que estão à procura de emprego, fazendo-os arcar com uma parte crescente do "custo" que eles representam, exatamente do mesmo modo como se deve "responsabilizar" os assalariados individualizando as recompensas e as punições ligadas a seus resultados.

Esse trabalho político e ético de responsabilização está associado a numerosas formas de "privatização" da conduta, já que a vida se apresenta somente como resultado de escolhas individuais. O obeso, o delinquente ou o mau aluno são responsáveis por sua sorte. A doença, o desemprego, a pobreza, o fracasso escolar e a exclusão são vistos como consequência de cálculos errados. A problemática da saúde, da educação, do emprego e da velhice confluem numa visão contábil do capital que cada indivíduo acumularia e geraria ao longo da vida. As dificuldades da existência, a desgraça, a doença e a miséria são fracassos dessa gestão, por falta de previsão, prudência, seguro contra riscos[74]. Daí o trabalho "pedagógico" que se deve fazer para

---

[74] Lembramos que a transformação dos indivíduos em "riscófilos" era a base da "refundação social" desejada pelo Movimento das Empresas da França (Medef). A oposição entre duas espécies de seres humanos – os "riscófilos", dominantes corajosos, e os "riscófobos", dominados temerosos – foi teorizada em 2000 por François Ewald e Denis Kessler, "Les noces du risque et de la politique", *Le Débat*, n. 109, 2000. Robert Castel lhes deu uma resposta mordaz no jornal *Le Monde* (Robert Castel, "'Risquophiles', 'risquophobes': l'individu selon le Medef", *Le Monde*, 6 jun. 2001): "Antigamente, os 'maus pobres' só podiam culpar a si mesmos por seu destino, porque eram indolentes, imoderados, lascivos, sujos e maus. Versão modernizada e um tanto eufemizada da mesma boa consciência moral, hoje merecem a invalidação social os riscófobos, os temerosos e todos aqueles que permanecem tão estupidamente aferrados às conquistas do passado que são incapazes de participar do advento desse

que cada indivíduo se considere detentor de um "capital humano" que ele deve fazer frutificar, daí a instauração de dispositivos que são destinados a "ativar" os indivíduos, obrigando-os a cuidar de si mesmos, educar-se, encontrar um emprego.

É importante, sob esse aspecto, não confundir a ideologia triunfante da nova direita e a racionalidade governamental que a sustenta. A grande ofensiva ideológica contra a intervenção do Estado não precedeu apenas as reorientações práticas, ela as acompanhou. E o mais importante na virada neoliberal não foi tanto a "retirada do Estado", mas a modificação de suas modalidades de intervenção em nome da "racionalização" e da "modernização" das empresas e da administração pública. Desse ponto de vista, talvez não tenham sido tanto os intelectuais midiáticos e os jornalistas convertidos que tiveram o papel mais importante, mas os especialistas e os administradores públicos dóceis, que, nos diferentes campos em que deveriam intervir, instauraram os novos dispositivos e modos de gestão próprios do neoliberalismo, apresentando-os como técnicas políticas novas, guiadas unicamente pela busca de resultados benéficos para todos. Esses "intelectuais orgânicos" do neoliberalismo, afirmando-se ora de direita, ora de esquerda, ou sucessivamente um e outro[75], tiveram um papel-chave na naturalização dessas práticas, em sua neutralização ideológica e, por fim, em sua implantação prática. Células de pesquisa, inúmeros colóquios, amplas operações de formação de quadros da função pública, produção e difusão maciça de um léxico homogêneo, verdadeira *lingua franca* das elites modernizadoras, acabaram por impor o discurso ortodoxo da gestão. Mas não nos enganemos: as políticas neoliberais não foram implantadas em nome da "religião do mercado", mas em nome de imperativos técnicos de gestão, em nome da eficácia, ou até mesmo da "democratização" dos sistemas de ação pública. As elites convertidas à *racionalização* das políticas públicas desempenharam o papel principal, com a ajuda, evidentemente, do conjunto dos aparelhos

---

futuro radiante que o capitalismo de amanhã prepara para nós. Isso é discurso de dominantes para dominantes".

[75] Sobre esse ponto, convém considerar a trajetória pessoal dos atores dessa implantação prática dos esquemas neoliberais. Podemos nos perguntar, por exemplo, se a "segunda esquerda" na França não foi, para alguns, uma "passarela" que facilitou a passagem de um engajamento político ou sindical para uma participação ativa na "reforma" dos dispositivos do Estado social e educador.

de fabricação do consentimento que retransmitiram seus argumentos a favor da "modernidade".

Tanto à direita como à esquerda, algumas figuras pioneiras sobressaíram-se precocemente na França, como Raymond Barre em 1978 ou, alguns anos depois, Jacques Delors: ambos seguiam o mesmo script do "realismo", do "rigor" e da "modernidade". Na verdade, em poucos anos, todas as elites políticas e econômicas passaram de um modo de gestão "keynesiano" para um modo "neoliberal", carregando com elas grande parte dos quadros administrativos e partidários. Como Bruno Jobert disse com razão,

> os vetores dessas mudanças são menos as novas elites do que as elites antigas que procuraram, muitas vezes com sucesso, eternizar sua influência, ainda que tivessem de mudar suas orientações. Os promotores do neoliberalismo são, na maioria vezes, gente arrependida, tocada pela graça desse novo verbo.[76]

O que é verdade para os antigos países do Leste, onde os *apparatchiks* stalinistas tornaram-se os novos mestres do capitalismo restaurado, é verdade também, sem dúvida de forma menos evidente, para o Oeste, onde os especialistas, às vezes de esquerda, e os administradores, formados muitas vezes no culto do serviço público, converteram-se ao léxico do *management* e da *performance*.

A virada neoliberal das práticas dos altos funcionários é um desmentido da tese da Escola do Public Choice, que afirma que estes últimos nunca deixaram de expandir a intervenção e o volume dos recursos da burocracia. Na realidade, o modo neoliberal de ação pública constitui muito mais uma virada na racionalização burocrática do que um desengajamento do Estado. O que importa aos altos funcionários não é necessariamente o aumento de impostos e o aumento do número de seus subordinados, como pensavam os economistas da "escolha racional". O que lhes interessa é o aumento de seu poder e de sua legitimidade, como mostrou, aliás, Weber, o que pressupõe tornar-se adepto da "mudança", da "reforma" ou até mesmo do "fim" da burocracia de Estado, ao menos quando essa reorientação não põe em questão o domínio que eles exercem.

---

[76] Bruno Jobert (org.), *Le tournant néo-libéral en Europe: idées et recettes dans les pratiques gouvernementales* (Paris, L'Harmattan, 1994), p. 15.

Racionalidade (2): a "terceira via" da esquerda neoliberal

O longo sucesso do neoliberalismo foi assegurado não apenas pela adesão das grandes formações políticas de direita a um novo projeto político de concorrência mundial, mas também pela porosidade da "esquerda moderna" aos grandes temas neoliberais, a ponto de termos a impressão em certos casos – pensamos sobretudo no "blairismo"[77] – de uma submissão total à racionalidade dominante. Encontraríamos a mesma tendência nos Estados Unidos, onde os "*liberals*" começaram a falar, pensar e agir como os "*conservatives*"[78]. O mais marcante nessa institucionalização do neoliberalismo foi a aceitação por parte da esquerda moderna da visão neoliberal do mercado de trabalho flexível e da política de recolocação dos desempregados. Isso foi acompanhado, no plano doutrinal, de um abandono de qualquer referência a Keynes e, *a fortiori*, de uma renúncia a qualquer elaboração de um novo keynesianismo adaptado à mudança de escala provocada pela construção da Europa e pela globalização.

Nada ilustra melhor a virada neoliberal da esquerda do que a mudança de significado da política social, rompendo com toda a tradição social-democrata que tinha como linha diretriz um modo de partilha de bens sociais indispensáveis à plena cidadania. A luta contra as desigualdades, que era central no antigo projeto social-democrata, foi substituída pela "luta contra a pobreza", segundo uma ideologia de "equidade" e "responsabilidade individual" teorizada por alguns intelectuais do blairismo, como Anthony Giddens. A partir daí, a solidariedade é concebida como um auxílio dirigido aos "excluídos" do sistema, visando aos "bolsões" de pobreza, segundo uma visão cristã e puritana. Esse auxílio dirigido a "populações específicas" ("pessoas com deficiência", "aposentadorias mínimas", "idosos", "mães solteiras" etc.), para não criar dependência, deve ser acompanhado de esforço pessoal e trabalho efetivo. Em outras palavras, a nova esquerda tomou para

---

[77] Houve muitos outros, entre os quais a política de Gerhard Schröder e a grande aliança entre direita e esquerda na Alemanha e, na França, o êxito da política de abertura de Nicolas Sarkozy a algumas "personalidades" do Partido Socialista, que mostraram a que ponto o novo rumo ideológico decompôs o arcabouço intelectual e político da social-democracia.

[78] Para uma análise do "fascínio" da esquerda norte-americana pela maneira de pensar da direita, ver James K. Galbraith, *The Predator State: How Conservatives Abandonned the Free Market and Why Liberals Should Too* (Nova York, The Free Press, 2008).

si a matriz ideológica de seus oponentes tradicionais, abandonando o ideal da construção de direitos sociais para todos.

No entanto, não conseguiríamos compreender o neoliberalismo de esquerda, essa nova forma política que sucedeu à social-democracia, se nos contentássemos em vê-la como uma simples adesão à ideologia neoliberal. Aliás, essa "esquerda moderna" se defende da acusação tomando distância do que acredita ser o neoliberalismo, isto é, para ela, um puro e simples retorno ao *laissez-faire*. Mas, embora ataque essa "ideologia selvagem" para distinguir-se da direita, ela aceita, assume e reproduz uma forma de pensamento, uma maneira de apresentar os problemas e, com isso, um sistema de respostas que constitui uma racionalidade abrangente, isto é, um tipo de discurso normativo no qual toda a realidade é tornada inteligível e pelo qual são prescritas como "evidentes por si mesmo" determinadas políticas. Em uma palavra, e talvez de forma paradoxal, nada manifesta melhor a natureza da racionalidade neoliberal do que a evolução das práticas dos governos que há trinta anos se dizem de esquerda, mas conduzem uma política muito semelhante à da direita[79]. Todo discurso "responsável", "moderno" e "realista", isto é, que participa dessa racionalidade, caracteriza-se pela aceitação prévia da economia de mercado, das virtudes da concorrência, das vantagens da globalização dos mercados e das exigências inelutáveis da "modernização" financeira e tecnológica. A prática disciplinar do neoliberalismo impôs-se como um dado de fato, uma realidade diante da qual não se pode fazer nada, a não ser adaptar-se.

O melhor exemplo dessa identificação é, sem dúvida, o "manifesto" assinado por Tony Blair e Gerhard Schröder em 1999, por ocasião das eleições europeias, e intitulado *A terceira via* e *O novo centro* (*The Third Way/Das neue Mitte*). O objetivo da esquerda moderna, afirma-se ali, é oferecer

> um quadro sólido para uma economia de mercado competitiva. A livre competição entre os agentes de produção e a livre troca são essenciais para estimular a produtividade e o crescimento. Por essa razão, é necessário dotar-se de um quadro que permita às forças do mercado funcionar convenientemente – isso é essencial para o crescimento econômico e é condição prévia de uma política eficaz em prol do emprego.

---

[79] Não podemos esquecer, no entanto, que os partidos de esquerda foram atravessados por lutas internas mais ou menos virulentas. É forçoso constatar que os opositores dessa orientação neoliberal ficaram na defensiva, sob a acusação de serem partidários da antiga gestão administrativa, custosa, ineficaz e desmoralizante.

Esse "quadro", objeto da "nova política da oferta da esquerda", opõe-se aos "últimos vinte anos de *laissez-faire* [em francês no texto] neoliberal", que são qualificados de "ultrapassados". Vemos aqui como a interpretação equivocada do neoliberalismo permite a construção de uma falsa oposição e compreendemos também que, com essa premissa, o manifesto desenvolve na prática o conjunto da argumentação autenticamente neoliberal: custo excessivamente elevado do trabalho, gastos públicos muito grandes, primazia perigosa dos direitos sobre as obrigações e confiança excessiva na gestão da economia pelo governo.

Esse manifesto da esquerda moderna traduz particularmente bem o que chamamos aqui de "racionalidade neoliberal". Começa questionando as velhas soluções da esquerda arcaica:

> O desafio da justiça social era confundido às vezes com a palavra de ordem da igualdade de renda. A consequência era a pouca atenção que se dava à recompensa pessoal pelo esforço e pela responsabilidade; além disso, havia o risco de que "social-democracia" fosse associada a "conformidade e mediocridade", em vez de encarnar a criatividade, a diversidade e o bom desempenho.

É preciso, ao contrário, reforçar a responsabilidade individual como princípio geral das políticas públicas: "Os sociais-democratas querem transformar a boia salva-vidas dos direitos sociais em um trampolim para a responsabilidade individual", segundo a expressão tipicamente blairista.

Também é preciso flexibilizar os mercados de trabalho:

> As empresas devem ter margens de manobra suficientes para agir e aproveitar as oportunidades que se apresentam: não devem ser entravadas por um excesso de regras. Os mercados de trabalho, capital e bens devem ser flexíveis: não se pode aceitar rigidez num setor da economia e abertura e dinamismo em outro. A adaptabilidade e a flexibilidade são vantagens cada vez mais rentáveis numa economia baseada no conhecimento.

É preciso ainda diminuir os impostos, em particular os que possam prejudicar a competitividade das empresas, e reduzir o papel do Estado:

> O custo do trabalho estava sendo sobrecarregado por encargos cada vez mais elevados. A crença de que o Estado devia atacar todas as falhas ou as lacunas do mercado levou muito frequentemente a uma ampliação desmedida da missão da administração pública e a uma burocracia cada vez maior. O equilíbrio entre as ações individuais e a ação coletiva foi rompido. Valores importantes para os cidadãos – construção autônoma de si mesmo, sucesso pessoal, espírito de empreendimento, responsabilidade individual e

sentimento de pertencimento a uma comunidade – foram muito frequentemente subordinados às garantias sociais universais.

Muito frequentemente, os direitos foram erguidos acima das obrigações, mas não podemos jogar nossas responsabilidades, conosco, com a nossa família, com a nossa vizinhança ou com o conjunto da sociedade, sobre o Estado e nos colocar inteiramente em suas mãos. Se deixamos de lado o princípio da obrigação mútua, o sentimento de pertencimento coletivo enfraquece, as responsabilidades para com a família ou os vizinhos desaparecem, a delinquência e o vandalismo aumentam, e o nosso aparato legal não pode mais se manter. A capacidade dos governos de regular com precisão a economia nacional, com o intuito de favorecer o crescimento e o emprego, foi superestimada. A importância das empresas e dos atores econômicos na criação de riquezas foi subestimada. Na verdade, *exageramos as fraquezas do mercado* e *subestimamos suas qualidades*.

As propostas dessa nova política da oferta que deve substituir a política ultrapassada da demanda, isto é, o keynesianismo, repousam sobre o princípio geral da primazia da empresa privada na economia e sobre a importância dos "valores" que ela é capaz de difundir na sociedade. O que leva à definição de uma nova maneira de governar, mais moderna: "O Estado não deve remar, mas manter o leme – apenas o estrito necessário de controle, esse é o desafio". O que significa que o combate ao crescimento da administração pública e dos gastos públicos torna-se prioridade nessa nova política da oferta: "No setor público, a burocracia deve diminuir em todos os níveis; metas de resultados concretos devem ser formuladas; a qualidade dos serviços públicos deve ser permanentemente avaliada, e os desempenhos ruins, erradicados". Mas essa nova maneira de "pilotar" deve apoiar-se em um "estado de espírito" e valores que não têm mais nada que ver com os da velha esquerda:

> Para o pleno êxito das novas políticas públicas, é necessário promover uma mentalidade de vencedor e um novo espírito de empreendimento em todos níveis da sociedade. Isso requer: uma mão de obra competente e bem formada, que queira assumir novas responsabilidades; um sistema de seguridade social que dê uma nova chance, encorajando ao mesmo tempo o espírito de iniciativa, a criatividade e o desejo de enfrentar novos desafios; e um clima favorável aos empreendedores, sua independência e seu espírito de iniciativa. É necessário fazer com que a criação e a sobrevivência das pequenas empresas sejam facilitadas; queremos uma sociedade que honre seus empresários, como faz com os artistas e os jogadores de futebol, e volte a valorizar a criatividade em todos os domínios da vida.

Esse manifesto nos permite compreender melhor a natureza do "realismo" da esquerda moderna, cujo principal promotor na cena europeia foi Tony Blair. A característica mais importante do blairismo, desde que conquistou o Partido Trabalhista em 1994, é a retomada da herança thatcheriana, considerada não uma política que se deveria derrubar, mas um *fato consumado*[80].

Em *A terceira via*, livro escrito em conjunto, Anthony Giddens e Tony Blair teorizam essa virada. A missão do New Labour, afirmam, é apresentar respostas de "centro-esquerda" dentro do novo quadro imposto pelo neoliberalismo, visto como um dado irreversível. A palavra mestra dessa linha política é a *adaptação* dos indivíduos à nova realidade, não sua proteção contra as vicissitudes de um capitalismo globalizado e financeirizado. A "nova esquerda" é aquela que aceita o quadro da globalização liberal e exalta todas as oportunidades que podem ser tiradas disso para o benefício do crescimento e da competitividade das economias[81]. O comissário europeu para o Comércio, Peter Mandelson, apresenta uma formulação muito clara do "consenso" quando elogia o "*boom* de abertura dos mercados" em todo o mundo, o que, a seu ver, impede que se volte atrás em matéria de política econômica e social, coisa que não seria possível nem, aliás, desejável, uma vez que a prosperidade de todos depende dessa abertura econômica[82].

A esquerda moderna é também aquela que admite que a principal fonte de riqueza e crescimento, se não a única, é a empresa privada, e conclui que, em todas as suas ações, o poder público deve promovê-la e, no que diz respeito ao fornecimento de serviços públicos, deve desenvolver parcerias com

---

[80] Sobre esse ponto, ver a demonstração de Keith Dixon, *Un digne héritier: Blair et le thatchérisme* (Paris, Raisons d'Agir, 1999).

[81] Tony Blair dá uma excelente definição numa entrevista: "Eu diria que as atividades de um governo não devem ter o objetivo de entravar a competição entre as empresas no mercado global. Isso não é uma resposta apropriada e não funcionará, porque o mercado nos domina. Se tentarmos proteger as empresas dos efeitos do mercado global, o que acontece é que elas vão sobreviver alguns anos, depois vão desaparecer, porque a pressão da competição global é tamanha que isso acontecerá necessariamente. Em compensação, o que se pode fazer é equipar essas empresas, assim como os indivíduos que trabalham para elas, para que eles possam enfrentar os rigores desse mercado global. Essa é, a meu ver, a terceira via". Citado em Philippe Marlière, *Essais sur Tony Blair et le New Labour: la troisième voie dans l'impasse* (Paris, Syllepse, 2003), p. 97-8.

[82] Peter Mandelson, "Europe's Openness and the Politics of Globalisation", *The Alcuin Lecture*, Cambridge, 8 fev. 2008.

esse importante agente da economia. Uma das primeiras batalhas travadas por Tony Blair foi a supressão do Artigo 4 dos estatutos do Labour Party, que se atribuía como objetivo a socialização dos meios de produção. De fato, o New Labour nunca voltou atrás na grande onda de privatizações realizada por Margaret Thatcher, envolvendo mais de quarenta grandes empresas e representando quase 1 milhão de assalariados, do mesmo modo, aliás, que a "esquerda plural" na França, entre 1997 e 2002, não suspendeu o processo iniciado em meados dos anos 1980.

A concepção de sociedade e indivíduo que serve de apoio para essa política é muito semelhante à que estrutura as orientações da direita neoliberal. Primazia da concorrência sobre a solidariedade, capacidade de aproveitar as oportunidades para ser bem-sucedido e responsabilidade individual são vistas como os principais fundamentos da justiça social[83]. A política da esquerda moderna deve ajudar os indivíduos a ajudar a si mesmos, isto é, a "dar a volta por cima" numa competição geral que não é questionada em si mesma. Isso se traduz num discurso amparado na reintrodução das categorias típicas do esquema concorrencial do vínculo social: o capital humano, a igualdade de oportunidades, a responsabilidade individual etc., em detrimento de uma concepção alternativa do vínculo social que se basearia em uma maior solidariedade e em objetivos de igualdade real. Foi, no fundo, partindo dessa concepção "arcaica" da sociedade defendida pela "velha" esquerda que a doutrina da "esquerda moderna" se construiu. Jacques Delors, no prefácio à edição francesa, resume bem o objetivo dos dois autores:

> Os sociais-democratas adeptos da terceira via não defendem mais a ideia de que o cidadão deve ser protegido pelo Estado, alimentado, alojado e vestido desde o nascimento até a morte, como dizia Hobhouse; ao contrário, seu objetivo é criar condições que permitam aos indivíduos alcançar um alto nível de vida decente, graças aos próprios esforços.[84]

---

[83] Michael Freeden, "True Blood or False Genealogy: New Labour and British Social Democratic Thought", em Andrew Gamble e Tony Wright (orgs.), *The New Social Democracy* (Oxford, Blackwell, 1999), p. 163.

[84] Tony Blair e Anthony Giddens, *La troisième voie: le renouveau de la social-démocratie* (Paris, Seuil, 2002), p. 10. Jacques Delors retoma os argumentos e o léxico clássico dos adversários do welfarismo quando afirma que "as políticas tradicionais de proteção social geraram com frequência uma cultura de dependência e irresponsabilidade" (ibidem, p. 12). É interessante notar – nem que seja para descartar as hipocrisias de um socialismo francês ou de uma construção europeia que teriam escapado por milagre das garras da racionalidade neoliberal – que Delors insere seu projeto europeu

Giddens resume a política da terceira via no slogan: "Não há direitos sem responsabilidades", o que, segundo ele, significa que é preciso aumentar as obrigações individuais no mercado de trabalho[85]. Segundo ele, o Estado é um "investidor social" que, mais do que proteger, ajuda as pessoas a adaptar-se:

> Os sociais-democratas devem modificar a concepção da relação entre risco e segurança que herdou do Estado de bem-estar e esforçar-se para desenvolver uma sociedade de pessoas arrojadas e responsáveis, tanto na esfera do Estado quanto na gestão empresarial e no mercado de trabalho.[86]

A cidadania não é mais definida como participação ativa na definição de um bem comum próprio de uma comunidade política, mas como uma mobilização permanente de indivíduos que devem engajar-se em parcerias e contratos de todos os tipos com empresas e associações para a produção de bens locais que satisfaçam os consumidores. A ação pública deve visar, acima de tudo, à instauração de condições favoráveis à ação dos indivíduos, orientação que tende a dissolver o Estado no conjunto dos produtores de "bens públicos". Giddens define o papel da ação pública da seguinte maneira:

> O Estado não pode mais se contentar em assegurar proteção social. Deve assumir um papel mais amplo, mas também mais flexível, de regulador, contribuindo para a criação de uma esfera pública eficiente e bens públicos satisfatórios. Ele não é o único ator nesse domínio, muito pelo contrário. Assim, a distribuição de gêneros alimentícios a armazéns, supermercados etc. representa um bem público. Cabe ao Estado criar o marco de regulação dessa atividade.[87]

Em que consiste exatamente essa "regulação" que deve levar à "boa" sociedade, segundo os próprios termos de Giddens? Trata-se de fazer com que o indivíduo tenha sempre a escolha de arbítrio entre produtos e serviços. Sem grande originalidade, o princípio da concorrência deve ser universal, inclusive para os serviços públicos. A única diferença é que as normas que os competidores devem seguir não são definidas da mesma maneira e pelos mesmos atores em todos os casos. Segundo Giddens,

---

no âmbito dessa terceira via. Seu Livro Branco de 1993, publicado pela Comissão Europeia (*Croissance, compétitivité, emploi*) retoma suas grandes linhas.

[85] Tony Blair e Anthony Giddens, *La troisième voie*, cit., p. 78.
[86] Ibidem, p. 111.
[87] Anthony Giddens, *Le nouveau modèle européen* (Paris, Hachette Littératures, 2007), p. 147.

nos campos em que as forças do mercado são exercidas livremente, poderíamos dizer que o indivíduo se comporta como cidadão-consumidor. As normas derivam principal e diretamente da concorrência. Um televisor de má qualidade, oferecido pelo mesmo preço dos outros, não terá uma presença muito longa no mercado. O papel do Estado e das outras autoridades públicas limita-se a fiscalizar o quadro geral, impedindo a formação de monopólios e oferecendo meios de garantir os contratos. Nas esferas não mercantis – o Estado e a sociedade civil –, o consumidor deveria ter escolha. Mesmo que os princípios reguladores do mercado tenham nisso apenas um papel menor. No setor público, por exemplo, o indivíduo deveria poder escolher entre vários clínicos, escolas ou serviços sociais. Entretanto, as normas não podem ser garantidas pela concorrência como ocorre na esfera do mercado. Elas devem ser fiscalizadas diretamente por profissionais e autoridades públicas. Digamos que, nessas esferas, o indivíduo seja um consumidor-cidadão – ele tem o direito de esperar que as normas sejam rigorosamente aplicadas por uma autoridade externa.[88]

Giddens retoma a argumentação dos teóricos da Escola do Public Choice e da "nova gestão pública"[89]. Contra o egoísmo dos funcionários públicos, "é preciso encorajar diversidade de fornecedores e criar estímulos eficazes" em todos os domínios, em particular na saúde e na educação[90]. Criação de concorrência e obrigação de escolha são os caminhos da reforma do Estado: "A possibilidade de escolha e, mais em geral, o reconhecimento de um maior poder do usuário contribuem para estimular a eficiência e o controle dos custos"[91], porque levam o prestador a melhorar o serviço[92]; "os sociais-democratas devem inspirar-se na crítica que diz que as instituições públicas, não usufruindo da disciplina do mercado, tornam-se preguiçosas e seus serviços acabam sendo de má qualidade"[93].

---

[88] Ibidem, p. 158-9. Note-se de passagem que a expressão "fiscalizar o quadro geral" é de inspiração ordoliberal.

[89] Ibidem, p. 163. Sobre a "nova gestão pública", ver capítulo 8 deste volume.

[90] Giddens toma como exemplo a privatização das escolas na Suécia e os cheques-educação nos Estados Unidos (ibidem, p. 166-7).

[91] Ibidem, p. 165-6.

[92] Ibidem, p. 165. Giddens pretendia distinguir o que chama de "democratização do cotidiano", que reforça o poder do usuário, e o puro e simples "consumismo" neoliberal. Mas não está claro o que os distingue. Por exemplo, em matéria de ensino médio e superior, Giddens manifesta o novo consenso entre a esquerda moderna e a nova direita de que os universitários financiem eles próprios seus estudos, recorrendo a empréstimos.

[93] Anthony Giddens citado em Keith Dixon, *Un digne héritier*, cit., p. 77.

A doutrina da "terceira via" expressa muito bem o abandono dos pilares fundamentais da social-democracia (e do trabalhismo). O Estado social e as políticas de redistribuição de renda são concebidos como obstáculos ao crescimento, e não mais como elementos centrais do compromisso social. O New Labour prolongou e legitimou a crítica às políticas sociais construídas sobre direitos e conquistas, exaltou o sucesso individual com tons moralizantes que Malthus ou Spencer não teriam renegado[94]. Obviamente, o blairismo manteve certas diferenças com relação à pura ortodoxia econômica de tipo monetarista: implantação do salário mínimo, políticas orçamentárias anticíclicas, reinvestimento nos serviços públicos de saúde e educação com a ajuda do setor privado. No entanto, a verdade é que, por mais inegáveis que sejam, essas diferenças políticas inserem-se num mesmo quadro fundamental: o da racionalidade política e das práticas disciplinares características do neoliberalismo.

A propósito do New Labour, Keith Dixon fala de um "neoliberalismo de segunda geração"[95]. Se deixarmos de lado a ideia de que o neoliberalismo significa a retirada do Estado, podemos distinguir no ativismo reformador e centralizador do blairismo essa dimensão estruturante da nova forma de governo dos indivíduos[96]. É exatamente o que mostram certos analistas da política do New Labour quando tentam fazer seu balanço:

> O programa de reformas foi realizado com a mobilização e o desenvolvimento das capacidades de controle e direção do governo. Prosseguindo e adaptando o quadro legado pelos conservadores, modernizando a herança

---

[94] Florence Faucher-King e Patrick Le Galès sublinham bem: "O New Labour adota uma visão que valoriza os ganhadores, os empreendedores (seja qual for sua cor, origem, idade), a segurança dos bens e das pessoas; os desafios da integração na sociedade, da redistribuição ou do discurso da solidariedade, do espaço público, são deixados de lado". Ver *Tony Blair, 1997-2007* (Paris, Presses de Sciences Po, 2007), p. 18.

[95] Keith Dixon, *Un abécédaire du blairisme* (Bellecombe-en-Bauges, Le Croquant, 2005), p. 15.

[96] Encontramos sua manifestação na forma falaciosa do "nem isso nem aquilo", que não dá razão nem ao *laissez-faire* nem ao antigo compromisso social-democrata. Blair formulava a situação da seguinte maneira, antes de subir ao poder: "Se rejeito o rompante de *laissez-faire* dos que dizem que o governo não tem nenhum papel a desempenhar, rejeito também o retorno a um modelo de Estado corporativista, que já teve sua época. O papel do governo não é o de grande comendador da economia, mas de companheiro de estrada". Ver Tony Blair, *La nouvelle Grande-Bretagne: vers une société de partenaires* (La Tour-d'Aigues, L'Aube, 1996), p. 101.

utilitarista (não existe confiança na sociedade), os neotrabalhistas reformaram sistematicamente o governo e seus modos de operação. Os governos Blair intensificaram maciçamente a centralização da Grã-Bretanha, deixando mais autonomia aos indivíduos e às organizações no interior de um sistema de coerções e controles reforçados, um sistema de "conduta das condutas", diria Michel Foucault, que nem sempre escapa a um desvio burocrático ou até mesmo autoritário.[97]

Portanto, aquilo que às vezes é chamado impropriamente de "conversão neoliberal da esquerda" não pode ser explicado apenas pelas campanhas ideológicas da direita ou pela capacidade de persuasão desta última. Essa conversão é mais fundamentalmente explicada pela difusão de uma racionalidade global que funciona como uma evidência amplamente compartilhada, que é da ordem não de uma lógica de partido, mas de uma técnica de governo dos homens supostamente neutra do ponto de vista ideológico.

O mais importante não é tanto o triunfo da vulgata neoliberal, mas a maneira como o neoliberalismo é traduzido em políticas concretas, às quais afinal é submetida uma parte da população assalariada, e esta às vezes até as aceita, mesmo quando essas políticas visam explicitamente ao retrocesso de direitos adquiridos, de solidariedade entre grupos e entre gerações, e levam grande parte dos sujeitos sociais a dificuldades e ameaças crescentes, inserindo-os sistemática e explicitamente numa lógica de "riscos". O neoliberalismo é muito mais do que uma ideologia partidária. Aliás, em geral as autoridades políticas que adotam as práticas neoliberais recusam-se a admitir qualquer ideologia. O neoliberalismo, quando inspira políticas concretas, nega-se como ideologia, porque ele é a própria *razão*.

Assim, políticas muito semelhantes podem moldar-se nas mais diversas retóricas (conservadoras, tradicionalistas, modernistas, republicanas, conforme a situação e o caso), manifestando desse modo sua extrema plasticidade. Dito de outra maneira, a dogmática neoliberal apresenta-se como uma *pragmática geral*, indiferente às origens partidárias. A modernidade ou a eficácia não são nem de direita nem de esquerda, segundo dizem os que "não fazem política". O essencial é que "funciona", como dizia com frequência Tony Blair. É isso também que nos permite avaliar as diferenças entre o período *militante* do neoliberalismo político de Thatcher e Reagan e o período *gestionário*, no qual se trata apenas de "boa governança", "boas práticas" e

---

[97] Florence Faucher-King e Patrick Le Galès, *Tony Blair, 1997-2007*, cit., p. 16.

"adaptação à globalização". No decorrer desse período de maturidade, os antigos opositores tiveram de abjurar grande parte de sua velha crítica ao capitalismo; tiveram finalmente de reconhecer a "economia de mercado" como o meio mais eficaz de coordenação das atividades econômicas. Em resumo, a grande vitória ideológica do neoliberalismo consistiu em "desideologizar" as políticas seguidas, a ponto de não serem sequer objeto de debate.

Temos aqui uma das causas do completo desmoronamento doutrinal da esquerda ao longo dos anos 1990. Se admitimos que os dispositivos práticos da gestão neoliberal dos indivíduos são os únicos eficazes, ou mesmo os únicos possíveis, ou em todo caso os únicos que conseguimos imaginar, é difícil ver como é possível opor-se aos princípios que os fundamentam (a hipótese das escolhas racionais, por exemplo) ou questionar efetivamente os resultados a que chegam (uma maior exposição à concorrência e aos "acidentes" da conjuntura mundial). Não resta nada além da lógica da persuasão retórica, que consiste em denunciar em alto e bom som o que se aceita a meia-voz. Foi o que as autoridades de esquerda mais "hábeis" souberam fazer quando necessário[98]. Mais ainda, o neoliberalismo político, tal como se desenvolveu, teve consequências importantes nas condutas efetivas dos indivíduos, incitando-os a "cuidar deles mesmos", a não contar mais com a solidariedade coletiva e a calcular e maximizar seus interesses, perseguindo lógicas mais individuais num contexto de concorrência mais radical entre eles. Em outras palavras, a estratégia neoliberal consistiu e ainda consiste em orientar sistematicamente a conduta dos indivíduos como se estes estivessem sempre e em toda a parte comprometidos com relações de transação e concorrência no mercado.

---

[98] A França "socialista" de Mitterrand mergulhou num banho retórico extremamente hostil ao neoliberalismo, embora, muito antes do blairismo, já tivesse adotado diversos dos métodos neoliberais.

7
AS ORIGENS ORDOLIBERAIS DA CONSTRUÇÃO DA EUROPA

A grande virada mundial que ocorreu nos anos 1980 e 1990 seguiu a poderosa onda conservadora que veio da Grã-Bretanha e dos Estados Unidos. Como consequência, surgiu uma espécie de lenda encantada da construção europeia vista como bastião contra o "ultraliberalismo" anglo-saxão. Essa é uma das cantilenas do neoliberalismo de esquerda. A história é muito mais complexa, menos linear e, ao mesmo tempo, menos maniqueísta. Na realidade, como mostram com toda razão os universitários norte-americanos do coletivo Retort, "a noção de uma Europa politicamente autônoma, de uma Europa que se opõe à 'barbárie' norte-americana e ocupa um lugar relativamente positivo no capital e na modernidade é largamente ilusória". Mirando-se em uma "imagem que se satisfaz a si mesma" com uma pretensa "exceção" europeia, "a esquerda abandona qualquer possibilidade de resistência real"[1]. Porque, se é verdade que essa construção da Europa é fruto de várias tradições, entre as quais a poderosa tradição da democracia cristã, ela está ligada também a uma das mais antigas estratégias neoliberais, cujos principais fundamentos teóricos foram vistos nos capítulos anteriores, quando analisamos o ordoliberalismo. Essa estratégia original, que com frequência não é reconhecida como tal, é *anterior* à difusão da ideologia neoliberal nos anos 1970 e à crise de regulação do capitalismo fordista. O neoliberalismo europeu não esperou seu triunfo no plano das ideias para progressivamente institucionalizar-se, graças a políticas conduzidas com um grande espírito de continuidade. A construção jurídica e política

---

[1] Retort, "Note aux lecteurs de la traduction française", em *Des images et des bombes: politique du spectacle et néolibéralisme militaire* (trad. Rémy Toulouse e Nicolas Vieillescazes, Paris, Les Prairies Ordinaires, 2008), p. 8-9.

de um mercado concorrencial ocorreu pouco a pouco, enquanto continuava a predominar certa racionalidade administrativa e burocrática e, na prática, prevalecia o intervencionismo keynesiano ou, como na França, as diferentes formas de "colbertismo". Não se trata em absoluto de transformar a Europa em um laboratório de uma experiência neoliberal que em seguida teria contagiado o resto do mundo; trata-se simplesmente de dar o devido lugar à lógica ordoliberal, que desde muito cedo orientou certo rumo à construção europeia. Como notava em 1967 um observador dos primeiros passos dessa construção, "o *concorrencialismo* está substituindo o liberalismo de antigamente". Essa é, acrescentava, a "ideia de base do neoliberalismo contemporâneo"[2].

A construção do "mercado comum" na Europa é um exemplo particularmente interessante da implantação desse "concorrencialismo" neoliberal. O Tratado da Comunidade Europeia do Carvão e do Aço (Ceca) em 1951 e, depois, o Tratado de Roma em 1957 começaram a instaurar regras estritas para evitar que a concorrência fosse desvirtuada por práticas discriminatórias, abusos de posição dominante e subsídios governamentais. A partir de então, a Comissão Europeia, fortemente amparada na Corte de Justiça Europeia, elaborou um conjunto de instrumentos que, segundo um relatório da Organização para a Cooperação e Desenvolvimento Econômico, formou a base de uma verdadeira "constituição econômica"[3]. Essa política da concorrência, que continuou a ampliar-se e aprofundar-se[4], é considerada, aliás, uma das alavancas mais poderosas da integração

---

[2] Louis Franck, *La libre concurrence* (Paris, PUF, 1967). Franck especificava: "Admite-se a partir de agora que as intervenções públicas são necessárias para a preservação de certas formas de livre concorrência, que essa livre concorrência não faz parte ou não faz mais parte da natureza das coisas, que as noções de livre concorrência e de *laissez-faire* devem ser dissociadas – esse é, como sabemos, um dos ensinamentos do novo liberalismo, mas, em relação à escola clássica, ele é um pouco revolucionário" (ibidem, p. 7).

[3] OCDE, *Droit et politique de la concurrence en l'Union Européenne* (Paris, OCDE, 2005), p. 12.

[4] A concorrência livre e não desvirtuada, vista como um meio de eficácia econômica, fundamenta a legitimidade das diretivas extremamente normativas e a jurisprudência das instituições europeias. As normas jurídicas definidas pela Direção Geral da Concorrência, sustentadas pela jurisprudência da Corte de Justiça, correspondem a objetivos econômicos de bem-estar e competitividade. Sobre esse ponto, a Comissão continuou absolutamente fiel ao programa neoliberal. Empenhando-se num primeiro momento

econômica: "O encorajamento que a Corte deu à Comissão a propósito da determinação por esta última das condições de integração do mercado conferiu uma natureza quase constitucional às regras de concorrência do tratado", ressalta a OCDE[5].

Esse neoliberalismo político não surgiu do nada. O ordoliberalismo constituiu a parte mais importante do fundamento doutrinal da atual construção europeia, antes mesmo de ela ser submetida à nova racionalidade mundial. Para os neoliberais europeus declarados, a filiação entre o ordoliberalismo e o espírito que governou a implantação do Mercado Comum Europeu e, depois, da União Europeia não deixa margem à dúvida. Essa filiação é até reivindicada por alguns deles. Um dos testemunhos mais convincentes a esse respeito é a conferência de Frits Bolkestein no Walter Eucken Institut em Freiburg, em 10 de julho de 2000. O orador, que se apresentava na época como o "responsável pelo mercado interno e pelo sistema fiscal" da Comissão Europeia, deu o seguinte título a sua conferência: "Construindo a Europa liberal do século XXI"[6]. Depois de lembrar o papel dos ordoliberais na política econômica e monetária da República Federal da Alemanha (RFA) e, mais particularmente, o papel eminente de Walter Eucken na doutrina, Bolkestein afirmava:

> Numa visão da Europa do futuro, a ideia de liberdade, como era defendida por Eucken, deve seguramente ocupar uma posição central. Na prática europeia, essa ideia é concretizada pelas quatro liberdades do mercado interno, a saber: a livre circulação de pessoas, bens, serviços e capitais.

E acrescentava:

---

em controlar as condições de concorrência no setor privado, a partir dos anos 1980 a Comissão e a Corte começaram a atacar os monopólios das empresas públicas no setor das telecomunicações. Em 1988, a Comissão, generalizando seus objetivos de luta contra as distorções da concorrência, iniciou seu longo combate a favor da liberalização dos serviços públicos por uma diretiva que visa a eliminar todos os monopólios públicos que violem o direito de concorrência. Energia, transportes, seguros, serviços postais, radiodifusão: são vastos os domínios em que as empresas públicas são intimadas a alinhar-se ao direito de concorrência que se aplica ao setor privado.

[5] OCDE, *Droit et politique de la concurrence en l'Union Européenne*, cit., p. 12.
[6] Bolkestein é um político holandês, líder do Partido Popular (liberal) durante anos, presidente da Internacional Liberal de Londres entre 1996 e 1999, autor da diretiva sobre "Serviços", elaborada por ele durante seu mandato na Comissão Europeia, entre 1999 e 2004.

De fato, está claro que ainda resta muito a fazer para que essas liberdades sejam garantidas. A Comissão Europeia e o Conselho têm consciência desse desafio e o assumiram, adotando um programa ambicioso de desregulamentação e flexibilização resumido na ata final da conferência de cúpula de Lisboa, realizada em março. A implantação do conjunto de medidas propostas em Lisboa representará um progresso considerável na realização de uma Europa em conformidade com as ideias "ordoliberais".

A continuação é ainda mais explícita:

> O ambicioso projeto de união econômica e monetária é, sob esse aspecto, um desafio particular. Esse projeto tem não apenas o objetivo de fortalecer as liberdades do cidadão, como também constitui um dos principais instrumentos políticos que permitirão a estabilização da enorme economia de mercado que é a Europa. Portanto, por essa razão, ele é puro produto do pensamento "ordoliberal".

Bolkestein detalhava o programa de reformas que deveria permitir a realização integral dessa Europa "ordoliberal". Quatro pontos eram destacados.

1) A flexibilização de salários e preços mediante a reforma do mercado de trabalho: "É absolutamente necessário avançar no campo da flexibilização do mercado de emprego"; "um de nossos principais desafios, portanto, é melhorar a flexibilidade do mercado de trabalho e do mercado de capitais".

2) A reforma do sistema de aposentadorias mediante o estímulo à poupança individual: "Se quisermos evitar a detonação da bomba-relógio que são as aposentadorias, é urgente enfrentarmos seriamente a reforma da legislação sobre as aposentadorias. Os fundos de pensão devem poder aproveitar as novas possibilidades de investimento oferecidas pelo euro".

3) A promoção do espírito de empreendimento: "Os europeus parecem dar mostras de pouco espírito de empreendimento. O problema da Europa não é tanto a falta de capital de risco para o lançamento de novos projetos de negócios. Dinheiro não falta. Em compensação, pouquíssimas pessoas estão dispostas a criar sua própria empresa. Portanto, as reformas estruturais devem vir acompanhadas de uma mudança de mentalidade no cidadão".

4) A defesa do ideal de civilização de uma sociedade livre contra o "niilismo": "O relativismo moral e epistemológico dessa corrente ameaça os valores essenciais do projeto liberal, como o espírito crítico e racional e a crença na dignidade fundamental do indivíduo livre"; "o advento da Europa liberal de amanhã pode ser abalado pela educação que se dá hoje aos jovens europeus nas escolas e nas universidades [...]. A tarefa dos universitários,

portanto, é transmitir, por meio de seu trabalho, os valores fundadores da sociedade livre ou, em todo caso, combater as ideias que visam a pôr em risco esse tipo de sociedade".

Bolkestein não escondia que, para ele, a construção da Europa era desde o princípio um projeto antissocialista ou, até mesmo, um projeto voltado contra o Estado social. Lembrava que, "para Eucken, o socialismo era uma visão do horror, um modelo não só ineficaz, mas também, e sobretudo, de falta de liberdade".

A "Europa liberal", portanto, é um programa claramente desenhado, como Bolkestein teve o grande mérito de lembrar. Também estava certo ao sublinhar que essa construção se inseria na linhagem do ordoliberalismo alemão, indo de encontro, portanto, à ideia de que a Europa encarna um "modelo social" contrário à globalização "ultraliberal" dos anglo-saxões. A confusão, largamente intencional, diz respeito ao sentido da expressão tipicamente ordoliberal "economia social de mercado", dada por muitos como sinônimo de "Europa social". Numa entrevista de 2005, quando perguntado por um jornalista "como o novo tratado permitirá que se lute contra as perversões do mercado?", Jacques Delors deu a seguinte resposta:

> Em 1957, os países europeus consideraram que tinham um mercado comum: eles aumentariam a eficácia e a solidariedade entre eles. Não foi fácil fazer isso. São esses mesmos princípios que são retomados pelo tratado. Ele não é inovador nesse sentido. O que é novo é o progresso espetacular das forças políticas que rejeitam a intervenção do Estado e das instituições para equilibrar as forças do mercado. Em nome de um monetarismo que sempre combati, rejeita-se o reequilíbrio entre o econômico e o monetário [...]. O tratado não resolve isso. Ele dá às forças políticas a possibilidade de seguirem numa direção ou noutra. Sem o tratado, dispomos de menos trunfos para defender os interesses legítimos da França e seguir na direção dessa *economia social de mercado*, renovada, que é uma resposta à globalização e ao poder financeiro.[7]

Essa resposta é bastante característica de certa leitura da história europeia que tende a ocultar o fato de que essa "economia social de mercado" era a fórmula do neoliberalismo alemão antes de se tornar a do neoliberalismo europeu. Jacques Delors não é o único a alimentar essa ocultação. Quase todos os partidários do Tratado Constitucional Europeu (TCE) defenderam interpretações semelhantes. Jacques Chirac, numa coluna publicada por

---

[7] Jacques Delors, "Entrevista", *Nord-Éclair*, 14 maio 2005; grifo nosso.

26 jornais europeus às vésperas da cúpula de Hampton Court, em 27 de outubro de 2005, declarava que o modelo da Europa "é a economia social de mercado. Seu contrato é a aliança entre a liberdade e a solidariedade, é o poder público garantindo o interesse geral". E continuava: "Por isso a França jamais aceitará ver a Europa reduzida a uma simples zona de livre troca", "por isso devemos relançar o projeto de uma Europa política e social, fundada sobre o princípio da solidariedade".

Essas poucas citações ressaltam a necessidade de um esclarecimento, tanto a respeito das fontes do neoliberalismo europeu como dos caminhos pelos quais ele se impôs.

Arqueologia dos princípios do Tratado Constitucional Europeu

Reportemo-nos um breve instante à "Constituição Europeia", em cuja elaboração os partidos liberais e democratas cristãos europeus tiveram papel fundamental. A campanha referendária que ocorreu na França em 2005 levantou o problema da "constitucionalização" de certas orientações de política econômica: o monetarismo do Banco Central Europeu (BCE), a concorrência como princípio da atividade econômica e o papel reduzido e secundário dos "serviços econômicos de interesse geral". Essas opções levantavam a questão da natureza da "economia social de mercado", fórmula oficial de referência da nova constituição para toda a União.

O tratado, que após uma revisão sumária em 2007 se tornará o Tratado de Lisboa, continha uma série de princípios fundamentais a respeito da natureza da economia europeia, princípios esses que eram apresentados na Parte III. Em especial, a partir do Artigo 3, havia uma formulação do objetivo que se deveria perseguir, supostamente claro para todos: "Uma economia social de mercado altamente competitiva". Toda a política econômica definida na Parte III visa a organizar a Europa em torno de alguns princípios fundamentais de uma "economia de mercado aberta, na qual a concorrência é livre", como repetem constantemente as partes e os artigos da Constituição. Esta consagra os dois pilares dessa "economia social de mercado": o princípio supremo da concorrência nas atividades econômicas e a estabilidade de preços, garantida por um Banco Central independente.

A União dispõe, assim, de uma competência exclusiva para o "estabelecimento das regras de concorrência necessárias ao funcionamento do mercado interno" (Artigo I-13). Os artigos III-162 e III-163 aplicam esse princípio proibindo todas as práticas que possam desvirtuar a concorrência no mercado interno, assim como todas aquelas que sejam consideradas abuso de posição dominante. O Artigo III-167 proíbe, mais especialmente, ajudas do Estado que possam distorcer a concorrência.

A estabilidade da moeda é o segundo princípio decisivo. Na Parte I, título III, sobre "As competências da União", encontramos no Artigo 29 a definição das missões e do estatuto do Banco Central Europeu. O parágrafo 2 declara:

> O Sistema Europeu de Bancos Centrais é dirigido pelos órgãos de decisão do Banco Central Europeu. O objetivo principal do Sistema Europeu de Bancos Centrais é manter a estabilidade dos preços. Sem prejuízo do objetivo de estabilidade dos preços, dá seu apoio às políticas econômicas gerais na União com o intuito de contribuir para a realização dos objetivos da União.

E o parágrafo 3 especifica:

> O Banco Central Europeu é uma instituição dotada de personalidade jurídica. É o único apto a autorizar a emissão do euro. No exercício de seus poderes e em suas finanças, ele é independente. As instituições e os órgãos da União, bem como os governos dos Estados-membros, comprometem-se a respeitar esse princípio.

Esses princípios não são novos. Em 1992, ao criar a União Europeia, o Tratado de Maastricht já introduzia pelo Artigo 3 o objetivo de um "regime que assegura que a concorrência não seja desvirtuada no mercado interno"; pelo Artigo 3A, que não era secundário, estabelecia como objetivo a "instauração de uma política econômica fundamentada na estreita coordenação das políticas econômicas dos Estados-membros, no mercado interno e na definição de objetivos comuns", conduzida em conformidade com o respeito ao princípio de uma "economia de mercado aberta, na qual a concorrência é livre". Essa última frase, que foi utilizada depois como um verdadeiro slogan, é repetida inúmeras vezes no Tratado de Maastricht, como o será também no Tratado Constitucional.

No entanto, o Tratado de Maastricht está inserido numa lógica mais antiga. O Tratado de Roma de 1957 afirmava a necessidade do "estabelecimento de um regime que assegura que a concorrência não seja desvirtuada no mercado comum" (I-3). O Artigo 29 especificava que a Comissão seguia a "evolução das condições de concorrência no interior da Comunidade, na medida em que essa evolução tiver como efeito o aumento da força competitiva das empresas".

A terceira parte, dedicada à política da Comunidade, definia com cuidado as "regras da concorrência". Lia-se no Artigo 85:

> São incompatíveis com o mercado comum e proibidos todos os acordos entre empresas, todas as decisões de associações de empresas e todas as práticas concertadas que possam afetar o comércio entre Estados-membros e tenham por objeto ou consequência impedir, restringir ou desvirtuar o jogo da concorrência no interior do mercado comum.

O Artigo 86 desenhava a imagem de uma economia de concorrência sem monopólios privados ou públicos:

> É incompatível com o mercado comum e proibido, na medida em que o comércio entre Estados-membros possa ser afetado, o fato de uma ou várias empresas explorarem de forma abusiva uma posição dominante no mercado comum ou em parte substancial deste último.

Eram proibidos, na mesma ocasião, as práticas de *dumping* e os auxílios de Estado. O Artigo 92 indicava:

> Salvo derrogações previstas pelo presente tratado, são incompatíveis com o mercado comum, na medida em que afetam as trocas entre Estados-membros, as ajudas concedidas pelos Estados ou por intermédio de recursos de Estado sob qualquer forma que seja, que desvirtuem ou ameacem desvirtuar a concorrência, favorecendo certas empresas ou certas produções.

O Tratado de Roma, instituindo uma Comunidade Econômica Europeia (CEE), já continha o essencial da doutrina da construção europeia. Em 1957, as liberdades econômicas fundamentais (as "quatro liberdades de circulação de pessoas, mercadorias, serviços e capitais") ganham um valor constitucional, reconhecido como tal pela Corte Europeia de Justiça, enquanto direitos fundamentais dos cidadãos europeus[8]. O que é confirmado pelo TCE em seus numerosos artigos sobre os "princípios de uma economia de mercado aberta na qual a concorrência é livre"[9].

---

[8] Ver Laurence Simonin, "Ordolibéralisme et intégration économique européenne", *Revue d'Allemagne et des Pays de Langue Allemande*, v. 33, n. 1, 2001, p. 66.

[9] Os socialistas franceses favoráveis à ratificação, cuja prática de negação da realidade foi particularmente visível no episódio do referendo, defendiam ao contrário que esse tratado marcava o fim do "tudo é econômico", mostrando com isso a que ponto não entendiam, ou não queriam entender, a lógica "ordoliberal" do processo em andamento. Assim, para citarmos apenas um exemplo, Dominique Strauss-Kahn e Bertrand Delanoë escreveram numa coluna do jornal *Le Monde*: "Até aqui, a história da União Europeia foi largamente escrita em torno da construção econômica. [...] O novo tratado marca

A partir de 1957, a lógica de "constitucionalização" da economia social de mercado tornou-se cada vez mais patente. Assim, ficou visível que a linha de força principal da construção europeia não era a cooperação setorial nem a organização de políticas específicas, mas a integração dos princípios fundamentais da economia social de mercado ao direito constitucional[10]. Sob esse aspecto, o TCE representa o apogeu de um lento movimento a favor de uma norma econômica suprema vista como um componente essencial da constituição política no sentido mais amplo do termo.

Essa "constitucionalização" das liberdades econômicas corresponde muito amplamente à realização dos princípios fundamentais do ordoliberalismo como foram definidos entre 1932 e 1945 e, de modo mais geral, do neoliberalismo europeu[11]. Foi com plena consciência que parte das autoridades políticas e dos economistas de inspiração liberal, em especial na França e na Itália, encorajaram essa construção, a qual eles viam como a implementação dos princípios do concorrencialismo. O caso de Jacques Rueff, sobre cujo papel na contestação das políticas intervencionistas de tipo keynesiano falamos antes, é muito esclarecedor a esse respeito.

Em 1958, Rueff mostrava que o Tratado de Roma, assinado meses antes, tinha a particularidade de criar um "mercado institucional", que deveria ser cuidadosamente distinguido do "mercado manchesteriano". Embora esse mercado institucional possuísse as mesmas qualidades de equilíbrio do outro, e "embora fosse também uma zona de '*laissez-passer*', ele não era uma zona de '*laissez-faire*'"[12]. O poder público era convidado a

---

o fim dessa abordagem monolítica e diversifica a ambição da Comunidade Europeia: além dos direitos sociais dos cidadãos, ele consagra o modelo europeu de sociedade, tendo em seu centro o *modelo de justiça social* – a 'economia social de mercado', à qual somos tão apegados" ("Il faut ratifier le Traité", *Le Monde*, 3 jul. 2004).

[10] Aliás, isso é perfeitamente reconhecido por especialistas que defendem a legitimidade e a necessidade dessa "constitucionalização". Francesco Martucci escreveu a respeito do que chamou de "constituição econômica europeia": "A Comunidade Europeia dispõe de uma constituição econômica fundamentada numa economia de mercado", e detalha seus objetivos, instrumentos e princípios ("La Constitution Européenne est-elle libérale?", *La Lettre*, Supplément, Fondation Robert Schuman, n. 208, 25 abr. 2005; disponível em: <www.robert-schuman.eu/fr/supplements-lettre/0208-la-constitution-europeenne-est-elle-liberale>; acesso em: 28 fev. 2016).

[11] Ver o capítulo 3 deste volume.

[12] Jacques Rueff, "Le marché institutionnel des communautés européennes", *Revue d'Économie Politique*, jan.-fev. 1958, p. 7.

intervir para proteger o mercado contra os "interesses privados", que rapidamente teriam tratado de criar acordos e controlar mercados reservados; era convidado igualmente a amenizar as consequências sociais da abertura dos mercados à concorrência. Rueff explicava que a principal marca do mercado institucional era o que ele chamava de "realismo profundo". Os fundadores haviam "preferido um mercado limitado por intervenções que lhe dariam uma chance de ser moralmente aceitável e politicamente aceito"[13]. Isso não significava um obstáculo ao mercado, na medida em que, como ele também sublinhava, essas intervenções deveriam consistir em procedimentos que "respeitavam o mecanismo dos preços" e não perturbavam sua livre formação no mercado.

Esse "mercado institucional", cujo protótipo é a construção europeia, tem um grande futuro pela frente, segundo Rueff. Sua concretização deve reunir todos os partidos liberais e socialistas e estender-se ao conjunto das relações econômicas mundiais. O neoliberalismo, se já era para Rueff a base da construção europeia, seria igualmente o fundamento do mercado mundial, que "unirá amanhã, numa civilização comum, todos indivíduos e todos os povos que desejam dar aos homens liberdade sem desordem e bem-estar sem servidão, reduzindo ao mesmo tempo, tanto quanto for humanamente possível, a desigualdade e a injustiça"[14]. Meio século depois, só pode nos admirar o caráter premonitório das palavras de Rueff, quando anunciava que liberais e socialistas acabariam de acordo quanto ao objetivo de construção do "mercado institucional", voltando à cantilena de antes da guerra de que o liberalismo não é nem de direita nem de esquerda[15].

E de onde vem essa ideia de um mercado construído e vigiado por uma autoridade política? Para Rueff, assim como para outros observadores da época, não resta dúvida de que a ideia que anima o "mercado comum" é puro produto do neoliberalismo que surgiu no fim dos anos 1930:

> O mercado institucional é o arremate e o coroamento do esforço de renovação do pensamento liberal, que nasceu cerca de vinte anos atrás e que, com o nome de neoliberalismo, liberalismo social ou mesmo socialismo

---

[13] Ibidem, p. 8.
[14] Idem.
[15] Rueff afirmava que "liberais e socialistas estão igualmente fadados, se quiserem alcançar seus fins, às disciplinas do mercado institucional", porque tanto uns como outros aderem às mesmas "civilizações de mercado" contra o totalitarismo planificado (idem).

liberal, tomou progressivamente consciência de suas aspirações e seus métodos próprios para satisfazê-las, reconhecendo-se, finalmente, nas fórmulas comunitárias da Comunidade Europeia do Carvão e do Aço e naquelas cuja aplicação generalizada será, amanhã, a Comunidade Econômica Europeia.[16]

Como já vimos suficientemente, o ordoliberalismo não goza de nenhum monopólio, mas devemos convir que ele constituiu o corpo doutrinal mais coerente do neoliberalismo europeu. A homenagem que Rueff lhe presta, a influência que terá sobre o alto escalão francês, como o ex-presidente Valéry Giscard d'Estaing ou o ex-primeiro-ministro Raymond Barre, são símbolos claros disso[17].

A hegemonia do ordoliberalismo na República Federal da Alemanha (RFA)

Para compreendermos como esses princípios conquistaram a Europa, devemos voltar à maneira como eles se impuseram na RFA após a Segunda Guerra Mundial e como constituíram a base de um consenso em que encontramos as mais importantes formações políticas alemãs. Contudo, é importante não confundirmos, como muito frequentemente se faz, o que na Alemanha está estritamente ligado à filiação ordoliberal e o que diz respeito a uma herança mais antiga (o Estado social "bismarckiano") ou às condições sociais e políticas do compromisso entre as forças sindicais e o patronato (a "cogestão"). O "capitalismo renano" não é a "economia social de mercado" definida pelos teóricos liberais alemães; ele remete a uma realidade híbrida, fruto da história e das relações de força sociais e políticas.

O êxito inicial do neoliberalismo alemão deve-se a vários fatores. Para a RFA, tratava-se de refundar a legitimidade do novo Estado, integrar-se no

---

[16] Ibidem, p. 8. No início dos anos 1960, outros autores fizeram a ligação entre os princípios do mercado comum e o neoliberalismo. É o caso de Louis Franck (*La libre concurrence*, cit., p. 20): "Não há dúvida também de que o neoliberalismo influenciou profundamente a política de salvaguarda da concorrência, adotada pelos tratados de Paris e Roma, que instituíram, respectivamente, a Ceca e a própria CEE".

[17] Não devemos esquecer que a construção europeia serviu conscientemente e desde muito cedo de alavanca para se questionar a "rigidez das estruturas sociais e econômicas" dos países-membros. Em 1959, o *Rapport sur les obstacles à l'expansion économique*, conhecido como "Relatório Armand-Rueff", fundamenta suas preconizações na preparação da economia e da sociedade francesa à concorrência europeia.

mundo livre e distanciar-se do passado nacionalista e totalitário[18]. Deveríamos mencionar ainda a influência dos Estados Unidos sobre a reconstrução e o medo da inflação, que destruíra a economia em 1923. Todos esses fatores pesaram a favor de uma mudança radical de situação num país que durante muito tempo se mostrou relutante em relação ao liberalismo. O ordoliberalismo conseguiu impor-se porque combinou, após o nazismo, a rejeição do estadismo autárquico com a rejeição do liberalismo puro pregado pela economia política clássica e neoclássica, que não teve nenhuma responsabilidade nas desordens que ocorreram entre as duas guerras. Ele promove um liberalismo organizado, que aceita um "Estado forte", mas imparcial, capaz de impor-se aos interesses privados coligados e fazer com que todos respeitem as regras do jogo da concorrência.

No plano histórico e prático, a "grande oportunidade" do ordoliberalismo foi a criação de um Conselho Econômico, em 1948, junto às instâncias de ocupação responsáveis pela política econômica, aparentemente por instigação de Ludwig Erhard. Esse conselho era dominado pelos ordoliberais. Erhard, apresentado com frequência como o "pai do milagre alemão", foi, mais do que um teórico, um prático da economia que se atinha às "necessidades do sistema" e rejeitava qualquer dirigismo econômico. Foi o artífice da reforma econômica de 21 de junho de 1948 que criou o Deutsche Mark. Pouco tempo depois, liberou brutalmente os preços. Foi ele também que conseguiu a lei "anticartel" de 1957[19] e decidiu no mesmo ano a independência do Bundesbank. Seu dogma era "concorrência acima de tudo": "Apoiar a economia concorrencial é um dever social", diz ele no best-seller *La prospérité pour tous*[20], fazendo eco à obra de um discípulo de Walter Eucken que publicou nos anos 1930 um livro sobre "a concorrência como dever social". Erhard foi ajudado nessa tarefa por homens meio teóricos e meio práticos,

---

[18] Sobre esse ponto, ver Michel Foucault, *Naissance de la biopolitique* (Paris, Seuil/Gallimard, 2004).

[19] Segundo Jean-François Poncet, em *La politique économique de l'Allemagne occidentale* (Paris, Sirey, 1970), p. 156, a lei de 1957 contra os monopólios é considerada uma "lei fundamental", o que no campo econômico seria correspondente à constituição. O autor mostra que ela é fruto de um compromisso laborioso entre um patronato pragmático, preocupado com a potência econômica, e um governo influenciado pelo ordoliberalismo.

[20] Ludwig Erhard, *La prospérité pour tous* (Paris, Plon, 1959), p. 113.

como Alfred Müller-Armack, a quem parece que devemos a expressão *Sozial Marktwirtschaft* [economia social de mercado][21].

O êxito do ordoliberalismo é evidente primeiramente pela conversão dos grandes partidos alemães à "economia social de mercado". Em 1949, a democracia cristã adota o essencial da doutrina ordoliberal por influência de Erhard. Os democratas cristãos dividiam-se entre duas referências: o cristianismo social que inspirou o Programa de Ahlen de 1947 e as diretivas de Düsseldorf, mais liberais[22]. Foram estas últimas que prevaleceram sobre o Programa de Ahlen, mais social. Como ressalta Joachim Starbatty, o elo entre essas duas orientações (cristã e ordoliberal) é o princípio de subsidiaridade: "Deixamos a cada cidadão, dentro dos limites do possível, a iniciativa e a responsabilidade. Isso determina a tomada de decisão descentralizada e a formação de um patrimônio privado: os dois componentes da economia de mercado"[23]. O que tornou possível essa conciliação entre o cristianismo e o liberalismo foi o fato de que os objetivos sociais são dados como uma consequência "justa" de uma competição econômica leal, assim como pelo fato de que esse neoliberalismo reprova a tradição hedonista anglo-saxã e reivindica para si uma "ética econômica" inspirada em Kant.

O Partido Social-Democrata Alemão (SPD, na sigla alemã) fará sua conversão oficial à economia de mercado exatamente dez anos depois, em 1959, durante o Congresso de Bad Godesberg. Embora falasse de economia de mercado "dirigida", o SPD aderiu rapidamente à expressão consagrada *Sozial Marktwirtschaft*. Assim, os principais partidos de governo adotam a doutrina a partir dos anos 1960, da mesma forma que os sindicatos, já que o poderoso Deutscher Gewerkschaftsbund (DGB) declara sua adesão à

---

[21] De acordo com alguns testemunhos, Erhard teria lhe sugerido a expressão em 1945. Alfred Müller-Armack foi nomeado por Erhard "diretor para as questões de princípios" do Ministério das Finanças, cargo que em si já é um programa, passando em seguida a secretário de Estado para os problemas europeus; nessa qualidade, participou da redação do Tratado de Roma no castelo de Val-Duchesse, nos arredores de Bruxelas.

[22] Joachim Starbatty, "L'économie sociale de marché dans les programmes de la CDU/CSU", em *Les démocrates chrétiens et l'économie sociale de marché* (Paris, Economica, 1988), p. 91. As interpretações do conceito de "economia social de mercado" dadas pela União Democrata Cristã refletem as tensões programáticas entre dois textos de referência: um, o chamado *Programa Ahlen*, é influenciado pela doutrina social católica, enquanto o outro, intitulado *Diretivas de Düsseldorf*, é mais claramente de inspiração ordoliberal.

[23] Ibidem, p. 92.

economia de mercado em 1964. Em vinte anos, o ordoliberalismo tornou-se um "credo nacional", segundo a marcante expressão de François Bilger[24].

A doutrina concretizou-se em grande parte, mesmo que a política social tenha sido mais "global" do que o previsto e a cogestão das empresas tenha sido uma prática estranha ao programa ordoliberal. Este último deparou com uma realidade social e histórica mais complexa, que exigiu concessões sociais e políticas. Os democratas cristãos, no poder até meados dos anos 1960, tiveram de conciliar-se com um Estado de bem-estar herdado da era Bismarck e com uma classe operária muito organizada e poderosa durante toda a fase de reconstrução industrial. A partir do fim dos anos 1960, o "modelo alemão" se "social-democratiza" e se "keynesianiza", durante o período em que o SPD ocupa o poder. Em 1967, a lei da "promoção da estabilidade e do crescimento da economia" exemplifica essa conjunção inesperada de ordoliberalismo e a política conjuntural keynesiana[25]. De 1965 a 1975, a "economia social de mercado" adquire uma imagem de "esquerda" que, sem dúvida, está na origem da confusão que o sentido da expressão ganhará[26].

É importante não confundirmos doutrina ordoliberal e "modelo alemão" de capitalismo. Num livro que teve grande repercussão na França, no início dos anos 1990, Michel Albert contribuiu para propagar uma confusão que já era comum na época entre "economia social de mercado" e "capitalismo renano", isto é, um modelo de capitalismo nacionalmente organizado[27]. Albert vê a economia social de mercado como um "conjunto compósito", no qual se incluem as medidas de *welfare* e a cogestão[28]. Em sua tentativa de construir um

---

[24] François Bilger, "La pensée néolibérale française et l'ordolibéralisme allemand", em Patricia Commun (org.), *L'ordolibéralisme allemand, aux sources de l'économie sociale de marché* (Cergy-Pontoise, Cirac/Cicc, 2003), p. 17.

[25] Nota-se que foi isso, sem dúvida, que os socialistas franceses tentaram reeditar no fim dos anos 1990, quando quiseram introduzir uma flexibilidade conjuntural no Pacto de Estabilidade europeu.

[26] A mudança foi de tal magnitude que, em 2004, o chanceler Schröder reivindicava uma economia social de mercado, ao passo que os democratas cristãos tinham tendência a renegar uma noção que se tornara demasiado próxima da imagem do Estado social. Sobre todos esses pontos, ver Fabrice Pesin e Christophe Strassel, *Le modèle allemand en question* (Paris, Economica, 2006), p. 14.

[27] Michel Albert, *Capitalisme contre capitalisme* (Paris, Seuil, 1991).

[28] Ibidem, p. 138.

"modelo de capitalismo" oposto ao que seria corrente nos países anglo-saxões, ele mistura as contribuições originalmente liberais com suas revisões social-democratas. A expressão "economia social de mercado" foi criada em 1947, enquanto a expressão "modelo alemão" surgiu mais tarde, nos anos 1970, quando a social-democracia conseguiu fazer a política alemã pender a favor dos assalariados e reorientá-la no sentido de um apoio conjuntural muito mais ativo. Isso se traduziu em uma ampliação das prestações sociais, uma política redistributiva mais ampla e um peso cada vez maior dos impostos, alinhando a RFA aos outros países europeus em matéria de proteção social.

Um dos aspectos mais notáveis do "modelo alemão" no plano social é a importância das relações negociadas entre patronato e sindicatos, que limitam as relações de puro mercado entre empregadores e assalariados[29]. O social-democrata Karl Schiller, que sucedeu a Ludwig Erhard, quis levar mais longe a "ação concertada" entre sindicatos, patronato e governo no que diz respeito à política social e salarial. Algumas leis simbolizam essa "concertação" estruturada e institucionalizada: a lei de cogestão (de 1976, que modifica a de 1951) e a lei sobre o estatuto das empresas (de 1972), que regulam a participação dos representantes dos trabalhadores nos conselhos de administração e vigilância e nos conselhos eleitos das empresas. Essa participação dos assalariados no processo de decisão das empresas é completada por convenções coletivas, que no nível setorial e territorial dizem respeito a salários e tempo de trabalho. Teoricamente, o Estado deixa sindicatos e patronato livres para negociar, conforme o princípio da autonomia dos parceiros. Como mostra Peter Wagner, a lei estruturou essas relações e impôs a "paz social", vedando o recurso à greve antes dos procedimentos de conciliação.

O fim dos anos 1970 na Alemanha, como em outros países, é um período de questionamento da gestão social e keynesiana do capitalismo. A partir dos anos 1980, com a chegada ao poder da União Democrata Cristã (CDU, na sigla alemã), ocorre um "retorno às fontes" acompanhado de um questionamento do "desvio social da economia social de mercado", segundo a expressão utilizada por Patricia Commun[30]. Esse retorno aos princípios do

---

[29] Peter Wagner, "Le 'modèle' allemand, l'Europe et la globalisation", *Multitudes*, v. 27, n. 1, 1995; disponível em: <www.multitudes.net/Le-modele-allemand-l-Europe-et-la/>; acesso em: 28 fev. 2016.

[30] Patricia Commun (org.), *L'ordolibéralisme allemand, aux sources de l'économie sociale de marché*, cit., p. 9.

ordoliberalismo significa que os progressos sociais devem ser vistos, dali em diante, como efeitos da ordem concorrencial e da estabilidade monetária, e não como objetivos em si mesmos.

A construção da Europa sob influência

É nesse contexto que devemos compreender como o ordoliberalismo, verdadeira "tradição oculta" da Europa, vai tornar-se a doutrina de referência das elites governamentais da União Europeia a partir dos anos 1980, com algumas ressalvas aqui e ali, em particular na França. No caso francês, devemos desconfiar de certo reflexo nacionalista que atribui à Alemanha a responsabilidade por um crescimento baixo e um desemprego alto, em consequência de seu apego a uma moeda forte. Na realidade, não foi a potência econômica alemã que impôs seu "modelo renano" de capitalismo, mas foram as autoridades europeias que deram à construção da Europa uma lógica largamente influenciada pelo ordoliberalismo. Aliás, notaremos que o "modelo alemão" de capitalismo nacionalmente organizado é posto em questão precisamente pela unificação europeia, nem que seja porque o "diálogo social europeu" está muito longe das regras extremamente formalizadas e restritivas da "ação concertada". Podemos até mesmo afirmar que a transferência da negociação social para o nível europeu, bem como para o nível infranacional, é um meio de o patronato alemão se livrar das limitações da negociação nacional, tais como foram estabelecidas numa fase anterior da relação de forças entre patronato e assalariados. Mais ainda, com a integração europeia fazendo-se cada vez mais pela concorrência entre sistemas institucionais (como veremos adiante), em nome do princípio do "reconhecimento mútuo"[31], a própria ideia de autonomia da concertação nacional é posta em questão pela "desregulamentação competitiva".

Outra curiosidade é o fato de que essa referência ao "modelo alemão" ocorre no momento em que ele é questionado tanto pelos democratas cristãos quanto pelo SPD, e isso em nome da necessidade de reformas estruturais europeias. Mais espantoso ainda é que se tente estender a toda a Europa a rigidez orçamentária e monetária que mostrou sua ineficácia em termos de

---

[31] De acordo com esse princípio, que se aplica tanto aos produtos como aos diplomas, tudo que é permitido num país deve ser permitido nos demais países da União Europeia.

crescimento e emprego na Alemanha, ao mesmo tempo que a construção europeia é vista como uma das "alavancas" que permitirão reimportar para a própria Alemanha os princípios concorrenciais do ordoliberalismo. A globalização é dada como a grande limitação que condena a Alemanha e a União Europeia a aumentar a flexibilidade, a aliviar o custo salarial das empresas[32].

A história das relações entre o ordoliberalismo e a construção europeia é uma questão complexa. Ela vai, em cerca de quarenta anos, da resistência dos ordoliberais a uma conquista ideológica bem-sucedida. Desde o início, os ordoliberais, teóricos ou práticos (como Erhard), manifestaram desconfiança com relação ao que pudesse parecer controle administrativo e planificação econômica. Tudo que era oriundo da França, aliás, parecia cheirar a um dirigismo intolerável. Assim, quando Konrad Adenauer submeteu o plano Schuman sobre a Comunidade do Carvão e do Aço a Wilhelm Röpke em 1950, este lhe enviou um bilhete desaconselhando-o vivamente a ampliar essa perigosa iniciativa a outros setores, porque devia-se evitar "pôr a economia europeia sob a tutela de uma planificação onipotente"[33]. Erhard, no Ministério das Finanças, em seu desejo de limitar o suposto dirigismo dos franceses, opôs-se à política de Jean Monnet e da Alta Autoridade de Luxemburgo, que visava a estender a outros setores as colaborações econômicas administradas. A estratégia do governo alemão consistia em integrar a economia do país num sistema de livre troca mundial. O mercado comum europeu não devia ser concebido como uma fortaleza, mas como uma etapa nesse caminho.

Em maio de 1955, num texto intitulado "Considerações sobre o problema da cooperação ou da integração", Ludwig Erhard diz que a Europa devia visar à "integração funcional", isto é, à liberalização generalizada da circulação de bens, serviço e capitais, e à convercibilidade das moedas, e não à "criação de instituições sempre novas". Na realidade, o governo alemão estava dividido entre os federalistas e os ordoliberais. Os primeiros visavam a uma unificação política que passava por uma integração econômica

---

[32] Como diz Hans Tietmeyer, ex-presidente do Deutsche Bundesbank, "a globalização recompensa quem é flexível e pune a falta de flexibilidade". Ver Hans Tietmeyer, *Économie sociale de marché et stabilité monétaire* (Paris, Economica/Bundesbank, 1999), p. 81.

[33] Wilhelm Röpke, citado em Andreas Wilkens, "Jean Monnet, Konrad Adenauer et la politique européenne de l'Allemagne fédérale. Convergences et discordances (1950--1957)", em Gérard Bossuat e Andreas Wilkens (orgs.), *Jean Monnet, l'Europe et les chemins de la paix* (Paris, Publications de la Sorbonne, 1999), p. 154.

progressiva; os segundos optavam por uma economia de mercado europeia e uma integração no grande mercado mundial.

O mercado comum de 1957 é resultado, na verdade, de um duplo compromisso entre a França e a Alemanha e entre tendências internas do governo alemão. A França conseguiu o estabelecimento de políticas comuns – como a política agrícola, à qual continua apegada até hoje, considerando-a uma das principais conquistas comunitárias. Também obteve certos alinhamentos sociais, em particular em relação à licença dos assalariados, a uma tarifação externa comum bastante elevada (contra a opinião dos alemães) e a uma espécie de preferência pela importação proveniente de colônias ou ex-colônias. Como sabemos, a lógica da posição francesa consistiu, além das vantagens que queria preservar para seus agricultores, em dotar o conjunto europeu de força suficiente para garantir sua independência em relação aos "blocos".

Mas o Tratado de Roma nasceu também de um compromisso interno do governo alemão entre a corrente federalista (Etzel) e a corrente ordoliberal (Müller-Armack). De um lado, preconiza-se uma ampliação setorial; de outro, uma "integração funcional" dos mercados. Esse compromisso foi selado simbolicamente na casa de campo de Alfred Müller-Armack em 22 de maio de 1955, onde se encontraram os representantes das duas correntes[34]. Foi com base nesse compromisso entre os líderes alemães[35] que foram preparados os dois tratados de Roma assinados no mesmo dia sobre o mercado comum e comunidade de energia atômica. Evitando a criação de órgãos administrativos supranacionais, exceto no caso da energia, a Alemanha assegurou o êxito de sua concepção de uma integração

---

[34] Andreas Wilkens descreve esse episódio da seguinte maneira: "Houve acordo, de um lado, quanto à aceitação do princípio de criação de um "mercado comum de livre troca" em etapas sucessivas, dentro do qual deveria ser assegurada a livre circulação de pessoas, bens, serviços e capitais, e, de outro, quanto à participação no projeto de uma comunidade europeia no campo da energia atômica e – como concessão suplementar do Ministério Federal da Economia aos amigos de Monnet – quanto à criação de um fundo europeu destinado a apoiar os investimentos produtivos dos países da comunidade. O fato de que Müller-Armack tenha aderido, em uma etapa anterior, ao princípio de um mercado comum estruturado institucionalmente teve um papel importante na obtenção desse compromisso". Andreas Wilkens, "Jean Monnet, Konrad Adenauer et la politique européenne de l'Allemagne fédérale", cit., p. 181.

[35] Deve-se notar que o SPD se alinhou ao federalismo de Jean Monnet e a seu Comitê de Ação para os Estados Unidos da Europa.

horizontal e "funcional", repousando sobre as quatro liberdades econômicas fundamentais e o princípio de concorrência livre e não desvirtuada. Erhard saía vencedor, embora Monnet e o federalistas pensassem ter levado a partida. Para Erhard, como ele próprio disse após a conferência de Messina em 1955, a cooperação europeia deveria ocorrer dentro de um "sistema de economias livres" e os únicos órgãos supranacionais concebíveis deveriam ser "órgãos de vigilância para garantir que os Estados nacionais respeitem as regras do jogo que estabeleceram previamente"[36].

O tratado que instituía a Comunidade Econômica Europeia pode parecer como um compromisso entre a exigência de políticas comuns (agricultura, transporte) e medidas que visam a criar um livre mercado de pessoas, mercadorias, serviços e capitais. Entretanto, o mercado comum tem um estatuto estranho. Essa "comunidade econômica europeia" é uma "comunidade" entre várias outras (carvão e aço, energia atômica, agricultura), mas ela também as engloba, submetendo-as a um princípio geral, do qual serão apenas parte ou exceção. O princípio da concorrência insere-se nisso como um princípio estruturante: o tratado estabelece um "regime que assegura que a concorrência não seja desvirtuada no mercado comum".

Rumo à concorrência entre legislações?

Os grandes princípios ordoliberais encontram-se em ação na lógica europeia de constitucionalização da ordem liberal, na aplicação estrita da política de concorrência, bem como na independência do Banco Central Europeu. Poderíamos encontrá-los hoje ainda numa política favorável à ampliação da União Europeia e na defesa da livre troca mundial, orientações que são como réplicas dos combates que os líderes políticos alemães travaram em favor da adesão da Grã-Bretanha, da redução da tarifa externa comum e da participação no grande mercado mundial.

Esses princípios também se encontram em ação na aplicação de regras de disciplina cujo intuito é limitar a ação orçamentária dos governos e, ainda mais amplamente, na desqualificação da política conjuntural em proveito da política de "reformas estruturais": flexibilização do mercado de trabalho e "responsabilização individual" em matéria de educação, poupança e

---

[36] Ludwig Erhard, citado em Andreas Wilkens, "Jean Monnet, Konrad Adenauer et la politique européenne de l'Allemagne fédérale", cit., p. 186.

proteção social. Hans Tietmeyer traçou a linha de conduta ordoliberal que a Europa deveria seguir, antecipando em suas intervenções escritas e orais a "Estratégia de Lisboa" formulada em 2000. Segundo ele, o imperativo consiste em limitar os esforços de distribuição e proteção que impedem a economia e o progresso social. O argumento do subemprego na Europa não deve mais servir para beneficiar gastos públicos e criação de moeda. A segurança é o emprego de cada um, não o auxílio social[37].

O neoliberalismo europeu construiu-se e difundiu-se, assim, *via* construção europeia, verdadeiro laboratório em grande escala do ordoliberalismo dos anos 1930. Poderíamos argumentar, é claro, que os princípios ordoliberais tiveram de conciliar-se com lógicas sociais, nacionais e políticas heterogêneas, mas foram eles que prevaleceram cada vez mais, como mostra melhor do que tudo o Tratado Constitucional e sua tentativa de constitucionalizar a economia de mercado.

A derrota do gaullismo e de suas escolhas estratégicas (política estrangeira de rejeição de blocos, independência militar por meio do armamento nuclear, modelo "político" de construção da Europa das nações e pátrias)[38] é um fato assumido nos anos 1970 por Valéry Giscard d'Estaing e Raymond Barre. A adesão de Jacques Chirac em outubro de 2005 à "economia social de mercado", quatro meses após fracassar na ratificação do tratado, traduz simbolicamente o desmoronamento definitivo de uma construção política da Europa *à la française*. Vimos também que essa dominação foi resultado do fracasso da "social-democracia" europeia e de sua adesão ao modelo neoliberal, mediante alguns ajustes sociais.

A força do modelo ordoliberal é particularmente evidente em matéria de política monetária. Articulada aos "critérios de Maastricht", a linha seguida em teoria proíbe qualquer regulação da conjuntura com o auxílio dos instrumentos monetário e orçamentário, isto é, a *policy mix* de inspiração keynesiana. A ideia tipicamente ordoliberal de Tietmeyer, segundo a qual a estabilidade dos preços é um "direito fundamental do cidadão", tornou-se uma convicção compartilhada. Essa lógica doutrinal também é incontestável

---

[37] Hans Tietmeyer, *Économie sociale de marché et stabilité monétaire*, cit., p. 39.
[38] De Gaulle sempre criticou uma Europa composta por mercados dirigida por "um areópago tecnocrático, apátrida e irresponsável" e pronunciou-se a favor de uma "cooperação organizada dos Estados que, sem dúvida, evoluiria para uma confederação" (entrevista coletiva, 9 set. 1965).

em matéria de política de concorrência, a qual, desde o Tratado de Roma e seu Artigo 3, está no cerne da construção europeia[39]. Todos os objetivos estabelecidos estão ligados a essa primazia: alocação ótima dos recursos, queda dos preços, inovação, justiça social, funcionamento descentralizado, abertura das economias nacionais, tudo é visto ou como causa ou como efeito da ordem concorrencial que a Comissão persegue[40].

A Comissão dispõe de um poder excepcional, apesar de perfeitamente conforme com a lógica ordoliberal, que consiste em dar a uma instância "técnica" situada acima dos governos o poder de impor as "regras do jogo". É em conformidade com essa lógica do "governo pelas regras" que a direção--geral da "Concorrência" da Comissão Europeia faz seu trabalho de vigilância e sanção de acordos, abusos de posição dominante e concentrações. É ainda em conformidade com essa lógica que a Comissão toma medidas preventivas que lhe permitem, por exemplo, proibir uma fusão que julgue não conforme com seus princípios, o que dá às autoridades europeias um poder de vigilância e controle sobre as estruturas da economia[41].

A Comissão também supervisiona as ajudas do Estado e os aportes de capitais públicos que, em certos casos, podem ser interpretados como subvenções; é ela também que os autoriza, concedendo derrogações. Isso é uma espécie de "política industrial" que é ao mesmo tempo uma não política, porque é determinada de acordo com *regras*, não de acordo com *fins*, como faz a política norte-americana – que, desse ponto de vista, é muito mais "utilitarista", isto é, menos formalista. Essa política é muito precisamente uma política de *quadro*: ela dá à Comissão um grande poder de interpretação sobre a natureza legítima ou não da ajuda, um poder que é simultaneamente de tipo administrativo (investigação, processo, aplicação de sanções) e de tipo judicial, já que é ela que julga e aplica as sanções. Sem ser tão independente quanto o Serviço de Controle de Cartéis alemão (*Bundeskartellamt*), a comissão afirma a superioridade do direito de concorrência sobre qualquer outra consideração, em particular social e política. Essa supremacia jurídica ocasiona inúmeros problemas. Por exemplo, o

---

[39] Fabrice Fries, *Les grands débats européens* (Paris, Seuil, 1995), p. 186.

[40] Fries mostra que essa política de "concorrência pura" é formal, e mesmo formalista, em oposição à prática norte-americana mais "substantiva" que admite as "efficiency excuses", ou o que poderíamos chamar de *exceções por motivo de eficiência*.

[41] Fabrice Fries, *Les grands débats européens*, cit., p. 192.

problema extremamente complexo da análise dos mercados: o que é uma posição dominante? Ela é em si um obstáculo à concorrência? Qual é a escala adequada de análise: um país, a Europa, o mundo? Parece bastante evidente que, na fase de globalização-concentração de capital, os critérios ordoliberais de uma "economia humana", formada de pequenas e médias empresas, são um mito largamente ultrapassado.

Mas, se existe um domínio em que a Comissão parece ser de uma fidelidade quase absoluta à doutrina ordoliberal, esse domínio é o dos "serviços econômicos de interesse geral", que também devem submeter-se à regra suprema da concorrência, porque, por definição, o direito de concorrência é superior a qualquer outro[42]. O que aconteceu com os transportes, as telecomunicações, a energia e os correios é uma ilustração perfeita disso. Nesse quesito, a Europa se conforma ao ideal do "consumidor-rei", que deve sempre poder escolher a empresa que lhe prestará serviço.

Hoje, a Europa expandida vai ainda mais longe na lógica da concorrência, a ponto de o velho ordoliberalismo, tal como foi inserido nos tratados, parecer dominado por concepções "ultra". Parece tomar forma uma lógica mais radical, baseada na *concorrência entre os próprios sistemas institucionais*, quer se trate de impostos, proteção social, quer se trate de ensino. O que é chamado, criticamente, de "*dumping* social e fiscal" não entra no âmbito da crítica liberal da distorção da concorrência, e se os subsídios do Estado são proibidos, isso não vale para a redução dos impostos sobre as empresas, que visa a atrair capital de investidores ou poupadores de países vizinhos. Desse ponto de vista, a Irlanda mostrou o caminho. Todos os países europeus, em particular os novos membros, lançaram-se nessa nova etapa da "ordem concorrencial", que aparece como um meio privilegiado no que diz respeito à integração econômica.

É como se as transformações que afetaram mundialmente a gestão do capitalismo a partir dos anos 1970 e 1980 tivessem induzido uma inflexão do neoliberalismo europeu, invertendo os termos que o individualizavam: não mais estabelecer a ordem da concorrência pela legislação europeia, mas estabelecer a legislação europeia pelo livre jogo da concorrência. O

---

[42] Desse ponto de vista, o compromisso do "minitratado simplificado" não muda estritamente nada. Em certo sentido, a formulação utilizada – a concorrência como "objetivo" e não mais como "princípio" – só torna ainda mais patente a dimensão *construtivista* da iniciativa dos dirigentes europeus.

que parece se esboçar hoje é uma espécie de *mutação de certas correntes do ordoliberalismo*, revelando uma convergência cada vez maior entre as duas "estirpes" principais do neoliberalismo: a alemã e a austro-americana.

Essa mutação corresponde ao desejo de algumas correntes de retornar às fontes do neoliberalismo europeu, ou até mesmo de radicalizá-lo, a fim de derrubar aquilo com que foi necessário transigir: o Estado social, os serviços públicos fornecedores de bens sociais e o poder sindical[43]. Aliás, parece que a concepção "estática" e estatal dos ordoliberais da primeira geração foi superada pela concepção dinâmica e evolucionista dos "neo-ordoliberais" da segunda geração, sendo que uma das principais preocupações destes diz respeito à integração europeia – que eles gostariam de realizar pelo *princípio da concorrência entre sistemas*. Em outras palavras, em vez de construir um quadro por intermédio da legislação, gostariam que esse quadro fosse produto da concorrência entre sistemas institucionais.

A deslocalização, a migração de trabalhadores e as mudanças de residência são os vetores da nova integração europeia por meio da concorrência. O critério do "país de origem", contrário ao de destinação, aparece como fundamental, porque é por esse viés que se consegue estabelecer a concorrência entre as regulamentações nacionais e chegar a uma harmonização não mais *prévia* à troca, mas *posterior* a ela, uma harmonização que provém não de cima, mas de baixo, pelo livre jogo dos mercados. O árbitro final é o consumidor dos regulamentos e das instituições, por assim dizer[44]. Essa harmonização pela concorrência deve operar-se nos serviços públicos e nos sistemas de impostos e seguridade social, tanto na legislação comercial e financeira

---

[43] Patricia Commun fala a esse respeito de uma "nova economia social de mercado", uma economia sem dúvida muito distante dos sonhos de renovação de um Jacques Delors. Ver Patricia Commun (org.), *L'ordolibéralisme allemand, aux sources de l'économie sociale de marché*, cit., p. 11. Ver também idem, "Faut-il réactualiser l'ordolibéralisme allemand? Réflexions sur la dimension historique, philosophique et culturelle de la pensée économique allemande", *Allemagne d'Aujourd'hui*, n. 170, 2004. A autora evoca a tentativa de retorno às fontes dos que se uniram na *Initiative Neue Soziale Marktwirtschaft*. Esses novos neoliberais redefinem o "social" do seguinte modo: "É social aquele que mostra iniciativa pessoal e responsabilidade, qualidades essenciais para uma verdadeira solidariedade".

[44] Segundo uma observação de Laurence Simonin, "a possibilidade de emigrar dá um poder suplementar aos cidadãos, já que é mais do que suficiente que uma ameaça de emigração leve à disciplina de um governo". Ver Laurence Simonin, "Ordolibéralisme et intégration économique européenne", cit., p. 66.

como no direito trabalhista[45]. Para essa nova geração de ordoliberais, ainda restam muitos obstáculos, alguns dos quais erguidos pela própria Comissão quando quis estabelecer regras sociais uniformes, como aconteceu nos anos 1980. É preciso, portanto, que a Comissão fixe regras de jogo mais claras, que permitam essa concorrência entre sistemas e regulamentos, generalizando o princípio do "país de origem" e o do "reconhecimento mútuo" e deixando que os agentes econômicos arbitrem livremente entre os sistemas por sua inteira mobilidade. Para eles, esse é o único meio de evitar que a Europa continue a ser um "cartel de Estados de bem-estar".

Para esses "neo-ordoliberais", é importante que "o estabelecimento dessa concorrência entre jurisdições seja consagrado numa *constituição europeia da liberdade*"[46]. A expressão, que obviamente remete a Hayek, parece indicar uma aproximação decisiva entre as variantes alemã e austro-americana do neoliberalismo. Seja como for, essa orientação radical evidencia a direção que a Europa tomou sob a condução da Comissão a partir dos anos 1990.

Foucault acertou quando identificou no ordoliberalismo essa ambição muito original, e até mesmo excepcional, de legitimar instituições políticas exclusivamente sobre a base dos princípios econômicos do livre mercado. Há uma relação de homologia entre a reconstrução alemã – o mito do "ano zero" – e o mito da Europa como "*tabula rasa*" das instituições políticas existentes. Construir um edifício político mínimo sobre a base da economia de mercado e da concorrência mediante a instauração da constituição econômica aparece como a principal mola do sucesso do ordoliberalismo. Contudo, enquanto o primeiro ordoliberalismo procurava enquadrar o mercado por meio de leis feitas pelos Estados e pelas instâncias europeias, o novo ordoliberalismo procura fazer do próprio mercado o princípio de seleção das leis feitas pelos Estados. Por essa ótica, o papel da Comissão Europeia se reduziria à sanção da arbitragem decidida pelo mercado em matéria de legislação – o que teria, na opinião dos novos ordoliberais, a vantagem de frear o ativismo regulatório excessivamente zeloso que essa instância demonstrou no passado. Desse modo, instaurar-se-ia uma legislação europeia que acabaria por impor-se aos próprios poderes legislativos – nacionais e europeus – de forma tanto mais indiscutível porque se consagraria pelo veredito do mercado.

---

[45] Ibidem, p. 85.
[46] Citado em ibidem, p. 84.

Essa evolução, se de fato se verificasse, lançaria uma luz singularmente crua sobre o ideal de uma "sociedade de direito privado", como foi desde o princípio o ideal do neoliberalismo (Böhm retomado por Hayek): os Estados terem de aplicar a si mesmos as regras do direito privado encontra uma forma de realização nessa proposta de fazer do princípio da concorrência o princípio da harmonização das legislações nacionais, logo, o princípio da elaboração da própria legislação europeia. Essa tendência indica desde já que, dentro do próprio neoliberalismo europeu, certas forças pretendem *esvaziar a democracia liberal de toda a sua substância*, retirando dos poderes legislativos suas principais prerrogativas. No entanto, podemos prever que esse projeto encontrará resistências dentro das próprias instâncias europeias, em particular da parte dos que continuam aferrados à especificidade "europeia" do ordoliberalismo. A crise financeira que começou em 2007, e já teve como primeiro efeito agitar as linhagens dentro do próprio neoliberalismo político, poderia muito bem devolver um brilho inesperado às velhas fórmulas da tradição mais clássica do ordoliberalismo.

8
O GOVERNO EMPRESARIAL

Por razões contrárias, tanto os "liberais" como os "antiliberais" parecem sempre ratificar a separação tradicional entre a esfera dos interesses privados e a do Estado, como se a primeira pudesse funcionar de forma autônoma e autorregulada. É assim que a crítica "antiliberal" continua a cair na armadilha da representação que faz do mercado um sistema fechado, natural e anterior à sociedade política. Mais ainda, essa interpretação do neoliberalismo como puro *laissez-faire* permitiu que uma "esquerda moderna" se apresentasse como alternativa à direita neoliberal, unicamente pelo fato de que afirmava pretender dar um "quadro sólido" à economia de mercado. Foi assim também que se perpetuou o erro de diagnóstico histórico cometido por Polanyi quando acreditou que o retorno do Estado significava o fim definitivo da utopia liberal.

De fato, as grandes ondas de privatização, desregulamentação e diminuição de impostos que se espalharam por todo o mundo a partir dos anos 1980 deram crédito à ideia de um desengajamento do Estado ou, pelo menos, do fim dos Estados-nações liberando a ação dos capitais privados nos campos regidos até então por princípios não mercantis.

No entanto, há muito tempo a fábula da imaculada concepção do mercado espontâneo e autônomo foi posta em dúvida. Pode causar espanto que a mesma constatação se repita várias décadas depois: o que agrada a alguns chamar de "livre mercado" está ligado a um mito que, embora tenha efeitos de altíssimos riscos, ainda assim está muito distante das práticas reais. Em 1935, num texto curto e notável ("Le New Deal permanent"), Walter Lippmann explicava nos seguintes termos a perda de autoridade da crença na autorregulação dos mercados:

Os que pregam esse evangelho não o praticam. Essa não é mais a regra de sua conduta. Eles sustentam tenazmente que a economia é automaticamente autorreguladora, que o livre jogo da oferta e da demanda regulará a produção e a distribuição da riqueza de forma mais eficaz do que uma gestão e uma administração conscientes e concertadas. Na prática, porém, eles quase nunca aplicam esse princípio. Os que mais insistem no ideal do *laissez-faire* são os mesmos que, por meio de direitos aduaneiros e combinações, organizaram a vida industrial do país em sistemas de empresas submetidos a um controle altamente centralizado. Na maneira como expressam seu pensamento, são livre-cambistas. Em sua prática real, suspendem o livre jogo da oferta e da procura e, sempre que possível, substituem-no pela gestão consciente da produção e pela determinação administrativa dos preços e dos salários.[1]

Assim, a partir dos anos 1930, parecia que a questão não se colocava mais nos termos da alternativa simplista entre o mercado autorregulador e a intervenção do Estado, mas tratava da natureza da intervenção governamental e seus objetivos. Segundo Lippmann, "a verdade é que, no Estado moderno, mesmo uma política de *laissez-faire* deveria ser administrada de forma deliberada, mesmo o livre jogo da oferta e da demanda deveria ser mantido de forma deliberada"[2]. Não é inútil ressaltar que essa constatação é a mesma que James K. Galbraith faz em *The Predator State* (2008). A chamada economia de mercado, diz ele, não poderia funcionar sem a densa rede de dispositivos sociais, educacionais, científicos e militares herdados dos períodos anteriores do capitalismo norte-americano, o que ele denomina, com uma expressão curiosamente muito semelhante à de Lippmann, "*the enduring New Deal*"[3].

Não basta constatar a continuidade da intervenção do Estado, ainda é preciso analisar de perto seus objetivos e os métodos que emprega. Muito frequentemente esquecemos que o neoliberalismo não procura tanto a "retirada" do Estado e a ampliação dos domínios da acumulação do capital quanto a *transformação da ação pública*, tornando o Estado uma esfera que também é regida por regras de concorrência e submetida a exigências de eficácia semelhantes àquelas a que se sujeitam as empresas privadas.

---

[1] Walter Lippmann, "The Permanent New Deal", em *The New Imperative* (Londres, Macmillan, 1935), p. 43-4.

[2] Ibidem, p. 47.

[3] James K. Galbraith, *The Predator State. How Conservatives Abandonned the Free Market and Why Liberals Should Too* (Nova York, The Free Press, 2008).

O Estado foi reestruturado de duas maneiras que tendemos a confundir: de fora, com privatizações maciças de empresas públicas que põem fim ao "Estado produtor", mas também de dentro, com a instauração de um Estado avaliador e regulador que mobiliza novos instrumentos de poder e, com eles, estrutura novas relações entre governo e sujeitos sociais[4].

A principal crítica que se faz ao Estado é sua *falta global de eficácia e produtividade* no âmbito das novas exigências impostas pela globalização: ele custa caro demais em comparação com as vantagens que oferece à coletividade e põe entraves à competitividade da economia. É, portanto, a uma análise econômica que se deseja submeter a ação pública para discriminar não apenas as *agendas* e as *não agendas*, mas a própria maneira de realizar as *agendas*. Esse é o objetivo da linha do "Estado eficaz", ou do "Estado gerencial", tal como este começa a se construir a partir dos anos 1980. Tanto a direita neoliberal como a esquerda moderna admitiram na prática que o governo não podia se desinteressar pela gestão da população no que diz respeito a segurança, saúde, educação, transporte, moradia e, obviamente, emprego. E menos ainda na medida em que a nova norma mundial da concorrência exige que os dispositivos administrativos e sociais custem menos e se orientem sobretudo para as exigências da competição econômica. A diferença que essas políticas querem introduzir reside na eficiência dessa gestão e, por conseguinte, no método que se deve empregar para fornecer bens e serviços à população. Quando essa gestão fica nas mãos da administração pública, ela contraria – segundo as "evidências" da nova ortodoxia – a lógica de mercado quanto ao papel dos preços e à pressão da concorrência. Esse é o fundamento da posição antiburocrática da fração "modernista" dos dirigentes da administração do Estado e de seus especialistas. O desprezo pelos agentes de base dos serviços públicos, os baixos salários pagos a eles, mas também a falta crônica de meios e pessoal à disposição desses mesmos serviços, sem falar das campanhas midiáticas contra a gestão burocrática e o "peso dos impostos", contribuíram muito para a desvalorização daquilo que dependia da ação pública e da solidariedade social. O paradoxo é que

---

[4] Sobre esse ponto, ver as observações de Desmond King, "Une nouvelle conception de l'État: de l'étatisme au néolibéralisme", em Vincent Wright e Sabino Cassese (orgs.), *La recomposition de l'État en Europe* (Paris, La Découverte, 1996); sobre a dimensão estruturante do instrumento, ver Pierre Lascoumes e Patrick Le Galès (orgs.), *Gouverner par les normes* (Paris, Presses de Sciences Po, 2007).

muito frequentemente essa difamação convinha a uma parte das elites administrativas, que descobriram nela uma maneira de reforçar seu poder no campo burocrático. Mas foi sobretudo a concepção da ação pública que mudou sob o efeito da lógica da competição mundial. Embora o Estado seja visto como o instrumento encarregado de reformar e administrar a sociedade para colocá-la a serviço das empresas, ele mesmo deve curvar-se às regras de eficácia das empresas privadas.

Essa vontade de impor no cerne da ação pública os valores, as práticas e o funcionamento da empresa privada conduz à instituição de uma nova prática de governo. Desde os anos 1980, o novo paradigma em todos os países da OCDE determina que o Estado seja mais flexível, reativo, fundamentado no mercado e orientado para o consumidor. O *management* apresenta-se como modo de gestão "genérico", válido para todos os domínios, como uma atividade puramente instrumental e formal, transponível para todo o setor público[5]. Essa mutação empresarial não visa apenas a aumentar a eficácia e a reduzir os custos da ação pública; ela subverte radicalmente os fundamentos modernos da democracia, isto é, o reconhecimento de direitos sociais ligados ao status de cidadão.

Essa redução da intervenção política a uma interação horizontal com atores privados introduz uma mudança de perspectiva. Não é mais, como nos tempos dos primeiros utilitaristas, apenas a questão geral da utilidade de sua ação que se coloca ao Estado, mas é a *questão da medida quantificada de sua eficácia comparada com a de outros atores*. É essa nova concepção "desencantada" da ação pública que leva a ver o Estado como uma empresa que se situa no mesmo plano das entidades privadas, um "Estado-empresa" que tem um papel reduzido em matéria de produção do "interesse geral". Em outras palavras, supondo-se que o mercado não gera uma harmonia natural dos interesses, não decorre disso que o Estado, por sua vez, seja capaz de instaurar uma harmonia artificial, exceto se também ele for submetido a um modo de controle extremamente rigoroso.

Assim, a instituição do mercado regido pela concorrência – construção desejada e apoiada pelo Estado – foi fortalecida e prolongada por uma orientação que consistiu em "importar" as regras de funcionamento do

---

[5] Ver Denis Saint-Martin, *Building the New Managerialist State: Consultants and the Politics of Public Sector Reform in Comparative Perspective* (Oxford, Oxford University Press, 2000).

mercado concorrencial para o setor público, no sentido mais amplo, até que o exercício do poder governamental fosse pensado de acordo com a racionalidade da empresa. Podemos perceber que a expressão "mercado institucional" tornou-se particularmente ambígua com o passar do tempo: não se tratava mais apenas de uma instituição política do mercado, mas, por inversão, de uma *mercadorização da instituição pública* obrigada a funcionar de acordo com as regras empresariais. Desse ponto de vista, o neoliberalismo sofreu uma inflexão prática muito clara, que podemos identificar como uma autorreflexão da lógica da concorrência que o poder público pretendia construir. A evolução dos últimos vinte anos acabou mostrando que Léon Walras estava errado: para ele, "o princípio da livre concorrência aplicável à produção das coisas de interesse privado não é mais aplicável à produção das coisas de interesse público"[6]. Era exatamente isso que os partidários da nova "governança" pretendiam fazer. Desse ponto de vista, o neoliberalismo político sofreu uma radicalização quando enxergou a concorrência como o instrumento mais eficiente para melhorar o desempenho da ação pública.

Da "governança de empresa" à "governança de Estado"

A mudança na concepção e na ação do Estado imprimiu-se no vocabulário político. O termo "governança" tornou-se palavra-chave da nova norma neoliberal, em escala mundial. A própria palavra "governança" (*gobernantia*) é antiga. No século XIII, designava o fato e a arte de governar[7]. Durante o período de constituição dos Estados-nações, o termo desdobrou-se progressivamente nas noções de *soberania* e *governo*. Reincorporado à língua francesa pelo presidente senegalês Léopold Sédar Senghor no fim do século XX, recuperou o vigor nos países anglófonos com o sentido de uma modificação das relações entre gerentes e acionistas, até adquirir significado político e alcance normativo quando foi aplicado às práticas dos governos submetidos às exigências da globalização. Nesse momento, tornou-se a principal categoria empregada pelos grandes organismos encarregados de difundir mundialmente os princípios da disciplina neoliberal, em especial pelo Banco Mundial nos países do Sul. A polissemia do termo

---

[6] Léon Walras citado por Louis Franck, *La libre concurrence* (Paris, PUF, 1967).
[7] Ver Jean-Pierre Gaudin, *Pourquoi la gouvernance?* (Paris, Presses de Sciences Po, 2002).

é um indicativo de seu uso. De fato, ele une três dimensões cada vez mais entrelaçadas do poder: a condução das empresas, a condução dos Estados e, por fim, a condução do mundo[8].

Essa categoria política de "governança", ou, mais exatamente, de "boa governança", tem um papel central na difusão da norma da concorrência generalizada. A "boa governança" é a que respeita as condições de gestão sob os préstimos do ajuste estrutural e, acima de tudo, a abertura aos fluxos comerciais e financeiros, de modo que se vincula intimamente a uma política de integração ao mercado mundial. Assim, toma pouco a pouco o lugar da categoria "soberania", antiquada e desvalorizada. Um Estado não deve mais ser julgado por sua capacidade de assegurar sua *soberania* sobre um território, segundo a concepção ocidental clássica, mas pelo respeito que demonstra às normas jurídicas e às "boas práticas" econômicas da *governança*[9].

A governança do Estado toma emprestada da governança da empresa uma característica importante. Da mesma forma que os gerentes das empresas foram postos sob a vigilância dos acionistas no âmbito da *corporate governance* predominantemente financeira, os dirigentes dos Estados foram colocados pelas mesmas razões sob o controle da comunidade financeira internacional, de organismos de *expertise* e de agências de classificação de riscos. A homogeneidade dos modos de pensar, a semelhança dos instrumentos de avaliação e validação das políticas públicas, as auditorias e os relatórios dos consultores, tudo indica que a nova maneira de conceber a ação governamental deve muito à lógica gerencial predominante nos grandes grupos multinacionais.

---

[8] A Commission on Global Governance, criada em 1992 por iniciativa do ex-chanceler alemão Willy Brandt, define assim essa noção: "Trata-se da soma das diferentes formas pelas quais os indivíduos e as instituições públicas e privadas administram seus negócios comuns. É um processo contínuo de cooperação e acomodação entre interesses diversos e conflitantes. Inclui as instituições oficiais e os regimes dotados de poderes de execução, do mesmo modo que os arranjos informais sobre os quais os povos e as instituições estão de acordo ou entendem ser de seu interesse". Citado em Jean-Christophe Graz, *La gouvernance de la mondialisation* (Paris, La Découverte, 2008), p. 41.

[9] Portanto, as noções de "governança" e "soberania" são, em parte, antinômicas. A governança pressupõe, antes de mais nada, obediência às injunções dos organismos que representam os grandes interesses comerciais e financeiros; ela também permite, em função das relações de força internacionais e dos interesses geoestratégicos, o direito de ingerência de ONGs, forças armadas estrangeiras ou credores, em nome dos direitos humanos ou das minorias, ou então, de forma mais prosaica, da "liberdade de mercado".

O sucesso de uma ferramenta como o *benchmarking*[10] na análise e na condução de políticas públicas mostra como um instrumento que permite controlar e estimular a atividade das filiais das grandes multinacionais pôde passar da esfera da empresa para a esfera do governo. Esse empréstimo da gestão privada permitiu que se introduzissem na própria definição de "boa governança" "partes interessadas" totalmente estranhas às entidades classicamente incluídas nos princípios de soberania. Essas "partes interessadas" são os credores do país e os investidores externos que deverão julgar a qualidade da ação pública, isto é, a conformidade dessa ação a seus próprios interesses financeiros. Como respeitam as regras da *corporate governance*, os investidores estrangeiros esperam que os dirigentes locais adotem as regras da *state governance*. Podemos ver, desse modo, que esta última consiste em pôr os Estados sob o controle de um conjunto de instâncias supragovernamentais e privadas que determinam os objetivos e os meios da política que deve ser conduzida. Nesse sentido, os Estados são vistos como uma "unidade produtiva" como qualquer outra no interior de uma vasta rede de poderes político-econômicos submetidos a normas semelhantes.

A "governança" foi descrita muitas vezes como um novo modo de exercício do poder que implica instituições políticas e jurídicas internacionais e nacionais, associações, igrejas, empresas, *think tanks*, universidades etc. Sem entrar aqui na natureza do novo poder mundial, é forçoso constatar que a nova norma concorrencial implicou o desenvolvimento crescente de formas múltiplas de concessão de autoridade às empresas privadas, a ponto de podermos falar, em muitos domínios, de uma *coprodução público-privada das normas internacionais*. É o caso, por exemplo, da internet, das telecomunicações ou das finanças internacionais. Essa cogovernança privado-pública da política econômica leva à produção de medidas e dispositivos nos campos fiscal e regulatório sistematicamente favoráveis aos grandes grupos oligopolistas. Uma das manifestações desse processo é a delegação da elaboração de normas contábeis a um organismo privado mundial (Iasb*), que é ele próprio largamente influenciado pelos princípios de contabilidade em vigor nos Estados Unidos[11].

---

[10] Ver, no capítulo 6 deste volume, "Disciplina (3): a gestão neoliberal da empresa".

* International Accounting Standards Board. (N. T.)

[11] Ver Nicolas Véron, "Normalisation comptable internationale: une gouvernance en devenir", em Conseil d'Analyse Économique, *Les normes comptables et le monde post-Enron* (Paris, La Documentation Française, 2003).

A empresa torna-se um dos fundamentos da organização da "governança" da economia mundial com o apoio dos Estados locais. Hoje são os imperativos, as premências e as lógicas das empresas privadas que comandam diretamente as *agendas* do Estado. Isso não quer dizer que as empresas multinacionais sejam todo-poderosas e organizem unilateralmente o "definhamento do Estado" nem que o Estado seja um simples "instrumento" nas mãos das multinacionais, segundo um esquema marxista ainda bastante difundido. Isso quer dizer que as políticas macroeconômicas são amplamente o resultado de codecisões públicas e privadas, embora o Estado mantenha certa autonomia em outros domínios – mesmo que essa autonomia tenha sido enfraquecida pela existência de poderes supranacionais e pela delegação de inúmeras responsabilidades públicas a um emaranhado de ONGs, comunidades religiosas, empresas privadas e associações.

Essa nova *hibridação* generalizada da chamada ação "pública" é o que explica a promoção da categoria de "governança" para pensar as funções e as práticas do Estado, em vez das categorias do direito público, a começar pela soberania. Ela remete a uma privatização da *fabricação* da norma internacional e a uma normatização privada necessária à coordenação das trocas de produtos e capitais. Ela não significa que o Estado se retira, mas que ele exerce seu poder de forma mais indireta, orientando tanto quanto possível as atividades dos atores privados e incorporando ao mesmo tempo os códigos, as normas e os padrões definidos por agentes privados (empresas de *consulting*, agências de classificação, acordos comerciais internacionais). Exatamente do mesmo modo como a gestão privada visa a fazer com que os assalariados trabalhem o máximo possível por meio de um sistema de incentivos, a "governança de Estado" visa oficialmente a fazer com que entidades privadas produzam bens e serviços de forma supostamente mais eficiente e outorga ao setor privado a capacidade de produzir *normas de autorregulação* no lugar da *lei*. O Estado espera dos atores privados nacionais ou transnacionais que ajam no sentido de uma coordenação das atividades internacionais. Trata-se, portanto, de um Estado que é *muito mais "estrategista" do que produtor direto de serviços*. Foi esse o sentido, por exemplo, do Acordo de Basileia II, que deixou a cargo das instituições financeiras internacionais a definição de seus próprios critérios de autocontrole.

O fracasso da Comissão de Basileia, brutalmente revelado pela crise financeira em 2007, é acima de tudo o fracasso dessa governança híbrida tipicamente neoliberal, que envolve tanto os poderes públicos como os grandes atores privados do sistema. Convém lembrarmos, em primeiro lugar, que o setor financeiro não foi deixado inteiramente por conta. A esse respeito, não devemos confundir *ausência* de regras com *falha* das regras. A concorrência mundial entre conglomerados bancários e entre bolsas de valores tornou progressivamente necessárias novas regras internacionais. Em 1974, num contexto marcado pelo fim do sistema monetário internacional e pelo aumento dos riscos ligados à flutuação das divisas[12], o Comitê de Basileia para o Controle Bancário foi criado sob a égide do Banco de Compensações Internacionais. Esse comitê foi encarregado de desenvolver o que se convencionou denominar "supervisão prudencial" do sistema financeiro. Tratava-se de um conjunto de normas relativas à concorrência generalizada das instituições de financiamento[13]. Essa nova regulação visava a obrigar os bancos não apenas a obedecer às regras legais, mas também a praticar um autocontrole mais rigoroso (controle interno) e a submeter-se a normas mais estritas de transparência em relação aos demais atores do mercado.

Dentro do edifício de supervisão do setor, a vocação do Comitê de Basileia é definir padrões que possam ser repetidos nas regulamentações nacionais. Por outro lado, as autoridades de tutela delegam a responsabilidade do controle interno aos bancos, exigindo que separem as atividades de risco das atividades de controle de risco. Paulatinamente, essas

---

[12] Falência do banco Herstatt em 1974 e do Franklin National Bank nos Estados Unidos.

[13] O que Dominique Plihon, Jézabel Couppey-Soubeyran e Dhafer Saïdane escrevem a respeito da França vale também para o conjunto do sistema financeiro: "A desregulamentação e a privatização do setor bancário na França foram consideradas algumas vezes um sinal do desengajamento do Estado e o início de uma verdadeira desregulação do setor bancário. Frequentemente foram consideradas até mesmo responsáveis pelas dificuldades que os bancos enfrentaram ao longo dos anos 1990. *No entanto, desregulamentação não significa desregulação. A regulamentação não desaparece, não muda de natureza.* Trata-se de uma regulamentação prudencial, que visa não mais a administrar a atividade dos bancos, mas a orientá-la no sentido de uma maior prudência, ressaltando em especial as normas de solvabilidade. Surgem, assim, as condições para uma nova regulação. A regulamentação não exclui mais o mercado, ao mesmo tempo que o aumento dos riscos sensibilizava naturalmente os bancos para a gestão interna de seus riscos", Dominique Plihon, Jézabel Couppey--Soubeyran e Dhafer Saïdane, *Les banques, acteurs de la globalisation financière* (Paris, La Documentation Française, 2006), p. 113; grifo nosso.

autoridades codificaram os procedimentos de controle interno em todos os níveis[14]. Em 1988, os acordos chamados de Basileia I estabeleceram normas para fundos próprios que logo se mostraram inadequadas ao aumento dos riscos operacionais e de mercado. No fim de 2006, após longas negociações em que os estabelecimentos bancários se valeram de todo o seu peso, chegou-se a novos acordos, os chamados Basileia II. Estes estabeleceram novas regras de solvência, métodos mais estritos de controle interno e obrigação de transparência na gestão. Esses "três pilares" de regulamentação completam os dispositivos nacionais já existentes. Nos Estados Unidos, após o caso Enron, a Lei Sarbanes-Oxley de 2002 tentou reforçar os mecanismos de vigilância dos estabelecimentos financeiros e, na França, a Lei de Segurança Financeira de 2003 aumentou a transparência das operações e criou uma instância de vigilância do mercado (a Autoridade do Mercado Financeiro).

Esse conjunto normativo público/privado revelou-se falho. Foi ele que permitiu, por intermédio da securitização de créditos e dos produtos derivados, o desenvolvimento de uma prática sistemática de transferência externa dos riscos assumidos pelos bancos. De fato, estes últimos conseguiram se esquivar das regras de índice de solvência estabelecidas pelos Acordos de Basileia II, nas próprias barbas das autoridades de tutela (as dos Estados Unidos, em primeiro lugar), transferindo os riscos, em mercados pouco regulamentados, para atores menos vigiados e menos controlados do que os próprios bancos (como os *hedge funds* e as empresas de seguro). O erro foi acreditar que a dispersão dos riscos por um número maior de detentores de risco de crédito seria um fator de estabilização do mercado financeiro internacional. As autoridades de tutela permitiram que se instaurasse, assim, um mecanismo de desestabilização sistêmica. Por intermédio de uma série de "veículos" de extrema complexidade, os riscos ligados aos créditos "tóxicos" se propagaram por uma longa cadeia de transferência, de modo que os que se encontravam no fim dela não eram mais capazes de avaliar a perda potencial representada pelos portfólios securitizados, ou melhor, contaminados[15]. Esse mecanismo de transferência de risco, baseado nas teorias otimistas da

---

[14] Ibidem, p. 109.

[15] Ver Michel Aglietta, *Macroéconomie financière* (Paris, La Découverte, 2008), p. 96-7, sobre a análise técnica dos subterfúgios legais que permitiram aos bancos escapar das regras estabelecidas pelo Basileia II.

eficiência dos mercados[16], multiplicou automaticamente a tomada de risco, porque os bancos, quanto mais condições têm de transferir os riscos, mais afrouxam a vigilância.

A crise financeira põe em evidência de modo extraordinário os perigos inerentes à governamentalidade neoliberal quando esta leva a confiar, em pleno centro do sistema econômico capitalista, parte da supervisão prudencial aos próprios "atores", com o pretexto de que eles sofrem diretamente as exigências da concorrência mundial e sabem se governar, buscando interesses próprios. Foram precisamente essas lógicas de hibridação que relaxaram a vigilância e conduziram a comportamentos altamente desestabilizadores. Entre os atores privados que desempenharam os papéis mais nocivos, encontramos em particular o pequeno número de agências de classificação encarregadas de avaliar os estabelecimentos bancários. Esses atores, responsáveis pela vigilância, função altamente estratégica, escapam a qualquer vigilância e apresentam graves problemas de conflito de interesses, na medida em que as avaliações são solicitadas e pagas pelas empresas classificadas. Evidentemente, as falhas do dispositivo de vigilância são muito diversas, mas as regras foram o fator decisivo, pois, além de terem sido elaboradas e implementadas pelos próprios "vigiados", referiam-se apenas aos estabelecimentos considerados individualmente, o que as tornava inoperantes em caso de crise sistêmica. O que está em questão, portanto, é a capacidade dos atores privados de autodisciplinar--se, considerando-se os interesses não apenas do seu estabelecimento, mas também do próprio sistema[17].

---

[16] Trata-se da teoria segundo a qual a venda dos próprios riscos mediante produtos financeiros sofisticados permite avaliá-los melhor. Supõe-se que, dando um valor mercantil aos riscos, o mercado financeiro gera mais eficiência na alocação dos financiamentos.

[17] Foi o que Alan Greenspan admitiu, muito tardiamente, em seu depoimento ao Congresso dos Estados Unidos em 23 de outubro de 2008: "Cometi o erro de pensar que o interesse bem compreendido das organizações e, em particular, dos bancos os tornava os mais capazes de proteger seus próprios acionistas e o capital das empresas. Minha experiência nos cargos que ocupei no FED durante dezoito anos e nas funções anteriores me levaram a pensar que os dirigentes dos estabelecimentos conheciam bem melhor os riscos de *defaut* que os melhores reguladores. O problema é que um pilar fundamental do que parecia ser um edifício particularmente sólido desmoronou. [...] Não sei exatamente o que aconteceu nem por quê. Mas não hesitaria em mudar minha visão, se os fatos exigissem isso". Acrescentou, a propósito da "ideologia

Encontramos essa mesma lógica de regulação indireta e híbrida em todos os processos de especificação técnica que são necessários ao comércio mundial e foram deixados a cargo da negociação dos profissionais de cada setor. Essa evolução remete, obviamente, às próprias transformações econômicas e financeiras. A concorrência se exacerbou de tal maneira que conduziu a reações diversas em matéria de produção e marketing, como a acentuação da "diferenciação dos produtos" como modalidade privilegiada de competição entre as empresas. A concorrência oligopolista entre grandes grupos mundiais levou-os a aliar-se no campo de "pesquisa e desenvolvimento" (P&D) com o intuito de compartilhar recursos e dividir riscos. Dentro dessa configuração, os Estados não têm mais do que um papel de subordinado ou assistente e interiorizam suficientemente esse papel para não ter mais condições de definir políticas sociais, ambientais ou científicas sem a concordância – ainda que tácita – dos oligopólios.

O Estado não se retira[18], mas curva-se às novas condições que contribuiu para instaurar. A construção política das finanças globais é a melhor demonstração disso[19]. É com os recursos do Estado, e com uma retórica em geral muito tradicional (o "interesse nacional", a "segurança" do país, o "bem do povo" etc.), que os governos, em nome de uma concorrência que eles mesmos desejaram e de uma finança global que eles mesmos construíram, conduzem políticas vantajosas para as empresas e desvantajosas para os assalariados de seus países. Quando se fala do peso crescente dos organismos internacionais ou intergovernamentais, como o FMI, a Organização Mundial do Comércio (OMC), a OCDE ou a Comissão Europeia, esquece-se de que os governos que fingem curvar-se *passivamente* a auditorias, relatórios, injunções e diretivas desses organismos são também *ativamente* parte interessada nisso. É como se a disciplina neoliberal, que impõe retrocessos sociais a grande parte da população e organiza uma transferência de renda para as classes mais afortunadas, supusesse um "jogo de máscaras" que possibilita que se jogue sobre outras instâncias a responsabilidade pelo desmantelamento do Estado social e educador mediante a instauração de regras de concorrência em todos os domínios da existência.

---

liberal": "Fui muito afetado por [...] essa falha na estrutura fundamental que define aquilo que eu poderia chamar de maneira como o mundo funciona".

[18] Ver Susan Strange, *The Retreat of the State: The Diffusion of Power in the World Economy* (Cambridge, Cambridge University Press, 1996).

[19] Ver, no capítulo 6 deste volume, "O crescimento do capitalismo financeiro".

As grandes instituições internacionais criadas após a Segunda Guerra Mundial (FMI, Banco Mundial, Gatt) constituíram os principais vetores de imposição da nova norma neoliberal. Elas substituíram os Estados Unidos e a Grã-Bretanha sem grandes resistências. Para isso, as instituições de Bretton Woods tiveram de redefinir seu papel e, ao mesmo tempo, abrir espaço para novas instituições e agências não governamentais. A ascensão da OMC é um indício importante. Seria um erro vê-la apenas como um instrumento das regras universais de mercado, isolada das pressões e dos interesses estatais e oligopolistas, e, talvez mais ainda, considerá-la o principal defensor dos países do Sul, em virtude do deslocamento do conteúdo das negociações comerciais para as prioridades relacionadas ao desenvolvimento. A lógica dos interesses oligopolistas se manifesta de forma mais aberta sobretudo no campo da inovação tecnológica. Nas negociações da OMC, os países do Norte mostram-se mais propensos a servir aos interesses dos oligopólios dos setores que apresentam grandes gastos com P&D, permitindo que estendam direitos de propriedade intelectual. Por intermédio das instituições internacionais, os grupos de pressão dos oligopólios ligados ao conhecimento organizam a *proteção da renda proveniente da inovação* para recuperar os frutos das despesas privadas com P&D e contribuem para o confinamento dos países em desenvolvimento no subdesenvolvimento.

Outra inflexão na ação dos governos, ainda mais diretamente ligada à norma da concorrência mundial, diz respeito ao recentramento da intervenção do Estado nos fatores de produção.

O Estado tem agora uma responsabilidade eminente no que se refere tanto ao apoio logístico e de infraestrutura aos oligopólios quanto à atração desses grandes oligopólios para o território administrado por ele. Isso diz respeito a domínios muito diversos: pesquisa, universidade, transportes, incentivos fiscais, ambiente cultural e urbanização, garantia de mercado (mercados públicos abertos às pequenas e às médias empresas nos Estados Unidos). Em outras palavras, a intervenção governamental toma a forma de uma política de fatores de produção e ambiente econômico. O Estado concorrencial não é o Estado *árbitro* de interesses, mas o Estado *parceiro* dos interesses oligopolistas na guerra econômica mundial. É o que se vê claramente no nível da política comercial. O próprio sentido de livre-câmbio muda. Em consequência da fragmentação dos processos produtivos, os produtos exportados por uma economia contêm uma proporção cada vez maior de componentes importados. Por isso, os Estados são levados a substituir o protecionismo *tarifário* por um protecionismo *estratégico*, o protecionismo dos *produtos* por uma lógica de subvenção dos *fatores de produção*.

A norma da concorrência generalizada pressiona os Estados, ou outras instâncias públicas, a produzir condições locais ótimas de valorização do capital, o que poderíamos chamar, não sem certo paradoxo, de "bens comuns do capital". Esses bens são os frutos dos investimentos em infraestrutura e instituições necessárias para atrair capitais e assalariados qualificados num regime de concorrência exacerbada. Estrutura de pesquisa, fisco, universidades, meios de circulação, redes bancárias, zonas de residência e lazer para executivos são alguns desses bens necessários à atividade capitalista, o que tende a mostrar que a condição da mobilidade do capital é a implantação por parte do Estado de infraestruturas fixas e imóveis.

O Estado já não se destina tanto a assegurar a integração dos diferentes níveis da vida coletiva quanto a ordenar as sociedades de acordo com as exigências da concorrência mundial e das finanças globais. A gestão da população muda de método e significado. Enquanto no período fordista a ideia predominante era, segundo a expressão consagrada, a "harmonia entre eficácia econômica e progresso social", hoje, no contexto de um capitalismo nacional, essa mesma população é percebida apenas como um "recurso" à disposição das empresas, segundo uma análise em termos de custo-benefício. A política que ainda hoje é chamada de "social" por inércia semântica não se baseia mais em uma lógica de divisão dos ganhos de produtividade destinada a manter um nível de demanda suficiente para garantir o escoamento da produção em massa: ela visa a *maximizar a utilidade da população*, aumentando sua "empregabilidade" e sua produtividade, e diminuir seus custos, com um novo gênero de política "social" que consiste em enfraquecer o poder de negociação dos sindicatos, degradar o direito trabalhista, baixar o custo do trabalho, diminuir o valor das aposentadorias e a qualidade da proteção social em nome da "adequação à globalização". Portanto, o Estado não abandona seu papel na gestão da população, mas sua intervenção não obedece mais aos mesmos imperativos nem aos mesmos motivos. Em vez da "economia do bem-estar", que dava ênfase à harmonia entre o progresso econômico e a distribuição equitativa dos frutos do crescimento, a nova lógica vê as populações e os indivíduos sob o ângulo mais estreito de sua contribuição e seu custo na competição mundial.

As condições em que os grupos sociais entram em conflito também mudam com o governo empresarial. A racionalidade neoliberal marca o fim do regime "inclusivo" da oposição de classes instituído nas democracias liberais após a Segunda Guerra Mundial. A chamada "integração" dos sindicatos, correlata da gestão social-democrata, fazia do conflito de interesses um dos motores da acumulação do capital e da luta de classes um fator funcional do crescimento. A escansão clássica do conflito sindicalmente enquadrado, da negociação e do "avanço social" que amiúde resultava deles, era a própria manifestação dessa inclusão conflituosa. Isso não ocorre mais quando a população é duplamente considerada sob o ângulo privilegiado do "recurso humano" e do "encargo social". A única forma admissível de relação com os sindicatos e, de modo mais geral, com os assalariados é o "acordo", a "convergência", o "consenso" em torno dos objetivos supostamente desejáveis para todos. Qualquer um que se recusasse a respeitar os princípios administrativos, qualquer sindicato que não aceitasse de imediato os resultados a que necessariamente deve levar o "acordo" e, com isso, se recusasse a agir em "concordância" com os governantes seria excluído do "jogo". O novo regime de governo admite apenas *stakeholders*, "partes interessadas", que têm interesse direto no sucesso do negócio em que entraram espontaneamente. O fato mais sintomático é, sem dúvida, a unidade obrigatória do discurso empregado. Enquanto na regulação antiga das relações sociais tratava-se de conciliar lógicas que eram consideradas, de saída, diferentes e divergentes, o que implicava procurar um "compromisso", na nova regulação os termos do acordo são estabelecidos de imediato e de uma vez por todas, porque ninguém pode ser inimigo da eficácia e do bom desempenho. Apenas as modalidades práticas, os ritmos e certos ajustes secundários ainda podem ser objeto de discussão. Sabe-se que esse é o princípio das "reformas corajosas", em particular das que visam a degradar a situação geral do maior número de indivíduos. Assim, podemos ver que as formas dos conflitos estão fadadas a mudar nas empresas, nas instituições, na sociedade como um todo. Ocorrem duas transformações importantes. De um lado, a lógica gerencial unifica os campos econômicos, sociais e políticos e cria as condições para uma luta transversal; de outro, desconstruindo sistematicamente todas as instituições que pacificavam a luta de classes, essa lógica "terceiriza" o conflito e dá a ele um caráter de contestação global do Estado empresarial e, por conseguinte, do novo capitalismo.

Governança mundial sem governo mundial

Instaura-se uma forma inédita de "poder mundial", adaptado às características da economia globalizada. A competição econômica toma o aspecto de um confronto entre Estados que fazem alianças entre si e se coligam a empresas cuja rede de ação é cada vez mais globalizada. O chamado "mercado mundial" é um *vasto entrelaçamento movediço de coalizões entre entidades privadas e públicas* que se valem de todos os meios e os registros (financeiros, diplomáticos, históricos, culturais, linguísticos etc.) para promover os interesses misturados dos poderes estatais e econômicos. Devemos acrescentar ao cenário o papel crescente das entidades públicas subestatais, como as regiões ou as cidades, que aproveitam certa margem de liberdade para praticar outras formas de concorrência entre si a fim de obter vantagens.

Uma das características principais desse período não é o "fim dos Estados-nações", segundo Kenichi Ohmae[20], mas a relativização de seu papel como entidade integradora de todas as dimensões da vida coletiva: organização do poder político, elaboração e difusão da cultura nacional, relações entre classes sociais, organização da vida econômica, nível de emprego, organização local etc. Os Estados tendem a delegar grande parte dessas funções às empresas privadas, que com frequência já são globalizadas ou obedecem a normas mundiais. Entregam a elas parte da tarefa de garantir o desenvolvimento socioeconômico do país, como a responsabilidade pela "cultura de massa" à mídia privada. Assistimos, por conseguinte, a uma *privatização parcial das funções de integração*, funções que não correspondem às mesmas exigências e temporalidades, conforme dependam da competência de empresas privadas ou das prerrogativas do poder público. É o caso do emprego, já que os subsídios às empresas asseguram apenas precariamente a missão de desenvolvimento e organização do território em longo prazo. É o caso também da "cultura" ou do ensino, uma vez que as empresas privadas não buscam os mesmos objetivos que aqueles classicamente atribuídos ao Estado.

Essa situação cria um complexo de interesses públicos e privados que mina a antiga divisão entre os interesses particulares e o interesse geral. Não se trata apenas do fato de que o Estado sofre uma erosão em suas margens de manobra; trata-se, sobretudo, do fato de que o Estado se põe a serviço de

---

[20] Kenichi Ohmae, *De l'État-nation aux États-régions* (trad. Michel Le Seac'h, Paris, Dunod, 1996).

interesses oligopolistas específicos e não hesita em delegar a eles uma parte considerável da gestão sanitária, cultural, turística ou até mesmo "lúdica" da população.

Diante dessa situação inédita, não há ainda à vista nenhum esboço de governo mundial que tenha como vocação proteger as sociedades nacionais e locais contra a concorrência a que se entregam os oligopólios mundiais, assim como não há, aliás, um governo europeu que proteja as populações contra o *dumping* social e fiscal dos países-membros da União Europeia. Não existe uma regulação das trocas, nem em matéria de condições sociais nem em matéria de fisco nem em matéria monetária, além da zona do euro. É escusado dizer que nenhuma instância mundial soube prevenir as crises financeiras e proteger a economia e a sociedade contra a instabilidade crescente do capitalismo predominantemente financeiro.

Obviamente, esse contraste entre a facilidade de circulação do capital e a debilidade das instituições de regulação é atenuado em parte pelo papel crescente que se dá às instituições internacionais, como o FMI, o Banco Mundial, a OMC, o G8 ou o G20, que garantem um mínimo de coordenação em nível mundial. A estrutura mundial do poder tem cada vez menos a ver com a antiga representação do "direito dos povos" (o antigo *jus gentium*) da época do florescimento das soberanias nacionais. Essa transformação alimenta a tese pós-moderna da morte da soberania do Estado e do surgimento de novas formas de poder mundial[21]. Segundo essa tese, há um deslocamento do poder do Estado para o poder múltiplo e fragmentado de agências e órgãos "híbridos", meio públicos e meio privados. Se é real essa concessão do trabalho de codificação das normas às empresas, como bem recordamos, convém não esquecer que a transformação em curso é mais global. De fato, são os princípios e os modos da ação pública que mudam com o domínio crescente do modelo da empresa, inclusive nas "funções soberanas" mais clássicas. Naomi Klein recorda que o governo Bush tirou partido do contexto de "guerra contra o terrorismo" para terceirizar, sem o menor debate público, "grande parte das funções mais delicadas do governo, da prestação de cuidados médicos aos soldados aos interrogatórios de

---

[21] A tese pós-moderna, tal como é apresentada, por exemplo, por Michael Hardt e Antonio Negri em *Empire* (trad. Denis-Armand Canal, Paris, Exils, 2000) [ed. bras.: *Império*, trad. Berilo Vargas, 10. ed., Rio de Janeiro, Record, 2012], é que a soberania do Estado foi substituída por novas formas de sujeição mais direta à ordem produtiva capitalista.

prisioneiros, passando pela coleta e pela análise profunda de dados (*data mining*) sobre cada um de nós". Ainda segundo ela, o governo age "não como o administrador de uma rede de fornecedores, mas como um investidor de capital de risco endinheirado que fornece ao complexo o capital inicial de que este necessita e torna-se o principal cliente de seus serviços"[22]. A extensão do campo da "governança", portanto, não é apenas uma trama de relações múltiplas com atores não estatais ou simplesmente o sinal do declínio do Estado-nação, ela significa, mais profundamente, uma mudança do "formato" e do papel do Estado, que é visto agora como uma *empresa a serviço das empresas*[23]. É, sem dúvida, nessa transformação do Estado que se pode apreender melhor a nova articulação entre a norma mundial da concorrência e a arte neoliberal de governar os indivíduos.

O modelo da empresa

O intervencionismo neoliberal não visa a corrigir sistematicamente os "fracassos do mercado" em função de objetivos políticos considerados desejáveis para o bem-estar da população. Ele visa, em primeiro lugar, a criar situações de concorrência que supostamente privilegiam os mais "aptos" e os mais fortes e a adaptar os indivíduos à competição, considerada a fonte de todos os benefícios. Não que o mercado em si seja sempre preferível à gestão pública; o fato é que se supõe que os "fracassos do Estado" são mais prejudiciais que os do mercado. E também porque se considera que as tecnologias do *management* privado são remédios mais eficazes contra os problemas causados pela gestão administrativa do que as regras do direito público.

---

[22] Naomi Klein, *La stratégie du choc. La montée d'un capitalisme du désastre* (trad. Lori Saint-Martin e Paul Gagné, Arles, Leméac/Actes Sud, 2008), p. 22. A autora entende por "complexo" uma "entidade tentacular" muito mais vasta que o complexo militar-industrial. Os números dão por si sós uma ideia da dimensão da transformação: "Em 2003, o governo dos Estados Unidos firmou 3.512 contratos com sociedades encarregadas de executar funções ligadas à segurança; no período de 22 meses que se encerrou em agosto de 2006, somente o Departamento de Segurança Interna (Department of Homeland Security) firmou mais de 115 mil contratos do mesmo tipo" (ibidem, p. 23).

[23] A expressão *corporate state* utilizada por Naomi Klein não significa nada além disso. A tradução francesa "État corporatiste" [Estado corporativista] introduz um contrassenso lastimável (ibidem, p. 26).

Desse ponto de vista, o exemplo britânico é notável. Como frisam Jack Hayward e Rudolf Klein,

> o que começou como retorno a uma opinião que lembrava o século XVIII, segundo a qual "governar melhor significa governar menos", tornou-se cada vez mais uma busca por eficácia gerencial baseada na substituição dos métodos da administração pública por aqueles das empresas privadas (embora pouco renomadas por sua eficácia na Grã-Bretanha).[24]

Para os novos conservadores, não bastava pôr freios automáticos ao crescimento dos gastos públicos; era preciso mudar profundamente o modo de gestão da ação pública. O thatcherismo iniciou um movimento intenso de recentralização administrativa à custa das coletividades locais – seguindo uma tendência nitidamente contrária aos princípios doutrinais de certos neoliberais favoráveis à descentralização do poder – e, ao mesmo tempo, uma reforma gerencial dos modos de gestão. A função pública foi dividida em agências independentes, com objetivos específicos; estas eram regidas por normas estabelecidas pelo "centro de comando", expostas à concorrência e submetidas às decisões "soberanas" dos consumidores. Tratava-se de substituir uma administração que obedecia aos princípios do direito público por uma gestão regida pelo direito comum da concorrência.

Nos anos 1980, a prioridade é da empresa, vetor de todos os progressos, condição da prosperidade e, acima de tudo, provedora de empregos. Esse culto à empresa e ao empreendedor não é consequência apenas de *lobbies* patronais e doutrinários. Ele é celebrado todos os dias e em quase todos os países pelas elites administrativas, pelos especialistas em gestão, pelos economistas, pelos jornalistas submissos e pelas autoridades políticas. A homogeneização ideológica conjuga-se com a internacionalização das economias – a competitividade torna-se prioridade política no contexto da "abertura". Em face da empresa ataviada com todas as qualidades, o Estado de bem-estar é apresentado como um "peso", um freio ao crescimento e uma fonte de ineficácia[25]. A palavra de ordem thatcheriana, "recuar as fronteiras

---

[24] Jack Hayward e Rudolf Klein, "Grande-Bretagne: de la gestion publique à la gestion privée du déclin économique", em Bruno Jobert e Bruno Théret (orgs.), *Le tournant néo-libéral en Europe. Idées et recettes dans les pratiques gouvernementales* (Paris, L'Harmattan, 1994).

[25] Sobre esse ponto, ver Jean-Pierre Le Goff, *Le mythe de l'entreprise* (Paris, La Découverte, 1992).

do Estado de bem-estar", deu origem a um conjunto de crenças e práticas – o gerencialismo – que se apresenta como remédio universal para todos os males da sociedade, reduzidos a questões de organização que podem ser resolvidas por técnicas que procuram sistematicamente a eficiência. Evidentemente, esse gerencialismo reserva um lugar eminente ao administrador e a seu saber, fazendo dele um verdadeiro herói dos novos tempos[26].

O postulado dessa nova "governança" é que a gestão privada é sempre mais eficaz que a administração pública; que o setor privado é mais reativo, mais flexível, mais inovador, tecnicamente mais eficaz, porque é mais especializado, menos sujeito que o setor público a regras estatutárias. Vimos anteriormente que, para os neoliberais, o principal fator dessa superioridade reside no efeito disciplinador da concorrência como estímulo ao bom desempenho. É essa hipótese que se encontra no princípio de todas as medidas que visam a "terceirizar" para o setor privado ora serviços públicos inteiros, ora segmentos de atividades, incrementar as relações de associação contratual com o setor privado (por exemplo, na forma de "parcerias público-privadas") ou, ainda, criar vínculos sistemáticos de subcontratação entre administrações públicas e empresas. O Estado "regulador" é aquele que mantém com empresas, associações ou agências públicas que possuam certa autonomia de gestão relações contratuais para a realização de determinados objetivos[27].

O conservadorismo na Grã-Bretanha e nos Estados Unidos mudou de face e quis aparecer como uma "revolução" ou um "rompimento" com o passado em nome dos valores da modernidade. A nova direita fez questão de se apresentar como uma força anticonservadora e "antissistema", detentora do monopólio da mudança e da reforma, aproveitando-se sistematicamente do descontentamento das frações populares por meio de um populismo antielite e antiestado, em geral com matizes xenofóbicos. Uma das constantes da retórica da nova direita consistiu em mobilizar a opinião pública contra os "desperdícios", os "abusos" e os "privilégios" de todos os parasitas que povoam a burocracia e vivem à custa da população honesta e trabalhadora. O gerencialismo tornou-se,

---

[26] Christopher Pollitt, *Managerialism and the Public Services: Cuts or Cultural Change in the 1990s?* (Londres, Blackwell Business, 1990), p. 8.

[27] Segundo Luc Rouban, os "contratos, sejam firmados entre coletividades públicas ou com empresas do setor privado, oferecem o novo quadro normativo da ação pública", Luc Rouban, "La réforme de l'appareil d'État", em Vincent Wright e Sabino Cassese (orgs.), *La recomposition de l'État en Europe*, cit., p. 148.

assim, a "face aceitável do pensamento da nova direita sobre o Estado", como observa Christopher Pollitt. Apresentando essa reforma como uma operação cirúrgica, ideologicamente neutra, benéfica a todos, a nova direita recebeu apoio muito além do campo conservador e impregnou-se largamente nas representações da esquerda moderna, que, exagerando a "modernidade" da qual desejava ser a legítima encarnação, quis mostrar que o neoliberalismo de esquerda não era menos "audacioso" que o de direita. O aspecto "técnico" e "tático" da nova gestão pública permitiu ocultar o fato de que o essencial era introduzir as disciplinas e as categorias do setor privado, intensificar o controle político em todo o setor público, reduzir tanto quanto possível o orçamento, suprimir o maior número possível de agentes públicos, reduzir a autonomia profissional de algumas profissões (médicos, professores, psicólogos etc.) e enfraquecer os sindicatos do setor público – em resumo, fazer na prática a reestruturação neoliberal do Estado[28].

A hipótese do ator egoísta e racional

A reestruturação da ação pública repousa sobre o postulado de que os funcionários públicos, assim como os usuários dos serviços públicos, são agentes econômicos que respondem apenas à lógica do interesse pessoal. Aumentar a eficácia da ação pública consistirá em fazer valer as imposições e os incentivos que orientarão a maneira como os indivíduos vão se conduzir, fazendo com que as decisões que serão conduzidos a tomar aliviem os custos e maximizem os resultados. A corrente do Public Choice, já mencionada, teve um papel pioneiro nesse tipo de metodologia quando aventou a hipótese de que nada provaria *a priori* que as escolhas dos eleitores e as decisões dos funcionários públicos resultariam em medidas ótimas para a população. Por sua vez, um grande número de trabalhos produzidos por economistas da Escola de Chicago procurou mostrar que os programas sociais e as regulamentações estavam longe de alcançar os resultados esperados por seus promotores, em especial em razão de efeitos perversos ou custos ocultos que não haviam sido levados em consideração em suas decisões.

Essas pesquisas iam ao encontro dos primeiros passos da avaliação quantitativa das decisões públicas dados por Bentham em *Teoria das penas*

---

[28] Christopher Pollitt, *Managerialism and the Public Services*, cit., p. 49.

e das recompensas. Assim como as análises benthamianas, elas repousavam sobre a ideia de que todos os agentes envolvidos (beneficiários, pagantes, funcionários públicos) perseguiam interesses específicos e adotavam uma conduta racional para satisfazê-los, como qualquer empresa ou consumidor em ação no mercado[29]. Além disso, fundamentando sua análise na lógica do cálculo individual, essas mesmas pesquisas pretendiam mostrar que alguns "conseguem mais por seu dinheiro" do que outros. Assim, uma literatura abundante, visando a deslegitimar o Estado de bem-estar e as políticas redistributivas, dedicou-se a mostrar que esses dispositivos tendiam a ter efeitos contrários à igualdade que se desejava obter.

De modo geral, a aplicação do cálculo de custo-benefício tende a mostrar que o "consumidor" paga sempre mais caro por um bem público do que por um bem privado e que também paga mais caro por um bem privado cuja produção é regulamentada do que por um bem privado cuja produção não é regulamentada. Para além dessa vontade demonstrativa, porém, esse tipo de análise da "produção política" é importante pelo tipo de concepção do Estado que supõe. Este último diz respeito à análise econômica comum somente na medida em que é concebido *a priori* como um agente tal qual outro qualquer dentro do sistema econômico, um agente que busca seus próprios objetivos e deve responder à demanda com uma oferta, cuja produção é comparável à dos outros agentes econômicos privados.

Essa interpretação neoclássica da ação pública apareceu como relativamente nova na história oficial da teoria econômica. Ela considera o Estado não mais como uma entidade "exógena" à ordem do mercado, que deve respeitar limites externos, mas como uma entidade inteiramente integrada no espaço das trocas, no sistema de interdependência dos agentes econômicos.

Partir da hipótese de que todo agente público é um ser que fará seu interesse particular passar à frente do interesse geral não é uma coisa

---

[29] Numerosas análises de Bentham antecipam as críticas da expansão burocrática: "O interesse do ministro é ter muitos empregados, isto é, tantos dependentes quanto for possível: multiplicar os agentes é multiplicar suas criaturas; pagar grandes salários a eles é prendê-los ainda mais a seu protetor; e não há nenhum motivo para vigiá-los de muito perto, porque ele não perde nada com a negligência deles", Jeremy Bentham, *Théorie des peines et des récompenses*, v. 1 (Londres, B. Dulau, 1811), p. 224. Para Bentham a solução é muito diferente das preconizadas pelos economistas neoclássicos. Ela repousa sobre a democracia mais radical e a vigilância contínua de representantes e funcionários públicos em dispositivos panópticos.

nova. Dissemos antes que o primeiro na história da teoria política a fazer disso um princípio de análise e reforma foi Bentham. Hoje, se não voltarmos a essa fonte essencial, não compreenderemos as relações entre a promoção do mercado, de um lado, e os princípios da "nova gestão", de outro. Bentham tenta racionalizar a ação pública para aumentar sua eficácia, utilizando mecanismos de controle e incentivo estritos e refinados, cujo objetivo é orientar o comportamento dos indivíduos num sentido favorável ao interesse geral, ou ao menos diminuir a divergência entre o interesse de cada agente e o que é coletivamente esperado dele em termos de serviços úteis.

Entendendo que o Estado deve intervir na economia e na sociedade diretamente pela legislação e indiretamente para gerir e vigiar a população, a fim de orientar os interesses e as ações na direção mais adequada para assegurar "a maior felicidade para o maior número de pessoas", Bentham tentou refletir, durante toda a sua longa carreira de tecnólogo e pensador, acerca dos dispositivos coercitivos e incitativos que possibilitam forçar os agentes públicos a unir interesse particular e interesse coletivo, segundo o "princípio de junção do interesse e do dever"[30]. A originalidade de Bentham – que faz dele um dos precursores ignorados do que desde então foi denominado a "nova gestão pública" – deve-se ao fato de que ele não se contenta em apelar para o mercado a fim de lutar contra os desperdícios burocráticos. Ele deseja descobrir meios substitutos de controle dos agentes públicos que tenham a mesma eficácia do mercado sobre os indivíduos que participam dele. O objetivo é eliminar todos os abusos, as incompetências, as vexações, as delongas, as opressões e as fraudes que os administrados sofrem nas mãos de políticos e funcionários públicos espontaneamente corrompidos por seu "*sinister interest*", contrário ao interesse do maior número de indivíduos. Em muitos de seus textos, sobretudo em *Código constitucional*, escrito nos anos 1820, Bentham pinta um vasto quadro de um aparelho burocrático inteiramente ordenado pelo princípio de controle da conformidade das ações dos funcionários públicos com o interesse do público[31].

---

[30] Sobre esse ponto, ver a tese de Christophe Chauvet, *Les apports de Jeremy Bentham à l'analyse économique de l'État* (Tese de Doutorado em Ciências Econômicas e Gestão, Amiens, Universidade de Picardie, 2006).

[31] Ver Leonard J. Hume, *Bentham and Bureaucracy* (Cambridge, Cambridge University Press, 2004).

Por esse conjunto de dispositivos, a intervenção pública corresponderá ao objetivo governamental de "maior felicidade para o maior número de pessoas". Com relação à organização do Estado, esse objetivo se especificará por meio da aplicação de dois princípios subordinados: o princípio de maximização da aptidão dos agentes públicos e o princípio de minimização do gasto público (*Official aptitude maximized, expense minimized*). O princípio de utilidade permite pensar ao mesmo tempo a eficácia das ações privadas espontâneas sobre o mercado e a necessidade de controle rígido das atividades dos que são capazes de fazer seu interesse privado passar à frente do interesse coletivo. De fato, a primazia do interesse pessoal conduz a dois caminhos que não são tão contraditórios como poderiam parecer: de um lado, dar a maior liberdade possível aos agentes que perseguem seu próprio objetivo no mercado; de outro, exercer controles estritos sobre todos os que deveriam trabalhar para o interesse coletivo, mas, quando não são suficientemente vigiados, infalivelmente são tentados a trabalhar para sua própria satisfação. A confiança que se tem em uns – relativa, é claro – é acompanhada de uma desconfiança absoluta em relação a outros. Portanto, o mesmo princípio, o do interesse, leva à descoberta de dispositivos normativos que produzirão na esfera pública resultados tão desejáveis quanto o mercado na esfera privada[32]. Para agir contra os abusos de poder, que são doenças estruturais de qualquer relação política, Bentham propõe como solução universal a transparência, que impede os funcionários públicos e os representantes eleitos de trabalhar para o próprio benefício ou de desperdiçar o dinheiro público. Bentham é um dos que instituíram como regra de ouro o controle dos agentes públicos pelo público. Invertendo o dispositivo panóptico, em que um pequeno número de inspetores podia vigiar um grande número de indivíduos, ele descreve disposições arquitetônicas em seu *Código constitucional* que permitem que o público, instalado em galerias em volta dos espaços onde se realiza o trabalho administrativo, observe por trás de espelhos falsos a intensidade do trabalho dos funcionários. Como na prisão panóptica, basta que o agente público acredite estar continuamente sob vigilância para que o dispositivo produza o efeito desejado. Por meio dessa vigilância, a esperança de ganhos obtidos com comportamentos criminosos é contrabalançada na mente do agente sob observação pela grande

---

[32] Christophe Chauvet, *Les apports de Jeremy Bentham à l'analyse économique de l'État*, cit., p. 22.

probabilidade de punição. "O bom governo depende da arquitetura mais do que se imaginava até o presente", escreve Bentham[33]. Todo o edifício burocrático benthamiano é concebido como um sistema de controle pelo qual tudo deve ser ordenado: a definição precisa dos postos, das funções e das competências requeridas, o estabelecimento de normas nas relações entre os funcionários públicos e o público, a manutenção rigorosa e exaustiva dos livros contábeis, a publicação regular de relatórios de atividade, o regime permanente de inspeção dos serviços e, acima de tudo, o controle da opinião pública sobre a ação dos agentes do Estado.

Mas a vigilância não é tudo. Também é preciso saber empregar os incentivos positivos que estimulam o cumprimento do dever. Em *Teoria das penas e das recompensas*, Bentham imputava à igualdade dos salários a moleza e a ociosidade que imperavam nas repartições públicas. Para assegurar a união do interesse com o dever, é preciso transformar o salário numa recompensa proporcional à assiduidade e à forma como o serviço é prestado, o que é particularmente recomendado no caso da remuneração do responsável pelo serviço. Nos hospitais ou nas casas correcionais, nos locais de trabalho, no Exército e na Marinha, o responsável será punido ou recompensado conforme o número de feridos, doentes ou mortos, de modo que os interesses dele estejam de acordo com os que lhe foram confiados.

As análises de Bentham antecipam as do Public Choice na medida em que partem do mesmo postulado do agente calculador que sempre se guia pelo interesse pessoal. No entanto, como veremos adiante, há uma grande diferença em relação às análises do Public Choice no que se refere ao papel que se atribui aos mecanismos da democracia. Em todo caso, não compreenderíamos as relações entre as duas posições se não as situássemos naquilo que constitui propriamente a *governamentalidade fundamentada sobre os interesses*, se não víssemos que as práticas de mensuração e incentivo que visam a guiar as condutas são parte integrante da forma de governar os homens nas sociedades de mercado. A mensuração dos efeitos – o que hoje é chamado de *avaliação* – não é alheia à prática governamental moderna. Ela não é um acréscimo tardio; ao contrário, ela a caracteriza desde o início, como indica a atenção que a tecnologia do utilitarismo benthamiano lhe dedica. Certamente foi preciso tempo para que essa dimensão da avaliação

---

[33] Jeremy Bentham, *Constitutional Code*, v. 1 (orgs. Frederick Rosen e James Henderson Burns, Oxford, Clarendon, 1983).

da eficácia adquirisse toda a amplitude que hoje se reconhece nela e que aparece como o modo "evidente" de regulação da atividade pública. Desse ângulo, a prática neoliberal é um poderoso elemento revelador das lentas mutações que afetaram os modos de governo desde o século XVIII.

O Public Choice e a nova gestão pública

O consenso em torno de uma reforma de inspiração neoliberal da ação pública deriva da crença no fim da "era da burocracia"[34]. Em outras palavras, a reestruturação da ação governamental a que assistimos em graus e ritmos diferentes conforme o país não deve ser interpretada segundo seus critérios (os três "ee": eficácia, economia, eficiência), mas segundo a lógica antropológica da qual ela participa e cujos principais teóricos foram os economistas do Public Choice, em particular James Buchanan e Gordon Tullock.

A Escola do Public Choice, cuja sede histórica é a Universidade de Virgínia, em Charlottesville, produziu uma análise do governo que focaliza não a *natureza* dos bens que ele produz, mas a *forma* como ele os produz. Aplicando a teoria econômica às instituições coletivas, a Escola do Public Choice considera que, se supomos em todos os domínios a unidade do funcionamento humano, não há razão para não realizarmos uma homogeneização a um só tempo teórica e prática do funcionamento do Estado e do mercado. O funcionário público é um homem igual aos outros, um indivíduo calculador, racional e egoísta, que procura maximizar seu interesse pessoal em detrimento do interesse geral. Apenas os interesses privados têm realidade e significado para os agentes públicos, apesar de seus protestos virtuosos. O Estado não maximiza o interesse geral, os agentes públicos é que buscam na maior parte do tempo seus interesses particulares à custa de um desperdício social considerável[35]:

> Enquanto homens comuns, semelhantes a todos os outros, os burocratas tomarão a maioria de suas decisões (porém nem todas) em função do que

---

[34] Passaríamos do modelo burocrático como centro e organização da sociedade para um paradigma "pós-burocrático" (noção atribuída a Michael Barzelay, *Breaking Through Bureaucracy: A New Vision for Managing in Government*, Berkeley, University of California Press, 1992), baseado na nova economia política.

[35] Ver Xavier Greffe, *Analyse économique de la bureaucratie* (Paris, Economica, 1988), p. 13.

lhes favoreça pessoalmente, não considerando o benefício que terá com isso a sociedade como um todo. Podem ocasionalmente sacrificar seu bem-estar por um interesse mais geral, como faz às vezes qualquer mortal, mas devemos esperar que essa atitude seja excepcional.[36]

O burocrata tenta aumentar os créditos de seu serviço, o número de seus subordinados ou subir no escalão[37]. Definindo grosseiramente uma repartição pública como uma organização que não visa ao lucro e cujos agentes não tiram seu sustento da venda de um produto, William Niskanen afirma que a função de utilidade do burocrata está ligada ao aumento do orçamento de sua repartição. Se a empresa privada procura maximizar o lucro, a repartição pública procura maximizar o orçamento[38]. Tullock diz a mesma coisa:

> Via de regra, o burocrata verá crescerem suas chances de promoção, seu poder, sua influência, o respeito público e até mesmo melhorarem as condições materiais de seu escritório, quando sua administração aumenta. [...] Se a burocracia como um todo se expande, quase todo burocrata que faça parte dela ganhará alguma coisa com isso, mais ainda se a subdivisão em que trabalha se expande.[39]

A essa tendência automática ao crescimento da oferta corresponde uma tendência à expansão da demanda. Como o Estado social suscita múltiplas demandas de intervenção, a burocracia parasitária incha. Cria-se uma espécie de grande aliança entre os funcionários públicos e os membros das classes médias, que são os que mais aproveitam os serviços públicos, acarretando uma inflação do pessoal e do gasto público. Os que se beneficiam disso organizam-se em grupos de pressão internos (os burocratas) ou externos (os *lobbies*), em detrimento dos contribuintes atomizados. Esse fenômeno é reforçado pelo comportamento dos parlamentares, que tentam "comprar" os votos decisivos das frações mobilizadas do eleitorado e tirar proveito do apoio de um funcionalismo cada vez mais numeroso. Quanto mais burocratas há

---

[36] Gordon Tullock, *Le marché politique: analyse économique des processus politiques* (Paris, Economica, 1978), p. 34.
[37] Idem, *The Politics of Bureaucracy* (Washington, Public Affairs Press, 1965); William Niskanen, *Bureaucracy and Representative Government* (Chicago, Aldine Publishing Company, 1971).
[38] William Niskanen, *Bureaucracy and Representative Government*, cit., p. 42.
[39] Gordon Tullock, *Le marché politique*, cit.

entre os eleitores, mais há eleitores favoráveis aos impostos e às despesas públicas. O resultado é que a burocracia tende a "superproduzir" serviços em relação às necessidades reais da população. Aproveitando-se de recursos abundantes que não são devolvidos à coletividade, a administração pública os gasta custe o que custar para justificar sua existência e seu crescimento. Como dizia Jean-Jacques Rosa, "o mercado político é um lugar onde se trocam votos por promessas de intervenções públicas"[40]. Essa crítica da burocracia deduz do postulado do egoísmo racional dos agentes o conjunto dos efeitos negativos a que conduz a ausência de concorrência na produção de serviços públicos[41].

Niskanen propõe como principal alavanca da mudança estrutural a competição entre repartições na oferta de serviços semelhantes para quebrar o monopólio público e aumentar a eficiência da produção[42]. Também sugere modificações nos incentivos ao trabalho, como a introdução de um sistema de lucro pessoal baseado no pagamento aos chefes de departamento de uma parte da diferença entre o orçamento alocado e os custos efetivos ou, ainda, um sistema de promoções cuja rapidez seria proporcional à redução do orçamento gasto. Os objetivos normativos do Public Choice são explícitos:

> Em geral, as exigências que pesam sobre o comportamento de um indivíduo no mercado são mais "eficazes" do que as que os empregados do Estado enfrentam, de modo que os indivíduos no mercado, procurando a satisfação do próprio bem-estar, servem bem melhor ao bem-estar de seus concidadãos do que os homens que trabalham para o governo. Na verdade, um dos objetivos da "novidade econômica" é elevar o coeficiente de "eficácia" do governo por meio de reformas a fim de aproximá-lo do coeficiente do mercado.[43]

Ainda que esse coeficiente nunca seja atingido, já que, "mesmo numa situação de concorrência, na prática as administrações públicas nunca se mostram tão eficazes quanto as sociedades privadas numa indústria competitiva", é possível esperar uma melhora da situação por diferentes

---

[40] "Face-à-face Attali-Rosa", *L'Express*, 9 jun. 1979, citado em Henri Lepage, *Demain le libéralisme* (Paris, Hachette, 1980, Coleção Pluriel), p. 60 [ed. port.: *Amanhã, o liberalismo*, trad. Teresa Cardoso, Lisboa, Europa-América, 1988].

[41] Ver o resumo que Henri Lepage faz das teses da corrente do Public Choice em ibidem, p. 202-6.

[42] William Niskanen, *Bureaucracy and Representative Government*, cit., p. 195.

[43] Gordon Tullock, *Le marché politique*, cit., p. 15.

alavancas[44]. A primeira, evidentemente, é fazer serviços públicos e privados concorrerem entre si, dando a sociedades privadas contratadas a possibilidade de contribuir para o fornecimento de serviços que até então eram fornecidos exclusivamente pela administração pública. Mas isso também pode ser feito pela concorrência entre os próprios serviços burocráticos. Como explica Tullock, basta dividir a administração pública "em setores pequenos, com orçamentos separados", e comparar os desempenhos[45].

Como se vê, a análise dos economistas da Escola de Virgínia concorda em muitos pontos com o diagnóstico e as soluções de Bentham. Em ambos os casos, trata-se de criar incentivos positivos ou negativos, similares aos do mercado, para guiar o interesse do funcionário. Contudo, há uma grande diferença quanto à concepção da democracia: no Bentham radical dos anos 1820, é pelo controle estrito dos eleitores sobre os representantes e os funcionários públicos que se poderá pôr em prática o "princípio de junção do interesse e do dever"; o Public Choice, recuperando as críticas de Hayek, é um movimento hostil à democracia representativa, que é vista como o principal fator de crescimento da burocracia. Num regime democrático, os cidadãos não podem exercer um controle real sobre os burocratas e tentam aliar-se a eles quando conseguem se organizar. De sua parte, os parlamentares incentivam a superprodução burocrática para serem reeleitos. E os pobres, que não pagam impostos, usam e abusam de um poder eleitoral maior do que os ricos, menos numerosos, para fazer estes últimos arcarem com a maior parte do peso dos impostos. É nesse sentido que James Buchanan, em *Les limites de la liberté* (1975), título sintomático, defende a supressão do Estado de bem-estar e sua substituição por um novo contrato social em que os ricos pagariam uma compensação financeira aos pobres em troca da supressão dos auxílios recebidos. Buchanan milita mais amplamente por uma "revolução constitucional" que obrigaria os governos a respeitar limites de endividamento, déficit e nível de impostos[46]: "A democracia pode se tornar seu próprio Leviatã se não lhe forem impostos limites constitucionais e se não se fizer com que estes sejam respeitados"[47]. O objetivo dessa revolução

---

[44] Ibidem, p. 44.
[45] Ibidem, p. 46.
[46] James Buchanan, *Les limites de la liberté, entre l'anarchie et le Léviathan* (Paris, Litec, 1992), p. 42.
[47] Ibidem, p. 184.

seria "reconstruir os fundamentos da própria ordem constitucional", uma medida radical indispensável diante dos impasses do pragmatismo tradicional dos norte-americanos.

Tocamos aqui no cerne dos novos modos de governo da racionalidade neoliberal, e um de seus grandes princípios pode ser resumido pela frase benthamiana: "*The more strictly we are watched, the better we behave*" ["Quanto mais estritamente somos vigiados, melhor nos comportamos"][48]. O postulado da conduta inerentemente interesseira dos agentes públicos leva à reforma dos meios de controlá-los e guiá-los. Essa vigilância, que tomou o aspecto concreto e difuso de uma avaliação contábil de todos os atos dos agentes públicos e dos usuários, é o princípio implícito da reforma do setor público que é apresentada como a única possível. Essa reforma é inspirada em práticas de gestão privada baseada na eficiência[49]. Se é preciso privatizar tanto quanto possível, também é necessário interromper as lógicas que levaram ao aumento da burocracia e dos gastos públicos, isto é, as alianças de interesses entre grupos de pressão internos, *lobbies* externos e representantes eleitos. A empresa deve substituir a burocracia em tudo que for possível e, quando não o for, o burocrata deve conduzir-se o máximo possível *como um empreendedor*.

Vimos antes que, segundo os economistas do Public Choice, apenas os interesses privados possuem realidade e significado para os indivíduos maximizadores. A suposição de que todo agente público é calculista e oportunista encontra-se no princípio dos dispositivos de controle instaurados. Os modelos de referência da nova governança pública, procedentes da economia empresarial, trouxeram novamente à baila a questão da oposição e da conciliação entre os interesses do mandante e do executante. O modelo do *principal-agent*, surgido nos anos 1970, é empregado na literatura econômica para refletir sobre as relações entre níveis hierárquicos. Esse modelo se fundamenta em escolhas racionais: o principal é aquele que tem a autoridade, e o agente é aquele que se encarrega da execução. O problema é como assegurar, por dispositivos de vigilância e incentivo, que os mandatários (o agente) ajam de forma congruente com os interesses dos mandantes (o principal),

---

[48] Jeremy Bentham citado em Florence Faucher-King e Patrick Le Galès, *Tony Blair, 1997-2007* (Paris, Presses Sciences Po, 2007), p. 65.

[49] A eficácia tem como critério a melhor solução dada a um problema, já a eficiência pressupõe avaliar financeiramente a solução mais econômica.

sabendo que os indivíduos tentam maximizar sua utilidade e visam a tirar proveito do fato de que os contratos não especificam o conteúdo das tarefas que devem ser cumpridas (postulado da incompletude dos contratos). Esse modelo, utilizado inicialmente para análise das relações entre acionista e gerente, tornou-se o guia de leitura das relações entre o "centro de decisão" político e os órgãos de execução, que têm autonomia de gestão e estão sujeitos a avaliação. Hoje é a forma mais comum de pensar as relações entre níveis hierárquicos: presume-se que avaliações cada vez mais sofisticadas resolvem o "problema da agência", isto é, o comportamento oportunista do executante que dispõe de uma informação que o decididor não tem.

Essa nova economia política serviu de "senso comum" a um vasto movimento de reorganização das administrações públicas, ao qual Christopher Hood deu o nome genérico de "nova gestão pública" (*new public management*) em 1991. Essa "nova gestão pública" visa a mudar o Estado e, para isso, inspira-se sistematicamente em lógicas de concorrência e métodos de governo empregados nas empresas privadas[50]. Sua intenção é "reinventar o governo" diante do que parece ser um fracasso das esperanças nos grandes programas dos anos 1950 e 1960, e isso num contexto político em que os governos desejam poder limitar os custos e, ao mesmo tempo, aumentar a satisfação dos usuários, vistos como clientes.

Esse "paradigma global" da reinvenção do governo apresentou várias faces, conforme o país, o governo ou o intérprete, os quais ressaltam ora a importação do modelo da empresa, ora a necessária participação democrática da população nas decisões – isso quando não misturam as duas coisas. Mas a principal tendência nos países desenvolvidos consistiu em impor um novo modo de racionalização às administrações públicas que obedece às lógicas empresariais. Concorrência, *downsizing, outsourcing* [terceirização],

---

[50] Pode-se dizer que as tentativas de melhorar a produtividade do setor público não são novas. Os Estados Unidos foram pioneiros nesse movimento, como mostra o trabalho da Comissão Hoover, que em 1949 preconizou a criação de "orçamentos por desempenho" que deu origem ao Budget and Accounting Procedures Act de 1950. Nos anos 1960, o Planning Programming Budgeting System (PPBS) deu continuidade a esse trabalho, fazendo surgir diversas modalidades de "racionalização das escolhas orçamentárias". No entanto, essas tentativas não tinham o caráter sistemático e universal que o movimento de reforma da "nova gestão pública" adquiriu a partir do fim dos anos 1980 e do início dos anos 1990. Também não seguiam como modelo exclusivo a gestão do setor privado.

auditoria, regulação por agências especializadas, individualização das remunerações, flexibilização do pessoal, descentralização dos centros de lucro, indicadores de desempenho e *benchmarking* são todos instrumentos que administradores zelosos e decididores políticos em busca de legitimidade importam e difundem no setor público em nome da adaptação do Estado à "realidade do mercado e da globalização".

A nova gestão pública consiste em fazer com que os agentes públicos não ajam mais por simples conformidade com as regras burocráticas, mas procurem maximizar os resultados e respeitar as expectativas dos clientes. Isso pressupõe que as unidades administrativas sejam responsáveis por sua produção específica e possuam certa autonomia na realização de seu projeto[51]. As técnicas de gestão baseiam-se no tripé objetivos-avaliação-sanção. Cada entidade (unidade de produção, coletivo ou indivíduo) passa a ser "autônoma" e "responsável" (no sentido de *accountability*). No âmbito de suas missões, recebe metas que deve atingir. A realização dessas metas é avaliada regularmente, e a unidade é sancionada positiva ou negativamente de acordo com seu desempenho. A eficácia deve aumentar em razão da pressão constante e objetivada que pesará sobre os agentes públicos, em todos os níveis, de tal modo que acabem artificialmente na mesma situação do assalariado do setor privado, que está sujeito às exigências dos clientes e às de seus superiores.

Um dos aspectos importantes dessa nova gestão, além da ênfase no "desempenho", é a importação do "critério de qualidade" utilizado pelas empresas privadas que desejam subordinar sua atividade à satisfação do consumidor.

---

[51] Christian de Visscher e Frédéric Varone fazem uma excelente síntese: "A definição de objetivos quantitativos para a execução das políticas públicas, o foco nos auxílios fornecidos, em vez do procedimento que se deve seguir, a redução dos custos de produção dos serviços públicos, a gestão de uma unidade administrativa por um gerente que pode alocar livremente seus recursos, a motivação do pessoal por meio de incentivos pecuniários, a garantia aos usuários de uma liberdade de escolha etc. Em uma palavra, o objetivo da nova gestão pública é transformar as administrações públicas tradicionais em organizações voltadas para o desempenho. Dessa forma, o Estado asseguraria para si uma legitimação secundária através da qualidade dos serviços e do uso eficiente do dinheiro público. Esta reforçaria sua legitimidade primária, que se baseia no respeito das regras democráticas, enquadrando, a montante, os processos decisórios", Christian de Visscher e Frédéric Varone, "La nouvelle gestion publique 'en action'", *Revue Internationale de Politique Comparée*, "La nouvelle gestion publique", v. 11, n. 2, 2004, p. 79.

A concorrência no centro da ação pública

"Concorrência" é a palavra-chave dessa nova gestão pública. Nesse sentido, esta última traduz o dogma friedmaniano:

> O maior perigo para o consumidor é o monopólio, seja privado, seja governamental. A proteção mais eficaz do consumidor é a livre concorrência interna e o livre-câmbio em todo o mundo. O que protege o consumidor da exploração de um comerciante é a existência de outro comerciante, de quem ele pode comprar e cujo único desejo é vender. A possibilidade de escolha entre várias fontes de abastecimento defende o consumidor de forma muito mais eficaz do que todos os Ralph Nader do mundo.[52]

Se a ação pública deve ser uma "política de concorrência", o Estado deve ser um ator concorrendo com outros atores, em particular no plano mundial. Trata-se de executar simultaneamente duas operações que aparecem como homogêneas em virtude da unicidade das categorias em jogo: de um lado, construir mercados que sejam o mais concorrenciais possível no âmbito mercantil; de outro, fazer a lógica de concorrência intervir no próprio âmbito da ação pública. Assim, a concorrência está no princípio da liberalização das indústrias de redes, como telecomunicações, eletricidade, gás, ferrovias ou correios – uma liberalização que não se confunde com a privatização nem com a desregulamentação e mostra novas formas de intervenção pública pela criação de mercados, ou quasi-mercados, em setores que são considerados monopolistas ou respondem a critérios estranhos às considerações de custo. Para retomarmos o título da obra de Israel Kirzner, *concorrência e espírito de empresa* são as duas palavras-chave da prática governamental neoliberal[53].

Uma das primeiras medidas importantes do governo Thatcher foi a implantação do Compulsory Competitive Tendering (CCT), um sistema que tornava obrigatórias a chamada de ofertas para qualquer fornecimento de serviços locais e a escolha da oferta mais competitiva, de acordo com os critérios do "*value for money*", o que significava fazer as empresas privadas e os governos locais concorrerem entre si[54].

---

[52] Milton Friedman e Rose Friedman, *La liberté du choix* (Paris, Belfond, 1980), p. 217.
[53] Israel Kirzner, *Concurrence et esprit d'entreprise* (Paris, Economica, 2005).
[54] Para a análise do CCT, ver Patrick Le Galès, "Contrôle et surveillance. La restructuration de l'État en Grande-Bretagne", em Pierre Lascoumes e Patrick Le Galès (orgs.), *Gouverner par les instruments* (Paris, Presses de Sciences Po, 2004).

Supostamente, essa institucionalização da competição favorece uma melhor realização das finalidades dos serviços públicos, dando maior satisfação aos clientes (que podem escolher livremente o prestador) e reduzindo custos. O que pressupõe que a forma da prestação do serviço, pública ou privada, não afeta o conteúdo e o efeito do serviço. Fortalecendo a eficácia dos serviços públicos, supostamente a política da escolha lhes dá uma nova legitimidade. Essa ideia é central na retórica da esquerda moderna, como sublinha Tony Blair:

> A escolha é um princípio importante de nosso programa. É preciso haver muito mais escolha, não apenas entre prestadores de serviços públicos, mas dentro de cada serviço. Onde é possível, a escolha melhora a qualidade do serviço prestado aos mais pobres e auxilia na luta contra as desigualdades, ao mesmo tempo que fortalece o apreço das classes médias pelo serviço coletivo. No campo da educação, isso significa escolha entre várias escolas, de modo que os pais possam optar com mais frequência por um estabelecimento que corresponda plenamente às necessidades dos filhos.[55]

A realidade é um pouco diferente: essa "livre escolha" é muito desigual, porque as famílias não possuem a mesma capacidade de exercê-la com as mesmas vantagens, como mostraram numerosos estudos no campo escolar[56].

A concorrência deve ser também o princípio da "gestão dos recursos humanos". A constituição de mercados internos de bens e serviços é acompanhada da criação de concorrência entre os próprios agentes, dentro do setor público. A nova gestão pública provoca uma mutação profunda dos antigos sistemas de classificação e remuneração, em proveito de avaliações baseadas no desempenho individual e nos incentivos financeiros personalizados. Desse modo, os gerentes à frente do serviço serão avaliados *ex-post*, não mais *ex-ante*, conforme o cumprimento das metas com as quais se comprometeram. Como eles próprios avaliam seus subordinados, administrações e serviços públicos se parecem cada vez mais com longas cadeias de vigilância e controle de desempenho individual[57].

---

[55] Tony Blair, "Comment réformer les services publics?", *En Temps Réel – Les Cahiers*, jun. 2003, p. 36.

[56] Não devemos nos esquecer também de que a "mercadorização" da prestação dos serviços na Grã-Bretanha foi concebida como um poderoso meio de controle sobre as autoridades locais, já que o governo central se dota de meios de sanção para fazer com que os novos procedimentos sejam aplicados.

[57] No Livro Branco de Jean-Ludovic Silicani (*Livre blanc sur l'avenir de la fonction publique, faire des services publics et de la fonction publique des atouts pour la France*,

Essa "gestão do desempenho" faz parte de uma espécie de "desfuncionalização" do serviço público. Alguns de seus aspectos são: flexibilização ou supressão das regras de direito público às quais os funcionários devem sujeitar-se; substituição dos concursos por contratos de direito privado; mobilidade entre serviços e entre os setores público e privado; e demissão de funcionários considerados incompetentes[58]. Embora esteja em questão a dimensão estatutária tradicional do emprego público, estamos longe de uma "desburocratização", como veremos adiante.

Um novo modelo de condução dos agentes públicos tende a instaurar-se: o governo empresarial. Ele repousa sobre os princípios da "gestão do desempenho" e emprega ferramentas importadas do setor privado (indicadores de resultados e gestão de motivações mediante um sistema de incentivos que permitem um "governo a distância" dos comportamentos). Esse governo supõe um controle estrito do trabalho dos agentes públicos por meio de avaliações sistemáticas e a subordinação destes à demanda de "cidadãos-clientes" convidados a exercer sua capacidade de escolha diante de uma oferta diversificada, de acordo com o princípio do "controle pela demanda". Essa estratégia tem uma natureza financeira e normativa. Permite fazer com que o usuário contribua diretamente com o custo do serviço, na medida em que o "responsabiliza" financeiramente – o que corresponde à busca de uma diminuição da pressão fiscal – e é uma maneira de mudar o comportamento do "consumidor" de serviços públicos, convidado a regular

---

Paris, La Documentation Française, 2008), encontramos uma formulação particularmente apurada desse modo de concatenação avaliativa: "Se a *cadeia gerencial* não é mobilizada desde o topo até a base, sem descontinuidade, o resultado não é alcançado", escreve Silicani. E acrescenta: "Assim, é fundamental que esses objetivos gerenciais sejam recordados na carta de compromissos que é dada a cada ministro e que este também seja julgado por seus resultados nesse domínio. Desse modo, ele será instigado a proceder da mesma forma com seus assessores, que farão o mesmo com seus colaboradores, e assim por diante. A primeira condição para que essa dinâmica gerencial virtuosa engrene, e gere rapidamente uma melhora considerável na eficácia da administração, é que se estabeleça uma relação direta de confiança entre o ministro e seus assessores na administração central". Nesse pesadelo burocrático, do ministro até o mais modesto agente público, uma cadeia contínua de controle deve supostamente assegurar a eficácia da totalidade administrativa. Cada indivíduo é avaliador e avaliado. Talvez apenas o presidente, o avaliador supremo, seja exceção.

58 B. Guy Peters, "Nouveau management public (*New Public Management*)", em *Dictionnaire des politiques publiques* (Paris, Presses de Sciences Po, 2006).

sua demanda. O livro que melhor reúne o conjunto de características dessa nova prática governamental é o best-seller de David Osborne e Ted Gaebler, *Reinventando o governo*, publicado em 1992[59]. Para esses dois autores, nenhum governo é fixo na história. Do mesmo modo que as formas de ação pública foram reinventadas pelo New Deal, devemos inventar um governo adaptado ao "novo mundo" da "era da informação", da globalização e da "crise fiscal"[60]. A produção de serviços públicos deve obedecer à mesma regra que orientou a reorganização das empresas: redução de tamanho, foco num "ofício", aumento da qualidade, descentralização da autoridade, horizontalização da linha hierárquica[61]. Trata-se menos de alterar o volume de despesas, para mais ou para menos, do que de reinventar as políticas e os organismos públicos. Segundo eles, estamos vivendo um período em que devemos abandonar o modelo burocrático weberiano e passar a um modelo pós-weberiano. O termo pelo qual pretendem resumir sua proposta é "governo empresarial"[62].

A intenção dos autores não é propor um novo modelo saído de sua imaginação, mas explicar o que está em andamento nos Estados Unidos. A reinvenção do governo empresarial é um processo que, segundo eles, começou quando os eleitores californianos votaram a famosa "Proposta 13", em 6 de junho de 1978, diminuindo para a metade o imposto local sobre a propriedade. Essa "revolta fiscal" se estendeu a todos os estados norte-americanos, até que Reagan a transformou no eixo principal de sua política. Nos anos 1980, constatando a diminuição de recursos, prefeitos e governadores foram obrigados a desenvolver novas formas de organização

---

[59] David Osborne e Ted Gaebler, *Reinventing Government: How the Entrepreneurial Spirit is Transforming the Public Sector, from Schoolhouse to State House, from City Hall to the Pentagon* (Reading, Addison-Wesley, 1992) [ed. bras.: *Reinventando o governo: como o espírito empreendedor está transformando o setor público*, trad. Sérgio Fernando Guarischi Bath e Ewandro Magalhães Júnior, 5. ed., Brasília, Mh Comunicação, 1995]. Osborne também é coautor de *Banishing Bureaucracy: The Five Strategies for Reinventing Government* e *The Price of Government: Getting the Results We Need in An Age of Permanent Fiscal Crisis*.

[60] David Osborne e Ted Gaebler, *Reinventing Government*, cit., p. xvii.

[61] Ibidem, p. 12.

[62] Para Osborne e Gaebler, a palavra "empreendedor" tem um sentido preciso, que eles tomam de Jean-Baptiste Say: empreendedor é aquele que, em qualquer campo em que se encontre, aumenta a eficácia e a produtividade.

e estimular as "parcerias público-privadas". Foram essas novas práticas que permitiram a invenção, em nível local, dos "governos empresariais".

Os governos empresariais obedecem a dez princípios analisados em detalhe pelos autores. A maioria desses governos promove a concorrência entre fornecedores de serviços; tira poder da burocracia para dá-lo aos cidadãos; mede o desempenho de suas agências focando não os recursos, mas os resultados; é guiada pela busca de seus objetivos, não pelo respeito de regras e regulações; considera que os usuários são consumidores e oferece a eles possibilidades de escolha entre escolas, programas de formação, tipos de habitação; previne os problemas antes que surjam, em vez de conformar-se em oferecer posteriormente o serviço; emprega sua energia a fim de evitar gastos, em vez de procurar fundos; descentraliza a autoridade, favorecendo a administração participativa; prefere os mecanismos do mercado aos mecanismos burocráticos; e concentram-se não só no fornecimento de serviços públicos, mas na mobilização de todos os setores – público, privado e associativo – para resolver os problemas da comunidade[63].

Segundo Osborne e Gaebler, não devemos confundir esse governo empresarial, resumido em seus diversos aspectos, com o *free market* dos conservadores: "Estruturar o mercado para realizar um objetivo público é, na verdade, o contrário de deixar ao 'livre mercado' a tarefa de regular as coisas; trata-se de uma forma de intervenção no mercado"[64]. De todo modo, acrescentam, não existe livre mercado se o entendemos como um mercado isento de qualquer intervenção governamental. Todos os mercados legais são estruturados por regras estabelecidas pelos governos, com exceção dos mercados negros, que são controlados pela força e regidos pela violência[65]. Segundo eles, essa governança empresarial que utiliza alavancas públicas para orientar as decisões privadas no sentido dos objetivos coletivos permite a definição de uma "terceira via" entre o *free market* dos conservadores e os programas burocráticos do *big government* dos "liberais" (no sentido norte-americano do termo).

O tema do governo empresarial não caiu no vazio. Foi no governo Bill Clinton que se lançou a National Performance Review, inspirada no livro de Osborne e Graeber. Após o relatório redigido em 1993 por Al Gore, em que ele estabelecia como programa "a criação de um governo que funcione

---

[63] David Osborne e Ted Gaebler, *Reinventing Government*, cit., p. 20.
[64] Ibidem, p. 283.
[65] Ibidem, p. 284.

melhor e custe menos"[66], o governo Clinton organizou uma vasta operação de propaganda e criou "equipes" e "laboratórios" para reinventar o governo[67]. Segundo Al Gore, a National Performance Review possibilitou o corte de 351 mil pessoas do funcionalismo público. Uma iniciativa semelhante no Canadá, em 1994, gerou um corte de 45 mil funcionários públicos. Esse procedimento de auditoria geral, fortemente encorajado pelas instituições de *expertise* internacionais, como a OCDE, espalhou-se por todo o mundo com nomes diferentes, mas seguindo a mesma lógica.

Uma política de esquerda?

Essa "reinvenção do governo" se apresenta com frequência como uma reinvenção da política de esquerda. Na verdade, isso é apenas o exemplo mais flagrante da dominação da nova razão neoliberal. A reforma dos instrumentos de intervenção pública tornou-se, no fim dos anos 1990, a base do acordo entre Bill Clinton, Tony Blair e outros dirigentes da esquerda europeia. O teórico da terceira via, Anthony Giddens, descreve nos seguintes termos as novas orientações da "reforma do Estado":

> A maioria dos Estados ainda tem muito que aprender com as melhores técnicas de gestão empresarial. Eles deveriam buscar, em especial, controles de resultados, auditorias, implantar estruturas de decisão mais flexíveis ou garantir uma maior participação dos empregados.[68]

Contudo, aquilo que se apresentava como uma "renovação" da esquerda tendia a obliterar o fato de que a mutação empresarial da ação pública era apenas o aprofundamento de uma política iniciada pelos governos neoliberais dos anos 1980. Os conservadores britânicos foram os pioneiros nessa estrada. Em 1980, uma série de dispositivos foi implantada para possibilitar a aplicação sistemática no setor público do princípio de eficiência, tão prezado pelos consultores das

---

[66] Ver *From Red Tape to Results: Creating a Government that Works Better and Costs Less* (Washington DC, Government Printing Office, 2003). O termo "*red tape*" designa a fita vermelha que prende os documentos administrativos. O equivalente francês, apesar de um pouco familiar, seria *paperasse* [papelada]. Isso significa que devemos passar da regra burocrática aos resultados.

[67] Ver Xavier Greffe, *Analyse économique de la bureaucratie*, cit., p. 143.

[68] Anthony Giddens e Tony Blair, *La troisième voie. Le renouveau de la social-démocratie* (Paris, Seuil, 2002), p. 87.

empresas de auditoria que orientavam o governo[69]: Efficiency Unit, Scrutinity Programme, Financial Management Initiative e National Audit Office.

Em 1988, um relatório ao primeiro-ministro britânico deu início à operação ambiciosa e sistemática dos *next steps* [próximos passos][70]. A administração pública era vista como um conjunto de "unidades de produção" ou "agências" com autonomia, que perseguia seus próprios objetivos e respondia a indicadores de desempenho. Várias opções foram apresentadas para melhorar a produtividade do serviço público: privatização, subcontratação no setor privado ou autonomização das agências[71]. Nesse último caso, tratava-se de fragmentar um serviço público unificado e normatizado em entidades descentralizadas e responsáveis perante o ministro em questão. Desse modo, a função pública britânica é progressivamente dividida em cerca de 110 agências autônomas, reunindo quase 80% dos agentes públicos. Cada agência é dirigida por um responsável selecionado por sua competência administrativa e remunerado de acordo com seu desempenho. Livre para gerir, ele pode subcontratar serviços no setor privado, caso julgue essa solução mais eficiente.

A Grã-Bretanha de Tony Blair segue as orientações do thatcherismo. A Private Finance Initiative, também denominada Public-Private Partnership (PPP), permite às empresas do setor privado financiar e gerir os serviços públicos ligados a saúde, educação e segurança. O contrato dá ao setor privado o direito de explorar um serviço durante longos períodos (vinte ou trinta anos), em troca do financiamento e da manutenção da infraestrutura. Mas as empresas privadas não fornecem necessariamente um serviço de qualidade equivalente e o Estado é obrigado a participar dos custos, subvencionando as empresas privadas[72].

---

[69] Ver Denis Saint-Martin, *Building the New Managerialist State*, cit.

[70] Cf. o relatório "Improving Management in Government – The Next Steps", 1988. Ver Christopher Hood, "A Public Management for All Seasons?", *Public Administration*, v. 69, n. 1, 1991, p. 3-19; Perry Anderson, "Histoire et leçons du néolibéralisme", *Page 2*, nov. 1996, p. 2; Xavier Greffe, *Gestion publique* (Paris, Dalloz, 1999).

[71] Xavier Greffe cita o Livro Branco de 1991 (*Competing for Quality*), que faz do "teste de mercado" um desses métodos para abrir o fornecimento de serviços à concorrência: "A concorrência pela qualidade: se as soluções mercantis são melhores, privatizar; se não, introduzir o máximo possível mecanismos de mercado para aumentar o controle do cliente sobre o serviço", citado em Xavier Greffe, *Gestion publique*, cit., p. 151.

[72] Philippe Marlière, *Essais sur Tony Blair et le New Labour: la troisième voie dans l'impasse* (Paris, Syllepse, 2003), p. 104.

O Canadá também implantou um programa de reestruturação do setor público a partir de 1988 (Public Service 2000), assim como a Austrália, a Nova Zelândia, a Dinamarca e a Suécia. Na França, Michel Rocard quis impulsionar esse tipo de orientação em 1991 (a "renovação do serviço público"). Em 1992, mandou publicar a "Carta dos Serviços Públicos", introduzindo a lógica gerencial pela criação de "centros de responsabilidade" nos serviços descentralizados do Estado, os quais deveriam estabelecer "projetos de serviço" com seus respectivos ministérios. As duas categorias-chave dessa "renovação", isto é, a "responsabilização" e a "avaliação", não eram muito originais[73]. Esse primeiro enxerto da nova gestão pública não tomou a dimensão que teve em outros países, sem dúvida porque a relutância em ver o setor público como um produtor de serviços fornecidos a um cliente permaneceu cultural e politicamente forte na França.

A reforma administrativa, tema havia muito tempo defendido pelas elites modernizadoras à frente do Estado francês[74], foi relançada em fins dos anos 1990 e no início dos anos 2000, com a elaboração e a votação da Lei orgânica relativa às finanças (Lolf), em agosto de 2001. Essa lei pretendia introduzir uma obrigação de bom desempenho na gestão financeira do Estado. O financiamento orçamentário não poderia mais depender da natureza do gasto, mas dos resultados dos "programas", dos quais se exigia que explicitassem objetivos precisos que seriam submetidos a avaliação. Como podemos ver, também não há nada muito original nessa nova prática que visa a "trocar uma lógica de meios por uma lógica de resultados".

Uma segunda fase, chamada fase de aceleração, foi desencadeada em julho de 2007, pouco após a eleição de Nicolas Sarkozy, com o nome de Revisão Geral das Políticas Públicas (o que lembra de certo modo a National Performance Review, de Al Gore). Chegando a um balanço bastante mitigado das primeiras medidas de "modernização", o governo tenciona operar um verdadeiro "rompimento". Também nesse caso, a prática não é nova, em comparação com o que ocorreu em outros países, já que se trata de realizar

---

[73] Nesse momento, foram criados um comitê interministerial de avaliação, um conselho científico de avaliação e um fundo nacional de desenvolvimento de avaliação.

[74] Ver o "Relatório Picq" sobre as responsabilidades e a organização do Estado (maio de 1994): Jean Picq, *L'État en France: servir une nation ouverte sur le monde* (Paris, La Documentation Française, 1995). Ver também Roger Fauroux e Bernard Spitz, *Notre État: le livre-vérité de la fonction publique* (Paris, Robert Laffont, 2000).

uma auditoria sistemática de todas as políticas públicas e as despesas sociais para "diminuir o gasto público, melhorando ao mesmo tempo a eficácia e a qualidade do serviço prestado pela administração pública". A medida deve consistir em determinar a "pertinência" de cada ação pública – "sem tabu nem *a priori*"– e, em seguida, fixar o nível de recursos materiais e humanos necessários ao cumprimento da tarefa, levando-se em consideração os meios de melhorar a produtividade dos serviços. A originalidade talvez resida nos procedimentos extremamente centralizados dessa "revisão geral", comandada pelo círculo mais próximo do presidente da República, marginalizando dessa forma todas as instituições e as instâncias que até então tinham o papel de controlar o orçamento e a administração.

O novo modelo de governo conquistou muitos países. Os temas e os termos da "boa governança" e das "boas práticas" tornaram-se o mantra da ação governamental. As organizações internacionais propagaram amplamente as novas normas da ação pública, sobretudo nos países subdesenvolvidos. O Banco Mundial, no *Relatório sobre o desenvolvimento mundial*, de 1997, propôs a substituição do termo "Estado mínimo" por "Estado melhor". Em vez de encorajar sistematicamente as privatizações, deseja ver o Estado como um "regulador" dos mercados. O Estado deve ter autoridade, deve concentrar-se no essencial, deve ser capaz de criar quadros regulamentares indispensáveis à economia. Segundo o Banco Mundial, o Estado eficaz é um Estado central forte, cuja prioridade é uma atividade reguladora que garanta o Estado de direito e facilite o mercado e seu funcionamento[75]. A OCDE não ficou atrás: desde meados dos anos 1990, multiplicou as recomendações de reforma da regulamentação e abertura dos serviços públicos à concorrência, por intermédio das atividades de seu departamento de gestão pública (Public Management Committee, ou Puma). A Comissão Europeia fez o mesmo

---

[75] O Banco Mundial escreveu no relatório de 1997: "Constatamos neste momento que o mercado e o Estado são complementares, já que cumpre a este instaurar as bases institucionais necessárias ao funcionamento daquele. Ademais, para atrair investimentos privados, a credibilidade do governo, isto é, a previsibilidade das regras e das políticas públicas e a constância de sua aplicação, pode ser tão importante quanto o conteúdo destas últimas". Ver Banco Mundial, *Rapport sur le développement dans le monde* (Washington DC, 1997), p. 4, citado em Matthias Finger, "Néolibéralisme contre nouvelle gestion publique", em Marc Hufty (org.), *La pensée comptable: État, néolibéralisme, nouvelle gestion publique* (Paris, PUF, 1998, Coleção Les Nouveaux Cahiers de l'Institut Universitaire d'Études du Développement), p. 62.

com seu Livro Branco sobre a "governança europeia" em 2001, ainda que esta última misture o funcionamento das instituições com a promoção do modelo empresarial e concorrencial nos serviços públicos.

Essa reforma da administração pública é parte da globalização das formas da arte de governar. Em todo o mundo, seja qual for a situação local, os mesmos métodos são preconizados, e o mesmo léxico uniforme é empregado (competição, reengenharia de processos, *benchmarking*, *best practice*, indicadores de desempenho). Esses métodos e essas categorias são válidos para todos os problemas, todas as esferas de ação, da Defesa nacional à gestão dos hospitais, passando pela atividade judicial. Essa reforma "genérica" do Estado segundo os princípios do setor privado apresenta-se como ideologicamente neutra: visa somente à eficiência ou, como dizem os especialistas britânicos em auditoria, ao "*value for money*", isto é, à otimização dos recursos utilizados. Vimos anteriormente que a adesão à nova gestão pública passou por cima das divisões partidárias, a ponto de constituir um dos eixos principais da "terceira via", que supostamente reunia os novos democratas norte-americanos e a renovada social-democracia europeia. Na realidade, trata-se de uma racionalidade extremamente pregnante e, na medida em que tem poucos críticos e oponentes, ainda mais poderosa. Essa nova gestão pública, tão universalmente aceita, age de maneira muito mais eficaz do que qualquer discurso radical, enfraquecendo as resistências éticas e políticas dentro dos setores público e associativo. O fato é que com esse léxico, e com a racionalidade que ele contém, difunde-se uma concepção utilitarista do homem que não poupa nenhum campo de atividade. O funcionário público é um agente racional que reage apenas aos estímulos materiais. Os códigos de honra da profissão, a identidade profissional, os valores coletivos, o senso de dever e o interesse geral que movem alguns agentes públicos e dão sentido a seu compromisso são deliberadamente ignorados. Por toda parte, e em todos os setores, os motivos para agir são os mesmos, assim como os procedimentos de avaliação que condicionam as recompensas e as punições. Um enorme trabalho de redução do sentido da ação pública e do trabalho dos agentes públicos está em curso: têm pertinência apenas os motivos mais interesseiros de conduta, apenas os incentivos pecuniários que supostamente a orientam.

Com esse governo empresarial, o mercado não se impõe simplesmente porque "invade" os setores associativos e de Estado, mas porque se tornou um modelo universalmente válido para pensar a ação pública e social.

Hospitais, escolas, universidades, tribunais e delegacias são considerados empresas da alçada das mesmas ferramentas e das mesmas categorias. Esse trabalho de redução típico da gestão pública tem a ver, naturalmente, com a mutação antropológica que caracteriza as sociedades ocidentais. Ele não é apenas o reflexo dessa mutação, mas, ao contrário, é um vetor particularmente eficaz dela quando diz respeito a domínios que podem parecer heterogêneos à lógica quantitativa dos desempenhos. Basta pensar na educação, na cultura, na saúde, na justiça ou na polícia[76]. Nesses domínios, as mutações não são menos patentes do que em outros. Noções como a de "gestão dos fluxos judiciários", difundidas nos anos 1990, tendem a transformar o magistrado num administrador que todo ano é obrigado a aumentar seu "portfólio de processos", e de forma imperativa, na medida em que seu salário e sua promoção vão depender cada vez mais do cumprimento dos indicadores. O entendimento maciçamente contábil da atividade judiciária, médica, social, cultural, educacional ou policial tem consequências consideráveis sobre a maneira como são considerados os "clientes" desses serviços regidos pelos novos princípios gerenciais, assim como sobre a forma como os agentes vivenciam a tensão entre essas lógicas contábeis e o significado que dão à profissão[77].

As normas contábeis constituem não tanto uma "ideologia", mas uma forma específica de racionalidade importada do econômico. Nesse sentido, a "gestão pelo desempenho" gera problemas sérios, que em geral ela tende a evitar: a determinação dos indicadores de desempenho, a apresentação dos resultados, a circulação da informação entre "topo" e "base". A questão é saber o que quer dizer "cultura de resultado" na justiça, na medicina, na cultura ou na educação, e sobre quais valores podemos julgá-lo. Na verdade, o ato de julgamento, que depende de critérios éticos e políticos, é substituído por uma medida de eficiência que se supõe ideologicamente neutra. Assim, tende-se a ocultar as finalidades próprias de cada instituição em benefício de

---

[76] Sobre a reforma empresarial dos hospitais públicos, ver Frédéric Pierru, *Hippocrate malade de ses réformes* (Bellecombe-en-Bauges, Éditions du Croquant, 2007). Para a análise da lei de reforma das universidades, a chamada Lei de Responsabilidade das Universidades, ver Annie Vinokur, "La loi relative aux libertés et responsabilités des universités: essai de mise en perspective", *Revue de la Régulation*, n. 2, jan. 2008.

[77] Ver, por exemplo, sobre a nova "economia judiciária", Gilles Sainati e Ulrich Schalchli, *La décadence sécuritaire* (Paris, La Fabrique, 2007).

uma norma contábil idêntica, como se cada instituição não tivesse valores constitutivos que lhe são próprios[78].

Uma tecnologia de controle

Essa refundação administrativa da ação pública apoia-se na crença das virtudes de uma avaliação geral e exaustiva, capaz de dar conta de forma "racional" e "científica" dos efeitos de um programa político, da atividade de um serviço ou do trabalho de cada agente[79]. Essa lógica de avaliação generalizada é sustentada por grupos sociais cujo poder efetivo e cuja legitimidade repousam cada vez mais sobre a concepção e o domínio das ferramentas práticas de observação, investigação e julgamento. A seleção, a formação e a socialização dos chefes de departamento adquiriram em toda a parte uma grande importância, ainda mais por serem consideradas os principais "agentes da modernização". A alta administração, formada cada vez mais nas *business schools*, em simbiose cada vez maior com os meios empresariais privados, encontrou uma fonte suplementar de legitimidade misturando "modernidade" e "ciência", e isso em detrimento das instituições democráticas, que foram privadas de seu papel de proposição e controle da administração pública por esse poder de *expertise*.

O objetivo dessa nova gestão pública é controlar estritamente os agentes públicos para aumentar seu comprometimento com o trabalho. Espera-se deles muito mais a obtenção de resultados (contabilizados como na empresa privada) do que o respeito aos procedimentos funcionais e às regras jurídicas. Essa mensuração do desempenho tornou-se a tecnologia elementar das relações de poder nos serviços públicos, uma verdadeira "obsessão pelo controle" dos agentes, uma fonte de burocratização e inflação

---

[78] Em termos weberianos, o tipo ideal da "racionalidade com relação a fins", regida por uma lógica de adaptação ótima dos meios a um objetivo, tende a ser confundida com a realidade. O que acontece é que nenhuma instituição pode privar-se completamente da "racionalidade com relação a valores", que subordina a ação a princípios éticos, religiosos ou filosóficos.

[79] A ideia de que a ação dos ministros deveria sujeitar-se à lógica da auditoria e não mais ao julgamento público dos cidadãos, ideia que foi aplicada por decisão de Nicolas Sarkozy em dezembro de 2007, é apenas o resultado caricatural da dogmática mundial do "espírito gestor".

normativa consideráveis[80]. Tende a moldar a própria atividade e visa a produzir transformações subjetivas nos "avaliados" para que se adequem a seus "compromissos contratuais" com as instâncias superiores. Trata-se de reduzir a autonomia adquirida por alguns grupos profissionais, como médicos, juízes e professores, considerados dispendiosos, permissivos ou pouco produtivos, impondo-lhes critérios de resultado constituídos por uma tecnoestrutura especializada proliferante. Idealmente, cada indivíduo deve ser seu próprio supervisor, mantendo atualizadas a contabilidade de seus resultados e a adequação às metas que lhe foram atribuídas. Um dos objetivos disso é fazer o indivíduo interiorizar as normas de desempenho e às vezes, mais do que isso, fazer com que *o avaliado seja o produtor das normas que servirão para julgá-lo*.

A avaliação é um processo de normatização que leva os indivíduos a adaptar-se aos novos critérios de desempenho e qualidade, a respeitar novos procedimentos que com frequência são tão formais quanto as regras burocráticas clássicas. No entanto, diferentemente destas últimas, os novos critérios podem atingir mais diretamente o "coração do ofício", seu significado social, os valores sobre os quais repousa, como pode ser o caso nos mais diversos universos profissionais, de pesquisadores a policiais, passando por enfermeiras ou carteiros. Esses modos uniformes de medida de desempenho e incentivos típicos da nova gestão fazem dela uma máquina de guerra contra as formas de autonomia profissional e os sistemas de valor a que os assalariados obedecem[81].

O *management* repousa sobre uma ilusão de controle contábil dos efeitos da ação. A interpretação puramente numérica dos resultados de uma atividade, exigida pelo uso dos "painéis de gestão" que orientam o "comando"

---

[80] Michael Power, *La société de l'audit: l'obsession du contrôle* (Paris, La Découverte, 2005). Na prática, as novas técnicas de controle constituem um dispêndio de tempo, energia e dinheiro que levanta uma questão sobre o dogma da "eficácia". Auditorias, avaliações, tempo de elaboração de "projetos" e procura de contratos podem ser particularmente caros em termos de tempo e podem desviar a atividade de seus objetivos principais. Tende a ser esse o caso quando esses métodos são aplicados, em especial, no ensino superior ou na pesquisa científica.

[81] Certos teóricos da organização, como Henry Mintzberg, mostraram a necessidade de se diferenciarem os modos de organização de acordo com o tipo de atividade. Ver Henry Mintzberg, *Structure et dynamique des organisations* (Paris, Éditions d'Organisation, 1982).

dos serviços, entra em contradição com a experiência e as dimensões não quantificáveis do ofício[82]. A eficácia buscada pode ser contrariada pelos conflitos de valor que essa "cultura gerencial" provoca em universos profissionais regidos por outros valores. Os efeitos de "desmoralização" acabam tendo consequências sobre a qualidade do serviço, já que a dedicação e a consciência profissional são vistas como uma ficção enganadora ou uma exceção na nova *doxa*.

Por outro lado, o paradoxo é que apenas a nova gestão pública escapa da avaliação desses efeitos. De fato, quem avalia a avaliação? Quando se apresenta como prova de maior produtividade o baixo número de funcionários públicos na Suécia ou no Canadá, ninguém pode dizer se o efeito sobre a sociedade é benéfico, se não existem custos não avaliados ou transferências de encargos sobre grupos sociais[83]. A diminuição do número de funcionários públicos e a redução da remuneração (como no caso dos funcionários públicos franceses após a desindexação dos salários em 1982) não são em si a condição necessária para um desempenho melhor.

Verifica-se apenas o que foi construído, mede-se apenas o que se pôde reduzir a algo mensurável[84]. A avaliação é um empreendimento de normatização em que as características da atividade desaparecem na uniformização dos padrões (do tipo ISO 9000)[85]. Com os novos dispositivos de controle, desenvolvem-se novas percepções das tarefas que devem ser cumpridas, novas relações com o trabalho e com os outros. Pela seleção de normas e critérios, a avaliação tem o efeito de tornar visíveis ou invisíveis certos aspectos do ofício, valorizá-los ou desvalorizá-los – adquire valor o que é visto na atividade, em detrimento do que não o é. A questão da "objetividade" da avaliação, frequentemente trazida à baila, não tem sentido. Essa tecnologia de poder visa a criar um tipo de relação que valida a si mesma pela conformidade

---

[82] A Grã-Bretanha levou muito longe essa ilusão com a criação de um indicador único de medida da gestão local, segundo uma escala de 1 a 4.

[83] Sobre esse ponto, ver as análises de Christopher Pollitt, *Managerialism and the Public Services*, cit.

[84] Michael Power observa que "a eficiência e a eficácia das empresas são construídas e verificadas no próprio curso do processo de auditoria", *La société de l'audit*, cit., p. 111.

[85] A tese de Power é que a tecnologia de poder passa por uma transformação do olhar sobre a atividade a fim de torná-la "auditável". Essa "auditabilidade" é uma construção social e política.

dos sujeitos à definição da norma de conduta legítima. Portanto, é pela *construção de um sujeito* cuja conduta será guiada por procedimentos de avaliação e sanções ligadas a eles que se deve julgar esse modo de governo introduzido no serviço público.

A interiorização das normas de desempenho, a autovigilância constante para adequar-se aos indicadores e a competição com os outros são os ingredientes dessa "revolução das mentalidades" que os "modernizadores" desejam realizar. Esse regime geral de inspeção, que moderniza o velho sonho benthamiano, tem uma lógica própria, que pode se transformar num pesadelo burocrático, como sentiram na pele as autoridades locais britânicas, em especial sob os governos neotrabalhistas, quando estes quiseram aperfeiçoar o sistema de auditoria elevando os critérios e os objetivos que deveriam ser atingidos (*Best Value for Money*)[86].

Gerencialismo e democracia política

A nova gestão pública possui duas dimensões: ela introduz modos de controle mais refinados, que fazem parte de uma racionalização burocrática mais sofisticada, e embaralha as missões do serviço público, alinhando-as formalmente a uma produção do setor privado. De modo que podemos tanto ressaltar a continuidade com a antiga lógica burocrática como evidenciar alguns pontos de ruptura com ela.

Um dos aspectos principais é, sem dúvida, o aumento da centralização burocrática a que levou o novo regime de inspeção a partir de padrões nacionais e uniformes nos países em que havia uma forte liberdade local. Na Grã-Bretanha, por exemplo, o comando por indicadores de desempenho serviu para intensificar muito fortemente o controle das instâncias centrais sobre as coletividades locais a partir de 1982, graças à criação de uma comissão nacional de auditoria. A sujeição dos comportamentos a restrições impostas por instrumentos sofisticados, longe de dar mais liberdade aos

---

[86] Patrick Le Galès descreve a situação ubuesca das autoridades locais, que passam a maior parte do tempo redigindo relatórios complexos para atender aos controles da Audit Commission, que, num ímpeto inflacionista, começou a aumentar consideravelmente o número de inspeções repetitivas dos serviços locais. Ver Patrick Le Galès, "Contrôle et surveillance. La restructuration de l'État en Grande-Bretagne", cit., p. 52 e seg.

atores em campo, tende a confiná-los numa hiperobjetivação da atividade. As normas estatísticas revelaram-se meios poderosos de padronização e normalização dos comportamentos, dentro da lógica da burocracia de tipo "weberiano"[87]. Assim, a tensão entre a centralização das instâncias de regulação e auditoria e a suposta autonomia dos serviços submetidos à concorrência acarreta efeitos perversos significativos, levando os serviços a concentrar-se obsessivamente nos indicadores de desempenho, sem se preocupar com o conteúdo real de sua missão: taxa de sucesso num exame, taxa de ocupação de leitos em hospitais, proporção entre fatos constatados e fatos elucidados podem significar resultados efetivos muito diferentes e até mesmo desvios muito graves com relação à realidade do serviço prestado. Essa fetichização do número conduz essa hiper-racionalização à "fabricação de resultados" que estão longe de traduzir as melhorias reais, tanto mais que os gerentes e seus subordinados são todos obrigados a "entrar no jogo" e contribuir para uma produção coletiva de números. Nada nos permite afirmar que a realidade coincide sempre com a retórica gerencial e comercial. Os critérios de avaliação quantitativa estão longe de concordar sempre com os critérios qualitativos de atenção ao cliente.

Essa nova etapa da racionalização burocrática vem acompanhada da perda de significado próprio dos serviços públicos. De fato, um dos efeitos da nova gestão pública é que os limites entre o setor público e o privado se embaralharam. Aliás, a própria ideia de um setor público cujos princípios transgridem a lógica mercantil é posta em questão com a multiplicação das relações contratuais e delegações, bem como com as transformações sofridas pelo emprego público no sentido de uma maior diversidade de formas e de uma precariedade mais desenvolvida[88]. A promoção da concorrência, por exemplo, não se concilia facilmente com a obrigação de serviços públicos aos quais um grande número de cidadãos e agentes públicos continua ligado. A nova gestão pública contrasta com os princípios da função pública tal

---

[87] O que tenderia a mostrar que a análise econômica do Public Choice, concentrada nos custos da burocracia, deixou de lado um dos principais aspectos dos processos de racionalização evidenciados pela sociologia.

[88] Para Luc Rouban, "a mutação administrativa dos últimos anos tendeu a restringir não a ação pública, mas os meios públicos de ação governamental. Esse movimento leva ao fim da noção de 'setor público', entendido no sentido de que engloba atividades que se beneficiam de um regime jurídico e financeiro que transgride as regras do mercado", "La réforme de l'appareil d'État", cit., p. 147.

como foram estabelecidos na França (primazia do direito público, igualdade de tratamento dos usuários, continuidade do serviço, laicidade e respeito da neutralidade política). A transformação do usuário em consumidor, ao qual convém vender o máximo possível de produtos para aumentar a rentabilidade, não é tão "neutra" como querem fazer parecer os especialistas. Quanto aos procedimentos de avaliação, eles tendem a confundir a medida dos resultados que pode ser feita internamente com os efeitos múltiplos e de longa duração que uma política pode ter sobre a sociedade como um todo.

A importação das lógicas contábeis, provenientes do mundo econômico mercantil, tende não apenas a "desligar" as atividades e seus resultados, como também a despolitizar as relações entre o Estado e os cidadãos. Estes são vistos como compradores de serviços que devem "receber pelo que pagam". Essa prioridade que se dá à dimensão da eficiência e ao retorno financeiro elimina do espaço público qualquer concepção de justiça que não seja a de equivalência entre o que foi pago individualmente pelo contribuinte e o que foi recebido individualmente por ele.

A desconfiança como princípio e a vigilância avaliativa como método são os traços mais característicos da nova arte de governar os homens. O espírito gerencial que a anima impõe-se em detrimento dos valores hoje desqualificados do serviço público e da dedicação dos agentes a uma causa geral que está acima deles. Na antiga forma de governo, ligada ao ideal de soberania democrática, a autonomia relativa do funcionário público repousava sobre o compromisso de servir a uma causa que se impunha a ele e pela qual ele tinha de respeitar o direito público e os valores profissionais que compunham um "espírito de solidariedade". Esse compromisso, simbolizado por um estatuto, tinha em troca certa confiança – evidentemente sempre ponderada por uma preocupação com as formas regulamentares – na conduta virtuosa do agente público. A partir do momento que o postulado da nova gestão especifica que não se pode mais confiar no "indivíduo comum", intrinsecamente privado de qualquer apego a um "espírito" público e de qualquer adesão a valores que lhe seriam exteriores, a única solução é o controle e o "governo à distância" dos interesses particulares. Quer se trate de equipe hospitalar, juízes ou bombeiros, os motivos e os princípios de sua atividade profissional são concebidos apenas do ângulo dos interesses pessoais e corporativos, negando-se, assim, qualquer dimensão moral e política de seu compromisso com uma profissão que repousa sobre valores próprios. Os três "ee" da gestão ("eficácia, economia, eficiência") fizeram desaparecer da lógica do poder as categorias do dever e da consciência profissional.

A desconfiança caracteriza ainda a relação entre as instituições públicas e os sujeitos sociais e políticos, que também são vistos como "oportunistas" em busca da máxima vantagem pessoal, sem nenhuma consideração pelo interesse coletivo. A reestruturação neoliberal transforma os cidadãos em consumidores de serviços que nunca têm em vista nada além de sua satisfação egoísta, o que faz que sejam tratados como tais por procedimentos de vigilância, restrição, punição e "responsabilização". É isso que leva a "envolver" os doentes, fazendo-os arcar com uma parte maior das despesas médicas, e os estudantes universitários, aumentando as taxas de inscrição. O "governo" das administrações públicas, de autoridades locais, dos hospitais e das escolas por indicadores sintéticos de desempenho, cujos resultados são largamente difundidos pela imprensa local e nacional na forma de *ranking*, convida o cidadão a basear seu julgamento apenas na relação de custo-benefício. A corrosão da confiança nas "virtudes" cívicas teve, sem dúvida, efeitos performativos sobre a maneira como os novos cidadãos-consumidores enxergam sua contribuição fiscal para os encargos coletivos e o "retorno" que têm individualmente. Eles não são chamados a julgar políticas e instituições do ponto de vista do interesse da comunidade política, mas somente em função de seu interesse pessoal. *É a própria definição de sujeito político que é radicalmente alterada.*

9
A FÁBRICA DO SUJEITO NEOLIBERAL

A concepção que vê a sociedade como uma empresa constituída de empresas necessita de uma nova norma subjetiva, que não é mais exatamente aquela do sujeito produtivo das sociedades industriais. O sujeito neoliberal em formação, do qual gostaríamos de delinear aqui algumas das características principais, é correlato de um dispositivo de desempenho e gozo que foi objeto de inúmeros trabalhos. Não faltam hoje descrições do homem "hipermoderno", "impreciso", "flexível", "precário", "fluido", "sem gravidade". Esses trabalhos preciosos, e muitas vezes convergentes, no cruzamento da psicanálise com a sociologia, revelam uma condição nova do homem, a qual, para alguns, afetaria a própria economia psíquica.

De um lado, muitos psicanalistas dizem receber no consultório pacientes que sofrem de sintomas que revelam uma nova era do sujeito. Esse novo estado subjetivo é frequentemente referido na literatura clínica a amplas categorias, como a "era da ciência" ou o "discurso capitalista". O fato de o histórico apropriar-se do estrutural não deveria surpreender os leitores de Lacan, para quem o sujeito da psicanálise não é uma substância eterna nem uma invariante trans-histórica, mas efeito de discursos que se inserem na história e na sociedade[1]. De outro lado, no campo sociológico, a transformação do "indivíduo" é um fato inegável. O que se designa no mais das vezes com o termo equívoco de "individualismo" é remetido ora a mutações

---

[1] Se nos detivéssemos no assunto, poderíamos mostrar que Lacan indicou várias vezes em seus escritos e seminários a importância da virada utilitarista na história ocidental. Ver, por exemplo, Jacques Lacan, *Écrits* (Paris, Seuil, 1966), p. 122 [ed. bras.: *Escritos*, trad. Vera Ribeiro, Rio de Janeiro, Zahar, 1998].

morfológicas, segundo a tradição durkheimiana, ora à expansão das relações mercantis, segundo a tradição marxista, ora à extensão da racionalização a todos os domínios da existência, segundo uma linha mais weberiana.

Portanto, cada uma a sua maneira, psicanálise e sociologia registram uma mutação do discurso sobre o homem que pode ser reportado, como em Lacan, à ciência de um lado e ao capitalismo de outro: trata-se precisamente de um discurso científico que, a partir do século XVII, começa a enunciar o que o homem é e o que ele deve fazer; e é para fazer do homem esse animal produtivo e consumidor, esse ser de labor e necessidade, que um novo discurso científico se propôs redefinir a medida humana. Mas esse quadro muito geral é ainda insuficiente para identificar como uma nova lógica normativa se impôs nas sociedades ocidentais. Em particular, não permite apontar as inflexões que a história do sujeito ocidental sofreu nos últimos três séculos e, menos ainda, as transformações em curso que podem ser reportadas à racionalidade neoliberal.

Se existe um novo sujeito, ele deve ser distinguido nas práticas discursivas e institucionais que, no fim do século XX, engendraram a figura do homem-empresa ou do "sujeito empresarial", favorecendo a instauração de uma rede de sanções, estímulos e comprometimentos que tem o efeito de produzir funcionamentos psíquicos de um novo tipo. Alcançar o objetivo de reorganizar completamente a sociedade, as empresas e as instituições pela multiplicação e pela intensificação dos mecanismos, das relações e dos comportamentos de mercado implica necessariamente um devir-outro dos sujeitos. O homem benthamiano era o homem *calculador* do mercado e o homem *produtivo* das organizações industriais. O homem neoliberal é o homem *competitivo*, inteiramente imerso na competição mundial. Foi dessa transformação que se falou nas páginas precedentes. Trataremos agora de descrever mais sistematicamente suas múltiplas formas.

O sujeito plural e a separação das esferas

De onde devemos partir? Durante muito tempo, o sujeito ocidental dito "moderno" pertenceu a regimes normativos e registros políticos que eram ao mesmo tempo heterogêneos e conflituosos: a esfera consuetudinária e religiosa das sociedades antigas, a esfera da soberania política, a esfera da troca mercantil. Esse sujeito ocidental vivia, portanto, em três espaços diferentes: o dos serviços e das crenças de uma sociedade ainda ruralizada e cristianizada;

o dos Estados-nações e da comunidade política; e o do mercado monetário do trabalho e da produção. Desde o início, essa divisão foi movediça, e o desafio das relações de força e das estratégias políticas era precisamente fixar e mudar suas fronteiras. As grandes lutas acerca da própria natureza do regime político dão uma expressão singularmente condensada disso. Mais importantes, porém mais difíceis de captar, são a mudança progressiva das relações humanas, a transformação das práticas cotidianas induzidas pela nova economia, os efeitos subjetivos das novas relações sociais no espaço mercantil e das novas relações políticas no espaço da soberania.

As democracias liberais eram universos de tensões múltiplas e impulsos disjuntivos. Sem entrar em considerações que vão além de nosso propósito, podemos descrevê-las como regimes que, dentro de certos limites, permitiam e respeitavam um funcionamento heterogêneo do sujeito, no sentido de que asseguravam tanto a separação quanto a articulação das diferentes esferas da vida. Essa heterogeneidade se traduzia na independência relativa das instituições, das regras, das normas morais, religiosas, políticas, econômicas, estéticas e intelectuais. O que não quer dizer que, por essa característica de equilíbrio e "tolerância", esgotamos a natureza do movimento que as animava. Ocorreram dois grandes impulsos paralelos: a democracia política e o capitalismo. O homem moderno se dividiu em dois: o cidadão dotado de direitos inalienáveis e o homem econômico guiado por seus interesses, o homem como "fim" e o homem como "instrumento". A história dessa "modernidade" consagrou um desequilíbrio a favor do segundo polo. Se quiséssemos privilegiar o desenvolvimento da democracia, mesmo que irregular, como fazem certos autores[2], perderíamos o eixo principal evidenciado, de maneiras diferentes, por Marx, Weber ou Polanyi: o desenvolvimento de uma lógica geral das relações humanas submetido à regra do lucro máximo.

Não serão ignoradas aqui todas as mudanças que a relação mercantil engendrou no sujeito. Marx, como outros, mas talvez melhor do que outros, apontou os efeitos de dissolução que o mercado exerce sobre os vínculos humanos. A mercantilização das relações sociais, juntamente com a urbanização, foi um dos fatores mais poderosos da "emancipação" do indivíduo com relação a tradições, raízes, apegos familiares e fidelidades pessoais. A grandeza de Marx foi ter mostrado que o preço dessa liberdade subjetiva foi uma nova forma de sujeição às leis impessoais e incontroláveis da valorização do

---

[2] Ver a discussão do ponto de vista de Marcel Gauchet no capítulo 1 deste volume.

capital. O indivíduo liberal, a exemplo do sujeito lockiano proprietário de si mesmo, podia acreditar que gozava de todas as suas faculdades naturais, do livre exercício de sua razão e vontade, podia proclamar ao mundo sua autonomia irredutível, mas continuava a ser uma engrenagem dos grandes mecanismos que a economia política clássica começava a analisar.

Nas relações humanas, essa mercantilização expansiva tomou a forma geral da *contratualização*. Os contratos voluntários entre pessoas livres – obviamente sempre garantidos pela instância soberana – substituíram as formas institucionais da aliança e da filiação e, mais em geral, as formas antigas da reciprocidade simbólica. O contrato tornou-se mais do que nunca a medida de todas as relações humanas, de modo que o indivíduo passou a experimentar cada vez mais na relação com o outro sua plena e total liberdade de compromisso voluntário e a perceber a "sociedade" como um conjunto de relações de associação entre pessoas dotadas de direitos sagrados. Esse é o cerne do que se convencionou chamar "individualismo" moderno.

Como mostrou Émile Durkheim, havia nisso uma ilusão singular, na medida em que, no contrato, há sempre mais do que o contrato: sem o Estado garantidor, não existiria liberdade pessoal. Mas também podemos dizer, como Michel Foucault, que, sob o contrato, há algo diferente do contrato ou ainda que, sob a liberdade subjetiva, há algo diferente da liberdade subjetiva. Há um arranjo de processos de normatização e técnicas disciplinares que constituem o que podemos chamar de *dispositivo de eficácia*. Os sujeitos nunca teriam se "convertido" de forma voluntária ou espontânea à sociedade industrial e mercantil apenas por causa da propaganda do livre-câmbio ou dos atrativos do enriquecimento privado. Era preciso pensar e implantar, "por uma estratégia sem estrategistas", os tipos de educação da mente, de controle do corpo, de organização do trabalho, moradia, descanso e lazer que seriam a forma institucional do novo ideal de homem, a um só tempo indivíduo calculador e trabalhador produtivo. Foi esse dispositivo de eficácia que forneceu à atividade econômica os "recursos humanos" necessários, foi ele que produziu incessantemente as mentes e os corpos aptos a funcionar no grande circuito da produção e do consumo. Em uma palavra, a nova normatividade das sociedades capitalistas impôs-se por uma normatização subjetiva de um tipo particular.

Foucault forneceu uma primeira cartografia desse processo – aliás, uma cartografia problemática. O princípio geral do dispositivo de eficácia não é tanto, como se disse muitas vezes, um "adestramento dos corpos", mas uma "gestão das mentes". Ou antes deveríamos dizer que a ação disciplinar sobre os corpos foi apenas um momento e um aspecto da elaboração de certo modo de funcionamento da subjetividade. O panóptico de Bentham é particularmente emblemático dessa moldagem subjetiva. O novo governo dos homens penetra até em seu pensamento, acompanha, orienta, estimula, educa esse pensamento. O poder já não é somente a vontade soberana, mas, como Bentham diz tão bem, torna-se "método oblíquo" ou "legislação indireta", destinada a conduzir os interesses. Postular a liberdade de escolha, suscitar e constituir na prática essa liberdade, pressupõe que os sujeitos sejam conduzidos por uma "mão invisível" a fazer as escolhas que serão proveitosas a todos e cada um. Por trás dessa representação encontra-se não tanto um grande engenheiro, como no modelo do grande Relojoeiro, mas uma máquina que funciona idealmente por si só e encontra em cada sujeito uma engrenagem pronta a responder às necessidades de arranjo do conjunto. Contudo, é preciso fabricar e manter essa engrenagem.

O *sujeito produtivo* foi a grande obra da sociedade industrial. Não se tratava apenas de aumentar a produção material; era preciso também que o poder se redefinisse como essencialmente produtivo, como um estimulante da produção cujos limites seriam determinados apenas pelos efeitos de sua ação sobre a produção. Esse poder essencialmente produtivo tinha como correlato o sujeito produtivo, não só o trabalhador, mas o sujeito que, em todos os domínios de sua vida, produz bem-estar, prazer e felicidade. Desde cedo, a economia política teve como fiadora uma psicologia científica que descrevia uma economia psíquica homogênea a ela. Já no século XVIII, iniciam-se as bodas da mecânica econômica com a psicofisiologia das sensações. Esse é, sem dúvida, o cruzamento decisivo que vai definir a nova economia do homem governado pelos prazeres e pelas dores. Governado e governável pelas sensações: se o indivíduo deve ser considerado em sua liberdade, ele também é um rematado patife, um "delinquente em potencial", um ser movido antes de tudo por seu próprio interesse. A nova política inaugura-se com o monumento panóptico erguido em glória da vigilância de todos por cada um e de cada um por todos.

Mas, podemos nos perguntar, por que vigiar os sujeitos e maximizar o poder? A resposta impõe-se por si só: para produzir a maior felicidade. A lei da eficácia é intensificar os esforços e os resultados e minimizar os gastos inúteis. Fabricar homens úteis, dóceis ao trabalho, dispostos ao consumo, fabricar o *homem eficaz* é o que já começa a se delinear, e de que maneira, na obra benthamiana. Mas o utilitarismo clássico, apesar de seu enorme trabalho de pulverização das categorias antigas, não conseguiu explicar a pluralidade interna do sujeito[3] nem a separação das esferas a que correspondia essa pluralidade. O princípio de utilidade, cuja vocação homogeneizante era clara, não conseguiu abranger todos os discursos e as instituições, do mesmo modo que o equivalente geral da moeda não conseguiu subordinar todas as atividades sociais. Precisamente esse caráter plural do sujeito e essa separação das esferas práticas é que estão em questão hoje.

A modelagem da sociedade pela empresa

O passo inaugural, como dissemos, consistiu em inventar o homem do cálculo, que exerce sobre si mesmo o esforço de maximização dos prazeres e das dores requeridos pela existência de relações de interesse entre os indivíduos. As instituições eram feitas para formar e enquadrar os sujeitos rebeldes a essa existência e fazer convergir interesses diversos. Mas os discursos das instituições, a começar pelo político, estavam longe de ser unívocos. O utilitarismo não se impôs como a única doutrina legítima, muito pelo contrário. Os princípios continuaram misturados e, no fim do século XIX, surgiram considerações "sociais", direitos "sociais" e políticas "sociais" nas relações econômicas que limitaram seriamente a lógica acumuladora do capital e contrariaram a concepção estritamente contratualista das trocas sociais. A construção dos Estados-nações continuou a ser escrita com as antigas palavras da tradição dos juristas e a ser inserida em formas políticas estranhas à ordem da produção. Em resumo, a norma de eficácia econômica continuou a ser contida por discursos heterogêneos a ela, a nova racionalidade do homem econômico continuou mascarada e embaralhada pela confusão de teorias.

Por oposição, o momento neoliberal caracteriza-se por uma homogeneização do discurso do homem em torno da figura da empresa. Essa nova figura do sujeito opera uma unificação sem precedentes das formas plurais da subjetividade que a democracia liberal permitiu que se conservassem e das quais sabia aproveitar-se para perpetuar sua existência.

---

[3] O pensamento de Locke reflete, de certo modo, essa diferenciação do sujeito em sujeito de interesse, sujeito jurídico, sujeito religioso etc. À sua maneira, a influência persistente desse pensamento, apesar da hegemonia do utilitarismo, atesta certa forma de resistência à subsunção do sujeito no regime exclusivo do interesse.

A partir de então, diversas técnicas contribuem para a fabricação desse novo sujeito unitário, que chamaremos indiferentemente de "sujeito empresarial", "sujeito neoliberal" ou, simplesmente, *neossujeito*[4]. Não estamos mais falando das antigas disciplinas que se destinavam, pela coerção, a adestrar os corpos e a dobrar os espíritos para torná-los mais dóceis – metodologia institucional que se encontrava em crise havia muito tempo. Trata-se agora de governar um ser cuja subjetividade deve estar inteiramente envolvida na atividade que se exige que ele cumpra. Para isso, deve-se reconhecer nele a parte irredutível do desejo que o constitui. As grandes proclamações a respeito da importância do "fator humano" que pululam na literatura da neogestão devem ser lidas à luz de um novo tipo de poder; não se trata mais de reconhecer que o homem no trabalho continua a ser um homem, que ele nunca se reduz ao status de objeto passivo; trata-se de ver nele o sujeito ativo que deve participar inteiramente, engajar-se plenamente, entregar-se por completo a sua atividade profissional. O sujeito unitário é o sujeito do envolvimento total de si mesmo. A vontade de realização pessoal, o projeto que se quer levar a cabo, a motivação que anima o "colaborador" da empresa, enfim, o *desejo* com todos os nomes que se queira dar a ele é o alvo do novo poder. O ser desejante não é apenas o ponto de aplicação desse poder; ele é o substituto dos dispositivos de direção das condutas. Porque o efeito procurado pelas novas práticas de fabricação e gestão do novo sujeito é fazer com que o indivíduo trabalhe para a empresa como se trabalhasse para si mesmo e, assim, eliminar qualquer sentimento de alienação e até mesmo qualquer *distância* entre o indivíduo e a empresa que o emprega. Ele deve trabalhar para sua própria eficácia, para a intensificação de seu esforço, como se essa conduta viesse dele próprio, como se esta lhe fosse comandada de dentro por uma ordem imperiosa de seu próprio desejo, à qual ele não pode resistir.

As novas técnicas da "empresa pessoal" chegam ao cúmulo da alienação ao pretender suprimir qualquer sentimento de alienação: obedecer ao próprio desejo ou ao Outro que fala em voz baixa dentro de nós dá no mesmo. Nesse sentido, a gestão moderna é um governo "lacaniano": o desejo do sujeito é o desejo do Outro. Desde que o poder moderno se torne o Outro do sujeito.

---

[4] Fazemos nosso o neologismo proposto por Jean-Pierre Lebrun em sua obra *La perversion ordinaire: vivre ensemble sans autrui* (Paris, Denoël, 2007) [ed. bras.: *A perversão comum*, Rio de Janeiro, Companhia de Freud, 2008].

A construção das figuras tutelares do mercado, da empresa e do dinheiro tende exatamente a isso. Mas é isso sobretudo que se consegue obter com as técnicas refinadas de motivação, estímulo e incentivo.

A "cultura de empresa" e a nova subjetividade

A *governamentalidade empresarial* está ligada a uma racionalidade de conjunto que tira força de seu próprio caráter abrangente, já que permite descrever as novas aspirações e as novas condutas dos sujeitos, prescrever os modos de controle e influência que devem ser exercidos sobre eles em seus comportamentos e redefinir as missões e as formas da ação pública. Do sujeito ao Estado, passando pela empresa, um mesmo discurso permite articular uma definição do homem pela maneira como ele quer ser "bem-sucedido", assim como pelo modo como deve ser "guiado", "estimulado", "formado", "empoderado" (*empowered*) para cumprir seus "objetivos". Em outras palavras, a racionalidade neoliberal produz o sujeito de que necessita ordenando os meios de governá-lo para que ele se conduza realmente como uma entidade em competição e que, por isso, deve maximizar seus resultados, expondo-se a riscos e assumindo inteira responsabilidade por eventuais fracassos. "Empresa" é também o nome que se deve dar ao governo de si na era neoliberal. O que quer dizer que esse "governo de si empresarial" é diferente e muito mais do que a "cultura de empresa" da qual falamos acima. É claro que a valorização ideológica do modelo da empresa faz parte dele; é claro que a empresa é considerada em toda parte um lugar de realização pessoal, a instância onde finalmente se podem conjugar o desejo de realização pessoal dos indivíduos, seu bem-estar material, o sucesso comercial e financeiro da "comunidade" de trabalho e sua contribuição para a prosperidade geral da população. A nova gestão ambiciona superar no plano imaginário a contradição que Daniel Bell encontrou entre os valores hedonistas do consumo e os valores ascéticos do trabalho[5].

Todavia, cometeríamos um grave erro se nos deixássemos seduzir por esse novo *management*. Da mesma forma que a filantropia do século XVIII acompanhava a implantação das novas tecnologias de poder com uma música suave, os propósitos humanistas e hedonistas da gestão moderna

---

[5] Daniel Bell, *Les contradictions culturelles du capitalisme* (Paris, PUF, 1977).

dos homens acompanham a implantação de técnicas que visam a produzir formas mais eficazes de sujeição. Estas, por mais novas que sejam, têm a marca da mais inflexível e mais clássica das violências sociais típicas do capitalismo: a tendência a transformar o trabalhador em uma simples mercadoria. A corrosão progressiva dos direitos ligados ao status de trabalhador, a insegurança instilada pouco a pouco em todos os assalariados pelas "novas formas de emprego" precárias, provisórias e temporárias, as facilidades cada vez maiores para demitir e a diminuição do poder de compra até o empobrecimento de frações inteiras das classes populares são elementos que produziram um aumento considerável do grau de dependência dos trabalhadores com relação aos empregadores. Foi esse contexto de *medo social* que facilitou a implantação da neogestão nas empresas. Nesse sentido, a "naturalização" do risco no discurso neoliberal e a exposição cada vez mais direta dos assalariados às flutuações do mercado, pela diminuição das proteções e das solidariedades coletivas, são apenas duas faces de uma mesma moeda. Transferindo os riscos para os assalariados, produzindo o aumento da sensação de risco, as empresas puderam exigir deles disponibilidade e comprometimento muito maiores.

Isso não significa que a neogestão não seja novidade e o capitalismo no fundo seja sempre o mesmo. Ao contrário, a grande novidade reside na modelagem que torna os indivíduos aptos a suportar as novas condições que lhe são impostas, enquanto por seu próprio comportamento contribuem para tornar essas condições cada vez mais duras e mais perenes. Em uma palavra, a novidade consiste em promover uma "reação em cadeia", produzindo "sujeitos empreendedores" que, por sua vez, reproduzirão, ampliarão e reforçarão as relações de competição entre eles, o que exigirá, segundo a lógica do processo autorrealizador, que eles se adaptem subjetivamente às condições cada vez mais duras que eles mesmos produziram.

É isso que escapa a Luc Boltanski e Ève Chiapello em *O novo espírito do capitalismo*[6]. Tomando como objeto a ideologia que, segundo a definição que dão do espírito do capitalismo, "justifica o engajamento no capitalismo"[7], eles tendem a acreditar piamente no que o novo capitalismo diz de si mesmo

---

[6] Luc Boltanski e Ève Chiapello, *Le nouvel esprit du capitalisme* (Paris, Gallimard, 1999, Coleção NRF Essais) [ed. bras.: *O novo espírito do capitalismo*, trad. Ivone C. Benedetti, São Paulo, WMF Martins Fontes, 2009].

[7] Ibidem, p. 42.

na literatura gerencial dos anos 1990. Sem dúvida é importante destacar que essa literatura recuperou certo tipo de crítica da burocracia, da organização e da hierarquia para melhor desacreditar o modelo antigo de poder baseado na gestão dos diplomas, dos status e das carreiras. Também é importante mostrar a que ponto a apologia da incerteza, da reatividade, da flexibilidade, da criatividade e da rede de contatos constitui uma representação coerente, cheia de promessas, que favorece a adesão dos assalariados ao modelo "conexionista" do capitalismo.

Isso, porém, é ressaltar apenas a face sedutora e estritamente retórica dos novos modos de poder. É esquecer que estes últimos tiveram como efeito a constituição de uma subjetividade particular por meio de técnicas específicas. Em suma, é subestimar o aspecto propriamente disciplinar do discurso gerencial, tomando sua argumentação muito ao pé da letra. Essa subestimação é a contrapartida da superestimação da ideologia da "realização" pessoal numa tese absolutamente unilateral que deriva o "novo espírito do capitalismo" da "crítica artista" de Maio de 1968. Ora, o que as evoluções do "mundo do trabalho" mostram de modo cada vez mais claro é justamente a importância decisiva das técnicas de controle no governo das condutas. A neogestão não é "antiburocrática". Ela corresponde a uma nova fase, mais sofisticada, mais "individualizada", mais "competitiva" da racionalização burocrática, e é apenas em consequência de uma ilusão que ele se apoiou na "crítica artista" de 1968 para assegurar a mutação de uma forma de poder organizacional em outra. Nós não saímos da "jaula de aço" da economia capitalista a que se referia Weber. Em certos aspectos, seria melhor dizer que cada indivíduo é obrigado a construir, por conta própria, sua "jaula de aço" individual.

Com efeito, o novo governo dos sujeitos pressupõe que a empresa não seja uma "comunidade" ou um lugar de realização pessoal, mas um instrumento e um espaço de competição. Ela é apresentada idealmente, acima de tudo, como o lugar de todas as inovações, da mudança permanente, da adaptação contínua às variações da demanda do mercado, da busca de excelência, da "falha zero". Desse modo, injunge-se o sujeito a conformar--se intimamente, por um trabalho interior constante, à seguinte imagem: ele deve cuidar constantemente para ser o mais eficaz possível, mostrar-se inteiramente envolvido no trabalho, aperfeiçoar-se por uma aprendizagem contínua, aceitar a grande flexibilidade exigida pelas mudanças incessantes impostas pelo mercado. Especialista em si mesmo, empregador de si mesmo, inventor de si mesmo, empreendedor de si mesmo: a racionalidade neoliberal impele o eu a agir sobre si mesmo para fortalecer-se e, assim, sobreviver na competição. Todas as suas atividades devem assemelhar-se a uma produção, a um investimento, a um cálculo de custos. A economia torna-se uma disciplina pessoal. Foi Margaret Thatcher quem deu a formulação mais clara dessa racionalidade: "*Economics are the method. The object is to change the soul*" [*A economia é o método*. O objetivo é mudar a alma][8].

As técnicas de gestão (avaliação, projeto, normatização dos procedimentos, descentralização) supostamente permitem objetivar a adesão do indivíduo à norma de conduta que se espera dele, avaliar por tabelas e outras ferramentas de registro do "painel de gestão" seu comprometimento subjetivo, sob pena de sofrer sanções no emprego, no salário e no desenvolvimento de sua carreira[9]. O que não ocorre, como bem podemos imaginar, sem uma grande arbitrariedade da parte de uma hierarquia impelida a manipular categorias psicológicas que deveriam garantir a "objetividade" da medição de competências e desempenhos. No entanto, o essencial não é a verdade dessa medição, mas o tipo de poder que é exercido "profundamente" sobre o sujeito impelido a "entregar-se completamente", a "transcender-se" pela empresa, a "motivar-se" cada vez mais para satisfazer o cliente, isto é, intimado pelo tipo de contrato que o vincula à empresa e pelo modo de avaliação que lhe é aplicado a provar seu comprometimento pessoal com o trabalho.

A racionalidade empresarial apresenta a vantagem incomparável de unir todas as relações de poder na trama de um mesmo discurso. Nesse sentido, o léxico da empresa contém um potencial de unificação dos diferentes "regimes de existência", o que explica os governos terem recorrido largamente a ele. Em particular, permite articular os objetivos da política adotada a todos os

---

[8] Margaret Thatcher em *Sunday Times*, 7 maio 1988; grifo nosso.

[9] Alguns trabalhos deram ênfase aos instrumentos de gestão que visam a fazer com que a obediência dos assalariados às exigências da empresa repouse sobre mecanismos de identificação, interiorização e culpabilização. A gestão por projeto é uma maneira de impor com "suavidade" ao executivo e ao assalariado em geral que provem constantemente fidelidade e respeito à expectativa de bom desempenho. Ver, por exemplo, David Courpasson, "Régulation et gouvernement des organisations: pour une sociologie de l'action managériale", *Cahiers de Recherches*, Groupe ESC Lyon, 1996; e idem, *L'action contrainte: organisations libérales et domination* (Paris, PUF, 2000).

componentes da vida social e individual[10]. Dessa forma, a empresa torna-se não apenas um modelo geral que deve ser imitado, como também uma atitude que deve ser valorizada na criança e no aluno, uma energia potencial que deve ser solicitada no assalariado, uma maneira de ser que é produzida pelas mudanças institucionais e ao mesmo tempo produz melhorias em todos os domínios. Estabelecendo uma correspondência íntima entre o governo de si e o governo das sociedades, a empresa define uma nova ética, isto é, certa disposição interior, certo *ethos* que deve ser encarnado com um trabalho de vigilância sobre si mesmo e que os procedimentos de avaliação se encarregam de reforçar e verificar.

Nessas condições, pode-se dizer que o primeiro mandamento da ética do empreendedor é "ajuda-te a ti mesmo" e que, nesse sentido, ela é a ética do *self-help* [autoajuda]. Pode-se alegar, com toda a razão, que essa ética não é nova, que faz parte do espírito do capitalismo original. Sua formulação já se encontrava em Benjamin Franklin e, melhor ainda, um século depois, em Samuel Smiles, autor de um best-seller mundial publicado em 1859 e intitulado *Self-Help*. Smiles apostava inteiramente na energia dos indivíduos, que devia ser deixada o mais à vontade possível; contudo, ele se limitava à ética individual, a qual considerava a determinante única. Em nenhum momento lhe passou pela cabeça que o *self-help* pudesse ser mais do que uma força moral pessoal, que cada indivíduo deveria desenvolver por si mesmo e, sobretudo, que pudesse ser um modo de governo político[11]. Pensava o contrário até, baseado numa delimitação estrita da esfera privada e da esfera pública: "A maneira como um homem é governado pode não ter grande importância, ao passo que tudo depende da maneira como ele próprio se governa"[12]. Precisamente, a grande inovação da tecnologia neoliberal é

---

[10] Ver Nikolas Rose, *Inventing Ourselves: Psychology, Power and Personhood* (Cambridge, Cambridge University Press, 1996), p. 154 [ed. bras.: *Inventando nossos selfs: psicologia, poder e subjetividade*, coord. trad. Arthur Arruda Leal Ferreira, Petrópolis, Vozes, 2011].

[11] Samuel Smiles, *Self-help ou caractère, conduite et persévérance illustrées à l'aide de biographies* (trad. Alfred Talandier, Paris, Plon, 1865). Na introdução, o autor dá o seguinte resumo de seu propósito: "Na vida, o bem-estar e a felicidade individuais dependem sempre de nossos próprios esforços, do cuidado mais ou menos diligente com que cultivamos, disciplinamos, controlamos nossas aptidões e, acima de tudo, do honesto e corajoso cumprimento do dever, que faz a glória do caráter individual", ibidem, p. 1.

[12] Ibidem, p. 5.

vincular diretamente a maneira como um homem "é governado" à maneira como ele próprio "se governa".

A empresa de si mesmo como *ethos* da autovalorização

Isso pressupõe todo um trabalho de racionalização até o mais íntimo do sujeito: uma *racionalização do desejo*. Esta está no centro da norma da empresa de si mesmo. Como ressalta um de seus tecnólogos, Bob Aubrey, consultor internacional californiano, "falar em empresa de si mesmo é traduzir a ideia de que cada indivíduo pode ter domínio sobre sua vida: conduzi-la, geri-la e controlá-la em função de seus desejos e necessidades, elaborando estratégias adequadas"[13]. Enquanto maneira de ser do eu humano, a empresa de si mesmo constitui um modo de governar-se de acordo com valores e princípios. Nikolas Rose destaca alguns: "Energia, iniciativa, ambição, cálculo e responsabilidade pessoal"[14]. Trata-se do indivíduo competente e competitivo, que procura maximizar seu capital humano em todos os campos, que não procura apenas projetar-se no futuro e calcular ganhos e custos como o velho homem econômico, mas que procura sobretudo *trabalhar a si mesmo* com o intuito de transformar-se continuamente, aprimorar-se, tornar-se sempre mais eficaz. O que distingue esse sujeito é o próprio processo de aprimoramento que ele realiza sobre si mesmo, levando-o a melhorar incessantemente seus resultados e seus desempenhos. Os novos paradigmas que englobam tanto o mercado de trabalho como o da educação e da formação, "formação por toda a vida" (*long life training*) e "empregabilidade", são modalidades estratégicas significativas.

Seria um erro denegrir essa dimensão da ética empresarial como se fosse apenas engodo e usurpação. Essa é a ética do nosso tempo. Mas não devemos confundi-la com um existencialismo fraco nem com um hedonismo fácil. A ética empresarial encerra, é claro, essas formas éticas, exaltando o "homem que faz a si mesmo" e a "realização plena", mas é por outros aspectos que ela se singulariza. A ética da empresa tem um teor mais guerreiro: exalta o combate, a força, o vigor e o sucesso. Ela transforma o trabalho no veículo privilegiado da realização pessoal: sendo bem-sucedidos profissionalmente, fazemos da nossa vida um "sucesso". O trabalho garante autonomia e

---

[13] Bob Aubrey, *L'entreprise de soi* (Paris, Flammarion, 2000), p. 11.
[14] Nikolas Rose, *Inventing Ourselves*, cit., p. 154.

liberdade, na medida em que é a maneira mais benéfica de exercermos nossas faculdades, empregarmos nossa energia criativa e provarmos nosso valor. Essa ética do trabalho não é uma ética da abnegação, não transforma em virtude a obediência às ordens de um superior.

Nesse sentido, ela é o oposto da ética da "conversão" (*metanoia*) do ascetismo cristão dos séculos III e IV, que era precisamente uma ética do rompimento com o eu[15]. É profundamente distinta até da ética do trabalho que marcou o protestantismo dos primórdios – embora aparentemente incite o sujeito a uma autoinquisição permanente e a um "controle sistemático de si mesmo", ela não vê mais o sucesso no trabalho como o "sinal da eleição divina" que supostamente dá ao sujeito a certeza de sua salvação[16]. Se aqui o trabalho se torna espaço de liberdade, isso só acontece se o indivíduo souber ultrapassar o estatuto passivo do assalariado de antigamente, isto é, se ele se tornar uma empresa de si mesmo. O grande princípio dessa nova ética do trabalho é a ideia de que a conjunção entre as aspirações individuais e os objetivos de excelência da empresa, entre o projeto pessoal e o projeto da empresa, somente é possível se cada indivíduo se tornar uma pequena empresa. Em outras palavras, isso pressupõe conceber a empresa como uma entidade composta de pequenas empresas de si mesmo.

> A empresa no sentido econômico do termo é um conjunto de empresas das pessoas que a compõem. Hoje, os indivíduos que trabalham não devem ser considerados exclusivamente empregados, mas pessoas que têm dentro delas estratégias, objetivos de vida.[17]

É no mesmo sentido que devemos entender a afirmação:

> A empresa no sentido clássico e econômico do termo repousa, acima de tudo, sobre a justaposição das "empresas de si mesmo" de todos os seus membros e até mesmo de todas as suas partes interessadas (englobando, por exemplo, os empregados dos clientes e dos fornecedores e o entorno).[18]

---

[15] Michel Foucault, *L'herméneutique du sujet* (Paris, Gallimard/Seuil, 2001), p. 203 [ed. bras.: *A hermenêutica do sujeito*, trad. Márcio Alves da Fonseca e Salma Tannus Muchail, 3. ed., São Paulo, Martins Fontes, 2014].

[16] Max Weber, *L'éthique protestante et l'esprit du capitalisme* (Paris, Flammarion, 1999), p. 176 e seg.

[17] Entrevista com Bob Aubrey, "L'entreprise de soi, un nouvel âge", *Autrement*, n. 192, 2000, p. 97.

[18] Bob Aubrey, *L'entreprise de soi*, cit., p. 193.

Preocupado em dar uma caução teórica a essa nova ética, Aubrey afirma ter tomado a expressão "empresa de si mesmo" de Foucault para transformá-la num método de formação profissional[19]. Apesar de ser bastante curioso ver a analítica crítica do poder se transformar num conjunto de propostas prescritivas e performativas aos assalariados, o discurso é revelador. No novo mundo da "sociedade em desenvolvimento", o indivíduo não deve mais se ver como um trabalhador, mas como uma empresa que vende um serviço em um mercado.

> Todo trabalhador deve procurar um cliente, posicionar-se no mercado, fixar um preço, gerir seus custos, fazer pesquisa-desenvolvimento e formar-se. Enfim, considero que, do ponto de vista do indivíduo, seu trabalho é sua empresa, e seu desenvolvimento define-se como uma empresa de si mesmo.[20]

O que devemos entender por essa afirmação? A empresa de si mesmo é uma "entidade psicológica e social, e mesmo espiritual", ativa em todos os domínios e presente em todas as relações[21]. É sobretudo a resposta a uma nova regra do jogo que muda radicalmente o contrato de trabalho, a ponto de aboli-lo como relação salarial. A responsabilidade do indivíduo pela valorização de seu trabalho no mercado tornou-se um princípio absoluto. Essa relação de cada um com o valor de seu trabalho é "objeto de gestão, investimento e desenvolvimento num mercado de trabalho aberto e cada vez mais mundial"[22]. Em outras palavras, como o trabalho se tornou um "produto" cujo valor mercantil pode ser medido de forma cada vez mais precisa, chegou a hora de substituir o contrato salarial por uma relação contratual entre "empresas de si mesmo". Desse ponto de vista, o uso da palavra "empresa" não é uma simples metáfora, porque toda a atividade do indivíduo é concebida como um *processo de valorização do eu*. O termo significa que a

> atividade do indivíduo, sob suas diferentes facetas (trabalho remunerado, trabalho beneficente para uma associação, gestão do lar familiar, aquisição de competências, desenvolvimento de uma rede de contatos, preparação para uma mudança de atividade etc.), é pensada em sua essência como empresarial.[23]

---

[19] Ibidem. Ele escreveu antes com Bruno Tilliette, *Savoir faire savoir* (Paris, Interéditions, 1990) e *Le travail après la crise* (Paris, Interéditions, 1994).

[20] Bob Aubrey, *Le travail après la crise*, cit., p. 85.

[21] Ibidem, p. 86.

[22] Ibidem, p. 88.

[23] Bob Aubrey, *L'entreprise de soi*, cit., p. 15.

É essa equivalência entre a valorização mercantil do trabalho e a valorização de si próprio que leva Aubrey a comparar a empresa de si mesmo a uma forma moderna de "cuidado de si", a uma versão contemporânea da *epimeleia*[24]. Hoje, a *epimeleia* consistiria em "gerir um portfólio de atividades", desenvolver estratégias de aprendizagem, casamento, amizade, educação dos filhos, a administrar o "capital da empresa de si mesmo"[25]. Inspirando-se em Gary Becker, Aubrey tenta abranger tudo que venha a engordar um capital que é tanto familiar como individual: experiências, formação, sabedoria e contatos, mas também energia e saúde, "carteira de clientes", "rendimentos e bens". A noção de "empresa de si mesmo" supõe uma "integração da vida pessoal e profissional", uma gestão familiar do portfólio de atividades, uma mudança da relação com o tempo, que não é mais determinada pelo contrato salarial, mas por projetos que são levados a cabo com diversos empregadores. E isso vai muito além do mundo profissional; trata-se de uma ética pessoal em tempos de incerteza. "A empresa de si mesmo é encontrar um sentido, um compromisso na globalidade da vida", o que começa cedo – com quinze anos, somos empreendedores de nós mesmos assim que nos perguntamos o que queremos fazer da vida. Toda atividade é empresarial, porque nada mais é garantido para toda a vida. Tudo deve ser conquistado e defendido a todo momento. A criança mesmo deve ser "empreendedora de seu saber". Desse ponto de vista, tudo se torna empresa: o trabalho, mas também o consumo e o lazer, já que "se procura tirar deste o máximo de riquezas, utilizá-lo para a realização de si mesmo como maneira de criar"[26].

Daí certa forma de redefinição do "domínio de si mesmo":

> Hoje, uma nova ideia está surgindo: somos confrontados com escolhas, possibilidades, oportunidades cada vez mais numerosas, cada vez mais rápidas. Portanto, o domínio de si mesmo não consiste mais em levar a vida

---

[24] Idem, *Le travail après la crise*, cit., p. 103. Lembremos que a *epimeleia heautou* é a formulação do "cuidado de si" ou "preocupação consigo mesmo" na cultura grega clássica. Sobre esse ponto, ver Michel Foucault, *L'herméneutique du sujet*, cit.

[25] "Trabalhar, aprender, manter relações, assegurar a harmonia do nosso casamento e criar nossos filhos, participar da vida local, fazer caridade, melhorar a qualidade da nossa vida: hoje, podemos nos dedicar a essas atividades apenas na medida em que assumimos responsabilidades e desenvolvemos estratégias", Bob Aubrey, *Le travail après la crise*, cit., p. 105.

[26] Ibidem, p. 101.

de forma linear, rígida e dentro de certos limites, mas, sim, em se mostrar capaz de flexibilidade, de empreendedorismo.

Quanto mais escolhas há, mais há obrigação de se valorizar no mercado. Ora, acrescenta Aubrey, o valor do indivíduo não vem mais dos direitos que ele adquire milagrosamente ao nascer, mas é conquistado pela

> empresa que se tem, pela vontade de não se contentar com esse mundo do direito em que tudo é dado, determinado, registrado, mas de entrar num mundo que muda, um mundo social em que é preciso se valorizar pela troca. O mercado de trabalho faz parte desse mundo.[27]

O interesse do discurso de Aubrey é o fato de referir essa nova figura do homem a um conjunto de técnicas práticas que os indivíduos têm à disposição para chegar a essa nova forma de sabedoria que é o "desenvolvimento autogerado da empresa de si mesmo"[28]. Se "a empresa de si mesmo não é imediatamente evidente", novos exercícios devem substituir "a abordagem terapêutica de suporte individual e familiar, fornecendo ferramentas e estratégias pragmáticas"[29]. Porque se trata realmente de uma *ascese*: "O verdadeiro trabalho da empresa de si mesmo é um trabalho que se faz sobre si mesmo e a serviço dos outros"[30]. Aubrey esclarece:

> A empresa de si mesmo não é uma filosofia ou uma ideologia: é um movimento que fornece experiências e ferramentas que levam as pessoas a evoluir em seus contextos de vida (empresas, bairros, associações, família, rede de contatos etc.). É uma técnica de desenvolvimento para toda a vida.[31]

Isso significa que cada indivíduo deve aprender a ser um sujeito "ativo" e "autônomo" na e pela ação que ele deve operar sobre si mesmo. Dessa forma, ele aprenderá por si mesmo a desenvolver "estratégias de vida" para aumentar seu capital humano e valorizá-lo da melhor maneira. "A criação e o desenvolvimento de si mesmo" são uma "atitude social" que deve ser adquirida, um "modo de agir" que deve ser desenvolvido, "para enfrentar a tripla necessidade do posicionamento da identidade, do desenvolvimento de seu próprio capital humano e da gestão de um portfólio de

---

[27] Entrevista com Bob Aubrey, "L'entreprise de soi, un nouvel âge", cit., p. 99 e seg.
[28] Bob Aubrey, *Le travail après la crise*, cit., p. 133 e seg.
[29] Ibidem, p. 138.
[30] Ibidem, p. 198.
[31] Bob Aubrey, *L'entreprise de soi*, cit., p. 9.

atividades"³². Essa atitude empresarial deve valer para todos, não apenas para empresários ou autônomos. Todos, com a ajuda de "consultores em estratégias de vida", dependem dessa formação especializada em empresa de si mesmo, uma formação que permitirá um "autodiagnóstico" em congressos modulares sobre diferentes aspectos do procedimento: "Eu e minhas competências", "Eu e minha maneira de agir", "Eu e meu cenário de sucesso" etc.³³

As "asceses do desempenho" e suas técnicas

Se essa ética neoliberal do eu não se restringe aos limites da empresa, é não só porque o ser bem-sucedido na carreira confunde-se com o ser bem-sucedido na vida, mas, ainda mais fundamentalmente, porque a gestão moderna tenta "aliciar as subjetividades" com a ajuda de controles e avaliações de personalidade, inclinações de caráter, maneiras de ser, falar e mover-se, quando não de motivações inconscientes³⁴.

O discurso gerencial envolve múltiplas técnicas que propõem um trabalho do eu para facilitar a "eclosão do homem-ator de sua vida". A vida na empresa é considerada em si mesma uma "formação", o lugar onde se adquire certa sabedoria prática, o que explica o fato de as autoridades políticas e econômicas enfatizarem tanto a participação de todos na vida da empresa, desde a mais tenra idade. Nesse sentido, Aubrey sustentou que a empresa constitui um percurso educativo que dá legitimidade aos que são bem-sucedidos, de modo que os *managers* podem ser considerados "o equivalente aos sábios ou aos mestres"³⁵.

Essa temática é conscientemente retomada dos trabalhos de Foucault e Pierre Hadot sobre os exercícios ou as asceses da sabedoria antiga. Como bem recordamos, essas práticas consistem em produzir um eu que se aproxima de um ideal proposto no discurso, o que pressupõe consultar seus deveres em cada circunstância. Foucault ampliou a análise estabelecendo que certo

---

[32] Ibidem, p. 10.

[33] Ibidem, p. 22.

[34] Ver François Aballéa e Lise Demailly, "Les nouveaux régimes de mobilisation des salariés", em Jean-Pierre Durand e Danièle Linhart (orgs.), *Les ressorts de la mobilisation du travail* (Toulouse, Octares, 2005).

[35] Bob Aubrey e Bruno Tilliette, *Savoir faire savoir*, cit., p. 265.

governo de si, certa subjetivação, era a própria condição para o exercício de um governo político e religioso. Isso vale em particular para a relação entre o governo de si e o governo dos outros na pólis, tal como pensada na ética grega clássica: aquele que é incapaz de se governar é incapaz de governar os outros[36]. A assimilação das práticas de gestão às práticas antigas é, evidentemente, um procedimento falacioso, que visa a dar-lhes um forte valor simbólico no mercado da formação dos assalariados. O que é suficiente estabelecer aqui é que a ascese da empresa de si mesmo termina com a *identificação* do sujeito com a empresa, deve produzir o que chamamos antes de sujeito do envolvimento total, ao contrário dos exercícios da "cultura de si mesmo" dos quais trata Foucault, cujo objetivo é estabelecer uma *distância* ética em relação a si mesmo, uma distância em relação a todo papel social. No entanto, lidamos aqui com o que Éric Pezet denominou judiciosamente "asceses do desempenho", as quais constituem um mercado em plena expansão[37].

Diferentes técnicas, como *coaching*, programação neurolinguística (PNL), análise transacional (AT) e múltiplos procedimentos ligados a uma "escola" ou um "guru" visam a um melhor "domínio de si mesmo", das emoções, do estresse, das relações com clientes ou colaboradores, chefes ou subordinados. Todos têm como objetivo fortalecer o eu, adaptá-lo melhor à realidade, torná-lo mais operacional em situações difíceis. Todos têm sua história, suas teorias, suas instituições correspondentes. O que nos interessa são os pontos que os unem. O primeiro aspecto é que todos se apresentam como saberes psicológicos, com um léxico especial, autores de referência, metodologias particulares, modos de argumentação de feição empírica e racional. O segundo aspecto é que se apresentam como técnicas de transformação dos indivíduos que podem ser utilizadas tanto dentro como fora da empresa, a partir de um conjunto de princípios básicos.

Cada método possui seus instrumentos, suas modalidades, sua hierarquia de técnicos[38]. É importante notar, sobretudo, que são técnicas que visam à

---

[36] Sobre esse assunto, ver as aulas do Collège de France dedicadas à leitura de *Alcibíades*, de Platão, em Michel Foucault, *L'herméneutique du sujet*, cit., p. 27-77.

[37] Éric Pezet (org.), *Management et conduite de soi: enquête sur les ascèses de la performance* (Paris, Vuibert, 2007).

[38] Para uma análise crítica das práticas de *coaching*, em particular na área da saúde, ver Roland Gori e Pierre Le Coz, *L'empire des coachs: une nouvelle forme de contrôle social* (Paris, Albin Michel, 2006).

"conduta de si e dos outros" ou, em outras palavras, técnicas de governamentalidade que visam essencialmente a aumentar a eficácia da relação com o outro. Assim, podemos ler numa apresentação pedagógica da PNL: "Não se trata de dizer o que é verdadeiro e o que não é. Trata-se de perguntar qual é a forma mais eficaz e mais construtiva de se comunicar com alguém"[39]. A ênfase é dada ao domínio da "comunicação" através de um melhor conhecimento prático das regras da comunicação, quer se trate de PNL, quer se tarte da AT. Esses métodos vinculam-se intimamente às exigências do bom desempenho individual, o qual depende da *força de persuasão* na venda, na direção dos subordinados, no êxito de uma busca de emprego ou pedido de promoção.

Conhecer melhor a nós mesmos, por meditação, autorreflexão ou autodiagnóstico, com a ajuda ou não de um *coach*, sozinhos ou em grupo, dentro ou fora da empresa, somente tem sentido para compreendermos melhor o que nós fazemos e o que faz o outro num "*processo* de comunicação". A AT apresenta-se como uma teoria e uma prática cujo intuito é ensinar a construir uma comunicação de igual para igual, isto é, entre indivíduos que estão num mesmo "estado do eu", para evitar "comunicações arrevesadas, em que os interlocutores não têm consciência das motivações profundas que guiam suas palavras"[40]. Estar em um estado de espírito apropriado, decodificar e transmitir sinais de reconhecimento, mas sobretudo controlar as "transações", as unidades elementares da comunicação, para se certificar dos "estados do eu" que entram na comunicação. Conhecer melhor os "estados" do nosso eu, nosso "cenário de vida", as regras dos diferentes "jogos sociais", é compreender como nos comunicamos e, portanto, controlar a própria comunicação. Da mesma forma, a PNL propõe exercícios de "sincronização" com o outro, uma técnica cujo intuito é estabelecer uma relação mediante a consonância de diferentes parâmetros verbais e não verbais a fim de "conduzir" o outro de acordo com o princípio do "*pacing and leading*" [acompanhar e conduzir].

As iniciativas propostas são "pragmáticas"; segundo os termos da vulgata predominante, são "orientadas para a solução". Não visam tanto ao porquê, mas ao "como isso funciona". Para seguirmos o estilo das fórmulas encontradas nesse tipo de discurso, "o fato de encontrar o prego responsável pelo furo não diz nada sobre a maneira como se deve trocar o pneu". Segundo outra fórmula em voga, o ponto forte dessas iniciativas é "fazer o que for preciso

---

[39] Antoni Girod, *La PNL* (Paris, Interéditions, 2008), p. 37.
[40] Site de formação em AT: <www.capitecorpus.com>; acesso em: 6 mar. 2016.

para conseguir o que realmente se quer. Desde que se saiba o que se quer"⁴¹.
Uma das definições mais elaboradas da PNL resume bem o que está em jogo:

> A PNL é uma abordagem de ciências humanas que visa à eficácia de nosso desempenho nos diferentes domínios em que decidimos aplicá-la. Essencialmente pragmática, ela nos fornece meios concretos tanto para nos comunicarmos de maneira eficaz como para elaborarmos objetivos claros e alcançá-los.⁴²

A teoria psicológica empregada é sempre determinada pelo uso prático, de modo que podemos falar aqui de uma *pragmática da eficácia comunicacional*, pela qual o domínio dos efeitos pelo eu nunca é um simples meio (o que, diga-se de passagem, devolve ao devido lugar a referência ao ideal do "domínio de si mesmo" que abunda nesses discursos)⁴³. Todos os princípios da PNL visam a tornar o indivíduo mais eficaz, a começar pelo trabalho de autopersuasão pelo qual ele deve acreditar que os "recursos" são ele próprio: "Postular que cada um de nós possui os recursos necessários para evoluir, atingir seus objetivos ou resolver problemas estimula a responsabilidade e a autonomia e constitui um vetor fundamental do desenvolvimento da autoestima"⁴⁴.

Essas técnicas de governamentalidade encontram seu campo de aplicação mais vasto e, sem dúvida, mais lucrativo no mundo profissional. A relação "aberta" e "positiva" com os outros é condição necessária à produtividade. As relações na empresa, das quais tudo depende, são consideradas em sua dimensão exclusivamente psicológica. O postulado fundamental é que o "desenvolvimento pessoal", uma melhor comunicação no trabalho e o desempenho global da empresa estão intimamente ligados. O "desenvolvimento do potencial pessoal" é visto como o melhor meio de melhorar a qualidade e satisfazer o cliente. A PNL apresenta-se como um "modelo de adaptação e condução da mudança" da empresa num contexto de concorrência mundial, em que a mudança é obrigatória. Dirigidas aos administradores, essas técnicas visam a ajudá-los a conduzir os outros, fortalecendo seu "potencial", a "confiança em si mesmos", a "autoestima". A PNL promete aos dirigentes

---

⁴¹ Site de PNL: <www.france-pnl.com>; acesso em: 6 mar. 2016.
⁴² Antoni Girod, *La PNL*, cit., p. 13.
⁴³ A esse respeito, lembramos que *enkrateia*, ou império sobre si mediante a luta contra os próprios desejos, alinhava-se desde a época clássica a um ideal de temperança e justiça, o que nos coloca muito longe da "gestão dos afetos".
⁴⁴ Antoni Girod, *La PNL*, cit., p. 21.

de empresa "aumentar seu carisma e estimular seu *leadership*". Acima de tudo, permite compreender como funcionam "as pessoas que cercam o *manager* e, com esse conhecimento, orientar a energia na direção do objetivo comum"; "A PNL, por sua eficácia em termos de comunicação, dará ferramentas eficazes ao *manager* para que ele possa motivar sua equipe com o intuito de satisfazer o cliente". Estabelecer objetivos claros, compreender a relação humana e "ativar os mecanismos da motivação", melhorar a comunicação interpessoal dentro da empresa, "pedra angular do sucesso" ("uma comunicação ruim na empresa dispersa as energias"), "gerir bem o *feedback*" para "esclarecer uma pessoa sobre o que ela faz e para que essa pessoa melhore o que ela faz", essas são algumas das contribuições da PNL para uma gestão eficaz[45].

A "gestão da alma" e a gestão da empresa

Todos esses exercícios práticos de transformação de si mesmo tendem a jogar o peso da complexidade e da competição exclusivamente sobre o indivíduo. Os "gerentes da alma", segundo expressão lacaniana retomada por Valérie Brunel, introduzem uma nova forma de governo que consiste em guiar os sujeitos fazendo-os assumir plenamente a expectativa de certo comportamento e certa subjetividade no trabalho[46]. Se todo indivíduo deve desenvolver suas qualidades pessoais para reagir rápido, inovar, criar, "gerir a complexidade numa economia globalizada", como dizem as expressões estereotipadas em voga, é porque todo indivíduo é idealmente um gerente com o qual se deve contar para resolver os problemas. O domínio de si mesmo e das relações comunicacionais aparece como contrapartida de uma situação global que ninguém consegue mais controlar. Se não há mais domínio global dos processos econômicos e tecnológicos, o comportamento dos indivíduos não é mais programável, não é mais inteiramente descritível e prescritível. O domínio de si mesmo coloca-se como uma espécie de compensação ao domínio impossível do mundo. O indivíduo é o melhor, senão o único "integrador" da complexidade e o melhor ator da incerteza.

---

[45] Citações extraídas da página "PNL et business": <www.france-pnl.com>.
[46] Valérie Brunel, *Les managers de l'âme: le développement personnel en entreprise, nouvelle pratique de pouvoir ?* (Paris, La Découverte, 2004).

Se, portanto, trata-se de "trabalho de si mesmo", "realização de si mesmo", "responsabilidade por si mesmo", isso não significa reclusão do sujeito, que toma a si mesmo por um objeto sem nenhuma relação com qualquer instância ou ordem que lhe sejam externas. Para falarmos como Foucault, o "cuidado de si" – se é que existe um "cuidado de si" –, nesse caso, não é um fim em si mesmo, porque o si não é objeto e fim desse cuidado[47] – não se trabalha a si mesmo com a finalidade única de produzir certa relação consigo mesmo, isto é, unicamente *para* si.

Pierre Hadot ressaltou, aliás, que, ao contrário do que podia dar a entender a interpretação foucaultiana, a "cultura de si" da época helenística (séculos I e II) remetia a certa ordem do mundo, a uma razão universal imanente do cosmo, de modo que o movimento de interiorização era ao mesmo tempo autossuperação e universalização[48]. De certa forma, as "asceses do desempenho" não escapam a essa lógica. Obviamente, essa ordem não é mais a ordem da "Natureza" estoica ou a ordem desejada pelo Criador à qual a "ascese intramundana" da ética protestante se atrelava. No entanto, essa "ascética" encontra sua justificação última numa ordem econômica que ultrapassa o indivíduo, uma vez que é expressamente concebida para conformar a conduta do indivíduo à "ordem cosmológica" da competição mundial que o envolve. É claro que o indivíduo trabalha a si mesmo para se tornar mais produtivo; contudo, ele trabalha para se tornar mais produtivo a fim de tornar a empresa – que é a entidade de referência – mais produtiva. Mais do que isso: os exercícios que supostamente melhoram a conduta do sujeito visam a transformá-lo num "microcosmo" em perfeita harmonia com o mundo da empresa e, para além dele, com o "macrocosmo" do mercado mundial.

No fim das contas, trata-se de fazer com que a norma geral de eficácia que se aplica à empresa seja substituída, no nível individual, por um uso da subjetividade destinado a melhorar o desempenho do indivíduo – seu bem-estar e sua gratificação profissional são dados apenas como consequência dessa melhoria. Portanto, as qualidades que devem ser desenvolvidas pelo sujeito remetem a um universo social em que a "apresentação de si mesmo" é um desafio estratégico para a empresa. Se o indivíduo deve ser "aberto", "síncrono", "positivo", "empático", "cooperativo", não é para a felicidade

---

[47] Michel Foucault, *L'herméneutique du sujet*, cit., p. 81.
[48] Pierre Hadot, "Réflexions sur la notion de 'culture de soi'", em *Exercices spirituels et philosophie antique* (Paris, Albin Michel, 2002), p. 330.

dele, mas sobretudo e em primeiro lugar para obter do "colaborador" o desempenho que se espera dele.

Pode parecer que há algo de perverso na manipulação de temas que são ao mesmo tempo morais e psicológicos. Porque é exatamente como instrumento eficaz que o sujeito interessa e que se quer impor a ele certa conduta "correta" em relação aos outros. A despeito das aparências – que, aliás, participam plenamente da gestão das subjetividades –, não se trata de aplicar conhecimentos psicológicos ou problemáticas éticas ao mundo da empresa; ao contrário, trata-se de construir, com o auxílio da psicologia e da ética, técnicas de governo de si que são parte interessada do governo da empresa.

Esse é o fundamento da teoria de Will Schutz, psicólogo norte-americano e autor de uma teoria intitulada Orientações Fundamentais das Relações Interpessoais (Firo, em inglês). Em *Human Element: Self-Esteem, Productivity and the Bottom Line*, ele escreve: "Eu escolho minha vida – meus comportamentos, pensamentos, sentimentos, sensações, recordações, fraquezas, doenças, corpo, tudo – ou, então, escolho não saber que tenho escolha. Sou autônomo quando escolho a totalidade da minha vida"[49]. Em outras palavras, quando não se pode mudar o mundo, resta inventar-se a si mesmo. Nem a empresa nem o mundo podem ser mudados, eles são dados intangíveis. Tudo é questão de interpretação e reação do sujeito. Schutz escreve ainda: "O estresse não resulta dos 'estressores', mas da maneira como interpreto e reajo a suas injunções"[50]. Técnica do si mesmo e técnica da escolha misturam-se completamente. A partir do momento que o sujeito é plenamente consciente e mestre de suas escolhas, ele é também plenamente responsável por aquilo que lhe acontece: a "irresponsabilidade" de um mundo que se tornou ingovernável em virtude de seu próprio caráter global tem como correlato a infinita responsabilidade do indivíduo por seu próprio destino, por sua capacidade de ser bem-sucedido e feliz. Não se atravancar com as coisas do passado, cultivar previsões positivas, ter relações eficazes com o outro: a gestão neoliberal de si mesmo consiste em fabricar para si mesmo um eu produtivo, que exige sempre mais de si mesmo e cuja autoestima cresce, paradoxalmente, com a insatisfação que se

---

[49] Will Schutz citado em Valérie Brunel, *Les managers de l'âme*, cit., p. 67. Ver Will Schutz, *L'élément humain: comprendre le lien entre estime de soi, confiance et performance* (trad. Jacques Lecomte, Paris, Interéditions, 2006).

[50] Idem.

sente por desempenhos passados. Os problemas econômicos são vistos como problemas organizacionais, e estes se resumem, por sua vez, a problemas psíquicos relacionados a um domínio insuficiente de si e da relação com os outros. A fonte da eficácia está no indivíduo: ela não pode mais vir de uma autoridade externa. É necessário fazer um trabalho intrapsíquico para procurar a motivação profunda. O chefe não pode mais impor: ele deve vigiar, fortalecer, apoiar a motivação. Dessa forma, a coerção econômica e financeira transforma-se em *autocoerção* e *autoculpabilização*, já que somos os únicos responsáveis por aquilo que nos acontece.

Sem dúvida, a nova norma de si é a da realização pessoal: temos de nos conhecer e nos amar para sermos bem-sucedidos. Daí a ênfase na palavra mágica: "autoestima", chave de todo sucesso. Contudo, essas afirmações paradoxais sobre a injunção de sermos nós mesmos e nos amarmos como somos estão inseridas num discurso que coloca o desejo legítimo como uma ordem. O *management* é um discurso ferrenho que usa palavras de veludo. Sua eficácia deve-se à racionalização lexical, metodológica, relacional, na qual o sujeito é intimado a entrar. Com esses métodos que afirmam "desenvolver a pessoa", temos de lidar com procedimentos essencialmente gerenciais e produtos plenamente comerciais, como ressalta Valérie Brunel. Seus procedimentos técnicos, seus esquemas de apresentação, sua divisão do trabalho entre técnicos e práticos, seus códigos padronizados e transferíveis, seus "modos de usar", seus argumentos de venda, seus métodos de persuasão são diferentes aspectos de uma "tecnologia" humana pensada como tal e vendida como produto de marca de consumo em grande escala. Produtos intelectuais sofisticados para dar a entender que se trata de produtos de alto valor agregado, que fazem jus ao preço que têm, são também ferramentas de uso simples e resultados rápidos.

Aliás, essa gestão de si é objeto de um comércio intenso, que mobiliza grandes máquinas oligopolistas e pequenos artesãos em busca de um lugar no mercado do "desenvolvimento pessoal". Essa expansão comercial não é motivo para espanto. Não devemos nos esquecer de que essas técnicas de gestão de si visam a uma "transformação" de toda a pessoa, em todos os domínios de sua vida. E isso por pelo menos duas razões complementares. Todos os domínios da vida individual tornam-se potencialmente "recursos" indiretos para a empresa, já que são uma oportunidade para o indivíduo melhorar seu desempenho pessoal; todos os domínios da existência são da competência da gestão de si. Portanto, *toda a subjetividade*, e não apenas o "homem no trabalho", é convocada para esse modo de gestão, mais ainda na medida em que a empresa seleciona e avalia de acordo com critérios cada vez mais "pessoais", físicos, estéticos, relacionais e comportamentais.

Risco: uma dimensão de existência e um estilo de vida imposto

O novo sujeito é visto como proprietário de "capital humano", capital que ele precisa acumular por escolhas esclarecidas, amadurecidas por um cálculo responsável de custos e benefícios. Os resultados obtidos na vida são fruto de uma série de decisões e esforços que dependem apenas do indivíduo e não implicam nenhuma compensação em caso de fracasso, exceto as previstas nos contratos de seguro privado facultativo. A distribuição dos recursos econômicos e das posições sociais é vista exclusivamente como consequência de percursos, bem-sucedidos ou não, de realização pessoal. Em todas as esferas de sua existência, o sujeito empresarial é exposto a riscos vitais, dos quais ele não pode se esquivar, e a gestão desses riscos está ligada a decisões estritamente privadas. Ser empresa de si mesmo pressupõe viver inteiramente em *risco*. Aubrey estabelece uma correlação estreita entre ambos: "O risco faz parte da noção de empresa de si mesmo"; "a empresa de si mesmo é reatividade e criatividade num universo em que não se sabe como será o dia de amanhã"[51].

Essa dimensão não é nova. Há muito tempo a lógica de mercado foi associada ao perigo das vendas fracas, das perdas, da falência. A problemática do risco é inseparável dos "riscos do mercado", dos quais desde a Idade Média era necessário saber se proteger por meio de técnicas de garantia. A novidade reside na universalização de um estilo de existência econômica que era reservado aos empreendedores. No alvorecer do século XVIII, o financista e fisiocrata Richard Cantillon estabeleceu como princípio "antropológico" a necessidade de distinguir os "homens de renda certa" dos "homens de renda incerta", isto é, os "empreendedores":

> Por todas essas induções e uma infinidade de outras que se poderia fazer sobre uma matéria que tem como objeto todos os habitantes de um Estado, pode-se estabelecer que, exceto o príncipe e os proprietários de terra, todos os habitantes de um Estado são dependentes; que estes podem dividir-se em duas classes, a saber, empreendedores e empregados; e que os empreendedores

---

[51] Entrevista com Bob Aubrey, "L'entreprise de soi, un nouvel âge", cit., p. 101.

têm renda incerta, e todos os outros têm renda certa, enquanto gozarem dela, embora suas funções e suas posições sejam muito desproporcionais. O general que tem uma remuneração, o cortesão que tem uma pensão e o criado que tem um salário entram todos nessa última categoria. Todos os outros são empreendedores, quer por se estabelecerem com um fundo para tocar sua empresa, quer por serem empreendedores de seu próprio trabalho sem nenhum fundo, e por se poder considerar que vivem na incerteza; mesmo os patifes e os ladrões são empreendedores dessa classe.[52]

Hoje, todos os indivíduos deveriam ter "renda incerta", inclusive "patifes e ladrões". Esse é o teor das estratégias políticas ativamente encorajadas pelo patronato. Aliás, a oposição entre dois tipos de homens, os "riscófilos", dominantes corajosos, e os "riscófobos", dominados temerosos, foi consagrada por dois teóricos ligados ao patronato francês: François Ewald e Denis Kessler[53]. Esses autores afirmavam que toda "refundação social" pressupunha a transformação do maior número de indivíduos em "riscófilos". Alguns anos mais tarde, Laurence Parisot, líder do patronato francês, diria de maneira mais direta: "A vida, a saúde e o amor são precários, por que o trabalho escaparia dessa lei?"[54]. Devemos entender por essa declaração que as leis positivas deveriam curvar-se a essa nova "lei natural" da precariedade. Esse discurso dá ao risco uma dimensão ontológica, gêmea do desejo que move cada um de nós. Obedecer ao próprio desejo é correr riscos[55].

No entanto, se desse ponto de vista "viver na incerteza" aparece como um estado *natural*, as coisas aparecem com uma feição muito diferente quando

---

[52] Richard Cantillon, *Essai sur la nature du commerce en général* (trad. Richard Cantillon, Londres, Fletcher Gyles, 1755), p. 71-2 [ed. bras.: *Ensaio sobre a natureza do comércio em geral (1755)*, apr. e trad. Fani Goldfarb Figueira, Curitiba, Segesta, 2002].

[53] Sobre esse ponto, ver neste volume cap. 6, p. 181, nota 75.

[54] Laurence Parisot em *Le Figaro*, 30 ago. 2005.

[55] Sobre esse ponto preciso, Beck engana-se ao opor categoricamente a ontologia do interesse do liberalismo clássico à ontologia do risco do capitalismo contemporâneo, a sociedade burguesa governada pelo interesse à sociedade moderna governada pelo risco (Ulrich Beck, *La société du risque*, trad. Laure Bernardi, Paris, Aubier, 2001, p. 135 [ed. bras.: *Sociedade de risco: rumo a uma outra modernidade*, trad. Sebastião Nascimento, São Paulo, Editora 34, 2010]). Por outro lado, ele acerta quando destaca a ênfase que se dá atualmente à obsessão do "risco" como perigo ou consciência do perigo. Mas, por causa disso, devemos, como ele, atribuir essa obsessão a mutações importantes na dominação técnica da natureza, hoje incorporada à sociedade (ibidem, p. 146)? Não deveríamos atribuí-la igualmente, ou mesmo, sobretudo, à nova norma da concorrência generalizada? Aliás, é o que tende a evidenciar a segunda parte de sua obra.

são situadas no terreno das práticas efetivas. Quando se fala em "sociedades de risco", é preciso esclarecer do que se trata. O Estado social tratou sob a forma de seguro social obrigatório alguns riscos profissionais ligados à condição de assalariado. Hoje, a produção e a gestão dos riscos obedecem a uma lógica muito diferente. Trata-se, na realidade, de uma criação social e política de riscos individualizados que podem ser geridos não pelo Estado social, mas por empresas – cada vez mais poderosas e numerosas – que propõem serviços estritamente individuais de "gestão de riscos". O "risco" tornou-se um setor comercial, na medida em que se trata de produzir indivíduos que poderão contar cada vez menos com formas de ajuda mútua de seus meios de pertencimento e com os mecanismos públicos de solidariedade. Do mesmo modo e ao mesmo tempo que se produz o sujeito de risco, produz-se o sujeito da assistência privada. A maneira como os governos reduzem a cobertura socializada dos gastos com doenças ou aposentadoria, transferindo sua gestão para empresas de seguro privado, fundos comuns e associações mutualistas intimados a funcionar segundo uma lógica individualizada, permite estabelecer que se trata de uma verdadeira estratégia.

Aliás, a nosso ver, é isso que deve ser retido dos trabalhos de Ulrich Beck e da *Sociedade de risco*. Para ele, o capitalismo avançado destrói a dimensão *coletiva* da existência: destrói não só as estruturas tradicionais que o precederam, sobretudo a família, mas também as estruturas que ajudou a criar, como as classes sociais. Assistimos a uma individualização radical que faz com que todas as formas de crise social sejam percebidas como crises individuais, todas as desigualdades sejam atribuídas a uma responsabilidade individual. A maquinaria instaurada "transforma as causas externas em responsabilidades individuais e os problemas ligados ao sistema em fracassos pessoais"[56]. O que Beck chama de "agentes de sua própria subsistência mediada pelo mercado" são os indivíduos "liberados" da tradição e das estruturas coletivas, liberados dos estatutos que lhes atribuíam um lugar. Hoje, esses seres "livres" devem "autorreferenciar-se", isto é, dar-se referências sociais e adquirir um valor social à custa de uma mobilidade social e geográfica sem limite determinado. Apesar de essa individualização pelo mercado não ser novidade, Beck mostra que ela se radicalizou. O "Estado de bem-estar" teve um papel ambíguo nisso, contribuindo para a substituição das estruturas comunitárias por "guichês" de auxílio social.

---

[56] Ibidem, p. 161 e 202.

Seus dispositivos tiveram um papel importante na constituição de "riscos sociais" cuja cobertura, logicamente, era "socializada". No entanto, seus modos de financiamento, assim como seus princípios de distribuição, registravam factualmente que esses "riscos sociais" estavam ligados ao funcionamento da economia e da sociedade, tanto em suas causas (o desemprego) como em seus possíveis efeitos (o estado de saúde da mão de obra).

A nova norma em matéria de risco é a da "individualização do destino". A extensão do "risco" coincide com uma mudança em sua natureza. Esse risco é cada vez menos "risco social", assumido por determinada política do Estado social, e cada vez mais "risco ligado à existência". Em virtude do pressuposto da responsabilidade ilimitada do indivíduo, da qual se falou antes, o sujeito é considerado responsável tanto por esse risco como pela escolha de sua cobertura. Encontramos aqui a ideia de que o indivíduo deve mostrar-se "ativo", ser "gestor" de seus riscos; assim, consequentemente convém que suscite e alimente uma atitude *ativa* em questão de emprego, saúde e educação. Para certos teóricos do novo rumo, como Ewald, essa sociedade do risco individual pressupõe uma "sociedade de informação" – o papel dos poderes públicos e das empresas deveria consistir em fornecer informações confiáveis sobre o mercado de trabalho, o sistema educacional, os direitos dos doentes etc.[57]

Isso significa ver uma complementaridade ideológica entre a norma de mercado baseada na "livre escolha" do sujeito racional e a "transparência" do funcionamento social, condição necessária para uma escolha ótima. Mas significa, sobretudo, instaurar um mecanismo que identifica o *compartilhamento* da informação e o *compartilhamento* do risco: a partir do momento que se supõe que o indivíduo tem condições de acessar as informações necessárias para sua escolha, deve-se supor que ele se torna plenamente responsável pelos riscos envolvidos. Em outras palavras, a implantação de um dispositivo informacional de tipo comercial ou legal permite uma transferência do risco para o doente que "escolhe" determinado tratamento ou operação, para o estudante ou o "desempregado" que "escolhem" certo curso de formação, o futuro aposentado que "escolhe" uma modalidade de poupança, o turista que aceita as condições do percurso etc. Compreende-se, então, como a instauração de indicadores e "rankings" faz parte da ampliação do modo de subjetivação neoliberal: qualquer decisão, seja médica, escolar,

---

[57] "Entretien avec François Ewald", *Nouveaux Regards*, n. 21, 2003.

seja profissional, pertence de pleno direito ao indivíduo. O que, devemos lembrar, tem certa ressonância no indivíduo, na medida em que ele aspira controlar o curso de sua vida, suas uniões, sua reprodução e sua morte. Mas essa ética "individualista" é tratada como uma oportunidade de jogar todos os custos *nas costas* do sujeito, por mecanismos de transferência do risco que não têm nada de "natural". No fundo, a estratégia consiste em partir da aspiração à decisão pessoal na questão da escolha de vida e reinterpretar o conjunto dos riscos como escolhas de vida. Aubrey formulou bem esse desvio: "O risco tornou-se um microrrisco personalizado: a partir do momento que tenho um trabalho, esse trabalho tem riscos; a partir do momento que tenho saúde, essa saúde tem riscos; a partir do momento que tenho relações conjugais, esse casamento tem riscos"[58].

"Accountability"

A novidade do governo empresarial reside no caráter geral, transversal e sistemático do modo de direção baseado na responsabilidade individual e no autocontrole. A responsabilidade não é considerada uma faculdade adquirida de uma vez por todas, mas vista como resultado de uma interiorização de coerções. O indivíduo deve governar-se a partir de dentro por uma racionalização técnica de sua relação consigo mesmo. Ser "empreendedor de si mesmo" significa conseguir ser o instrumento ótimo de seu próprio sucesso social e profissional. Mas contar apenas com a tecnologia do "*training*" e do "*coaching*" não é suficiente. A instauração de técnicas de auditoria, vigilância e avaliação visa a aumentar essa exigência de controle de si mesmo e bom desempenho individual. Embora os *coachs* de subjetividades eficazes visem a fazer de cada indivíduo um "especialista de si mesmo"[59], o essencial, como bem notou Éric Pezet, é fabricar o homem *accountable* [responsável]. As técnicas de produção do eu produtivo estão intimamente ligadas a esse modo de controle como momentos preparatórios ou sequências reparadoras.

Se seguirmos os diferentes sentidos do termo inglês em uso, significa que o indivíduo deve ser responsável por si mesmo, responder por seus

---

[58] Entrevista com Bob Aubrey, "L'entreprise de soi, un nouvel âge", cit., p. 100.
[59] Ver Valérie Brunel, *Les managers de l'âme*, cit.

atos diante dos outros e ser inteiramente calculável. Como diz Pezet: "a 'responsabilização' dos indivíduos não os torna apenas responsáveis: eles devem responder por seu comportamento a partir de escalas de medida dadas pelos serviços de gestão de recursos humanos e pelos administradores"[60]. A "avaliação" tornou-se o primeiro meio de orientar a conduta pelo estímulo ao "bom desempenho" individual. Ela pode ser definida como uma relação de poder exercida por superiores hierárquicos encarregados da *expertise* dos resultados, uma relação cujo efeito é uma *subjetivação contábil* dos avaliados. Uma vez que o sujeito aceita ser julgado com base nessas avaliações e sofrer as consequências, ele se torna constantemente avaliável, isto é, um sujeito que sabe que depende de um avaliador e das ferramentas empregadas por ele, sobretudo porque ele mesmo foi educado para reconhecer de antemão a competência do avaliador e a validade das ferramentas.

O sujeito neoliberal, portanto, não é o sujeito benthamiano. Este último, como sabemos, é governável pelo cálculo, porque é calculista. Ora, não se trata mais, como no utilitarismo clássico, de dispor de um quadro legal e de um conjunto de medidas de "legislação indireta" conhecidos de todos para que o indivíduo calcule melhor; trata-se de empregar instrumentos muito mais próximos do indivíduo (superior imediato), mais constantes (resultados contínuos da atividade) e mais objetiváveis (medidas quantitativas levantadas por registro informatizado).

O sujeito neoliberal não é mais exatamente aquele homem situável nos sistemas administrativos de classificação, distribuível em categorias de acordo com critérios qualitativos, repartível nas células das tabelas exaustivas da burocracia industrial pública e privada. O antigo "homem da organização" era guiado pelo cálculo que fazia de seus interesses de acordo com um plano de carreira relativamente previsível, em função de seu status, de seus diplomas e de seu lugar numa grade de qualificações. O antigo sistema de julgamento burocrático baseava-se na probabilidade estatística de um elo entre a posição do indivíduo na classificação e sua eficácia pessoal. Tudo isso muda quando se deixa de querer prejulgar a eficácia do sujeito por títulos, diplomas, status, experiência acumulada, ou seja, a posição que ele ocupa numa classificação, porque passa-se a confiar na avaliação mais fina e regular de suas competências postas efetivamente em prática a todo

---

[60] Éric Pezet et al., *Management et conduite de soi: enquête sur les ascèses de la performance* (Paris, Vuibert, 2007), p. 8.

instante. O sujeito não vale mais pelas qualidades estatutárias que lhe foram reconhecidas durante sua trajetória escolar e profissional, mas pelo valor de uso diretamente mensurável de sua força de trabalho. Vemos, então, que o modelo humano da empresa de si mesmo é requerido nesse modo de poder que deseja impor um regime de sanção homólogo ao do mercado.

O ideal – que constitui como que o modelo dessa atividade de avaliação, inclusive nos setores mais distantes da prática financeira, como saúde mental, educação, serviços de cuidado à pessoa e justiça – consistiria em poder avaliar os ganhos produzidos por cada equipe ou indivíduo considerados responsáveis pelo valor acionário produzido pela atividade que realizam[61]. A transposição da auditoria a que estão sujeitos os "centros de resultados" da empresa ao conjunto das atividades econômicas, sociais, culturais e políticas envolve uma verdadeira lógica de *subjetivação financeira* dos assalariados. Todo produto torna-se um "objeto financeiro", e o próprio sujeito é instituído como um criador de valor acionário, responsável perante os acionistas[62].

Tudo indica que a principal mudança introduzida pela avaliação é de ordem subjetiva. Enquanto as novas tecnologias orientadas para a produção da "empresa de si mesmo" pareciam responder a uma aspiração dos assalariados a mais autonomia no trabalho, a tecnologia avaliativa aumenta a dependência em relação à "cadeia administrativa". Obrigado a realizar "seu" objetivo, o sujeito da avaliação é igualmente constrangido a impor ao outro (subordinado, cliente, paciente ou aluno) as prioridades da empresa. É o atendente dos Correios que tem de aumentar as vendas de determinado "produto", exatamente do mesmo modo que qualquer consultor financeiro bancário, mas é também o médico que deve ora prescrever "ações" rentáveis, ora liberar leitos o mais rápido possível. Uma das consequências mais seguras é, sem dúvida, que as "transações" ganham cada vez mais espaço em detrimento das "relações", a instrumentalização do outro ganha importância em detrimento de todos os outros modos possíveis de relação com o outro. Contudo, mais fundamentalmente, essa mudança se deve à forma como os sujeitos são intimados a participar ativamente de um dispositivo muito diferente do dispositivo característico da era industrial. A técnica de si mesmo

---

[61] Ver Nelarine Cornelius e Pauline Gleadle, "La conduite de soi et les sujets entreprenants: les cas Midco et Lbco", em Éric Pezet et al., *Management et conduite de soi*, cit., p. 139.

[62] Sobre todos esses pontos, ver capítulo 8 deste volume.

é uma técnica de bom desempenho num campo concorrencial. Ela não visa apenas à adaptação e à integração, ela visa à intensificação do desempenho.

O novo dispositivo "desempenho/gozo"

Não compreenderíamos a extensão do desdobramento da racionalidade neoliberal, ou as formas de resistência encontradas por ela, se a víssemos como imposição de uma força mecânica sobre uma sociedade e indivíduos da qual eles seriam pontos de aplicação externos. O poder dessa racionalidade, como vimos, deve-se à instauração de situações que forçam os sujeitos a funcionar de acordo com os termos do jogo imposto a eles. Mas o que é funcionar como uma empresa num contexto de situação de concorrência? Em que medida isso nos leva a um "novo sujeito"? Abordaremos aqui apenas alguns dos elementos que compõem o dispositivo de desempenho/gozo e mostram diretamente sua novidade em relação ao dispositivo industrial de eficácia.

O novo sujeito é o homem da competição e do desempenho. O empreendedor de si é um ser feito para "ganhar", ser "bem-sucedido". O esporte de competição, mais ainda que as figuras idealizadas dos dirigentes de empresa, continua a ser o grande teatro social que revela os deuses, os semideuses e os heróis modernos[63]. Embora date do início do século XX e tenha se mostrado perfeitamente compatível tanto com o fascismo e o comunismo soviético como com o fordismo, o culto ao esporte sofreu uma mudança importante quando se introduziu a partir de dentro nas práticas mais diversas, não só por empréstimo de determinado léxico, mas também, de forma ainda mais decisiva, pela lógica do desempenho, que altera seu significado subjetivo. Isso é verdadeiro para o mundo profissional, mas é verdadeiro também para muitos outros campos, como, por exemplo, a sexualidade. As práticas sexuais, no imenso discurso "psicológico" que hoje as analisa, estimula e enche de conselhos de todos os tipos, tornam-se exercícios pelos quais cada um de nós é levado a confrontar-se com a norma do desempenho socialmente exigido: número e duração das relações, qualidade e intensidade dos orgasmos, variedade e atributos dos parceiros, número e tipos de posições, estimulação e conservação da libido em todas as idades tornam-se objeto de pesquisas detalhadas e recomendações precisas. Como mostrou Alain

---

[63] Ver Alain Ehrenberg, *Le culte de la performance* (Paris, Hachette, 1999, Coleção Pluriel).

Ehrenberg, o esporte tornou-se, sobretudo a partir dos anos 1980, um "princípio de ação para todos os lados", e a competição, um modelo de relação social[64]. O "*coaching*" é a marca e ao mesmo tempo o meio dessa analogia constante entre esporte, sexualidade e trabalho[65]. Foi esse modelo, talvez mais do que o discurso econômico sobre a competitividade, que permitiu "naturalizar" esse dever de bom desempenho e difundiu nas massas certa normatividade centrada na concorrência generalizada. No dispositivo em questão, a empresa se identifica com os campeões, os quais patrocina e dos quais explora a imagem, e o mundo do esporte, como bem sabemos, torna-se um laboratório do *business* sem constrangimentos. Os esportistas são encarnações perfeitas do empreendedor de si, que não hesitam um instante sequer em se vender a quem pagar mais, sem muitas considerações a respeito da lealdade e da fidelidade. Mais ainda, o cuidado com o corpo, o aprimoramento de si mesmo, a procura de sensações fortes, o fascínio pelo "extremo", a preferência pelo lazer ativo e a superação idealizada dos "limites" indicam que o modelo esportivo não se reduz ao espetáculo recreativo de "poderosos" devorando uns aos outros. Alguns jogos televisivos, os chamados "reality TV", também ilustram essa "luta pela vida", em que apenas os mais espertos e, com frequência, os mais cínicos conseguem "sobreviver" (*Survivor*, e sua versão francesa *Koh Lanta*), reativando num contexto muito diferente o mito de Robinson Crusoé e a "sobrevivência dos mais aptos" em situações de perigo extraordinárias. Esse tipo de "robinsonada" contemporânea radicaliza a nova norma social, mas mostra à perfeição um imaginário em que desempenho e gozo são indissociáveis.

O sujeito neoliberal é produzido pelo dispositivo "desempenho/gozo". Inúmeros trabalhos enfatizam o caráter paradoxal da situação subjetiva. Os sociólogos multiplicam os "oximoros" para tentar dizer do que se trata: "autonomia controlada", "comprometimento coagido"[66]. No entanto, todas essas expressões pressupõem um sujeito exterior e anterior à relação

---

[64] Ibidem, p. 14. Ehrenberg nota com razão que Max Weber antecipou essa tendência: "Nos Estados Unidos, nos lugares mesmo de seu paroxismo, a busca da riqueza, sem seu sentido ético-religioso, tende hoje a associar-se às paixões puramente agonísticas, o que lhe confere no mais das vezes um caráter de esporte", Weber citado em ibidem, p. 176.

[65] Ver Roland Gori e Pierre Le Coz, *L'empire des coachs*, cit., p. 7 e seg.

[66] Como sublinha Jean-Pierre Durand em *La chaîne invisible. Travailler aujourd'hui: du flux tendu à la servitude volontaire* (Paris, Seuil, 2004), o modelo desse paradoxo é

específica de poder que o constitui precisamente como sujeito governado. Quando poder e liberdade subjetiva não são mais contrapostos, quando se estabelece que a arte de governar não consiste em transformar um sujeito em puro objeto passivo, mas conduzir um sujeito a fazer o que aceita querer fazer, a questão se apresenta sob uma nova luz. O novo sujeito não é mais apenas o do circuito produção/poupança/consumo, típico de um período consumado do capitalismo. O antigo modelo industrial associava – não sem tensão – o ascetismo puritano do trabalho, a satisfação do consumo e a esperança de um gozo tranquilo dos bens acumulados. Os sacrifícios aceitos no trabalho (a "desutilidade") eram comparados com os bens que poderiam ser adquiridos graças à renda (a "utilidade"). Como lembramos antes, Daniel Bell mostrou a tensão cada vez mais forte entre essa tendência ascética e esse hedonismo do consumo, uma tensão que, segundo ele, chegou ao ápice nos anos 1960. Ele entreviu, sem ter ainda condições de observar, a resolução dessa tensão num dispositivo que ia identificar o desempenho ao gozo e cujo princípio é o do "excesso" e da "autossuperação". Não se trata mais de fazer o que se sabe fazer e consumir o que é necessário, numa espécie de equilíbrio entre desutilidade e utilidade. Exige-se do novo sujeito que produza "sempre mais" e goze "sempre mais" e, desse modo, conecte-se diretamente com um "mais-de-gozar" que se tornou sistêmico[67].

---

idêntico ao anunciado por Étienne de La Boétie com o nome de "servidão voluntária" (ibidem, p. 373).

[67] Essa intensificação e essa aceleração é que deram a Gilles Deleuze e Félix Guattari a ideia inicial de outra economia política não separada da economia libidinal, exposta em *O anti-Édipo* [trad. Luiz B. L. Orlandi, 2. ed., São Paulo, Editora 34, 2014] e *Mil platôs* [trad. Ana Lúcia de Oliveira, Aurélio Guerra Neto e Célia Pinto Costa, 2. ed., São Paulo, Editora 34, 2014]. Para eles, o capitalismo só pode funcionar com a liberação dos fluxos desejantes que excedem os quadros sociais e políticos estabelecidos para a própria reprodução do sistema de produção. É nesse sentido que o processo de subjetivação próprio do capitalismo é qualificado como "esquizofrênico". Mas, apesar de o capitalismo só poder funcionar com a liberação de doses cada vez maiores de energia libidinal que "decodificam" e "desterritorializam", ele tenta reincorporá-las continuamente à máquina produtiva. "Quanto mais a máquina capitalista desterritorializa, decodificando e axiomatizando os fluxos para extrair deles o mais-valor, mais seus aparatos anexos, burocráticos e policiais, reterritorializam, absorvendo uma parte crescente de mais-valor" (Gilles Deleuze e Félix Guattari, *L'anti-Œdipe*, Paris, Minuit, 1972, p. 42). Se nos anos 1970 Deleuze dá ênfase às máquinas repressivas "paranoicas", que tentam dominar inutilmente as linhas de fuga do desejo, mais tarde ele ressaltará a relação entre essa liberação dos fluxos desejantes e os dispositivos de

A própria vida, em todos os seus aspectos, torna-se objeto dos dispositivos de desempenho e gozo.

Esse é o duplo sentido de um discurso gerencial que faz do bom desempenho um dever e de um discurso publicitário que faz do gozo um imperativo. Ressaltar apenas a tensão entre ambos seria esquecer tudo o que estabelece certa equivalência entre o dever do bom desempenho e o dever do gozo, seria subestimar o imperativo do "sempre mais" que visa a intensificar a eficácia de cada sujeito em todos os domínios: escolar e profissional, mas também relacional, sexual etc. "*We are the champions*" [Nós somos os campeões] – esse é o hino do novo sujeito empresarial. Da letra da música, que a sua maneira anuncia o novo curso subjetivo, devemos guardar sobretudo esta advertência: "*No time for losers*" [Não há tempo para perdedores]. A novidade é justamente que o *loser* é o homem comum, aquele que perde por essência.

De fato, a norma social do sujeito mudou. Não é mais o equilíbrio, a média, mas o desempenho máximo que se torna o alvo da "reestruturação" que cada indivíduo deve realizar em si mesmo. Não se pede mais do sujeito que seja simplesmente "conformado", que vista sem reclamar a indumentária ordinária dos agentes da produção econômica e da reprodução social. Não só o conformismo não é mais suficiente, como se torna suspeito, na medida em que se ordena ao sujeito que "se transcenda", que "leve os limites além", como dizem os gerentes e os treinadores. A máquina econômica, mais do que nunca, não pode funcionar em equilíbrio e, menos ainda, com perda. Ela tem de mirar um "além", um "mais", que Marx identificou como "mais-valor". Até então, essa exigência própria do regime de acumulação do capital não havia desdobrado todos os seus efeitos. Isso aconteceu quando o comprometimento subjetivo foi tal que a procura desse "além de si mesmo" tornou-se a condição de funcionamento tanto dos sujeitos como das empresas. Daí o interesse da identificação do sujeito como empresa de si mesmo e capital humano: a extração de um "mais-de-gozar", tirado de si mesmo, do prazer de viver, do simples fato de viver, é que faz funcionar o novo sujeito e o novo sistema de concorrência. Em última análise, subjetivação "contábil" e

---

guiamento dos fluxos na "sociedade de controle", entre o modo de subjetivação por estímulo do "desejo" e a avaliação generalizada dos desempenhos. Ver Gilles Deleuze, "Contrôle et devenir" e "Post-scriptum sur les sociétés de contrôle", em *Pourparlers* (Paris, Minuit, 1990) [ed. bras.: *Conversações: 1972-1990*, trad. Peter Pál Pelbart, São Paulo, Editora 34, 2013].

subjetivação "financeira" definem uma *subjetivação pelo excesso de si em si* ou, ainda, *pela superação indefinida de si*. Consequentemente, aparece uma figura inédita da subjetivação. Não uma "*trans*-subjetivação", o que implicaria mirar um além *de* si mesmo que consagraria um rompimento consigo mesmo e uma renúncia de si mesmo. Tampouco uma "*auto*ssubjetivação" pela qual se procuraria alcançar uma relação ética consigo mesmo, independentemente de qualquer outra finalidade, de tipo político ou econômico[68]. De certa forma, trata-se de uma "*ultra*ssubjetivação"[69], cujo objetivo não é um estado último e estável de "posse de si", mas um além *de* si sempre repelido e, além do mais, constitucionalmente ordenado, em seu próprio regime, segundo a lógica da empresa, e, para além, segundo o "cosmo" do mercado mundial.

Da eficácia ao desempenho

Qual é a diferença em relação ao homem econômico clássico? A alma continuou a depender do corpo, esse fundamento material de sensações, ideias, esperanças e motivações. Se pareceu por um momento que Foucault restringia o campo da disciplina ao adestramento e à gestão dos corpos, é porque os traços corporais eram os primeiros na classificação e na distribuição dos indivíduos, assim como em seu modo de gestão. A divisão do trabalho, que repartia os corpos e distribuía os gestos, de certo modo era o paradigma da gestão dos sujeitos. Todo o utilitarismo clássico era comandado por essa prevalência, até na ideia de que, pelas palavras, podia-se chegar aos móbiles das motivações. O próprio princípio de utilidade repousava na ideia de que tudo que dizia respeito à força corporal e, portanto, psíquica deveria servir ao máximo, sem nenhum resto. O corpo como dado principal deveria tornar-se integralmente útil por intermédio das disciplinas clássicas. "As disciplinas funcionam como técnicas que fabricam indivíduos úteis", sublinha Foucault[70].

---

[68] Os termos "trans-subjetivação" e "autossubjetivação" são propostos por Foucault para dar conta da diferença entre o ascetismo cristão dos séculos III e IV e a "cultura de si" da época helenística. Ver Michel Foucault, *L'herméneutique du sujet*, cit., p. 206.

[69] No sentido em latim de *ultra* ("além de"), a ultrassubjetivação, portanto, não é uma subjetivação exagerada ou excessiva, mas uma subjetivação que visa sempre a um além de si em si.

[70] Michel Foucault, *Surveiller et punir* (Paris, NRF Gallimard, 1975), p. 246 [ed. bras.: *Vigiar e punir*, trad. Raquel Ramalhete, 42. ed., Petrópolis, Vozes, 2014].

As coisas mudaram desde então. Esse "quadro natural do corpo humano" impunha limites ao gozo e ao desempenho que hoje são inaceitáveis. O corpo é produto de uma escolha, de um estilo, de uma modelagem. Cada indivíduo é responsável por seu corpo, reinventado e transformado à própria vontade. Esse é o novo discurso do gozo e do desempenho que obriga o indivíduo a dar-se um corpo tal que ele possa ir sempre além de suas capacidades atuais de produção e prazer. Esse é o mesmo discurso que *iguala* cada um de nós diante das novas obrigações: nenhuma deficiência de nascença ou de ambiente pode ser obstáculo intransponível ao comprometimento pessoal com o dispositivo geral. Por isso, essa virada somente foi possível a partir do momento em que a função "psi", apoiada pelo discurso "psi", foi identificada como o motor da conduta e o objeto-alvo de uma transformação possível por técnicas "psi". Não que o sujeito neoliberal seja produto direto dessa construção, mas o discurso sobre o sujeito aproximou os enunciados psicológicos e os enunciados econômicos até quase fundi-los. Esse sujeito é, na realidade, um *efeito compósito*, como era o indivíduo do liberalismo clássico. Vimos que este último era produto combinado de considerações múltiplas, de diferentes ordens (a anatomia e a fisiologia combinaram-se com a economia política e a ciência moral para lhe dar um fundamento intelectual sólido). Da mesma maneira, é pela combinação da concepção psicológica do ser humano, da nova norma econômica da concorrência, da representação do indivíduo como "capital humano", da coesão da organização pela "comunicação", do vínculo social como "rede", que se construiu pouco a pouco essa figura da "empresa de si".

Nikolas Rose mostrou em seus trabalhos, muito inspirado nas pesquisas de Foucault, que o discurso "psi", com seu poder de *expertise* e sua legitimidade científica, contribuiu largamente para a definição do indivíduo governável moderno[71]. O discurso "psi", entendido como "tecnologia intelectual", permitiu que os indivíduos fossem conduzidos a partir de um saber relativo a sua constituição interna. Fazendo isso, formou indivíduos que

---

[71] Nikolas Rose, *Governing the Soul. The Shaping of the Private Self* (2. ed., Londres, Free Association Books, 1999), p. vii. Rose, no entanto, comete um erro de data. A virada "psi" não ocorreu no fim do século XIX, mas antes. Embora ainda permanecesse preso à fisiologia, o início do discurso "psi" é contemporâneo ao surgimento da economia política e da governamentalidade liberal: para governar as condutas, é preciso saber influenciar a formação dos motivos, isto é, atuar sobre a "dinâmica psicológica", segundo expressão criada por Bentham.

aprenderam a conceber-se como seres psicológicos, a julgar-se e modificar-se por um trabalho em si mesmos, ao mesmo tempo que deu às instituições e aos governantes meios de dirigir a conduta desses indivíduos. Concebendo o sujeito como lugar de paixões, desejos e interesses, mas também de normas e julgamentos morais, pôde-se compreender como as forças psicológicas são móbiles de conduta, e como agir tecnicamente no campo psíquico por meio de sistemas adaptados de estímulo, incentivo, recompensa, punição. Todo um conjunto de técnicas de diagnóstico e "ortopedia psíquica", no campo educacional, profissional e familiar, foi integrado ao grande dispositivo de eficácia das sociedades industriais. A ideia diretriz era a da adaptação mútua dos móbiles psicológicos e das coerções sociais e econômicas, o que nos ensinou a ver a "personalidade" e o "fator humano" como um recurso econômico pelo qual se deve "zelar".

A psicologização das relações sociais e a humanização do trabalho caminharam durante muito tempo de mãos dadas, com as melhores das intenções. Ergonomistas, sociólogos e psicossociólogos quiseram dar uma resposta à aspiração dos trabalhadores a viver melhor no trabalho e até mesmo a encontrar prazer nele. Ao mesmo tempo, a dimensão subjetiva tornou-se tanto uma realidade em si como um instrumento objetivo de sucesso da empresa. A "motivação" no trabalho apareceu, então, como o princípio de uma nova maneira de conduzir os homens no trabalho, mas também os alunos nas escolas, os doentes nos hospitais e os soldados no campo de batalha. A subjetividade, feita de emoções e desejos, paixões e sentimentos, crenças e atitudes, foi vista como a chave do bom desempenho das empresas. Departamentos de recursos humanos, empresas de seleção e recrutamento e especialistas em formação puseram em ação um trabalho específico de conciliação entre a subjetividade desejante e os objetivos da empresa. Esse "humanismo" empresarial foi apoiado de fora por todos os reformistas bem--intencionados, que acreditavam que um trabalhador seguro e realizado era um trabalhador mais motivado, logo, mais eficaz. Daí a ênfase na harmonia do grupo, no "sentimento de pertencimento" e na "comunicação", com suas virtudes terapêuticas e seu alcance persuasivo. Como observa Rose, "a democracia caminhava de mãos dadas com a produtividade industrial e a satisfação humana"[72]. Inúmeras considerações, no cruzamento da psicossociologia com o engajamento sindical e político, chegaram a ver nos

---

[72] Ibidem, p. 88.

efeitos do "estilo democrático da liderança" sobre a "subjetividade coletiva" argumentos científicos a favor do socialismo autogestor.

O discurso "psi", quando cruzou com o discurso econômico, teve outros efeitos sobre a cultura cotidiana, dando uma forma científica à ideologia da escolha. Numa "sociedade aberta", todo indivíduo tem o direito de viver como bem entende, escolher o que quiser, seguir as modas que preferir. A livre escolha não foi recebida inicialmente como uma ideologia econômica de "direita", mas como uma norma de conduta de "esquerda", segundo a qual ninguém pode opor-se à realização de seus desejos. Enunciados econômicos e enunciados do tipo "psi" juntaram-se para dar ao novo sujeito a forma do arbítrio supremo entre "produtos" e estilos diferentes no grande mercado dos códigos e dos valores. Foi ainda essa conjunção que deu origem a essas técnicas de si que visam ao desempenho individual por meio de uma racionalização gerencial do desejo. Mas foi outra modalidade dessa conjunção que permitiu o desenvolvimento do dispositivo de desempenho/gozo, uma modalidade que consiste não em perguntar em que medida o indivíduo e a empresa, cada qual com suas exigências próprias, podem adaptar-se um ao outro, mas como o sujeito psicológico e o sujeito da produção podem *identificar-se*. Para falar em termos freudianos, a questão não é mais fazer com que os indivíduos passem do princípio do prazer ao princípio da realidade – objetivo terapêutico dos partidários de uma psicanálise "adaptativa" que promete um acréscimo de "felicidade" para os mais bem adaptados[73]; a questão agora é fazer os indivíduos passarem do princípio do prazer ao *além* do princípio do prazer. A identificação entre os dois sujeitos distancia-se do horizonte homeostático do equilíbrio para operar na lógica da intensificação e da ilimitação. Sem dúvida, alguns dirão que a ilusão do gozo, da adaptação do sujeito e do objeto, sob a forma da "realização" e do "domínio de si mesmo", foi mantida.

Mas o essencial não reside nisso. Desse ponto de vista, embora Rose tenha razão em propor que as técnicas "psi" e a governamentalidade própria das democracias liberais se copertençam, ele não percebe que o ideal de domínio de si mesmo não caracteriza mais a subjetividade propriamente neoliberal[74]. A liberdade tornou-se uma obrigação de desempenho.

---

[73] Lembremos que, para Freud, a adaptação à realidade, longe de significar uma renúncia a qualquer prazer, gera em si mesma certa forma de prazer.

[74] Nikolas Rose, *Inventing Ourselves*, cit. Ver neste mesmo capítulo a nota 43, sobre o ideal ético da *enkrateia*.

O normal não é mais o domínio e a regulação das pulsões, mas sua estimulação intensiva como principal fonte de energia. É em torno da norma da competição entre empresas de si mesmo que a fusão do discurso "psi" com o discurso econômico se opera, que as aspirações individuais e os objetivos de excelência da empresa se identificam, que, em suma, o "microcosmo" e o "macrocosmo" se harmonizam.

Evidentemente, a gestão não é a única a assegurar essa conjunção. O marketing é empuxo-ao-gozo [*pousse-à-jouir*] incessante e onipresente, ainda mais eficaz na medida em que promete, pela simples posse dos signos e dos objetos do "sucesso", o impossível gozo último. Uma imensa literatura de revistas, uma enxurrada de programas de televisão, um teatro político e mediático *non stop* e um imenso discurso publicitário e propagandista exibem incessantemente o "sucesso" como valor supremo, sejam quais forem os meios para consegui-lo. Esse "sucesso" como espetáculo vale por si mesmo. O que ele atesta é apenas uma vontade de ser bem-sucedido, apesar dos fracassos inevitáveis, e um contentamento por tê-lo conseguido, ao menos por um breve momento da vida. Essa é a própria imagem em que se resume o dispositivo de desempenho/gozo. Desse ângulo, autoridades políticas de um tipo novo, como Silvio Berlusconi ou Nicolas Sarkozy, simbolizam o novo curso subjetivo[75].

Diagnósticos clínicos do neossujeito

Tal sujeito encontra sua verdade no veredito do sucesso, submete-se a um "jogo da verdade" em que prova seu ser e seu valor. O desempenho é, muito precisamente, a verdade tal como o poder gerencial a define. Esse dispositivo de conjunto produz efeitos patológicos aos quais ninguém escapa completamente. Através da abundante literatura clínica contemporânea, podemos distinguir alguns sintomas. Eles têm um ponto em comum: podem se referir ao definhamento dos quadros institucionais e das estruturas simbólicas nos quais os sujeitos encontravam seu lugar e sua identidade. Esse definhamento é uma consequência direta da substituição manifesta e geral da instituição pela empresa ou, mais exatamente, da *mutação da instituição em empresa*. Hoje é a empresa que tende a ser

---

[75] Ver Michaël Foessel e Olivier Mongin, "Les mises en scène de la réussite. Entreprendre, entraîner, animer", *Esprit*, nov. 2007, p. 22-42.

a principal instituição distribuidora de regras, categorias e proibições legítimas; é também como empresa que qualquer instituição tem legitimidade para estabelecer regras e identidades sociais; enfim, é à maneira da empresa, segundo a lógica da eficácia e da competição, que toda instituição participa da normatividade.

O paradoxo em torno do qual gira o diagnóstico clínico é que as instituições que distribuem os lugares, determinam as identidades, estabilizam as relações e impõem os limites são cada vez mais regidas por um *princípio de superação contínua dos limites*, um princípio que a neogestão tem o encargo de pôr em prática. O "mundo sem limites" não está ligado a um retorno à "natureza": ele tem o efeito de um regime institucional particular que vê todo limite como potencialmente já superado. Longe do modelo de um poder central que comandaria remotamente os sujeitos, o dispositivo de desempenho/gozo distribui-se em mecanismos diversificados de controle, avaliação e incentivo e participa de todas as engrenagens da produção, de todos os modos de consumo, de todas as formas de relações sociais.

Nós nos propomos estabelecer aqui um quadro de conjunto dos diagnósticos feitos pela clínica médica ainda em desenvolvimento.

Sofrimento no trabalho e autonomia contrariada

Os efeitos da gestão por meio de objetivos e projetos foram objeto de numerosas análises sociológicas e psicológicas, algumas das quais com ampla repercussão[76]. Hoje, o "estresse" e o "assédio" no trabalho são reconhecidos, em relação ao aumento dos casos de suicídio no local de trabalho, como "riscos psicossociais" dolorosos, perigosos e especialmente onerosos para os seguros coletivos[77].

Se esses sintomas se referem com frequência à intensificação do trabalho, ela mesma ligada aos fluxos tensos e às consequências perversas da redução do tempo de trabalho sob exigências de produtividade, patologias mentais como o estresse têm relação com a individualização da responsabilidade na

---

[76] Ver Christophe Dejours, *Souffrance en France: la banalisation de l'injustice sociale* (Paris, Seuil, 2006).

[77] Ver "Rapport sur la détermination, la mesure et le suivi des risques psychosociaux au travail", entregue em 12 de março de 2008 por Philippe Nasse, magistrado honorário, e Patrick Légeron, médico psiquiatra, a Xavier Bertrand, ministro do Trabalho, das Relações Sociais e da Solidariedade.

realização dos objetivos. Hoje, mais do que antes, o assalariado, sozinho diante de tarefas impossíveis ou duplas injunções, corre o risco de perder a consideração de chefes ou colegas. O enfraquecimento dos coletivos de trabalho reforça esse isolamento. A intensificação dos controles põe em questão o "jogo social" dentro da organização, isto é, a margem de liberdade que é dada pela relação salarial e que dá sentido ao trabalho, da mesma forma que contraria a aspiração dos assalariados a uma maior autonomia real[78]. O risco profissional, hoje normal, põe o indivíduo numa situação de vulnerabilidade constante, que os manuais de gestão interpretam positivamente como um estado de exaltação e enriquecimento ("uma prova que nos faz crescer"). Quando o sujeito empresarial vincula seu narcisismo ao sucesso de si mesmo conjugado com o da empresa, num clima de guerra concorrencial, o menor "revés do destino" pode ter efeitos extremamente violentos. A gestão neoliberal da empresa, interiorizando a coerção de mercado, introduz a incerteza e a brutalidade da competição e faz os sujeitos assumi-las como um fracasso pessoal, uma vergonha, uma desvalorização.

As contradições da nova organização do trabalho, atestadas pelos oximoros sociológicos citados anteriormente ("comprometimento coagido", "coerção flexível" etc.), apenas reforçam as decepções profissionais e impedem qualquer possibilidade de conflito aberto e coletivo. Uma vez que a equipe e o indivíduo aceitam entrar na lógica da avaliação e da responsabilidade, não pode mais haver contestação legítima, pelo próprio fato de que é por autocoerção que o sujeito realiza o que se espera dele[79]. Em todo caso, o sujeito no trabalho parece mais vulnerável na medida em que a gestão exige dele um comprometimento integral de sua subjetividade[80]. Um dos paradoxos

---

[78] Como escrevem Michel Gollac e Serge Volkoff, "além dos modos e das técnicas gerenciais, captar em proveito da empresa a energia que os indivíduos podem investir em atividades economicamente desinteressadas é uma preocupação constante e declarada da gestão de recursos humanos: quando se trata de aumentar a produtividade, nenhum recurso deve ser negligenciado, e esse é o sentido do "desprezo zero". Contudo, quando a intensificação do trabalho torna este último penoso, desvaloriza a experiência do cargo, atrapalha o aprendizado, perturba os coletivos, e os termos autonomia e participação mudam de sentido. O desprezo zero combina-se, então, com uma infinita duplicidade", Michel Gollac e Serge Volkoff, "*Citius, Altius, Fortius:* l'intensification du travail", *Actes de la Recherche en Sciences Sociales*, n. 114, set. 1996, p. 67.

[79] Jean-Pierre Durand, *La chaîne invisible*, cit., p. 309.

[80] Ver Nicole Aubert e Vincent de Gaulejac, *Le coût de l'excellence* (Paris, Seuil, 1991).

do novo poder gerencial, que exige esse comprometimento, é, sem dúvida, a deslegitimação do conflito acarretado pelo próprio fato de que as exigências são "sem sujeito", não têm autor ou fonte identificável, são consideradas integralmente objetivas. O conflito social é impedido porque o poder é ilegível. É isso, sem dúvida, que explica uma parte dos novos sintomas de "sofrimento psíquico".

Corrosão da personalidade

Na linha direta das observações de Marcel Mauss sobre o caráter histórico e cultural da pessoa, muitos sociólogos deram ênfase à "liquidez", à "fluidez" ou à "evanescência" das personalidades contemporâneas. Para Richard Sennett, a organização flexível, apresentada às vezes como uma oportunidade para o indivíduo moldar livremente sua vida, na realidade abala o "caráter" e corrói tudo que existe de estável na personalidade: os laços com os outros, os valores e as referências[81]. O tempo da vida é cada vez menos linear, cada vez menos programável. Sob esse ponto de vista, o sinal mais tangível da nova normatividade é que "em longo prazo não existe"[82]. O trabalho não oferece mais um quadro estável, uma carreira previsível, um conjunto de relações pessoais sólido. Instabilidade dos "projetos" e das "missões", variação contínua das "redes de contatos" e das "equipes" – o mundo profissional torna-se uma soma de "transações" pontuais, em vez de de relações sociais implicando um mínimo de lealdade e fidelidade. O que tem necessariamente um impacto sobre a vida privada, a organização familiar, a representação de si mesmo: "O capitalismo do curto prazo ameaça corroer [...] o caráter, em particular os traços de caráter que unem os seres humanos uns aos outros e dão a cada indivíduo um sentimento durável de seu eu"[83]. Em especial, o assalariado não encontra mais apoio na experiência que acumulou durante a sua vida profissional.

---

[81] Richard Sennett, *Le travail sans qualités: les conséquences humaines de la flexibilité* (trad. Pierre-Emmanuel Dauzat, Paris, Albin Michel, 2000). O título em inglês é mais eloquente: *The Corrosion of Character: The Personal Consequences of Work in the New Capitalism* (Nova York, Norton, 1999) [ed. bras.: *A corrosão do caráter: consequências pessoais do trabalho no novo capitalismo*, trad. Marcos Santarrita, 15. ed., Rio de Janeiro, Record, 2010].

[82] Ibidem, p. 24.

[83] Ibidem, p. 31.

Essa tendência a considerar somente as competências imediatamente utilizáveis explica sua rápida obsolescência, como a exclusão dos "*seniors*" da vida profissional. Ela tem uma relação complexa com a representação da vida como "capital humano" que se preserva através dos tempos. Na realidade, esse capital humano está sujeito ao mesmo risco de desvalorização que o capital técnico, o que acaba afetando profundamente os indivíduos que, com a idade, veem-se confrontados com o sentimento deprimente de sua inutilidade social e econômica. Os princípios práticos são claramente enunciados na pesquisa que Sennett realizou com os assalariados: "A gente tem de começar sempre tudo de novo", "a gente tem sempre de mostrar nosso valor", de "começar sempre do zero". O efeito é múltiplo: uma usura profissional acelerada e um "caos" relacional e psíquico. A nova personalidade? "Um eu maleável, uma colagem de fragmentos em perpétuo devir, sempre aberto à experiência nova", segundo Sennett[84].

Desmoralização

Vimos antes que a neogestão tende a controlar comportamentos e atitudes, solicitando um esforço constante de autocoerção[85]. Essa "ascese" a serviço do desempenho da empresa, combinada com uma avaliação regular dos assalariados dentro da "cadeia gerencial", normatiza as condutas, ao mesmo tempo que demole os engajamentos dos sujeitos uns com os outros. Relações, sentimentos e afetos positivos são mobilizados em nome da eficácia. Eva Illouz ressalta como o espaço da empresa e do consumo é saturado de sentimentos instrumentalizados pelas estratégias econômicas[86]. A importância do tema das "emoções" em cursos e testes (capital emocional, inteligência emocional, competências emocionais) remete a essa obrigação de bem-estar e amor, que necessariamente introduz uma dúvida permanente sobre a sinceridade dos sentimentos demonstrados.

A corrosão dos laços sociais traduz-se pelo questionamento da generosidade, da fidelidade, da lealdade, da solidariedade, de tudo o que faz parte da reciprocidade social e simbólica nos locais de trabalho. Como a

---

[84] Ibidem, p. 189.
[85] Ver Gabrielle Balazs e Jean-Pierre Faguer, "Une nouvelle forme de management, l'évaluation", *Actes de la Recherche en Sciences Sociales*, n. 114, set. 1996.
[86] Eva Illouz, *Les sentiments du capitalisme* (Paris, Seuil, 2006).

principal qualidade que se espera do indivíduo contemporâneo é a "mobilidade", a tendência ao desapego, e à indiferença que dele resulta, isso acaba contrariando os esforços para exaltar o "espírito de equipe" e fortalecer a "comunidade da empresa". Mas essa valorização do *teamwork* dentro da nova organização do trabalho não tem nada a ver com a constituição de uma solidariedade coletiva: equipes de geometria variável são estritamente operacionais e funcionam em relação a seus membros como uma alavanca para levar a contento os objetivos determinados. Mais amplamente, a ideologia do sucesso do indivíduo "que não deve nada a ninguém", a ideologia do *self-help*, destrói o vínculo social, na medida em que este repousa sobre deveres de reciprocidade para com o outro. Como manter juntos sujeitos que não devem nada a ninguém? Provavelmente a desconfiança, ou mesmo o rancor, em relação aos maus pobres, aos preguiçosos, aos velhos dependentes e aos imigrantes, tem um efeito de "cola" social. Mas ela também tem seu reverso, se todos se sentem ameaçados de um dia se tornarem ineficazes e inúteis.

Depressão generalizada

O homem de fluxos tensos, que vive no ritmo da economia financeira, está sujeito a *crashes* pessoais[87]. Para Alain Ehrenberg, o culto do desempenho leva a maioria das pessoas a provar sua insuficiência e conduz a formas depressivas em grande escala. É notório que o diagnóstico de "depressão" se multiplicou por sete de 1979 a 1996, uma verdadeira doença de "*fin-de-siècle*", como foi a "neurastenia"[88]. A depressão é, na verdade, o outro lado do desempenho, uma resposta do sujeito à injunção de se realizar e ser responsável por si mesmo, de se superar cada vez mais na aventura empresarial[89]. "O indivíduo é confrontado mais com uma patologia da insuficiência do que com uma doença da falta, mais com o universo da disfunção do que com o da lei: o depressivo é um homem em pane"[90]. O sintoma depressivo

---

[87] Nicole Aubert, *Le culte de l'urgence: la société malade du temps* (Paris, Flammarion, 2004, Coleção Champs).

[88] Ver Philippe Pignarre, *Comment la dépression est devenue une épidémie* (Paris, La Découverte, 2001).

[89] Ver Alain Ehrenberg, *La fatigue d'être soi: dépression et société* (Paris, Odile Jacob, 2000).

[90] Ibidem, p. 16.

já faz parte da normatividade como elemento negativo desta última – o sujeito que não aguenta a concorrência pela qual pode entrar em contato com os outros é um ser fraco, dependente, que se suspeita não estar "à altura do desafio". O discurso da "realização de si mesmo" e do "sucesso de vida" leva a uma estigmatização dos "fracassados", dos "perdidos" e dos infelizes, isto é, dos incapazes de aquiescer à norma social de felicidade. O "fracasso social" é visto, em última instância, como uma patologia[91].

Quando a empresa se torna uma forma de vida – uma *Lebensführung*, como diria Max Weber –, a multiplicidade de escolhas que se devem fazer dia a dia, o encorajamento a assumir riscos continuamente, a incitação permanente à capitalização pessoal podem causar com o tempo um "cansaço do si mesmo". Um universo comercial cada vez mais complexo faz potencialmente de cada ato o resultado de uma coleta de informações e de uma deliberação que tomam tempo e exigem esforço: o sujeito neoliberal deve ser previdente em todos os domínios (seguros de todos os tipos), deve fazer escolhas em tudo como se se tratasse de um investimento ("fundo de educação", "fundo de saúde", "fundo de aposentadoria"), deve optar de forma racional, dentro de uma ampla gama de ofertas comerciais, ao contratar os serviços mais simples (a hora e a data da viagem que fará de trem, a forma de encaminhamento de sua correspondência, seu acesso à internet, seu fornecimento de gás e eletricidade).

O remédio mais propalado para essa "doença da responsabilidade", essa usura provocada pela escolha permanente, é uma dopagem generalizada. O medicamento faz as vezes da instituição que não apoia mais, não reconhece mais, não protege mais os indivíduos isolados. Vícios diversos e dependências às mídias visuais são alguns desses estados artificiais. O consumo de mercadorias também faria parte dessa medicação social, como suplemento de instituições debilitadas.

Essa sintomatologia depressiva é associada com frequência a uma demanda não satisfeita de reconhecimento dirigida aos empregadores. No entanto, longe de ser ignorada, essa dimensão da dignidade, da autoestima e do reconhecimento é, como vimos, onipresente na retórica gerencial. Sem dúvida, devemos ver essa demanda como tradução de um fenômeno importante: o da relação do sujeito com instituições que não têm mais condições de dotá-lo das identidades e dos ideais que o fariam duvidar menos de seu próprio valor.

---

[91] Ver as observações de Eva Illouz, *Les sentiments du capitalisme*, cit.

Dessimbolização

O enfraquecimento de qualquer ideal encarnado pelas instituições, essa "dessimbolização" de que falam os psicanalistas, gera, segundo alguns, uma "nova economia psíquica" que tem cada vez menos a ver com o diagnóstico clínico da época de Freud[92].

A relação entre gerações, assim como a relação entre sexos, estruturadas e transformadas em narrativas por uma cultura que distribuía os diferentes lugares, tornaram-se vagas, para dizer o mínimo. Nenhum princípio ético, nenhuma proibição parece resistir à exaltação de uma escolha infinita e ilimitada. Posto em estado de "antigravidade simbólica", o neossujeito é obrigado a fundamentar-se em si mesmo, em nome da livre escolha, para conduzir-se na vida. Essa intimação à escolha permanente, essa solicitação de desejos pretensamente ilimitados, faz do sujeito um joguete flutuante: num dia ele é convidado a trocar de carro; no outro, de parceiro; no outro, de identidade; e no outro, de sexo, ao sabor de suas satisfações e suas insatisfações. Devemos concluir, com isso, que há uma "dessimbolização do mundo"[93]? Provavelmente seria melhor dizer que a estrutura simbólica é alvo de uma instrumentalização por parte da lógica econômica capitalista. Esse é o sentido que podemos dar ao que que Lacan chamou de "discurso capitalista". As identificações com cargos, funções, competências próprias da empresa, assim como a identificação com grupos de consumo, sinais e marcas da moda e da publicidade, funcionam como submissões substitutivas em relação aos lugares ocupados na família ou ao status na cidade. A manipulação dessas identificações pelo aparato econômico faz delas "ideais voláteis do eu, em constante remodelação"[94]. Em outras palavras, a identidade tornou-se um produto consumível. Se, como indicava Lacan, o discurso capitalista consome tudo, e se consome tanto os recursos naturais como o material humano, também consome formas institucionais e simbólicas, como Marx já observava no

---

[92] Sobre esse ponto, ver as reflexões de Charles Melman, *L'homme sans gravité: jouir à tout prix* (Paris, Denoël, 2002), entrevista com Jean-Pierre Lebrun [ed. bras.: *O homem sem gravidade: gozar a qualquer preço*, trad. Sandra Regina Felgueiras, Rio de Janeiro, Companhia de Freud, 2003].

[93] Dany-Robert Dufour, *L'art de réduire les têtes: sur la nouvelle servitude de l'homme libéré à l'ère du capitalisme total* (Paris, Denoël, 2003), p. 13: "Hoje, a troca mercantil tende a dessimbolizar o mundo".

[94] Ibidem, p. 127.

Manifesto Comunista*. Não para fazê-las desaparecer, mas para substituí-las por aquelas que lhe copertencem: as empresas e os mercados[95].

Essa instrumentalização do simbólico pelas instituições econômicas introduz no sujeito não apenas essa "fluidez" dos ideais, mas também uma fantasia de onipotência sobre as coisas e os seres. Pelas palavras-ferramenta à disposição dos indivíduos e de seus interesses, palavras que se confundem com as próprias coisas, eles têm poder sobre tudo. O mundo das interdições e das barreiras – que instituíam a separação dos lugares sexuais e geracionais – foi substituído por um universo da quantidade – o da ciência e da mercadoria. Discurso mercantil e discurso da ciência complementam-se para constituir o que o psicanalista Jean-Pierre Lebrun chama de o "mundo sem limite"[96]. Desse modo, o sujeito é constantemente remetido a ele mesmo, levado a oscilar entre as perpétuas tentações da cobiça encorajadas pelas instâncias sociais e as interdições que ele ergue para si, na ausência de uma instância interditora confiável, amparada num ideal social. A formação do novo sujeito não toma mais os caminhos normativos da família edipiana. O pai muitas vezes não passa de um estranho, desautorizado por não estar antenado à última tendência do mercado ou não ganhar o suficiente.

Para os psicanalistas, o ponto nevrálgico é ainda o do caráter indisponível de uma figura do Outro – o plano simbólico – a fim de desligar o pequeno ser humano do desejo da mãe e fazê-lo ascender ao status de um sujeito da lei e do desejo pela mediação do Nome-do-Pai. Ora, com o enfraquecimento das instâncias religiosas e políticas, não existem mais no social outras referências comuns, a não ser o mercado e suas promessas. Em muitos aspectos, o discurso capitalista acarretaria uma psicotização de massa pela destruição das formas simbólicas. Essa era a tese de Gilles Deleuze e Félix Guattari, como lembramos anteriormente. O que é menos sabido, porém, é que essa era a tese também de Lacan. "O que distingue o discurso do capitalista é o seguinte: a *Verwerfung*, a rejeição, a rejeição para fora de todos os campos do simbólico com aquilo que eu disse que isso tem como consequência.

---

* Trad. Álvaro Pina e Ivana Jinkings, 1. ed. revista, São Paulo, Boitempo, 2010. (N. T.)
[95] Dany-Robert Dufour, *L'art de réduire les têtes*, cit., p. 137.
[96] Jean-Pierre Lebrun, *Un monde sans limite: essai pour une clinique psychanalytique du social* (Toulouse, Érès, 1997), p. 122 [ed. bras.: *Um mundo sem limite: ensaio para uma clínica psicanalítica do social*, trad. Sandra Regina Felgueiras, Rio de Janeiro, Companhia de Freud, 2004].

Rejeição de quê? Da castração."[97] Esse mundo da onipotência, em que o sujeito sem limite é pego violentamente, já é caracterizado pela psicose de massa, com seus extremos esquizofrênicos e paranoicos? Ou ainda é preservado por modos de defesa pertencentes a outro registro, por exemplo, por uma perversão sistêmica[98]?

"Perversão comum"[99]

Para alguns psicanalistas, favorecidos por uma distância de cerca de trinta anos em relação a Lacan, nós entramos num universo em que a decepção típica do neurótico, exposto à inadequação da coisa ao desejo, é substituída por uma *relação perversa com o objeto* baseada na ilusão imaginária do gozo total. Tudo se equivale, tem preço e se negocia. Mas, se tudo parece possível, tudo é duvidoso, tudo é suspeito, porque nada é lei para ninguém. O fato de que tudo é transformado em negócio[100] ou a propensão à apologia constante da transgressão como nova norma seriam alguns dos indícios dessa equivalência geral. Charles Melman mostrou que o questionamento de todas as representações que impediam o trabalho da perversão manipuladora direta tem interesses comuns com uma expansão econômica que, "para se alimentar, precisa ver rompidos a timidez, o pudor, as barreiras morais, as proibições. E isso a fim de criar populações de consumidores ávidos de gozo perfeito,

---

[97] Em Lacan, a castração é entendida como uma separação do gozo da mãe, em razão da entrada na ordem simbólica. Citado em Dany-Robert Dufour, *L'art de réduire les têtes*, cit., p. 122-3 (Seminário "Ou pire", 3 de fevereiro de 1972; seminário em Saint-Anne, "Le savoir du psychanalyse", 6 de janeiro de 1972).

[98] Certas apologias gerenciais da produção de condutas paranoicas não deixam de ter algum interesse. Andrew Grove, presidente da Intel Corporation, preconiza um método de direção que liga diretamente a norma da competição a uma gestão "psicotizante" do pessoal: "O medo da concorrência, o medo da falência, o medo de errar, o medo de perder podem ser motivações poderosas. *Como cultivar o medo de perder nos nossos funcionários?* Nós não podemos cultivá-lo nos outros se nós mesmos não o sentimos", Andrew Grove, *Only the Paranoid Survive* (Nova York, Doubleday, 1996), p. 117 [ed. bras.: *Só os paranoicos sobrevivem*, trad. Carlos Cordeiro de Mello, São Paulo, Futura, 1997].

[99] Emprestamos o termo de Jean-Pierre Lebrun, *La perversion ordinaire*, cit.

[100] Sobre os "negócios" como modalidade da relação perversa com o objeto, ver Roland Chémama, "Éléments lacaniens pour une psychanalyse au quotidien", *Le Discours Psychanalytique*, Paris, Association Freudienne Internationale, 1994, p. 299-308.

sem limite e viciante"[101]. A debilitação do ideal afundaria o desejo na mera inveja dos bens dos outros, na *pleonexia* que Hobbes já designava como a marca da sociedade de sua época. No entanto, quanto mais o ser humano envereda por esse vício em objetos mercantis, mais tende a tornar-se ele próprio um objeto que vale apenas pelo que produz no campo econômico, um objeto que será posto de lado quando tiver perdido a "performance", quando não tiver mais uso.

Na verdade, a subjetivação neoliberal institui cada vez mais explicitamente uma relação de gozo obrigatório com todo outro indivíduo, uma relação que poderíamos chamar também de relação de *objetalização*. Nesse caso, não se trata simplesmente de transformar o outro em coisa – segundo um mecanismo de "reificação" ou "coisificação", para retomarmos um tema recorrente da Escola de Frankfurt –, mas de não poder mais conceder ao outro, nem a si mesmo enquanto outro, nada além de seu valor de gozo, isto é, sua capacidade de "render" um *plus*. Assim definida, a objetalização apresenta-se sob um triplo registro: os sujeitos, por intermédio das técnicas gerenciais, provam seu ser enquanto "recurso humano" consumido pelas empresas para a produção de lucro; submetidos à norma do desempenho, tomam uns aos outros, na diversidade de suas relações, por objetos que devem ser possuídos, moldados e transformados para melhor alcançar sua própria satisfação; alvo das técnicas de marketing, os sujeitos buscam no consumo das mercadorias um gozo último que se afasta enquanto eles se esfalfam para alcançá-lo.

Essa lógica implacável tem um "custo" subjetivo muito alto. Se o derrotado sofre por suas insuficiências, o vencedor tende a fazer os outros sofrerem como objetos sobre os quais ele assegura seu domínio. Isso não é novidade. Contudo, uma vez instaurado um "mundo sem limite", a pequena perversão cotidiana – ou, mais exatamente, o que existe de incentivo à perversão na situação de concorrência geral – encontra um campo inédito de expansão. A perversão que se distingue clinicamente pelo consumo de parceiros como objetos que são jogados fora assim que são considerados insuficientes teria se tornado a nova norma das relações sociais[102]. Dessa forma, o imperativo categórico do desempenho concilia-se com as fantasias de onipotência, com a ilusão socialmente difundida de um gozo total e sem limite. Segundo

---

[101] Charles Melman, *L'homme sans gravité*, cit., p. 69-70.
[102] Ibidem, p. 67.

Melman, passaríamos, assim, de uma economia psíquica organizada pelo recalque para uma "economia organizada pela exibição do gozo"[103].

O gozo de si do neossujeito

A psicanálise pode nos ajudar a refletir sobre a maneira como funcionam os neossujeitos de acordo com o regime do *gozo de si*. Segundo Lacan, esse gozo de si, entendido como aspiração à plenitude impossível – nesse sentido, muito diferente do simples prazer –, apresenta-se na ordem social como sempre limitado e parcial. A instituição é, de certo modo, aquilo que tem a responsabilidade de limitar o gozo e dar sentido a esse limite. A empresa, forma geral da instituição humana nas sociedades capitalistas ocidentais, não foge a essa regra, salvo por fazer isso hoje de maneira *denegada*. Ela limita o gozo de si pela coerção do trabalho, da disciplina, da hierarquia, por todas as renúncias que fazem parte de certa ascese laboriosa. A perda de gozo não é menos pronunciada do que nas sociedades religiosas, mas é *diferente*. Os sacrifícios não são mais administrados e justificados por uma lei dada como inerente à condição humana, sob suas diferentes variedades locais e históricas, mas pela reivindicação de uma decisão individual "que não deve nada a ninguém".

Todo um discurso social de valorização exagerada do indivíduo autoconstruído[104], funcionando como uma denegação, torna possível tal pretensão subjetiva: a perda não é realmente uma perda, uma vez que é decidida pelo próprio sujeito. Mas esse mito social, cujos efeitos sobre a educação familiar e escolar não podem mais ser negligenciados, é apenas um dos aspectos do funcionamento do neossujeito. Ele tem de concordar em entregar-se ao trabalho, em curvar-se às exigências mundanas da vida. Se é exigido dele que o faça, é enquanto empresa de si mesmo, de modo que o eu pode apoiar-se num gozo *imaginário* pleno num mundo completo. Cada um de nós é mestre ou, ao menos, acredita que pode sê-lo. Desse modo, gozo de si na ordem do imaginário e denegação do limite aparecem como lei da ultrassubjetivação.

Nas sociedades antigas, o sacrifício de uma parte de gozo era produtivo. As grandes construções religiosas e políticas, seus edifícios dogmáticos e

---

[103] Ibidem, p. 18-9.

[104] Olivier Rey, *Une folle solitude: le fantasme de l'homme autoconstruit* (Paris, Seuil, 2006).

arquiteturais atestam essa produção. No primeiro capitalismo, o capital acumulado era ainda um produto desse tipo, fruto das restrições impostas ao consumo tanto das classes populares como da burguesia. Para a economia política clássica, a perda era interpretada como um custo tendo em vista um benefício.

Hoje é diferente. Se a perda é denegada, a ilimitação do gozo pode ser mobilizada no plano imaginário a serviço da empresa, pega ela mesma em lógicas imaginárias de expansão infinita, de valorização sem limites na bolsa. Para isso, é claro, é necessário passar por uma racionalização técnica da subjetividade, mas será sempre para que ela "se realize". O trabalho não é castigo, é gozo de si por intermédio do desempenho que se deve ter. Não há perda, porque é imediatamente "para si" que o indivíduo trabalha. Portanto, o objeto da denegação é o caráter heteronômico da ultrassubjetivação, isto é, o fato de que a ilimitação do gozo no além de si seja alinhada à ilimitação da acumulação mercantil.

O que distingue a nova lógica normativa é que ela não exige uma renúncia total do indivíduo em proveito de uma força coletiva invencível e de um futuro radioso, mas deseja obter uma sujeição não menos total de sua participação num jogo "ganha-ganha", segundo a fórmula eloquente que supostamente explica a vida profissional e social. Enquanto no velho capitalismo todo mundo perdia alguma coisa (o capitalista perdia o gozo garantido de seus bens pelo risco assumido, e o proletário, a livre disposição de seu tempo e força), no novo capitalismo ninguém perde, todos ganham. O sujeito neoliberal não pode perder, porque é a um só tempo o trabalhador que acumula capital e o acionista que desfruta dele. Ser seu próprio trabalhador e seu próprio acionista, ter um desempenho sem limites e gozar sem obstáculos os frutos de sua acumulação, esse é o imaginário da condição neossubjetiva.

A espécie de desacoplamento verificado pelo diagnóstico clínico dos neossujeitos – o estado de suspensão fora dos quadros simbólicos, a relação flutuante com o tempo, as relações com os outros reduzidas a transações pontuais – não é disfuncional com relação aos imperativos do desempenho ou às novas tecnologias de rede. O essencial aqui é compreender que *a ilimitação do gozo de si é, na ordem do imaginário, o exato oposto da dessimbolização*. O sentimento de si é dado no excesso, na rapidez, na sensação bruta proporcionada pela agitação, o que certamente expõe o neossujeito à depressão e à dependência, mas também possibilita aquele estado "conexionista" do qual ele tira, na falta de um vínculo legítimo com uma instância outra, um apoio frágil e uma eficácia esperada. O diagnóstico clínico da subjetividade neoliberal nunca deve perder de vista que o "patológico" é parte da mesma normatividade que o "normal".

O governo do sujeito neoliberal

Seguindo o quadro clínico do neossujeito, vemos que a empresa de si mesmo tem dois rostos: o rosto triunfante do sucesso sem pudor e o rosto deprimido do fracasso diante dos processos incontroláveis e das técnicas de normalização[105]. Oscilando entre depressão e perversão, o neossujeito é condenado a ser duplo: mestre em desempenhos admiráveis e objeto de gozo descartável.

À luz dessa análise, a apresentação cansativa que se faz repetidamente de um "individualismo hedonista" ou de um "narcisismo de massa" aparece como modo disfarçado de apelar para a restauração das formas tradicionais da autoridade. Ora, é um equívoco considerar o neossujeito à maneira dos conservadores. Ele não é em absoluto o homem do gozo anárquico "que não respeita mais nada". É um equívoco equivalente e simétrico denunciar apenas a reificação mercantil, a alienação do consumo de massa. Obviamente, a injunção publicitária ao gozo faz parte desse universo de objetos eletivos que, pela estetização-erotização da "coisa" e pela magia da marca, constituem-se em "objetos de desejo" e promessas de gozo. Mas também convém considerar a maneira como esse neossujeito, longe de ser deixado unicamente a seus caprichos, é *governado* no dispositivo de desempenho/gozo.

Portanto, ver na situação presente das sociedades apenas o gozo sem obstáculos, que é identificado ora com a "interiorização dos valores de mercado", ora com a "expansão ilimitada da democracia", é esquecer a face sombria da normatividade neoliberal: a vigilância cada vez mais densa do espaço público e privado, a rastreabilidade cada vez mais precisa dos movimentos dos indivíduos na internet, a avaliação cada vez mais minuciosa e mesquinha da atividade dos indivíduos, a ação cada vez mais pregnante dos sistemas conjuntos de informação e publicidade e, talvez sobretudo, as formas cada vez mais insidiosas de autocontrole dos próprios sujeitos. Em resumo, é

---

[105] Em *L'individu incertain* (Paris, Hachette, 1996, Coleção Pluriel, p. 18), Ehrenberg observa com razão que o indivíduo conquistador e o indivíduo sofredor são as "duas faces do governo de si".

esquecer o caráter de conjunto do governo dos neossujeitos que articula, pela diversidade de seus vetores, a exposição obscena do gozo, a injunção empresarial do desempenho e da reticulação da vigilância generalizada.

Do ponto de vista das antigas estruturas, certamente pode parecer que nada mais "segura" o sujeito. Esse erro de perspectiva já era cometido pelos conservadores do século XIX. Eles viam os "direitos do homem" apenas como advento da anarquia social. A mutação das sociedades ocidentais era interpretada como uma crise das autoridades tradicionais, que só poderia ser superada pela restauração dos valores do Antigo Regime. Significava desconhecer as novas formas de coerção que cerceavam os sujeitos das sociedades industriais, ligadas ao trabalho e a sua divisão técnica e social. Em uma palavra, significava desconhecer o novo regime moral e político das sociedades capitalistas da época.

Um desconhecimento análogo está em curso hoje, impedindo a compreensão da relação entre as condutas dos neossujeitos (inclusive as manifestações de comportamento desviante e mal-estar, os modos de resistência e fuga) e todas as formas de controle e vigilância que são exercidas sobre eles. Assim, é inútil lamentar a crise das instituições de enquadramento, como família, escola, organizações sindicais ou políticas, ou chorar a decadência da cultura e do saber ou o declínio da vida democrática. É melhor tentar compreender como todas essas instituições, valores e atividades são hoje incorporados e transformados no dispositivo de desempenho/gozo, em nome de sua necessária "modernização"; é melhor examinar de perto todas as tecnologias de controle e vigilância de indivíduos e populações, sua medicalização, o fichar, o registro de seus comportamentos, inclusive os mais precoces; é melhor analisar como disciplinas médicas e psicológicas se articulam com o discurso econômico e com o discurso sobre segurança pública para reforçar os instrumentos da gestão social. Porque, do dispositivo de governo dos neossujeitos, nada ainda foi definitivamente estabelecido. Os impulsos são diversos, não faltam ciências candidatas e suas fusões estão em curso ou se farão no futuro[106]. A questão central que se coloca ao governo dos indivíduos é saber como programar os indivíduos o quanto antes para que essa injunção à superação ilimitada de si mesmo não

---

[106] Depois do desenvolvimento da "sociobiologia", o surgimento de uma "neuroeconomia" não deve ser ignorado. Não há dúvida de que a fusão da biologia do cérebro com a microeconomia oferece perspectivas interessantes de controle do comportamento.

descambe em comportamentos excessivamente violentos e explicitamente delituosos; é saber como manter uma "ordem pública" quando é preciso incitar os indivíduos ao gozo, evitando ao mesmo tempo a explosão da desmedida. A "gestão social do desempenho" corresponde precisamente a esse imperativo governamental.

CONCLUSÃO
O ESGOTAMENTO DA DEMOCRACIA LIBERAL

Quais traços caracterizam a razão neoliberal? Ao fim deste estudo, podemos destacar quatro.

Em primeiro lugar, ao contrário do que pensavam os economistas clássicos, o mercado apresenta-se não como um dado natural, mas como uma realidade construída que, como tal, requer a intervenção ativa do Estado, assim como a instauração de um sistema de direito específico. Nesse sentido, o discurso neoliberal não é diretamente articulado a uma ontologia da ordem mercantil, pois, longe de buscar em algum "curso natural das coisas" o fundamento de sua própria legitimidade, ele assume deliberada e explicitamente seu caráter de "projeto construtivista"[1].

Em segundo lugar, a essência da ordem de mercado reside não na troca, mas na concorrência, definida como relação de desigualdade entre diferentes unidades de produção ou "empresas". Por conseguinte, construir o mercado implica fazer valer a concorrência como norma geral das práticas econômicas[2]. Nesse sentido, é forçoso reconhecer que a principal lição dos ordoliberais prevaleceu: a missão dada ao Estado, que vai muito além do

---

[1] Wendy Brown, *Les habits neufs de la politique mondiale. Néolibéralisme et néoconservatisme* (Paris, Les Prairies ordinaires, 2007), p. 51 e 97.

[2] Essa norma não exclui, mas, ao contrário, implica estratégias de "alianças" praticadas pelas empresas para reforçar suas "vantagens concorrenciais". Daí a voga do termo "cooperação" no vocabulário gerencial, evidenciando o recurso a uma combinação flexível de "cooperação" e "concorrência". Contudo, assim como a "cooperação voluntária", exaltada por Spencer sob a forma de contrato, as relações informais pelas quais se opera a "troca de saber" entre empresas concorrentes não se referem a uma cooperação genuína, no sentido de um *compartilhamento não transacional*.

tradicional papel de "vigia noturno", é instaurar a "ordem-quadro" a partir do princípio "constituinte" da concorrência, "supervisionar o quadro geral"[3] e zelar para que este seja respeitado por todos os agentes econômicos.

Em terceiro lugar, o que é ainda mais novo, tanto relativamente ao primeiro liberalismo quanto ao liberalismo "reformador" dos anos 1890-1920, o Estado não é simplesmente o guardião vigilante desse quadro; ele próprio, em sua ação, é submetido à norma da concorrência. Segundo esse ideal de uma "sociedade de direito privado"[4], não existe nenhuma razão para que o Estado seja exceção às regras de direito que ele próprio é encarregado de fazer aplicar. Muito pelo contrário, toda forma de autoisenção ou autodispensa de sua parte apenas o desqualificaria em seu papel de guardião inflexível dessas mesmas regras. Resulta dessa primazia absoluta do direito privado um esvaziamento progressivo de todas as categorias do direito público que vai no sentido não de uma ab-rogação formal destas últimas, mas de uma desativação de sua validade operatória. O Estado é obrigado a ver a si mesmo como uma empresa, tanto em seu funcionamento interno como em sua relação com os outros Estados. Assim, o Estado, ao qual compete construir o mercado, tem ao mesmo tempo de construir-se de acordo com as normas do mercado.

Em quarto lugar, a exigência de uma universalização da norma da concorrência ultrapassa largamente as fronteiras do Estado, atingindo diretamente até mesmo os indivíduos em sua relação consigo mesmos. De fato, a "governamentalidade empresarial" que deve prevalecer no plano da ação do Estado tem um modo de prolongar-se no governo de si do "indivíduo--empresa" ou, mais exatamente, o Estado empreendedor deve, como os atores privados da "governança", conduzir indiretamente os indivíduos a conduzir-se como empreendedores. Portanto, o modo de governamentalidade própria do neoliberalismo cobre o "conjunto das técnicas de governo que ultrapassam a estrita ação de Estado e orquestram a forma como os sujeitos se conduzem por si mesmos"[5]. A empresa é promovida a modelo de subjetivação: cada indivíduo é uma empresa que deve se gerir e um capital que deve se fazer frutificar.

---

[3] Sobre o sentido dessas expressões, ver, para a primeira, o capítulo 3 e, para a segunda, o capítulo 6 deste volume.

[4] Sobre essa expressão de Franz Böhm, ver capítulo 3; sobre sua retomada e aprofundamento por Friedrich Hayek, ver capítulo 5 deste volume.

[5] Wendy Brown, *Les habits neufs de la politique mondiale*, cit., p. 56.

Uma racionalidade ademocrática

Da construção do mercado à concorrência como norma dessa construção, da concorrência como norma da atividade dos agentes econômicos à concorrência como norma da construção do Estado e de sua ação e, por fim, da concorrência como norma do Estado-empresa à concorrência como norma da conduta do sujeito-empresa, essas são as etapas pelas quais se realiza a extensão da racionalidade mercantil a todas as esferas da existência humana e que fazem da razão neoliberal uma verdadeira razão-mundo.

Mas que o leitor não se engane: não se trata aqui de voltar ao tema habermasiano da "colonização do mundo vivido", simplesmente porque jamais existiu um "mundo da vida" (*Lebenswelt*) que não fosse sempre já pego em discursos ou invadido por dispositivos de poder. Trata-se de mostrar a que ponto essa extensão, fazendo desaparecer a separação entre esfera privada e esfera pública, corrói até os fundamentos da própria democracia liberal. De fato, esta última pressupunha certa irredutibilidade da política e da moral ao econômico, algo de que se encontra eco direto na obra de Adam Smith e Adam Ferguson. Além do mais, pressupunha certa primazia da lei como ato do Legislativo e, nessa medida, certa forma de subordinação do poder Executivo ao poder Legislativo[6]. Também implicava, se não uma preeminência do direito público sobre o direito privado, ao menos uma consciência aguda da necessária delimitação de suas respectivas esferas. Correlativamente, vivia de certa relação do cidadão com o "bem comum", ou "bem público". Por isso mesmo, pressupunha uma valorização da participação direta do cidadão nas questões públicas, em particular nos momentos em que está em jogo a própria existência da comunidade política.

A racionalidade neoliberal, ao mesmo tempo que se adapta perfeitamente ao que restou dessas distinções no plano da ideologia, opera uma desativação sem precedentes do caráter normativo destas últimas. Diluição do direito público em benefício do direito privado, conformação da ação pública aos critérios da rentabilidade e da produtividade, depreciação simbólica da lei como ato próprio do Legislativo, fortalecimento do Executivo, valorização dos procedimentos, tendência dos poderes de polícia a isentar-se de todo controle judicial, promoção do "cidadão-consumidor"

---

[6] Como pode ser verificado em Locke (ver capítulo 5 deste volume).

encarregado de arbitrar entre "ofertas políticas" concorrentes, todas são tendências comprovadas que mostram o esgotamento da democracia liberal como norma política.

Um dos principais sintomas dessa desativação é a importância que o tema da "boa governança" ganhou no discurso de gestão. Toda a reflexão sobre a administração pública adquire um caráter técnico, em detrimento das considerações políticas e sociais que permitiriam evidenciar tanto o contexto da ação pública como a pluralidade das opções possíveis[7]. A concepção dos bens públicos, assim como os princípios de sua distribuição, é profundamente afetada. A igualdade de tratamento e a universalidade dos benefícios são questionadas tanto pela individualização do auxílio e pela seleção dos beneficiados, na qualidade de amostras de um "público-alvo", quanto pela concepção consumista do serviço público. As categorias da gestão tendem, nesse sentido, a ocupar o lugar dos princípios simbólicos comuns que até então se encontravam no fundamento da cidadania[8]. A única questão autorizada no debate público é a da capacidade de levar a cabo "reformas" cujo sentido não é explicitado, sem que se saiba muito bem quais resultados se tenta obter por essa ação sobre a sociedade.

Além do modo de gestão e suas ferramentas técnicas, a relação entre governantes e governados é radicalmente subvertida. De fato, é toda a cidadania, tal como se construiu nos países ocidentais desde o século XVIII, que é questionada até em suas raízes. É o que se vê em especial pelo questionamento prático de direitos até então ligados à cidadania, a começar pelo direito à proteção social, que foi historicamente estabelecido como consequência lógica da democracia política. "Nada de direitos se não houver contrapartidas" é o refrão para obrigar os desempregados a aceitar um emprego inferior, para fazer os doentes ou os estudantes pagarem por um serviço cujo benefício é visto estritamente como individual, para condicionar os auxílios concedidos à família às formas desejáveis de educação parental. O acesso a certos bens e serviços não é mais considerado ligado a um status que abre portas para direitos, mas o resultado de uma transação

---

[7] Ver Patrick Le Galès, "Gouvernance", em Laurie Boussaguet, Sophie Jacquot e Pauline Ravinet (orgs.), *Dictionnaire des politiques publiques* (Paris, Presses de Sciences Po, 2004), p. 244.

[8] Marc Hufty (org.), *La pensée comptable. État, néolibéralisme, nouvelle gestion publique* (Paris, Presses Universitaires de France, 1998), p. 19.

entre um subsídio e um comportamento esperado ou um custo direto para o usuário. A figura do "cidadão" investido de uma responsabilidade coletiva desaparece pouco a pouco e dá lugar ao homem empreendedor. Este não é apenas o "consumidor soberano" da retórica neoliberal, mas o sujeito ao qual a sociedade não deve nada, aquele que "tem de se esforçar para conseguir o que quer" e deve "trabalhar mais para ganhar mais", para retomarmos alguns dos clichês do novo modo de governo. A referência da ação pública não é mais o sujeito de direitos, mas um ator autoempreendedor que faz os mais variados contratos privados com outros atores autoempreendedores. Dessa forma, os modos de transação negociados caso a caso para "resolver os problemas" tendem a substituir as regras de direito público e os processos de decisão política legitimados pelo sufrágio universal. Longe de ser "neutra", a reforma gerencial da ação pública atenta diretamente contra *a lógica democrática da cidadania social*; reforçando as desigualdades sociais na distribuição dos auxílios e no acesso aos recursos em matéria de emprego, saúde e educação[9], ela reforça as lógicas sociais de exclusão que fabricam um número crescente de "subcidadãos" e "não cidadãos".

Seria um erro, porém, ver a racionalidade neoliberal somente como uma contestação da "terceira fase" da democratização, a que presenciou a instauração de uma "cidadania social" no século XX, completando a "cidadania civil" do século XVIII e a "cidadania política" do século XIX[10]. O *welfarismo* não foi apenas uma simples gestão biopolítica das populações, tampouco teve como consequência apenas o consumo de massa na regulação fordista do pós-guerra; como bem sublinhou Robert Castel, a razão do *welfarismo* era a integração dos assalariados no espaço político mediante o estabelecimento das condições concretas da cidadania[11]. Portanto, a corrosão progressiva dos

---

[9] Ver Sharon Gewirtz, *The Managerial School: Post-Welfarism and Social Justice in Education* (Londres, Routledge, 2002). Todas as pesquisas sobre os efeitos da "escola gerencial" realizadas nos países mais adiantados nessa via mostram o crescimento das desigualdades escolares e a marginalização da fração mais pobre da população em estabelecimentos de tipo gueto.

[10] Esse esquema histórico foi apresentado pelo sociólogo Thomas Humphrey Marshall em 1949, durante uma conferência intitulada "Citizenship and Social Class", citada por Albert O. Hirschmann, *Deux siècles de rhétorique réactionnaire* (Paris, Fayard, 1995), p. 14 e seg.

[11] Robert Castel, *Les métamorphoses de la question sociale* (Paris, Fayard, 1995; reed., Paris, Gallimard, 1999, Coleção Folio) [ed. bras.: *As metamorfoses da questão social*:

direitos sociais do cidadão não afeta apenas a chamada cidadania "social", ela abre caminho para uma contestação geral dos fundamentos da cidadania *como tal*, na medida em que a história tornou esses fundamentos solidários uns com os outros. Com isso, ela leva a uma nova fase da história das sociedades ocidentais[12].

Sob esse aspecto, é espantoso constatar a que ponto a contestação dos direitos sociais está intimamente ligada à contestação prática dos fundamentos culturais e morais, e não só políticos, das democracias liberais. O cinismo, a mentira, o menosprezo, a aversão à arte e à cultura, o desleixo da linguagem e dos modos, a ignorância, a arrogância do dinheiro e a brutalidade da dominação valem como títulos para governar em nome apenas da "eficácia". Quando o desempenho é o único critério de uma política, que importância tem o respeito à consciência e à liberdade de pensamento e expressão? Que importância tem o respeito às formas legais e aos procedimentos democráticos? A nova racionalidade promove seus próprios critérios de validação, que não têm mais nada a ver com os princípios morais e jurídicos da democracia liberal. Sendo uma racionalidade estritamente gerencial, vê as leis e as normas simplesmente como instrumentos cujo valor relativo depende exclusivamente da realização dos objetivos. Nesse sentido, não estamos lidando com um simples "desencantamento democrático" passageiro, mas com uma mutação muito mais radical, cuja extensão é revelada, a sua maneira, pela dessimbolização que afeta a política.

É nesse sentido que Wendy Brown tem sólidas razões para utilizar o neologismo "*des*democratização": a inutilização prática das categorias fundadoras da democracia liberal, tal como se manifesta em especial na suspensão da lei e na transformação do estado de exceção em estado permanente, tão bem analisadas por Giorgio Agamben[13], não equivale a nem prenuncia a instauração de um novo regime político[14]. Ao contrário, é a tradução de

---

uma crônica do salário, trad. Iraci D. Poleti, 23. ed., Petrópolis, Vozes, 2013].

[12] Fase que Crouch propôs denominar "pós-democracia". Ver Colin Crouch, *Post-Democracy* (Cambridge, Polity Press, 2004).

[13] Giorgio Agamben, *État d'exception: homo sacer* (Paris, Seuil, 2003) [ed. bras.: *Estado de exceção, homo sacer, II, 1*, trad. Iraci D. Poleti, 2. ed. rev., São Paulo, Boitempo, 2011].

[14] Ao contrário do que pensa Jean-Claude Paye, que defende que a suspensão do direito significa a constituição de uma "ditadura soberana" no sentido de Carl Schmitt, isto é, uma ditadura fundadora de uma nova ordem de direito; ver Jean-Claude Paye, *La fin de l'État de droit: la lutte antiterroriste, de l'état d'exception à la dictature* (Paris, La

uma propensão acentuada da nova lógica normativa a apagar as diferenças entre regimes políticos, a ponto de relegá-los a uma relativa *indiferenciação*, a qual *in fine* ameaça até mesmo a pertinência da noção de "regime político" herdada da tradição clássica.

Contudo, devemos notar que essa indiferença, longe de ser um simples "acidente de percurso", está inscrita desde o princípio no projeto intelectual e político do neoliberalismo. A oposição "democracia *versus* totalitarismo", contemporânea da Guerra Fria, cuja melhor formulação foi dada por Raymond Aron[15], ocultou outra oposição igualmente importante entre duas formas de democracia. De fato, para Friedrich Hayek, a única oposição pertinente é entre liberalismo e totalitarismo, não entre democracia e totalitarismo. Fundamentar essa nova oposição exigiria, em primeiro lugar, reduzir a democracia a um procedimento de seleção dos dirigentes que deve ser julgado, antes de tudo, por seu resultado prático, e não pelos valores que pretensamente o fundamentam[16]. Enquanto a democracia diz respeito apenas à maneira de escolher os dirigentes (por eleição), o liberalismo define-se essencialmente pela exigência de uma limitação do poder (ainda que seja o da maioria). Consequentemente, mesmo que os dirigentes sejam eleitos pela maioria, basta que o poder exercido por essa maioria seja ilimitado para que haja uma "democracia totalitária". Inversamente, o liberalismo pode ser democrático ou autoritário, conforme o modo de designação dos dirigentes. No entanto, seja democrático, seja autoritário, o liberalismo é sempre preferível à "tirania da maioria"[17].

O que está em questão aqui é a ideia de que a democracia se identifica com a soberania do povo. Para Hayek, há aí uma confusão tipicamente "construtivista" entre a *origem* da escolha dos representantes e o *campo* legítimo de exercício do poder – a doutrina da soberania do povo, na realidade, só pode resultar no reconhecimento do direito do governo de

---

Dispute, 2004), p. 197 e seg. Wendy Brown é mais prudente e fala de uma "nova configuração política" ou de uma "forma política e social para a qual ainda não temos um nome", Wendy Brown, *Les habits neufs de la politique mondiale*, cit., p. 69-70.

[15] Raymon Aron, *Démocratie et totalitarisme* (Paris, Gallimard, 1987, Coleção Folio). Lembramos que, segundo essa oposição, a democracia repousa sobre o pluralismo político, ao passo que o totalitarismo remete ao monopólio do partido único.

[16] Friedrich Hayek, *La constitution de la liberté* (Paris, Litec, 1994), p. 104.

[17] Isso esclarece mais uma vez a atitude de Hayek e Friedman diante da ditadura de Pinochet (ver capítulo 5 deste volume).

intervir de forma ilimitada nos negócios da coletividade, ao capricho das maiorias eleitorais. Não surpreende, portanto, que a atribuição direta da liberdade a um povo, tão essencial à especificidade do conceito de liberdade política, pareça suspeita enquanto tal a Hayek. Dizer de um povo que ele é livre é simplesmente operar uma "transposição do conceito de liberdade individual a grupos de homens considerados como um todo". Ora, como observa ainda Hayek, "um povo livre nesse sentido não é necessariamente um povo de homens livres"[18]: um indivíduo pode ser oprimido num sistema democrático, assim como pode ser livre num sistema ditatorial. O valor supremo, portanto, é a liberdade individual, compreendida como a faculdade dada aos indivíduos de criar para si mesmos um domínio protegido (a "propriedade")[19], e não a liberdade política, como participação direta dos homens na escolha de seus dirigentes. O essencial aqui é que a redução da democracia a um modo técnico de designação dos governantes permite que ela não seja mais vista como um regime político distinto dos outros e, nesse sentido, já abre caminho para a relativização dos critérios de diferenciação comumente admitidos na classificação dos regimes políticos. Se, ao contrário, sustentarmos que a democracia repousa sobre a soberania de um povo, o que aparece então é que, enquanto doutrina, o neoliberalismo é, não acidentalmente, mas essencialmente, um *antidemocratismo*. É isso, em particular, que o separa irredutivelmente do liberalismo de um Bentham, que, como sabemos, é favorável à democracia radical.

Um dispositivo de natureza estratégica

O fato fundamental é que o neoliberalismo se tornou hoje a racionalidade *dominante*, não deixando da democracia liberal nada além de um envelope vazio, condenada a sobreviver na forma degradada de uma retórica ora "comemorativa", ora "marcial". Enquanto tal, essa racionalidade tomou corpo num conjunto de dispositivos discursivos, institucionais, políticos, jurídicos e econômicos que formam uma rede complexa e movediça, sujeita a retomadas e ajustes em função do surgimento de efeitos não desejados, às vezes contraditórios com o que se buscava inicialmente. Podemos falar,

---

[18] Friedrich Hayek, *La constitution de la liberté*, cit., p. 13.
[19] Idem, *Droit, législation et liberté*, v. III (Paris, PUF, 1981), p. 181.

nesse sentido, de um *dispositivo global* que, como qualquer dispositivo, é de natureza essencialmente "estratégica", para empregarmos um dos termos preferidos de Foucault[20]. Isso quer dizer que esse dispositivo se constituiu a partir de uma intervenção concertada em determinadas relações de força, com o intuito de modificá-las em certa direção de acordo com um "objetivo estratégico"[21]. Esse objetivo não diz respeito a um estratagema urdido por um sujeito coletivo especializado em manipulação, mas impôs-se aos atores e, desse modo, produziu seu próprio sujeito. Como vimos antes[22], foi exatamente isso que aconteceu nos anos 1970 e 1980 com a vinculação de um projeto político a uma dinâmica endógena de regulação, vinculação entre duas lógicas cujo efeito foi a imposição do objetivo estratégico da concorrência generalizada. Apesar disso, não houve um projeto consciente de passagem do modelo fordista de regulação para outro modelo que teria primeiro de ser concebido intelectualmente para depois, numa segunda fase, ser posto em prática de forma planejada.

O caráter estratégico do dispositivo, como podemos ver, pressupõe que sejam levadas em consideração as situações históricas que permitem seu desenvolvimento e explicam a série de reajustes que o alteram no tempo e a variedade de formas que ele assume no espaço. Apenas desse modo é que se pode compreender a "virada" imposta pela extensão da crise financeira aos dirigentes dos países capitalistas dominantes. Como vimos, essa crise financeira inicia uma *crise na governamentalidade neoliberal*. O que temos diante de nós, além do primeiro "reparo" de emergência (implantação de novas normas contábeis, controle *a minima* dos paraísos fiscais, reforma das agências de classificação de riscos etc.), é muito provavelmente um *reajuste de conjunto* do dispositivo Estado/mercado. Questionar-se, como certos economistas, sobre a eventualidade de um novo "regime de acumulação do capital", substituindo o regime financeiro baseado no endividamento excessivo das famílias, é absolutamente natural. Em compensação, aventurar-se a deduzir daí que esse novo regime de crescimento, valendo-se de outros mecanismos além da inflação dos ativos imobiliários e financeiros, coincidirá espontaneamente com uma

---

[20] Sobre o conceito ampliado de "dispositivo" como rede de elementos heterogêneos que pertencem tanto ao discursivo como ao "social não discursivo", ver Michel Foucault, *Dits et écrits II, 1976-1988* (Paris, Gallimard, 2001), p. 299-301.

[21] Idem.

[22] Ver capítulo 6 deste volume.

contestação direta da racionalidade neoliberal é algo muito imprudente. Mas prognosticar o advento iminente de um "capitalismo bom", com normas de funcionamento saneadas, ancorado duradouramente na "economia real", que respeita o meio ambiente, preocupa-se com as necessidades das populações e – por que não? – zela pelo bem comum da humanidade, isso é, com toda a certeza, se não uma história edificante, ao menos uma ilusão tão nociva quanto a utopia de um mercado autorregulador. É mais certo que estejamos entrando em uma *nova fase do neoliberalismo*.

Pode ocorrer que, no plano da ideologia, essa nova fase seja acompanhada de certa forma de "retorno às fontes". Afinal, o apelo à "refundação do capitalismo regulado" não recupera as tônicas dos refundadores dos anos 1930, opondo o bom "código de trânsito" das regras do direito à "lei natural" cega dos velhos adeptos do *laissez-faire*? Talvez venhamos a assistir, quem sabe, por um desses movimentos pendulares cujo segredo só a ideologia possui, a um vigoroso retorno da variante especificamente ordoliberal. Essa possibilidade não está excluída, sobretudo porque durante muito tempo a variante ordoliberal foi relegada por sua concorrente austro-americana a uma posição subordinada, se não pura e simplesmente ignorada[23].

Também não reconheceríamos o caráter estratégico do dispositivo neoliberal se o assimilássemos ao *Gestell* do último Heidegger ou à *oikonomia* da teologia cristã do século II de nossa era, como Agamben sugere indiretamente em *O que é um dispositivo?*[24]. Falar como ele de uma "genealogia teológica" dos "dispositivos" de Foucault é não compreender que, embora

---

[23] Com toda a certeza, essa ignorância, que pode chegar à pura e simples denegação (o ordoliberalismo *não é* neoliberalismo), é uma das razões da redução do neoliberalismo à ideologia do livre mercado; a outra é a inversão da relação de causalidade entre globalização das finanças e razão neoliberal à qual fizemos alusão no capítulo 8. Desse modo, instaurou-se uma dupla identificação: o neoliberalismo nada mais é do que o mercado autorregulador acarretado pelas finanças. Daí a conclusão precipitada de que a crise financeira assina o atestado de óbito do neoliberalismo.

[24] Giorgio Agamben, *Qu'est-ce qu'un dispositif?* (Paris, Rivages, 2007), p. 22-8 [ed. bras.: *O amigo & O que é um dispositivo?*, trad. Vinicius Nicastro Honesko, Chapecó, Argos, 2014]. O termo *Gestell* significa o arranjo que dispõe do homem obrigando-o a desvelar o real "no modo do comando", o que para Heidegger define a essência da técnica moderna. Quanto à *oikonomia* dos teólogos, ela permite pensar o governo dos homens e do mundo como aquele que Deus confia a seu Filho. É significativo que Agamben dê ao conceito de "dispositivo" uma extensão dificilmente compatível com a preocupação foucaultiana da singularidade histórica (ibidem, p. 31).

os dispositivos não tenham efetivamente "nenhum fundamento no ser" e, consequentemente, estejam fadados a "produzir seu próprio sujeito", nem por isso repetem a "cesura que em Deus separa ser e ação, ontologia e práxis"[25]: ao contrário do governo dos homens por Deus, que remete ao problema teológico da encarnação, eles se constituem a partir de condições históricas sempre *singulares* e *contingentes* e, portanto, possuem um caráter exclusivamente "estratégico", e não "destinal" ou "epocal". Sobre esse ponto, convém recordar a observação de Foucault sobre a especificidade da nova problematização do governo, tal como ela aparece entre 1580 e 1660: se nessa ocasião a ação de governar dá lugar à tematização, é porque não conseguiu encontrar um modelo "nem da parte de Deus nem da parte da natureza"[26]. Em outras palavras, não é a "herança teológica" do governo dos homens *e* do mundo *por Deus* que explica o fato de o governo *dos* homens *pelos* homens ter se tornado um problema, mas é, na verdade, a crise do modelo do "governo pastoral" do mundo por Deus que libera a reflexão sobre a arte de governar os homens. O que é verdadeiro para o surgimento do problema geral do governo é verdadeiro também para a constituição da forma especificamente neoliberal da governamentalidade. Esta última não é a sequência necessária do regime de acumulação do capital nem um avatar da lógica geral da encarnação nem um misterioso "envio do Ser", do mesmo modo que não é uma simples doutrina intelectual ou uma forma efêmera de "falsa consciência".

No entanto, a racionalidade neoliberal pode articular-se a ideologias estranhas à pura lógica mercantil sem deixar de ser a racionalidade dominante. Como diz muito acertadamente Wendy Brown, "o neoliberalismo pode impor-se como governamentalidade sem ser a ideologia dominante"[27]. Mas

---

[25] Ibidem, p. 25. Essa ideia é retomada e aprofundada em Giorgio Agamben, "Être et agir", em *Le règne et la gloire: homo sacer, II, 2* (Paris, Seuil, 2008), cap. 3, p. 93-109 [ed. bras.: *O reino e a glória: homo sacer, II, 2*, trad. Selvino J. Assmann, São Paulo, Boitempo, 2011].

[26] Michel Foucault, *Sécurité, territoire, population* (Paris, Gallimard/Seuil, 2004, Coleção Hautes Études), p. 242.

[27] A autora acrescenta logo em seguida: "A primeira remete ao exercício do poder, a segunda, a uma ordem de crenças populares que pode ou não ser perfeitamente conforme com a primeira e que pode até mesmo oferecer um lugar de resistência à governamentalidade", Wendy Brown, *Les habits neufs de la politique mondiale*, cit., p. 67.

não há dúvida de que isso não acontece sem tensões ou contradições. Nesse sentido, o exemplo norte-americano é cheio de ensinamentos. O neoconservadorismo se impôs nos Estados Unidos como a ideologia de referência da nova direita, embora o "teor altamente moralizador" dessa ideologia pareça incompatível com o caráter "amoral" da racionalidade neoliberal[28]. Uma análise superficial poderia nos levar a pensar que estamos diante de um "jogo duplo". Na realidade, entre neoliberalismo e neoconservadorismo existe uma concordância que não é nada fortuita: se a racionalidade neoliberal eleva a empresa a modelo de subjetivação, é simplesmente porque *a forma-empresa é a "forma celular" de moralização do indivíduo trabalhador*, do mesmo modo que a família é a "forma celular" da moralização da criança[29]. Daí a exaltação incessante do indivíduo calculador *e* responsável, na maior parte das vezes pela figura do pai de família trabalhador, econômico e previdente, que acompanha o desmantelamento dos sistemas de aposentadoria, educação pública e saúde. Muito mais do que uma simples "zona de contato", a articulação da empresa com a família é o ponto de convergência ou intersecção entre normatividade neoliberal e moralismo neoconservador. Por isso, é sempre perigoso criticar o conservadorismo moral e cultural em nome do pretenso "liberalismo" de seus partidários no campo da política econômica, porque, ao tentarmos mostrar a "incoerência" destes últimos, revelamos sobretudo nossa incompreensão da diferença que separa o neoliberalismo do "*laissez-faire*" e, ainda por cima, corremos o risco de ter de assumir uma espécie de *laissez-faire* integral e sistemático para salvar a coerência de nossa própria crítica.

Mas a concordância entre neoconservadorismo e neoliberalismo não significa que um amálgama ideológico, combinando ingredientes de procedências diversas, não possa tomar o lugar de uma corrente de ideias que hoje

---

[28] Ibidem, p. 86, nota 6. Devemos observar que, na mesma nota, a autora trata o neoconservadorismo como uma "ideologia": "Neoliberalismo e neoconservadorismo diferem sensivelmente, em especial porque o primeiro funciona como racionalidade política, enquanto o segundo permanece uma ideologia". No prefácio da edição francesa e no segundo ensaio ("Le cauchemar américain"), ela fala do neoliberalismo e do neoconservadorismo como duas "racionalidades políticas". De nossa parte, acreditamos que não há simetria possível entre a *racionalidade* neoliberal e a *ideologia* neoconservadora.

[29] A empresa constitui a "base ético-política" do neoliberalismo. Na realidade, desde as origens do neoliberalismo em Wilhelm Röpke, a forma-empresa é pensada como forma de "moralização-responsabilização" do indivíduo (ver capítulo 3 deste volume).

se apresenta largamente anêmica. A esquerda de inspiração blairista já mostrou no passado que a celebração lírica da modernidade em todos os seus aspectos, inclusive o da liberalização dos costumes, poderia perfeitamente articular-se à racionalidade neoliberal. Não é impossível que em outro plano, o da política econômica, certos elementos da doutrina keynesiana venham prestar apoio à prática do governo empresarial – retomada orçamentária temporária, suspensão provisória dos critérios de estabilidade monetária, medidas para conter a especulação dos mercados etc., todos elementos que não implicam uma mudança na divisão fundamental dos rendimentos entre capital e trabalho, ou seja, a reativação de um compromisso salarial comparável ao que se instaurou no pós-guerra. Por si só, no entanto, esse apoio puramente circunstancial e "pragmático" não é capaz de afetar a lógica normativa do neoliberalismo, uma vez que esta só poderia ser derrotada por revoltas de grandes extensões.

Inventar outra governamentalidade

A nova racionalidade propõe um tremendo desafio à esquerda: não podendo contentar-se com uma crítica incisiva à "mercantilização generalizada", ela tem de inventar uma resposta política "à altura" do que o regime normativo dominante tem de inédito. Na medida em que este último implica o definhamento irreversível da democracia liberal, a esquerda não pode contentar-se em defender a democracia liberal, como tende a fazer. Não que ela não deva mais defender as liberdades públicas, mas deve evitar fazê-lo em nome *dessa* democracia, por exemplo, opondo "autoritarismo neoliberal" e "democracia liberal". Para citar mais uma vez Wendy Brown:

> Defender a democracia liberal em termos liberais é não só sacrificar uma visão de esquerda, mas é também, por esse sacrifício, desacreditar a esquerda, reduzindo-a tacitamente a nada mais do que uma objeção permanente ao regime estabelecido: um partido de reclamações, em vez de um partido com visão política, social e econômica alternativa.[30]

Por essa mesma razão, não poderíamos retomar a crítica marxista da "democracia formal", porque seria ignorar que o esgotamento da democracia liberal priva essa crítica de qualquer fundamento: a governamentalidade neoliberal não é democrática na forma e antidemocrática nos fatos; ela

---

[30] Wendy Brown, *Les habits neufs de la politique mondiale*, cit., p. 78.

simplesmente não é mais democrática, *nem mesmo no sentido formal*, mas nem por isso identifica-se com um exercício ditatorial ou autoritário do poder. Ela é ademocrática. A cisão entre o "cidadão" e o "burguês" é coisa do passado, assim como o apelo a uma reunificação do homem com ele próprio. Ainda pela mesma razão, a esquerda não pode propor-se a "dar novo fôlego a sistemas decadentes", amparando a combalida democracia representativa com as escoras bambas da "democracia participativa"[31]. Também não pode estacionar numa linha de recuo que consiste em opor "liberalismo político" e "liberalismo econômico", pois tal posição equivaleria a desconhecer que as próprias bases do liberalismo "puramente político" foram minadas por um neoliberalismo que é tudo, menos "puramente econômico". De modo mais amplo, todo o espaço ocupado por aquilo que se convencionava chamar "social-democracia" é direta e radicalmente contestado, já que essa denominação devia seu sentido à possibilidade de estender a democracia política mediante o reconhecimento de direitos sociais que definem certa cidadania social, como complemento e reforço da cidadania política clássica.

A esse respeito, devemos dizer a que ponto certo léxico contribui para obscurecer as coisas. Não há e não poderia haver "social-liberalismo", simplesmente porque o neoliberalismo, sendo uma racionalidade global que invade todas as dimensões da existência humana, veda qualquer possibilidade de prolongamento de si mesmo no plano social. Portanto, é enganadora a analogia que sugere que o "social-liberalismo" é para o neoliberalismo o que a "social-democracia" foi para democracia política. Por outro lado, o que existe realmente é um *neoliberalismo de esquerda* que não tem mais nada a ver com a social-democracia ou com a democracia política liberal[32]. Na verdade, o que o prefixo "social" dissimula mal é a equação sumária pela qual o liberalismo é abusivamente identificado com o *laissez-faire* econômico. O mesmo pode ser dito da etiqueta de "ultraliberalismo", distribuída generosamente por grande parte da esquerda – mais generosamente ainda, aliás, porque ela se sente tentada a aproximar-se vergonhosamente da ortodoxia neoliberal ambiente[33].

---

[31] Como sugere Loïc Blondiaux em *Le nouvel esprit de la démocratie* (Paris, Seuil, 2008), p. 100.

[32] Ver capítulo 6 deste volume.

[33] Como observam com razão Gérard Desportes e Laurent Mauduit em *L'adieu au socialisme* (Paris, Grasset, 2002), p. 290. A atitude adotada por Michel Rocard diante da crise financeira é muito esclarecedora nesse sentido: "A crise atual não põe

Também nesse caso, devemos recordar que o neoliberalismo não se confunde com o todo-mercado, de modo que não há sentido algum em designá-lo como "ultraliberalismo" para dar a entender que existiria um liberalismo "respeitável", que não renunciaria aos instrumentos de intervenção de Estado. Nunca é demais repetir: Hayek não é um "ultraliberal", mas um "neoliberal" partidário de um Estado forte, como muitos outros neoliberais[34]. Quanto ao libertarismo, quer defenda o Estado mínimo, quer exija a abolição do Estado, ele não é um "ultraliberalismo", mas *outro* liberalismo, cuja relação com o neoliberalismo não pode ser reduzida a uma simples diferença de grau.

A única pergunta que vale a pena fazer, na realidade, é se a esquerda pode opor uma governamentalidade alternativa à governamentalidade neoliberal. Ao final de sua aula de 31 de janeiro de 1979 sobre o *Nascimento da biopolítica*, Foucault se pergunta se existiu algum dia algo como uma "governamentalidade socialista autônoma". Sua resposta é inequívoca: sempre faltou tal governamentalidade. O que a experiência histórica revela é que o socialismo sempre esteve "associado" a outras governamentalidades. Assim, pôde associar-se a uma governamentalidade "liberal" ou, ainda, a uma governamentalidade "administrativa". Daí a questão: o que seria uma governamentalidade intrinsecamente socialista? O que Foucault afirma é que essa governamentalidade é *inencontrável* no socialismo e em seus textos. E, como não se pode encontrá-la, "é preciso inventá-la"[35].

Para compreender a necessidade dessa invenção, devemos retornar um breve instante à própria ideia de "governo". Segundo Foucault, governar

---

o liberalismo em questão. Em compensação, anuncia o fim do ultraliberalismo, essa escola de pensamento criminosa fundada por Milton Friedman" (entrevista publicada no jornal *Le Monde*, 2-3 nov. 2008). A "criminalização" da Escola de Chicago apresenta duas vantagens. Em primeiro lugar, permite fingir que não existiu nada entre Adam Smith e Milton Friedman, portanto, permite resumir o neoliberalismo a sua versão friedmaniana! Em segundo lugar, tem a função de acobertar a direita francesa, considerada "ainda muito gaullista" (sic), o que indiretamente diz muito sobre as razões íntimas da impotência da esquerda francesa com respeito a essa direita.

[34] Ver capítulo 9 deste volume. Serge Audier não se esforça muito para evitar essa simplificação, fazendo de Friedrich Hayek o autor de uma "nova utopia ultraliberal" para melhor opô-lo ao liberalismo "anticapitalista" de Wilhelm Röpke. Ver Serge Audier, *Le Colloque Walter Lippmann. Aux origines du néolibéralisme* (Latresne, Le Bord de l'Eau, 2008), p. 234.

[35] Sobre todo esse desenvolvimento, ver Michel Foucault, *Naissance de la biopolitique* (Paris, Gallimard/Seuil, 2004), p. 93-5.

consiste em "dispor as coisas", estando entendido que "coisas" não são as coisas por oposição aos homens, mas todos os "intricamentos entre os homens e as coisas"[36]. De certo modo, portanto, a ideia de governamentalidade une a ideia do governo dos homens à ideia da administração das coisas, ao passo que o paradigma da soberania faz prevalecer a relação direta do soberano com esses homens que são sujeitos dele[37].

Essa correlação entre um governo dos homens preocupado em não contrariar a natureza das coisas e uma administração das coisas que se vale da liberdade dos homens é que vai dar um impulso decisivo à reflexão sobre a arte de governar, permitindo que ela se liberte do antigo quadro jurídico da soberania. Porque, no interior desse quadro, a primazia da lei não faz mais do que refletir a relação direta da vontade do soberano com a vontade dos súditos, esta última sempre suspeita de tentar desobedecer e sempre chamada ao dever de obedecer. Assim, todas as tentativas de refundar a teoria da soberania sobre novas bases estavam fadadas a conservar essa primazia, ou até mesmo a acentuá-la, a ponto de torná-la uma verdadeira sacralização da lei. Isso vale em particular para a tentativa de Jean-Jacques Rousseau: ao mesmo tempo que tenta construir um espaço para a administração das coisas e para o governo dos homens, ele se empenha em subsumir estes últimos ao princípio da soberania. Assim, no verbete "economia política" da *Enciclopédia*, distingue "economia pública", ou "governo", de "autoridade suprema", ou "soberania". O governo, do qual dependem tanto o governo das pessoas quanto a administração dos bens, deve ser estritamente subordinado ao soberano, que é o único a deter o poder de fazer as leis. Daí o problema que, segundo ele, é para a política o que o problema da "quadratura do círculo" é para geometria: "pôr a lei acima do homem"[38]. Há somente uma maneira de fazer isso: "substituir o homem pela lei"[39]. O ideal, portanto, seria que as leis políticas adquirissem a mesma inflexibilidade e a mesma imutabilidade das leis da natureza, de modo que seja impossível aos homens desobedecê-las, já que então a dependência em relação às

---

[36] Idem, *Dits et écrits II*, cit., p. 643-4.

[37] Idem, *Sécurité, territoire, population*, cit., p. 50.

[38] Jean-Jacques Rousseau, "Considérations sur le gouvernement de Pologne", em *Œuvres complètes* (Paris, Gallimard, 1995, Coleção La Pléiade), t. III, p. 955.

[39] Idem, "Émile", em *Œuvres complètes*, cit., t. IV, p. 311.

leis se identificaria pura e simplesmente com a dependência em relação às coisas[40]. O princípio da soberania da lei, elevado a absoluto por uma espécie de cruzamento do limite, tende a tornar o governo dos homens totalmente *supérfluo*; na medida em que, nesse caso, governar consiste em assegurar a execução das leis, temos o direito de nos perguntar que tipo de atividade restaria a um governo que não teme mais que as leis sejam violadas. O ideal seria, no fim das contas, que a invencibilidade das leis permitisse aos homens *prescindir de qualquer governo*.

Alguns se perguntarão, sem dúvida, o que esse reconhecimento-denegação da governamentalidade por parte de Rousseau tem a ver com a necessidade de inventar uma governamentalidade de esquerda. Essa relação é indireta, mas nem por isso é menos real. A esquerda se construiu historicamente em torno da referência ao marxismo. Ora, este último deve a Saint-Simon certa concepção de governo. Em *Do socialismo utópico ao socialismo científico* (1883), Engels refere-se em termos elogiosos a uma obra de Saint-Simon intitulada *L'industrie*: "A passagem do governo político dos homens a uma administração das coisas e a uma direção das operações de produção, portanto a 'abolição do Estado' acerca da qual se fez tanto barulho ultimamente, encontra-se já claramente enunciada aqui"[41]. De fato, foi Saint-Simon que elaborou a distinção fundamental entre *governo* e *administração*. Essa distinção coincide com uma verdadeira oposição entre dois tipos de regime: o "governamental ou militar", de um lado, e o "administrativo ou industrial", de outro[42]. Nas sociedades pré-industriais, também chamadas sociedades "militares", a ordem social procede inteiramente do comando, o que explica a predominância do governo: a ação de governar consiste no exercício do poder de comandar outros homens por parte de certos homens e, como tal, é necessariamente arbitrária. Isso não se deve em absoluto à forma do governo (monarquia absoluta ou parlamentarismo), mas à essência dessa ação – a arbitrariedade encontra-se na

---

[40] Idem.
[41] Friedrich Engels, *Socialisme utopique et socialisme scientifique* (Paris, Éditions Sociales, 1977), p. 99 [ed. bras.: *Do socialismo utópico ao socialismo científico*, trad. Rubens Eduardo Frias, 2. ed., São Paulo, Centauro, 2005].
[42] Saint-Simon diz, em essência, que a espécie humana "está destinada a passar do regime governamental ou militar para o regime administrativo ou industrial". Citado em Émile Durkheim, *Le socialisme* (Paris, PUF, 1992, Coleção Quadrige), p. 179.

própria essência de toda vontade, e a ação de governar consiste em homens dar ordens a outros homens[43].

Nas sociedades industriais modernas, as coisas são muito diferentes. Os cientistas e os industriais é que são investidos das funções de direção, não em razão de sua aptidão para conseguir que os outros obedeçam a sua vontade, isto é, em razão de seu poder, mas unicamente porque sabem mais do que os outros. Nessas condições, não são mais os homens que dirigem os homens, mas é a verdade que fala diretamente pela boca dos cientistas e dos industriais, e é sabido que nada é menos arbitrário do que a verdade. É impossível resistir à verdade, só se pode tender a ela, porque ela não comanda, mas impõe-se por si mesma, fazendo-se reconhecer. Portanto, a coerção governamental está fadada a desaparecer, da mesma forma que a arbitrariedade. Na sociedade industrial, a ação governamental é reduzida ao mínimo e tende a zero, de modo que o governo orientado pela verdade é o governo que governa o mínimo possível e *tende à própria supressão*. O ideal saint-simoniano é precisamente o da substituição total do governo baseado na arbitrariedade do comando pela administração baseada no conhecimento da verdade.

Esse ideal, retomado pelo marxismo, pressupõe uma dissociação radical entre a ação dos homens sobre as *coisas*, ou "administração", e a ação dos homens sobre os *homens*, ou "governo": "Nunca é demais repetir que não há ação útil exercida pelo homem, senão a do homem sobre as coisas. A ação do homem sobre o homem é sempre, em si mesma, prejudicial à espécie, pela dupla destruição de forças que acarreta"[44]. Como vemos, essa concepção absolutamente negativa do governo só quer desfazer o nó que a própria ideia de governamentalidade deu entre ação sobre os homens e ação sobre as coisas, reduzindo a ação de governar a coerção e comando.

Como em Rousseau, aqui também a especificidade da arte de governar é escamoteada. Obviamente, Saint-Simon não cochila em atacar Rousseau, que para ele é mais um daqueles "legistas" que submetem a sociedade à arbitrariedade das leis. A seu ver, na nova ordem das coisas "não há mais lugar para a arbitrariedade dos homens, *nem mesmo para a arbitrariedade das leis*, porque uma e outra somente podem exercer-se no vago que é, por

---

[43] Retomamos aqui a argumentação de Durkheim (ibidem, p. 177-8).
[44] Saint-Simon, *Écrits politiques et économiques* (Paris, Pocket, 2005, Coleção Agora), p. 327.

assim dizer, seu elemento natural"[45]. É justamente esse "vago" que a verdade da ciência vence, e é por isso que "a ação de governar é nula, ou quase nula, enquanto 'ação de comandar'". Portanto, se existe soberania, ela só pode consistir "num princípio derivado da própria natureza das coisas", não "numa opinião arbitrária alçada a lei pela massa"[46]. Em todo caso, tanto no rousseaunismo como no saint-simonismo, a atividade do governo é subalterna, seja porque a soberania pertence às leis oriundas da vontade, seja porque equivale à própria verdade. No saint-simonismo, o marxismo retomará duas ideias-chave: primeiro, que o governo tem, antes de tudo, uma função de polícia que repousa essencialmente sobre a violência e a coerção; segundo, que o governo regulado pela verdade é aquele que tende a sua própria supressão na administração das coisas. Mas ele entenderá por verdade não mais aquele "princípio imutável derivado da natureza das coisas", mas a verdade que a história faz advir e que sua racionalidade manifesta. Seja como for, soberania das leis ou administração científica das coisas têm em comum o fato de retirar da ação de governar qualquer justificação. Conduzir os homens não é curvá-los sob o jugo inflexível da lei nem fazê-los reconhecer a força de uma verdade. É por nunca ter sabido reconhecer isso que a esquerda esteve sempre condenada a regular-se por governamentalidades emprestadas. É precisamente nisso que a governamentalidade de esquerda ainda está por se inventar.

As "contracondutas" como práticas de subjetivação

Contudo, a governamentalidade não poderia ser reduzida ao governo dos outros. Em sua outra faceta, ela compreende o governo de si. O *tour de force* do neoliberalismo foi unir essas duas facetas de maneira singular, fazendo do governo de si o ponto de aplicação e o objetivo do governo dos outros. O efeito desse dispositivo foi, e ainda é, a produção do sujeito neoliberal, ou neossujeito. A esquerda não pode ignorar essa realidade; ao contrário, deve reconhecê-la para melhor enfrentá-la. A pior das atitudes de sua parte seria preconizar um retorno ao compromisso social-democrata, keynesiano e fordista, em âmbito nacional ou europeu, sem se dar conta de que a dimensão

---

[45] Ibidem, p. 330; grifo nosso.
[46] Idem.

dos problemas mudou, as forças presentes não são mais as mesmas e a globalização do capital destruiu até as bases de tal compromisso. No entanto, é essa atitude que se vê com frequência despontar por trás da redução do neoliberalismo a uma regressão ao "capitalismo puro" das origens. Sem ousar regozijar-se abertamente, a esquerda pega-se espreitando os sinais precursores de um retorno do pêndulo a uma regulação direta da parte dos governos. Presta pouca atenção ao fato de que esse "retorno" se opera em benefício de um Estado empresarial. De bom grado, contrapõe a "boa" racionalidade da regulação do Estado à "má" racionalidade da concorrência. Fazendo isso, negligencia o fato de que a racionalidade do capitalismo neoliberal não é uma racionalidade *puramente* econômica e, ao mesmo tempo, perde de vista a diferença das condições históricas, que impede qualquer retorno a uma racionalidade econômica administrativa e planificadora (supondo-se que esse retorno seja desejável, o que no mínimo é contestável). A questão não é como impor ao capital um retorno ao compromisso anterior ao neoliberalismo, mas como sair da racionalidade neoliberal.

Sabemos, porém, que é mais fácil fugir de uma prisão do que sair de uma racionalidade, porque isso significa livrar-se de um sistema de normas instaurado por meio de todo um trabalho de interiorização. Isso vale em particular para a racionalidade neoliberal, na medida em que esta tende a trancar o sujeito na pequena "jaula de aço" que ele próprio construiu para si. Assim, a questão é, primeiro e acima de tudo, como preparar o caminho para essa saída, isto é, como *resistir* aqui e agora à racionalidade dominante. O único caminho praticável é promover desde já *formas de subjetivação alternativas ao modelo da empresa de si*. A esquerda poderá argumentar que o neossujeito se formou a partir de condições que foram criadas em grande parte por uma reorientação radical da política governamental. Portanto, pode ceder à tentação, caindo na armadilha de uma analogia enganosa, de esperar que uma mudança de política consecutiva a uma mudança de governo crie as condições da construção desse outro sujeito. Isso seria ignorar que a reorientação operada pelo neoliberalismo, sendo voluntarista, não teve nada de criação *ex nihilo*. Ela se apoiou num movimento da economia mundial alinhado à nova norma da concorrência, de modo que os sujeitos foram como que internamente "vergados" a essa norma por múltiplas técnicas de poder. Além do mais, significaria esquecer que não se sai de uma racionalidade ou um dispositivo por uma simples mudança de política, assim como não se inventa outra maneira de governar os homens mudando de governo.

Isso não significa que devemos ser indiferentes às mudanças de governo ou à política de qualquer novo governo. Seguramente, significa que a atitude que se deve adotar em tal circunstância deve obedecer a um único critério: em que medida os atos desse governo favorecem ou, ao contrário, entravam a resistência à racionalidade neoliberal? Consequentemente, nesse caso a questão do governo enquanto *instituição* é secundária em relação à questão do governo como *atividade* que estabelece uma relação consigo mesmo e, ao mesmo tempo, uma relação com os outros. Ora, essa relação dupla diz respeito precisamente à constituição do sujeito ou, em outras palavras, às práticas de subjetivação.

Compreender isso requer desfazer-se da ilusão de que o sujeito alternativo poderia ser encontrado de uma forma ou de outra como "já aí", à maneira de um dado que quando muito se deve ativar ou estimular. Uma primeira forma dessa ilusão, da qual o marxismo sofreu no passado, é a de uma localização ontológica do sujeito da emancipação humana: haveria no ser social um local determinado que levaria a opressão a seu cúmulo, ou seja, uma classe que seria ao mesmo tempo uma "não classe", uma "classe universal" que realizaria em suas condições de existência a "perda total do homem" e à qual caberia, por consequência, realizar a "reconquista total" do homem[47]. Essa ilusão se apoia na ideia de um *privilégio ontológico de exterioridade*, em virtude do qual esse sujeito social estaria situado num "fora" radical relativamente às relações de poder em que sempre são pegos os atores de uma sociedade. Encontramos semelhante ilusão de exterioridade na tese de uma "autonomia ontológica da multidão", defendida por Michael Hardt e Antonio Negri[48]. Obviamente, esses autores repetem que nenhum lugar dentro do espaço do "Império" escapa à investida do biopoder, mas isso é para conferir à multidão um lugar ontológico próprio, que lhe permite subtrair-se – ao menos em parte – ao controle imperial[49]. O desconhecimento

---

[47] Reconhece-se aqui a tese enunciada por Marx a respeito do proletariado em *Crítica da filosofia do direito de Hegel* [trad. Rubens Enderle e Leonardo de Deus, 3. ed., São Paulo, Boitempo, 2013] e *A ideologia alemã* [trad. Rubens Enderle, Nélio Schneider e Luciano Cavini Martorano, 1. ed. rev., São Paulo, Boitempo, 2011].

[48] Michael Hardt e Antonio Negri, *Empire* (Paris, Exils, 2000) e *Multitude* (Paris, 10/18, 2006) [ed. bras.: *Multidão: guerra e democracia na era do império*, trad. Clóvis Marques, Rio de Janeiro, Record, 2005].

[49] Para uma crítica a essa tese, ver Pierre Dardot, Christian Laval e El Mouhoub Mouhoud, *Sauver Marx?* (Paris, La Découverte, 2007).

do processo de subjetivação posto em prática pelo neoliberalismo é tal que Negri chega a afirmar que os "homens novos" do comunismo já estão aí, produzidos pela própria dinâmica do novo "capitalismo cognitivo"[50].

Outra forma dessa mesma ilusão de um sujeito pré-dado encontrou uma formulação precisa na renovação da "teoria crítica" tentada por Axel Honneth em sua análise da "reificação"[51]. No capítulo 5 de seu tratado, ele analisa o fenômeno da autorreificação. Sob esse termo, devemos pensar uma conduta reificante de si mesmo que seria uma "espécie de engano" da relação de reconhecimento que teríamos de imediato com nós mesmos. O que está em questão aqui, portanto, não é nada mais do que a primazia dessa relação consigo mesmo "do ponto de vista da ontologia social"[52]. A afirmação dessa primazia encontra-se no fundamento de toda a análise: "nós sempre já nos reconhecemos"[53]. Certamente não se trata mais de fundamentar essa primazia na posição privilegiada de uma classe social qualquer. A questão ainda é saber se "é preciso supor previamente uma forma de relação consigo mesmo 'originária', normal, que permitiria descrever a reificação como um desvio problemático"[54]. Referindo-se à temática heideggeriana da "preocupação", Honneth nos remete para além da reelaboração de Foucault do conceito de "cuidado de si"[55]. Isso significa ignorar que, para Heidegger, a "preocupação" não é o equivalente de uma relação originária de familiaridade consigo mesmo, mas antes um modo de dispersão e imersão no mundo que faz da apropriação de si mesmo uma tarefa atribuída ao *Dasein*. "Primeiro e no mais das vezes", para falarmos como Heidegger, em Honneth o que predomina é o esquecimento de si, não o reconhecimento de si. A mesma observação vale mais ainda para Foucault. O volume 3 de *História da sexualidade*, intitulado *O cuidado de si* (1984), bem como o curso do Collège

---

[50] "Nous sommes déjà des hommes nouveaux", entrevista de Jean Birnbaum com Antonio Negri, *Le Monde*, 13 jul. 2007.

[51] Axel Honneth, *La réification: petit traité de théorie critique* (Paris, Gallimard, 2007).

[52] Ibidem, p. 93.

[53] Ibidem, p. 105.

[54] Ibidem, p. 94. Essa pretensa "originalidade" tem certa relação com a pressuposição de uma exterioridade da liberdade no que diz respeito às relações de poder contra a qual se construiu a noção foucaultiana de governamentalidade. Ver a Introdução deste volume.

[55] Ibidem, p. 101-2 e p. 136, nota 17.

de France dedicado à *Hermenêutica do sujeito* (1981-1982), insistem num mesmo ponto: o cuidado de si está ligado não a uma relação primordial consigo mesmo, mas com uma verdadeira *tekhné*, a *tekhné tou biou* [arte da vida], que faz do "si" o término de toda uma ascese (*askésis*).

Isso mostra a que ponto devemos assimilar a nossa maneira a lição do neoliberalismo: *o sujeito está sempre por construir*. A questão se resume, então, em saber como articular a subjetivação à resistência ao poder. Ora, essa questão está precisamente no centro de todo o pensamento de Foucault. Mas, como mostrou Jeffrey T. Nealon, parte da literatura secundária norte-americana deu ênfase, ao contrário, à fratura que existiria entre as pesquisas de Foucault sobre o poder e as do último período, que tratam da história da subjetividade[56]. Segundo esse "*Foucault consensus*", como jovialmente o batizou Nealon, os sucessivos impasses do neoestruturalismo dos primórdios e da análise totalizante do poder panóptico teriam levado o "último Foucault" a abandonar a questão do poder e a interessar-se exclusivamente pela invenção estética de um estilo de existência desprovido de qualquer dimensão política. Mais ainda, se seguirmos essa leitura despolitizante de Foucault, essa estetização da ética teria antecipado a mutação neoliberal, fazendo precisamente da invenção de si uma nova norma. Na realidade, longe de ser ignoradas, essas questões acerca do poder e do sujeito sempre estiveram intimamente articuladas, mesmo nos últimos trabalhos de Foucault sobre os modos de subjetivação.

Se há um conceito que teve papel decisivo a esse respeito, foi o da "*contraconduta*", tal como elaborado na aula de 1º de março de 1978[57]. Essa aula trata, em grande parte, da crise do pastorado. Tenta precisar a especificidade das "revoltas", ou "resistências de conduta", que são como o correlato do modo de poder pastoral: se tais resistências são denominadas "resistências de conduta", é porque são resistências ao poder *enquanto conduta* e, como tais, elas próprias são *formas de conduta*, contrárias a esse "poder-conduta".

O termo "conduta" admite dois sentidos: o de uma atividade que consiste em conduzir os outros, ou "condução", e o que remete à maneira como o indivíduo conduz a si mesmo sob o efeito dessa atividade de

---

[56] Jeffrey T. Nealon, *Foucault Beyond Foucault: Power and its Intensifications Since 1984* (Stanford, Stanford University Press, 2008).

[57] Michel Foucault, *Sécurité, territoire, population*, cit., p. 195-232 (sobre a etapa fundamental constituída por esse conceito, ver p. 221, nota 5).

condução[58]. A ideia de "contraconduta" apresenta a vantagem, portanto, de significar diretamente uma "luta contra os procedimentos postos em ação para conduzir os outros", ao contrário do termo "inconduta", que se refere apenas ao sentido passivo da palavra[59]. Pela contraconduta, tenta-se tanto escapar da conduta dos outros como definir para si mesmo a maneira de se conduzir com relação aos outros.

Que interesse pode ter essa observação para uma reflexão sobre a resistência à governamentalidade neoliberal? Pode-se argumentar que esse conceito é introduzido no âmbito de uma análise do pastorado, não da governamentalidade. Precisamente, a governamentalidade, ao menos em sua forma especificamente neoliberal, faz da conduta dos outros *pela* conduta deles para com eles mesmos o verdadeiro objetivo que se deseja alcançar. A característica própria dessa conduta para consigo mesmo, isto é, conduzir-se como uma empresa de si mesmo, é induzir imediata e diretamente certa conduta com relação aos outros: a da concorrência com os outros, vistos como empresas de si mesmos. A consequência disso é que a contraconduta como forma de resistência a *essa* governamentalidade deve corresponder a uma conduta que seja indissociavelmente uma conduta para consigo mesmo *e* uma conduta para com os outros. Não se poderia lutar contra um modo de condução tão indireto por uma conclamação à revolta contra uma autoridade que supostamente se exerce por uma coerção externa aos indivíduos. Se "a política não é nada mais, nada menos do que aquilo que nasce com a resistência à governamentalidade, a primeira sublevação, o primeiro confronto"[60], isso quer dizer que *ética e política são absolutamente inseparáveis*.

À subjetivação-sujeição constituída pela ultrassubjetivação, devemos opor uma subjetivação pelas contracondutas; à governamentalidade neoliberal como maneira específica de conduzir a conduta dos outros, devemos opor, portanto, uma *dupla* recusa não menos específica: a recusa de se conduzir em relação a si mesmo como uma empresa de si e a recusa de se conduzir em relação aos outros de acordo com a norma da concorrência. Nisso, essa dupla recusa não está ligada a uma "desobediência passiva"[61]. Porque, se é verdade que a relação

---

[58] Ibidem, p. 196-7.
[59] Ibidem, p. 205.
[60] Ibidem, p. 221, nota 5.
[61] Atitude que seria como que o puro negativo da "obediência passiva" aos poderes estabelecidos preconizada por Berkeley (*De l'obéissance passive*, Paris, Vrin, 1983).

consigo da empresa de si determina imediata e diretamente certo tipo de relação com os outros (a concorrência generalizada), inversamente a recusa de funcionar como uma empresa de si, que é distanciamento de si mesmo e recusa do total autoengajamento na corrida ao bom desempenho, na prática só pode valer se forem estabelecidas, com relação aos outros, relações de cooperação, compartilhamento e comunhão. De fato, que sentido teria um distanciamento de si mesmo que não tivesse nenhuma ligação com a prática cooperativa? Na pior das hipóteses, o de um cinismo misturado ao desprezo pelos trouxas; na melhor, o de uma simulação ou um jogo duplo, talvez ditado por uma preocupação plenamente justificada de preservação pessoal, porém extenuante em longo prazo para o sujeito; seguramente, não o de uma *contra*conduta. Sobretudo porque esse jogo poderia levar o sujeito a refugiar-se – na falta de coisa melhor – numa identidade de compensação, que ao menos tem a vantagem de certa estabilidade, em contraste com o imperativo de superação infinita de si mesmo. Ora, a fixação da identidade, seja de que natureza for, longe de ameaçar a ordem neoliberal, aparece, ao contrário, como bater em retirada para os sujeitos cansados de si mesmos, para todos os que abandonaram a corrida ou foram excluídos dela logo de saída; pior, ela reproduz a lógica da concorrência no nível das relações entre as "pequenas comunidades". Longe de valer por si mesma, independentemente de qualquer articulação com a política, a subjetivação individual está ligada no mais profundo de si mesma à subjetivação coletiva. *Pura estetização da ética é, nesse sentido, pura e simples renúncia a uma verdadeira atitude ética.* A invenção de novas formas de vida somente pode ser uma invenção coletiva, devida à multiplicação e à intensificação das contracondutas de cooperação. A recusa coletiva de "trabalhar mais", ainda que seja apenas local, constitui um bom exemplo de atitude que pode abrir o caminho para essas contracondutas: ela rompe o que o saudoso André Gorz denominava com muita justiça "cumplicidade estrutural" que une o trabalhador ao capital, na medida em que "ganhar dinheiro", cada vez mais dinheiro, é o objetivo determinante de ambos. Ela abre uma primeira brecha na "coerção imanente do 'sempre mais', 'sempre mais rápido'"[62].

A genealogia do neoliberalismo que ensaiamos nesta obra ensina que a nova razão do mundo não é um destino necessário que subjuga a humanidade.

---

[62] André Gorz, *Ecologica* (Paris, Galilée, 2008), p. 115 e 133 [ed. bras.: *Ecológica*, trad. Celso Azzan Júnior, São Paulo, Annablume, 2010].

Ao contrário da Razão hegeliana, ela não é a razão *da* história humana; ela é, de ponta a ponta, *histórica*, isto é, relativa a condições estritamente singulares que nada permite que sejam pensadas como insuperáveis. O fundamental é compreender que *nada* pode nos eximir da tarefa de promover outra racionalidade. É por isso que a crença de que a crise financeira anuncia por si só o fim do capitalismo neoliberal é a *pior* das crenças. Talvez agrade aos que pensam ver a realidade antecipar-se a seus desejos sem que precisem mexer um único dedo. Seg2uramente conforta os que encontram motivo nisso para congratular-se por sua "clarividência" passada. No fundo, é a forma menos aceitável de renúncia intelectual e política. O capitalismo neoliberal não cairá como uma "fruta madura" por suas contradições internas, e os *traders* não serão a contragosto os "coveiros" inopinados desse capitalismo. Marx já dizia com força: "A história não faz nada"[63]. Existem apenas homens que agem em condições dadas e, por sua ação, tentam abrir um futuro para eles. Cabe a nós permitir que um novo sentido do possível abra caminho. O governo dos homens *pode* alinhar-se a outros horizontes, além daqueles da maximização do desempenho, da produção ilimitada, do controle generalizado. Ele *pode* sustentar-se num governo de si mesmo que leva a outras relações com os outros, além daquelas da concorrência entre "atores autoempreendedores". As práticas de "comunização" do saber, de assistência mútua, de trabalho cooperativo *podem* indicar os traços de *outra razão do mundo*. Não saberíamos designar melhor essa razão alternativa senão pela *razão do comum*.

---

[63] Karl Marx, *Œuvres III* (Paris, Gallimard, 1982, Coleção La Pléiade), p. 526.

ÍNDICE ONOMÁSTICO

Aballéa, François, 338
Adenauer, Konrad, 108, 261-3
Agamben, Giorgio, 382, 386-7
Aglietta, Michel, 225, 280
Albert, Michel, 258
Anderson, Perry, 309
Aristóteles, 180
Aron, Raymond, 71, 99, 383
Aubert, Nicole, 229, 363, 366
Aubrey, Bob, 333-8, 346, 350
Audier, Serge, 71-2, 75-6, 78, 80, 88, 391
Austin, John, 49, 167

Bacon, Francis, 164
Balazs, Gabrielle, 365
Banco Central Europeu (BCE), 250-1, 263
Banco de Compensações Internacionais, 279
Banco Mundial, 194, 197-8, 204, 275, 283, 287, 311
Barre, Raymond, 99, 232, 255, 264
Barzelay, Michael, 296
Basileia I, Acordos de, 280
Basileia II, Acordos de, 278, 280
Bastiat, Frédéric, 14-5, 207
Beck, Ulrich, 347-8
Becker, Gary S., 211, 214-5, 336
Bell, Daniel, 328, 355

Bentham, Jeremy, 34, 44-7, 49-50, 58, 60-2, 64, 83, 94, 167, 175, 182, 216-7, 220, 291-5, 299-300, 325, 358, 384
Berkeley, George, 400
Berlin, Isaiah, 47
Bilger, François, 112, 258
Bismarck, Otto von, 41, 121, 258
Blair, Tony, 234, 237-9, 241-2, 304, 308-9
Blondiaux, Loïc, 390
Böhm, Franz, 101, 105, 108, 111, 118-9, 165, 172, 185, 269, 378
Bolkestein, Frits, 247-9
Boltanski, Luc, 329
Bossuat, Gérard, 261
Brandt, Willy, 276
Brown, Gordon, 204
Brown, Wendy, 14, 20, 377-8, 382-3, 387, 389
Broyer, Sylvain, 113, 115, 120
Brunel, Valérie, 342, 344-5, 350
Buchanan, James, 296, 299

Cantillon, Richard, 151, 346-7
Carlyle, Thomas, 44
Carnegie, Andrew, 54
Cassese, Sabino, 273, 290
Castel, Robert, 230, 381
Centro Internacional de Estudos para a Renovação do Liberalismo, 72, 75
Chadwick, Edwin, 221, 403

Chauvet, Christophe, 293-4
Chémama, Roland, 370
Chesnais, François, 200, 225
Chiapello, Ève, 329
Chirac, Jacques, 249, 264
Chubb, John E., 224
Clarke, Peter, 62
Clave, Francis Urbain, 99
Clinton, Bill, 307-8
Comissão Europeia, 32, 239, 246-8, 265, 268, 282, 311
Comissão Trilateral, 72, 194
Comitê de Basileia para o Controle Bancário, 279
Commun, Patricia, 101, 106, 111, 113, 258-9, 267
Comte, Auguste, 37, 46, 50-1, 56, 82, 128
Comunidade Econômica Europeia (CEE), 252, 255, 263
Comunidade Europeia do Carvão e do Aço (Ceca), 246, 255
Considine, Mark, 222
Cornélius, Nelarine, 352
Corte de Justiça Europeia, 246
Couppey-Soubeyran, Jézabel, 202, 279
Courpasson, David, 331
Coutrot, Thomas, 227
Crouch, Colin, 382
Crozier, Michel, 194
Culpepper, Pepper D., 227

Darwin, Charles, 51-2, 54, 56, 166
Debouzy, Marianne, 40
Defoe, Daniel, 151
Dejours, Christophe, 362
Delanoë, Bertrand, 252
Deleuze, Gilles, 355-6, 369
Delors, Jacques, 196, 232, 238, 249, 267
Demailly, Lise, 338
Denord, François, 71, 76, 79
Descartes, René, 164
Desportes, Gérard, 390
Destutt de Tracy, Antoine-Louis-Claude, 163

Dewey, John, 62
Dixon, Keith, 237, 240-1
Dostaler, Gilles, 11, 58, 60, 163, 166, 185
Dreyfus, Hubert, 191-2
Drucker, Peter, 154, 224, 228
Dufour, Dany-Robert, 368-70
Duménil, Gérard, 22-3, 195
Dumont, Louis, 65
Durand, Jean-Pierre, 338, 354, 363
Durkheim, Émile, 46, 51, 324, 393-4

Ehrenberg, Alain, 353-4, 366, 374
Élie, Bernard, 218
Engels, Friedrich, 393
Erhard, Ludwig, 108-9, 112, 114, 116-8, 120, 122, 256-7, 259, 261, 263
Escola de Chicago, 20, 218, 291, 391
Escola de Manchester, 41
Etzel, Franz, 262
Eucken, Walter, 33, 101-5, 108-9, 111-4, 132, 157, 247, 249, 256
Ewald, François, 230, 347, 349

Faguer, Jean-Pierre, 365
Faucher-King, Florence, 241-2, 300
Fauroux, Roger, 310
Federal Reserve (FED), 201, 281
Ferguson, Adam, 95, 160, 162-4, 379
Finger, Matthias, 311
Foessel, Michaël, 361
Fórum Econômico Mundial, 72
Foucault, Michel, 17-8, 25-6, 34, 38, 69, 79, 103-4, 106-9, 112, 123, 125, 127, 132, 135, 164, 173-4, 181, 185, 191--2, 216, 242, 256, 268, 324, 334-6, 338-9, 343, 357-8, 385-7, 391, 398-9
Franck, Louis, 246, 255, 275
Franklin, Benjamin, 332
Freeden, Michael, 37, 63, 238
Freud, Sigmund, 360, 368
Friedman, David, 182
Friedman, Milton, 150, 194, 205-9, 212, 217-9, 223-4, 303, 383, 391
Friedman, Rose, 209, 212

Fries, Fabrice, 265
Fundo Monetário Internacional (FMI), 20, 29, 194, 196-8, 204, 282-3, 287

Gaebler, Ted, 306-7
Galbraith, James Kenneth, 233, 272
Galbraith, John Kenneth, 55
Gamble, Andrew, 189-90, 238
Gauchet, Marcel, 38, 323
Gaudin, Jean-Pierre, 275
Gaulejac, Vincent de, 229, 363
Gaulle, Charles de, 99, 264
Gautier, Émile, 51
General Agreement on Tariffs and Trade (Gatt), 283
Gewirtz, Sharon, 381
Giddens, Anthony, 233, 237-40, 308
Gilder, George, 206, 211-2
Girod, Antoni, 340-1
Giscard d'Estaing, Valéry, 255, 264,
Gleadle, Pauline, 352
Gollac, Michel, 227, 363
Gore, Al (Albert Arnold Gore Jr.), 307-8, 310
Gori, Roland, 339, 354
Gorz, André, 401
Graz, Jean-Christophe, 276
Greenspan, Alan, 15, 281
Greffe, Xavier, 296, 308-9
Grossman-Doerth, Hans, 101
Grove, Andrew, 370
Guattari, Félix, 355, 369

Hadot, Pierre, 338, 343
Halimi, Serge, 195
Hall, Peter A., 227
Hardt, Michael, 287, 397
Hawkins, Mike, 54
Hayek, Friedrich, 33, 47, 71, 73, 75-7, 79, 81, 94-5, 99-100, 119-20, 125, 134-5, 138, 143, 149-50, 155, 157--85, 205, 208, 218, 268-9, 299, 378, 383-4, 391
Hayward, Jack, 289

Heidegger, Martin, 386, 398
Hirschmann, Albert O., 381
Hobbes, Thomas, 49, 164, 166-7, 371
Hobhouse, Leonard, 60-2, 238
Hobson, John Atkinson, 56, 60, 62-3
Hofstadter, Richard, 51
Honneth, Axel, 398
Hood, Christopher, 301, 309
Hoover, Herbert, 74
Hufty, Marc, 311, 380
Hume, David, 95, 164, 168, 173, 176
Hume, Leonard J., 293
Huntington, Samuel, 194
Husserl, Edmund, 101, 112

Illouz, Eva, 365, 367
Instituto Internacional de Cooperação Intelectual, 71

Jobert, Bruno, 232, 289
Jorion, Paul, 204

Kant, Emmanuel, 172-3, 257
Kelsen, Hans, 167
Kessler, Denis, 230, 347
Keynes, John Maynard, 58-9, 62, 68, 233
King, Desmond, 273
Kirzner, Israel, 134, 140-1, 145-8, 303
Klein, Naomi, 20, 194, 198, 287-8
Klein, Rudolf, 289
Klump, Rainer, 101

La Boétie, Étienne de, 355
Lacan, Jacques, 321-2, 368-70, 372
Lallement, Michel, 227
Lasch, Scott, 201
Lascoumes, Pierre, 273, 303
Laurent, Alain, 15, 57, 62-3, 100
Laval, Christian, 397
Lavergne, Bernard, 72, 75-6
Lavoie, Marc, 218
Le Coz, Pierre, 339, 354
Le Galès, Patrick, 241-2, 273, 300, 303, 317, 380

Le Goff, Jean-Pierre, 289
Lebrun, Jean-Pierre, 327, 368-70
Légeron, Patrick, 362
Lepage, Henri, 206, 208, 210, 298
Lévy, Dominique, 22-3, 195
Liberty and Property Defence League, 46
Linhart, Danièle, 338
Lippmann, Walter, 58, 66, 73-5, 77-85, 89-99, 133, 157, 185, 211, 271-2
List, Friedrich, 41
Locke, John, 34, 132, 167, 169-70, 177, 182-4, 326, 379
Longuet, Stéphane, 136, 184
Lordon, Frédéric, 204

Malthus, Thomas, 52-3, 241
Mandelson, Peter, 237
Mandeville, Bernard, 139
Marlière, Philippe, 237, 309
Marlio, Louis, 72, 75-6
Marshall, Thomas Humphrey, 381
Martucci, Francesco, 253
Marx, Karl, 19-21, 23, 25, 27, 323, 356, 368, 397, 402
Mauduit, Laurent, 390
Mauss, Marcel, 364
Melman, Charles, 368, 370-2
Mill, James, 44
Mill, John Stuart, 42-5, 56, 60-1, 63, 82, 169, 171, 194
Minc, Alain, 14
Mintzberg, Henry, 315
Mises, Ludwig von, 33, 73, 75-9, 133-8, 140-6, 149-51, 155, 205, 208, 214
Mitterrand, François, 243
Moe, Terry M., 224
Mongin, Olivier, 361
Monnet, Jean, 261-3
Mouhoud, El Mouhoub, 11, 193, 397
Movimento das Empresas da França (Medef), 230
Müller-Armack, Alfred, 105, 108, 119-21, 123, 257, 262
Murphy, Kevin M., 215

Murray, Charles, 210
Museu Social, 72

Nasse, Philippe, 362
Nealon, Jeffrey T., 399
Negri, Antonio, 287, 397-8
Niskanen, William, 297-8
Nozick, Robert, 182

Ohmae, Kenichi, 286
Organização para a Cooperação e Desenvolvimento Econômico (OCDE), 155, 197, 246-7, 274, 282, 308, 311
Organização Mundial do Comércio (OMC), 282-3, 287
Osborne, David, 306-7

Palier, Bruno, 227
Parisot, Laurence, 347
Paye, Jean-Claude, 382
Pesin, Fabrice, 258
Peters, B. Guy, 305
Pezet, Éric, 339, 350-2
Picq, Jean, 310
Pierru, Frédéric, 313
Pignarre, Philippe, 366
Pinochet, Augusto, 184, 383
Pirou, Gaëtan, 74
Platão, 339
Plihon, Dominique, 11, 193, 197, 199-200, 202, 279
Polanyi, Karl, 19, 23, 47, 57, 63-7, 76, 126, 271, 323
Pollitt, Christopher, 290-1, 316
Poncet, Jean-François, 102, 112, 114, 256
Power, Michael, 315-6

Rabinow, Paul, 191-2
Reagan, Ronald, 15, 189, 194, 209, 211, 220, 222, 242, 306
Rey, Olivier, 372
Ricardo, David, 41, 53
Richet, Isabelle, 222
Robbins, Lionel, 76-7, 141, 146

Índice onomástico • 407

Rocard, Michel, 310, 390
Rockefeller, David, 194
Rockefeller, John D., 54-5
Rodrik, Dani, 198
Roosevelt, Franklin Delano, 74
Röpke, Wilhelm, 33, 71, 78-9, 92, 105-7, 109-10, 114, 116, 120, 122-31, 157, 160, 205, 261, 388, 391
Rosa, Jean-Jacques, 298
Rose, Nikolas, 332-3, 358-60
Rothbard, Murray, 134
Rouban, Luc, 290, 318
Rougier, Louis, 71, 73-5, 77, 79-81, 84, 86-8, 98, 104, 133, 185
Rousseau, Jean-Jacques, 55, 119, 392-4
Rueff, Jacques, 71, 75-8, 99, 221, 253-5

Saïdane, Dhafer, 202, 279
Sainati, Gilles, 313
Saint-Martin, Denis, 274, 288, 309
Saint-Simon (Claude Henri de Rouvroy, comte de Saint-Simon), 46, 393-4
Sarkozy, Nicolas, 13, 233, 310, 314, 361
Sauviat, Catherine, 225
Say, Jean-Baptiste, 14, 41, 151, 306
Schalchli, Ulrich, 313
Schmitt, Carl, 382
Schröder, Gerhard, 223, 233-4, 258
Schuman, Robert, 253, 261
Schumpeter, Joseph, 147, 152-4
Schutz, Will, 344
Seccareccia, Mario, 218
Senellart, Michel, 106, 123
Senghor, Léopold Sédar, 275
Senior, Nassau William, 221
Sennett, Richard, 364-5
Silicani, Jean-Ludovic, 304-5
Simonin, Laurence, 111, 117, 252, 267
Smiles, Samuel, 332
Smith, Adam, 34, 42, 44, 53, 59, 104, 139, 151, 163-4, 179, 379, 381
Sociedade Mont-Pèlerin, 22, 71-3, 99, 120, 184, 205

Spencer, Herbert, 45-54, 64, 83, 88, 169, 207, 241, 377
Spitz, Bernard, 310
Spitz, Jean-Fabien, 61
Starbatty, Joachim, 257
Steel, Ronald, 74
Stigler, George, 150, 205
Stiglitz, Joseph, 13, 15, 198
Strange, Susan, 282
Strassel, Christophe, 258
Strauss-Kahn, Dominique, 252
Sumner, William Graham, 55

Taylor, Michael W., 46
Thatcher, Margaret, 15, 27, 185, 189, 194, 201, 220, 222, 237-8, 242, 289, 303, 309, 331
Théret, Bruno, 289
Tietmeyer, Hans, 120-2, 261, 264
Tilliette, Bruno, 335, 338
Tocqueville, Alexis de, 42-5, 56, 194
Tort, Patrick, 46-7, 52, 54
Tratado Constitucional Europeu (TCE), 249-53, 264
Tratado de Maastricht, 251
Tratado de Roma, 120, 246, 251-3, 257, 262, 265
Truchy, Henri, 76
Tullock, Gordon, 296-9

Unesco, 71
União Europeia, 20, 29, 155, 247, 251-2, 260-1, 263, 287
Urry, John, 201
Uzunidis, Dimitri, 152

Varone, Frédéric, 302
Véron, Nicolas, 277
Vinokur, Annie, 313
Visscher, Christian de, 302
Volkoff, Serge, 227, 363

Wagner, Adolf, 56,
Wagner, Peter, 259

Walras, Léon, 163, 275
Watanuki, Joji, 194
Weber, Max, 16, 19, 226, 232, 323, 330, 334, 354, 367
Welcker, Carl Theodor, 174

Whitehead, Alfred, 143
Wilkens, Andreas, 261-3
Williamson, John, 197
Wright, Tony, 238,
Wright, Vincent, 273, 290

ÍNDICE ANALÍTICO

"A maior felicidade para o maior número de pessoas", 63-4 e seg., 96, 293-4, 325
Ação
– humana, 140 e seg.
– pública, 272-5, 278, 288-9, 303
– conforme e não conforme, 113
Accountability, 200, 301-2, 350 e seg.
Adaptação, 89 e seg., 340, 343, 360-1
Agenda, *não* agenda, 58-60, 69, 273, 278
Agente racional, 298-9, 313
Anarcocapitalismo, 134, 181-2
Arte de governar, do governo, 37, 311-2
Artifício, artificialismo, 105, 161
Ascese, 337
ascetismo, 333-4, 355-6
asceses do desempenho, 338 e seg.
Auditoria, 301-2, 315, 317
Autocontrole, 228-9, 279
Autorregulação, 278
Avaliação, 217, 225-6, 229, 281, 296-7, 304-5, 314-7

Bem comum, 183
Benchmarking, 227-8, 277, 302, 312
Blairismo, 233 e seg., 308-10
Burocracia, 208-10, 232, 296-301, 307, 318-9

Cálculo, 214-5, 218-9, 291-6, 300-1

Capital
– humano, 215, 365
regime de acumulação do –, 195-6, 199, 202, 385
Capitalismo renano, 255 e seg., 259, 261-2
Catalaxia, 160
Cidadão, 319
consumidor-cidadão, 116 e seg., 320
Cidadania, 380
– civil, 381
– política, 381
– social, 381
Civilização, 44-5, 95, 143, 168
Coerção, 168 e seg.
Coletivismo, 73, 93, 97, 107, 123 e seg.
Common Law, 94 e seg., 167
Comum
razão do –, 402
comunização, 402
Concorrência, 53-4, 123, 135, 153, 223-4, 226-7, 239-40, 246, 250-2, 265-7, 290, 298-9, 303-5, 377
– das legislações, dos sistemas institucionais, 263, 266-8
direito de –, 265-6
ordem de –, 102, 110
Concorrencialismo, 50-6, 135, 246
Conhecimento, teoria do, divisão do, 143, 163

Conservadorismo, neoconservadorismo, 84, 189-90, 289-91, 388-91
Consumo, consumidor, 214-5, 223-5, 303-4, 307, 320
Constituição econômica, 110 e seg., 249-7, 250-5, 364, 366
Construtivismo, 164, 182
Contraconduta, 397 e seg., 399-401
Contrato, contratualismo, 51, 69
  contratualização, 324
Cosmo
  do mercado mundial, 343, 356-7

Darwinismo, darwinismo social, 50-2, 54-5, 130-1
Democracia, 58-9, 194, 269, 299-300, 317
desdemocratização, 382
  – do consumidor, 137, 142, 319-20
  – liberal, 323, 379 e seg.
  – totalitária, 184, 383
Depressão, sintoma depressivo, 366 e seg.
Desejo, 328, 333, 360
Desempenho (*performance*), 290, 302, 305, 314, 317-8
Desenvolvimento pessoal, 341, 345
Desregulação, 202, 279
Desregulamentação, 197, 279, 281-2
Despotismo, 43, 172-3
Dessimbolização, 368-70, 373
Destruição criadora, 153
Dever, 295
Diagnósticos clínicos (do neossujeito), 361 e seg.
Disciplina, sistema de disciplinas, disciplinamento, 197, 215-6, 220-1, 225-6
Dispositivo
  caráter estratégico do –, 385-6
  – de eficácia, 357 e seg.
  – de desempenho/gozo, 353 e seg.
  – global, 384
Direito
  – civil, 95
  – penal, 165

  – privado, 118-9, 165
  – público, 107, 119, 165, 278, 289, 378 e seg.
Divisão do trabalho, 53, 89-90
Domínio de si, 336-7, 341

Economia política (ciência da), 214-5
Economia social de mercado, 119 e seg., 253, 257-9, 264
Eficácia, 273-5
Eficiência, 178, 312
Egoísmo, 291-6, 298-9, 313
Emprego, empregabilidade, 220-1
Empresa, 40, 225-9, 378, 288-91
  cultura da –, 151, 289, 328
  empreendedor, 300, 306
  empreendedor de si, 333 e seg.
  empreendedorismo, 144-6
  entrepreneurship, 134, 145, 147
  espírito de –, 131-2
  pequena –, 128 e seg.
  – de si, 333 e seg.
Epimeleia, 336
Escolha, liberdade de escolha, 216, 223, 304-5
Esferas de vida, 322 e seg.
Esporte (modelo do), 354
Esquerda moderna, neoliberalismo de esquerda, 51 e seg., 233 e seg., 245, 273, 291, 308-10
Estado
  – bolsista, 204
  – de direito, 103, 171-5
  – de bem-estar, 192, 209-15, 289-91, 292, 297
  – forte, 97 e seg., 157, 182, 190, 311
  – neoliberal, 204, 278
  – social *(welfare)*, 121, 128
Estratégia(s), estratégico, 191 e seg., 217
Ética
  – da conversão, 334
  – da abnegação, 334
  – do trabalho, 334
  e política, 400-1

Ethos (da autovalorização), 333
Europa, 245 e seg.
Evolução, evolucionismo, 165-6
— econômica, 153
Excesso de si, 357
Exercícios, 339 e seg.

Finanças, financeirização, 199-205, 225-6, 279-82
Função pública, 206, 289, 306, 319
Funcionário público, 297, 315, 317
Forma
— de vida, 367

Gestão (*management*), 40
— da alma, 342 e seg.
gerencialismo, 290, 317
"nova gestão", 226-9
nova gestão pública, 331-2, 240-1, 274, 290 e seg., 301 e seg., 312 e seg., 317-20
Governança
— de empresa, 200, 275-8
— de Estado, "boa governança", 275-7, 290, 311, 380
— mundial, 277 e seg., 286-8
Governo
auto-, 140
— dos homens (e administração das coisas), 391-2, 393-5
— de si, 131-2, 144, 339, 395-6
— empresarial, 305-9, 313
instituição e atividade do –, 391-2
Governamentalidade
— de esquerda, socialista, 391 e seg.
— e pastorado, 387, 399
— e soberania, 391-3
natureza da –, 296
— neoliberal, 280, 378, 365-6
Gozo de si, 372 e seg.

Hibridação, 277-82
Homem

Homo agens, 140, 146
— calculador, competitivo, produtivo, 322
— eficaz, 327

Ideologia
amálgama ideológico, 388-9
— e racionalidade, 230-2, 387-8
luta ideológica, 150, 205-9
Ingerência, 87, 134
Inovação, inovação schumpeteriana, 154
Interesse(s), 293-5, 320
harmonização dos –, 295
princípio de junção dos –, 294-5, 299--300
Interferência, 136
Intervencionismo
— administrativo, 80
crítica do, 136
— de Estado, 73
— judiciário, 181
— jurídico, 75, 80, 86
— liberal, neoliberal, 76, 85-6, 87-8

Justiça comutativa, 180
— distributiva, 180
— social, 159, 180

Keynesianismo, 59, 233, 236, 246, 259

Laissez-faire, 57-9, 64-8, 81, 158, 191, 253, 281-2
free trade, 41, 104
Lei(s)
— de evolução, 46-7, 50-3
— da natureza, 48
Liberalismo
— construtor, 74, 85, 87, 124, 131
crise do –, 70
— econômico (e político), 37 e seg., 66-7, 281-2
— novo (e reformador), 56-63, 68
— social, 72
— sociológico, 124, 131
ultraliberalismo, 390-1

Liberdade(s) individual(ais), 142, 148, 168, 170, 384
Libertarismo, libertaristas, 391
Limite, limitação, 174 e seg., 195

Mais-de-gozar, 355-6
Mão invisível, 164
Mercado
    coordenação do –, 146-7
    equilíbrio do –, 135
    processo de –, 139 e seg.
    – de trabalho, 220, 222, 235
    – comum, 246, 261-3
    – institucional, 253-5
    – político, 297-9
    mercadorização (*marketization*), 202, 275, 304
Maximizar, maximização, 141, 145, 294
Mundo da vida, 379
Monetarismo, 200, 218-9
Movimento, contramovimento, 63 e seg.

Naturalismo, 73 e seg.
Nomocracia (e teleocracia), 162
Nova direita (New Right), 190, 273, 290-1

Objetalização, 371
Ordem
    – e ordenação, 101-2
    –-quadro, 119
    – espontânea, 160 e seg.
Ordoliberalismo, ordo, ordoliberais, 101 e seg., 157-9, 246-50, 255-60, 265-9
Organização, 161, 165

Paixão(ões), 169
Panóptico, modelo, sistema, 294-5
Perversão comum, 370
Pleonexia, 371
Política
    – de sociedade, 106, 122 e seg.
    – de quadro, 265
    – econômica, 106, 193, 198-99
    – liberal, 158

    – monetária, 196, 199, 218-9, 264
    – reguladora (e de ordenação), 113-5
Poder
    – supremo, 183-4
Praxeologia, 142 e seg.
Princípios
    – constituintes, 113
    – reguladores, 115
Privatização, 191, 197, 202-3, 271
Propriedade
    conceito de –, 170-1
    direito de –, 45
    proprietário, 128-9
    – de si, 132
Psicanálise, 321, 360, 372
"Psi" (discurso), 357 e seg.
Public Choice, 232, 291, 296-302, 318

Racionalidade
    – global, 191, 241-3, 390
    – política, 190
Razão-mundo, 381
Reconhecimento
    demanda de –, 368
    – de si, 397-9
Redução eidética, 112
Regras
    – abstratas, formais, gerais, 162, 164, 169-70, 174-5
    – de conduta, 118-20, 169-70
    – do Estado de direito, 174-5
    regulação, 193-9
Responsabilidade, responsabilização, 212-3, 221-2, 230-1, 238-9
Risco, sociedade do, 86-7, 346-9

Self-help (autoajuda), 332
Social-democracia, social-liberalismo, 389-91
Sociedade
    – de direito privado, 118-9, 165, 268-9, 378
    "grande sociedade", "grande associação", 92-3, 98-9

Soberania, 183-4, 275-7
Subjetivação
  autossubjetivação, 356-7
  – financeira, contábil, 201, 351-2
  transubjetivação, 356-7
  ultrassubjetivação, 356-7, 372
Subsidiaridade (princípio de), 109, 129-30, 257
Sujeito, subjetividade
  – econômico, 140
  – neoliberal, 322 e seg.
  – neossujeito, nova subjetividade, 326-8, 361 e seg.
  – plural, 322 e seg.
  – político, 320
  – produtivo, 324 e seg.
Superação de si, 343, 356-7

Quadro
  – e processo, 111, 113
  – institucional, 102
  – jurídico-político, 105

Taxis (e *cosmo*), 161
Técnica de si, 344, 352
Terceira via, 124-5, 130-1, 233 e seg., 313
Thesis (e *nomos*), 165-6
Troca (e concorrência), 111

Utilitarismo, 46-8, 63
Utilidade (princípio de), 50, 293, 326, 357-8

Valor acionário, 200, 351-3
Valorização de si, 340
Vigilância, 293-7, 315, 413

COLEÇÃO ESTADO de SÍTIO

coordenação Paulo Arantes

Abundância e liberdade
Pierre Charbonnier

Altíssima pobreza
Giorgio Agamben

Até o último homem
Felipe Brito e
Pedro Rocha de Oliveira (orgs.)

Bem-vindo ao deserto do Real!
Slavoj Žižek

Brasil delivery
Leda Paulani

Cidades sitiadas
Stephen Graham

Cinismo e falência da crítica
Vladimir Safatle

Comum
Pierre Dardot e **Christian Laval**

As contradições do lulismo
André Singer e
Isabel Loureiro (orgs.)

Ditadura: o que resta da transição
Milton Pinheiro (orgs.)

A era da indeterminação
Francisco de Oliveira e
Cibele Rizek (orgs.)

A escola não é uma empresa
Christian Laval

Estado de exceção
Giorgio Agamben

Evidências do real
Susan Willis

Extinção
Paulo Arantes

Fluxos em cadeia
Rafael Godoi

Guerra e cinema
Paul Virilio

Hegemonia às avessas
Chico de Oliveira, Ruy Braga e
Cibele Rizek (orgs.)

A hipótese comunista
Alain Badiou

Mal-estar, sofrimento e sintoma
Christian Ingo Lenz Dunker

A nova razão do mundo
Pierre Dardot e **Christian Laval**

O novo tempo do mundo
Paulo Arantes

Opus Dei
Giorgio Agamben

Poder e desaparecimento
Pilar Calveiro

O poder global
José Luís Fiori

O que resta da ditadura
Edson Teles e **Vladimir Safatle** (orgs.)

O que resta de Auschwitz
Giorgio Agamben

O reino e a glória
Giorgio Agamben

Rituais de sofrimento
Silvia Viana

Saídas de emergência
**Robert Cabanes, Isabel Georges,
Cibele Rizek** e **Vera S. Telles** (orgs.)

São Paulo
Alain Badiou

Tecnopolíticas da vigilância
**Fernando Bruno, Bruno Cardoso,
Marta Kanashiro, Luciana Guilhon**
e **Lucas Melgaço** (orgs.)

O uso dos corpos
Giorgio Agamben

Videologias
Maria Rita Kehl e **Eugênio Bucci**

O filósofo francês Michel Foucault (1926-1984)

Publicado em 2016, aos 90 anos do nascimento de Michel Foucault, mente brilhante e inquieta na busca das razões e desrazões do mundo contemporâneo, este livro foi composto em Adobe Garamond Pro, corpo 10,5/13,5, e reimpresso em papel Avena 80 g/m² pela gráfica Rettec, para a Boitempo, em maio de 2022, com tiragem de 1.500 exemplares.